Lehrbuch der spanischen Sprache

von Georg Baumbach
und Ulrich Stahr

veb Verlag Enzyklopädie Leipzig

Autoren:

Ulrich STAHR, Ingenieurschule für Automatisierung und Werkstofftechnik, Hennigsdorf: Texte, Lernwortschatz, Wörterverzeichnisse
Georg BAUMBACH, Sektion Romanistik der Humboldt-Universität, Berlin: Grammatik, Übungen

Die Autoren danken Frau María Angélica ARNDT-SÁNCHEZ, Humboldt-Universität zu Berlin, und Herrn Carlos ATALA QUEZADA, Wilhelm-Pieck-Universität Rostock, für die sorgfältige Überprüfung des Manuskripts auf sprachliche Zuverlässigkeit und Frau Prof. Dr. Annemarie RÖLLIG, Technische Hochschule Karl-Marx-Stadt, für ihr konstruktives Gutachten. Dank gebührt auch Herrn Prof. Dr. Hans-Dieter PAUFLER, Humboldt-Universität zu Berlin, für freundliche Beratung und organisatorische Betreuung des Projekts sowie Frau Manuela SAUER, Berlin, für ihre Hilfe bei der technischen Herstellung des Manuskripts.

Baumbach, Georg:
Lehrbuch der spanischen Sprache / von Georg Baumbach
u. Ulrich Stahr. – 3., unveränd. Aufl. – Leipzig :
Verlag Enzyklopädie, 1988. – VIII, 328 S.
ISBN 3-324-00353-9

NE: 2. Verf.:

ISBN 3-324-00353-9

3., uv. Auflage
© VEB Verlag Enzyklopädie Leipzig, 1988
Verlagslizenz Nr. 433-130/172/88
Printed in the German Democratic Republic
Grundschrift: Times-Antiqua
Satz: INTERDRUCK Graphischer Großbetrieb Leipzig,
Betrieb der ausgezeichneten Qualitätsarbeit, III/18/97
Druck und Einband: Grafischer Großbetrieb Völkerfreundschaft Dresden
Lektor Dr. Peter Ramm
Einbandgestaltung Barbara Cain
LSV 0844
Best.-Nr. 577 198 4
02300

Indice general

Hinweise für die Benutzung des Lehrbuchs

Das vorliegende Lehrbuch bietet die Grundlage für die Sprachkundigenprüfung I und für die Grundausbildung von Sprachmittlerstudenten.

Jede Lektion besteht aus 2 Dialogen (mit Lernwortschatz), einem Grammatik- und Übungsteil, einem Wiederholungsabschnitt und einem Lesetext, wobei sich an jede 5. Lektion eine Wiederholungslektion anschließt (Text und Übungen).

1. Die **Dialoge** vermitteln wirklichkeitsnahe Situationen allgemeinsprachlicher Thematik, wie sie bei einer Reise nach Spanien oder Kuba auftreten können.

Es empfiehlt sich, diese Dialoge zu Beginn jeder Lektion so zu erarbeiten, daß sie nachgespielt werden können. Der Studierende erhält damit für gleichgeartete oder ähnliche selbsterlebte Anlässe die nötige sprachliche Hilfe und Sicherheit, denn er beherrscht dann typische Wendungen des jeweiligen Themas.

2. Der Erarbeitung der Dialoge dient der **Wortschatz zu den Dialogen** (vocabulario de los diálogos). Er ist als Lernwortschatz aufzufassen, das heißt, die in Sätzen oder Satzteilen gebotenen Wendungen sowie die Einzelwörter sollen aktiv beherrscht werden. Die jeweils neue Lexik ist durch Fettdruck kenntlich gemacht (S. 187ff.).

3. Nach der Erarbeitung und Beherrschung der Dialoge und des dazugehörigen Lernwortschatzes ist der **Grammatik- und Übungsteil** durchzuarbeiten. Die Grammatikbeispiele sind meist den vorangehenden Dialogen entnommen; das Einprägen der Regeln wird durch die sich jeweils unmittelbar anschließenden Übungen erleichtert.

4. Der **Repaso**teil jeder Lektion dient der zusammenfassenden Wiederholung und Festigung – in den Lektionen 1–23 in Form von Übersetzungen in die Fremdsprache, in den Lektionen 24–30 durch das selbständige, aktive Gestalten von Dialogen und Berichten. Diese Repasos sollten nach der Zweitfestigung der Dialoge zur Komplexfestigung geübt werden und auch später Gegenstand regelmäßiger Wiederholungen sein.

5. Die am Schluß jeder Lektion stehenden **Texte** dienen der Kenntnisvermittlung über Land und Leute und weisen vor allem auf politische, ökonomische und kulturelle Erscheinungen Spaniens und Kubas hin. Mit dem verarbeiteten Wortgut kann der Lernende auch Auskunft über die DDR geben. Diese Texte dienen zu Übersetzungen, können aber auch Grundlage für individuelle Vorträge und Zusammenfassungen über das entsprechende Thema sein, wobei Loslösen von der schriftlichen Vorlage und freier Vortrag anzustreben sind.

Die Lexik dieser Texte ist im alphabetischen Wörterverzeichnis aufzusuchen; damit soll der Gebrauch des Wörterbuches vorbereitet und geübt werden. Die Lexik der Texte wird in den Dialogen der folgenden Lektionen vorausgesetzt.

6. In den alphabetischen **Wörterverzeichnissen** ist gekennzeichnet, wo die Wörter das erste Mal auftreten oder in einer wichtigen Zusatzbedeutung erscheinen.

7. Zum Abschluß jeder Lektion ist als Wiederholungsübung das Nachspielen der Dialoge zu empfehlen.

8. Die Texte der **Wiederholungslektionen** sind als Hörtexte konzipiert; sie dienen nicht der Zusammenfassung der vorhergegangenen grammatischen Strukturen. Diese werden in den Übungen der Wiederholungslektionen konzentriert. Es empfiehlt sich, bei den Wiederholungslektionen gegebenenfalls die Bezugslektionen zu wiederholen.

9. Ein **Anhang** bietet neben Übersichten zur Konjugation Hinweise zur Rechtschreibung.

Lección una

1.1. En el aeropuerto (1)

Miguel y Carmen (un amigo y una amiga):

M – ¡Hola, Carmen!
C – ¡Hola, Miguel!
M – ¿Cómo estás?
C – Bien, gracias, ¿y tú?
M – Muy bien, gracias.
C – ¿Y cómo está la familia?
M – Todos bien, gracias.
C – ¿Estás esperando un avión?
M – Sí, estoy esperando el avión de París. El instituto espera a una señora. Ella participa en un congreso.
C – Esperáis a una señora. ¿De dónde? ¿De Francia?
M – No, una señora de la R.D.A.
C – ¡Ah! De la República Democrática Alemana.
M – Sí. Viaja de Berlín a Madrid vía París. Y tú, Carmen, ¿por qué estás aquí?
C – Porque viajo al extranjero.
M – ¿Sí? ¿Adónde viajas?
C – A Buenos Aires.
M – ¡Qué bien! Para la Argentina. ¿Viajas pronto?
C – Sí, muy pronto. Estoy de prisa. El avión ya espera.
M – Pues, adiós, Carmen.
C – Hasta pronto, Miguel.

1. ¿Cómo está Carmen?
2. ¿Cómo está Miguel?
3. ¿Por qué está Miguel en el aeropuerto?
4. ¿Por qué está Carmen en el aeropuerto?
5. ¿Dónde está Buenos Aires?
6. ¿Por qué está de prisa Carmen?

1.2. En el aeropuerto (2)

Miguel Marcos y Susanne Sommer (un compañero y una compañera):

M – Buenos días, señora. Miguel Marcos, a sus órdenes.
S – Mucho gusto. Susanne Sommer.
M – Bienvenida a España, señora Sommer. ¿Cómo está usted?
S – Muy bien, gracias. Encantada de estar aquí. Y Ud., ¿cómo está?

M — Bien, gracias. ¿Qué tal el viaje?
S — Excelente. Rápido y muy cómodo.
M — ¿Y la atención en el avión?
S — También muy buena. Estoy muy contenta.
M — ¿Cómo están los compañeros?
S — Todos están muy bien, gracias.
M — ¿Dónde tiene Ud. el equipaje, señora Sommer?
S — El equipaje está allí. Tengo dos maletas.
M — Bueno. Ya tenemos las maletas. ¿Está Ud. lista?
S — Sí, estoy lista. Tengo todo. ¿Tomamos un taxi?
M — No, señora, no tomamos taxi. Tenemos un coche de la universidad.
S — Estupendo, señor Marcos.
M — Señora Sommer, Ud. habla muy bien el español.
S — Gracias. Pero hablo sólo algunas palabras.
M — Por aquí, por favor.
S — Con mucho gusto.

1. ¿Cómo está la señora Sommer?
2. ¿De qué está contenta la señora Sommer?
3. ¿Tiene mucho equipaje la señora Sommer?
4. ¿Por qué no toman los dos compañeros un taxi?
5. ¿Habla español la señora Sommer?
6. ¿Cómo habla español la señora Sommer?

1.A. Substantiv und Artikel: Singular und Plural
(El substantivo y el artículo: singular y plural)

un amigo	ein Freund	**una** amiga	eine Freundin
un señor	ein Herr	una señora	eine Dame
el amigo	der Freund	**la** amiga	die Freundin
el señor	der Herr	la señora	die Dame
el amigo	der Freund	**los** amigos	die Freunde
el viaje	die Reise	los viajes	die Reisen
el taxi	das Taxi	los taxis	die Taxen
la amiga	die Freundin	**las** amigas	die Freundinnen
el señor	der Herr	los señores	die Herren
la universidad	die Universität	las universidades	die Universitäten
la lección	die Lektion	las lecciones	die Lektionen

E (ejercicio = Übung)

amigo → 1. un amigo, dos amigos; 2. el amigo, los amigos

amigo, aeropuerto, avión, amiga, viaje, maleta, coche, taxi, universidad, compañero, palabra, señor

---

1.B. Substantiv und Adjektiv: Singular und Plural
(El substantivo y el adjetivo: singular y plural)

un compañero contento	una compañera contenta
ein zufriedener Kollege	eine zufriedene Kollegin
un compañero español	una compañera española
ein spanischer Kollege	eine spanische Kollegin
un compañero excelente	una compañera excelente
ein hervorragender Kollege	eine hervorragende Kollegin
compañeros contentos	compañeras contentas
zufriedene Kollegen	zufriedene Kolleginnen
compañeros españoles	compañeras españolas
spanische Kollegen	spanische Kolleginnen
compañeros excelentes	compañeras excelentes
hervorragende Kollegen	hervorragende Kolleginnen

E   una familia   rápido
        coches   español
        → una familia española, coches rápidos

una familia	excelente
una señora	contento
un viaje	encantado
aviones	español
coches	rápido
palabras	estupendo
una universidad	cómodo
amigos	

1.C. Präsens von tener (El presente de tener)

tener	haben		
tengo	ich habe	tenemos	wir haben
tienes	du hast	tenéis	ihr habt
tiene	er, sie, es hat	tienen	sie haben
Ud. tiene	Sie (*sg*) haben	Uds. tienen	Sie (*pl*) haben

E   muchos amigos → ¿Tienes (tenéis, tiene Ud., tienen Uds.) muchos amigos?
        Sí, tengo (tenemos) muchos amigos. / No, no tengo (no tenemos) muchos
        amigos.

muchos amigos, prisa, mucho equipaje, una maleta, compañeros españoles

E

Ich habe viele Freunde in Berlin. Wir haben einen spanischen Kollegen. Er hat die
Familie in Madrid. Sie haben viele Freunde in der DDR. — Was hast du im Auto?
Hast du das Gepäck?

---

3   *tres*

1.D.   Präsens von estar

estar	sein, sich befinden		
estoy	ich bin	estamos	wir sind
estás	du bist	estáis	ihr seid
está	er, sie, es ist	están	sie sind
Ud. está	Sie sind	Uds. están	Sie sind

E   bien → ¿Estás (estáis, está Ud., están Uds.) bien?
         Sí, estoy (estamos) bien. / No, no estoy (no estamos) bien.

bien, contento, en Berlín, en el instituto, en la universidad, en el aeropuerto, de prisa

E

Wir sind in Berlin. Ich bin an der Universität. Carmen ist auf dem Flugplatz. Die Kollegen sind im Flugzeug. — Wo sind Sie? Sind Sie in Leipzig? Wie geht es Ihnen? Geht es Ihnen gut?

1.E.   Präsens der Verben auf -ar (El presente de los verbos en -ar)

hablar	sprechen		
hablo	ich spreche	hablamos	wir sprechen
hablas	du sprichst	habláis	ihr sprecht
habla	er, sie, es spricht	hablan	sie sprechen
Ud. habla	Sie sprechen	Uds. hablan	Sie sprechen

E   hablar español → ¿Hablas (habláis, habla Ud., hablan Uds.) español?
         Sí, hablo (hablamos) español. / No, no hablo (no hablamos) español.

hablar español, hablar bien el español, tomar un taxi, esperar a un amigo, participar en un congreso

E

Wir nehmen an einem Kongreß teil. Ich spreche nicht gut Spanisch. Der spanische Kollege wartet auf das Flugzeug aus Madrid. Die Freunde nehmen ein Taxi. Und du? Warum nimmst du kein Taxi? Wartest du?

1.F.   „a" bei Personen

Unterscheiden Sie!

espero el taxi   espero a Carmen
espero el avión   espero a los amigos

E

Ich warte auf das Flugzeug aus Madrid. Ich warte auf die spanischen Kollegen. Ich warte auf das Gepäck. Ich warte auf Frau Sommer. Ich warte auf das Taxi.

1.3. Repaso (Wiederholung)

Ich bin auf dem Flugplatz. Ich habe kein Gepäck. Ich warte auf spanische Kollegen. — Ulrike wartet nicht auf die Kollegen. Sie nimmt das Flugzeug nach Buenos Aires. Sie ist sehr zufrieden. Sie hat nicht viel Gepäck. — Wir sprechen mit den Kollegen. Wir sind sehr zufrieden. Wir warten auf das Gepäck. Wir haben ein Auto. — Die spanischen Kollegen sprechen von Spanien. Sie haben viele Freunde in Berlin. Sie sind sehr zufrieden. Sie warten auf die Freunde..

1.4. Llegada a España

Estamos en Barajas, aeropuerto de Madrid, un aeropuerto moderno. Madrid está en España. Miguel Marcos, español, saluda a Carmen Gonzales, española. Carmen está en el aeropuerto de Madrid para tomar el avión a Buenos Aires. Buenos Aires está en la Argentina. Carmen tiene prisa porque el aparato ya espera. Miguel está allí esperando el avión de París. Espera a Susanne Sommer de Berlín, capital de la República Democrática Alemana. La señora Sommer viaja en misión oficial de Berlín a Madrid y toma el avión vía París.
El avión llega. La señora Sommer está contenta de la compañía aérea y de la amable acogida en Madrid, capital de España. No tiene mucho equipaje. Tiene sólo dos maletas. El señor Marcos y ella no toman taxi ni el bus de la compañía IBERIA. Miguel Marcos tiene un coche oficial de la universidad de Madrid. La señora Sommer habla español. Conversa con el señor Marcos.

1. *¿En qué aeropuerto estamos?*
2. *¿Dónde está Madrid?*
3. *¿Cómo están Carmen y Miguel?*
4. *¿Para dónde toma Carmen el avión?*
5. *¿Viaja Miguel también al extranjero?*
6. *¿Por qué está Miguel en el aeropuerto?*
7. *¿Por qué viaja la señora Sommer a Madrid?*
8. *¿Cómo viaja la señora Sommer de Berlín a Madrid?*
9. *¿El señor Marcos y la señora Sommer toman un taxi, el bus de la IBERIA o un coche de la universidad?*
10. *¿En qué idioma conversan los dos compañeros?*

Lección dos

2.1.   Camino al coche

La señora Sommer y el señor Marcos:

S — ¿De qué ciudad es usted, señor Marcos? ¿Es Ud. de la capital?
M — Sí, señora Sommer, soy de Madrid. Soy madrileño.
S — ¿Y dónde trabaja usted?
M — Trabajo en la universidad.
S — ¿En qué trabaja usted? ¿Cuál es su profesión?
M — ¿Mi profesión? Soy profesor de español.
S — ¿Es interesante trabajar en su instituto?
M — Sí, estoy satisfecho. Tengo tareas interesantes y buenos estudiantes. Todos estudian bien.
S — ¿Cuántos compañeros tiene Ud. en su instituto?
M — En nuestro instituto somos nueve. Seis docentes y tres asistentes.
S — ¿Cuál es el número de estudiantes de la universidad de Madrid?
M — Son más de diez mil. Zehntausend.
S — ¿Habla Ud. alemán, señor Marcos?
M — Un poco. Estudio alemán en una escuela nocturna.
S — Ah, qué bien. Ya tenemos intérprete.
M — No, señora, todavía no hablo bien el alemán.
S — ¿Habla Ud. otra lengua extranjera? ¿El inglés? ¿El francés?
M — Sí, hablo también inglés y un poco de francés. ¿Y usted?
S — Yo estudio español y perfecciono mis conocimientos de ruso en una universidad popular.
M — ¿Ud. habla ruso? ¿No es difícil el ruso?
S — No es fácil. Pero estudiamos con cintas y discos. El ruso es necesario para nuestro trabajo profesional.
M — Sí, hoy en día, los idiomas son muy importantes.
S — Y ahora, señor Marcos, mi maestro de español es usted.
M — Con mucho gusto, señora Sommer. ¡Cuidado! Por aquí, por favor.

1. ¿De qué ciudad es el señor Marcos?
2. ¿Cuál es su nacionalidad?
3. ¿Dónde trabaja el señor Marcos?
4. ¿En qué trabaja el señor Marcos?
5. ¿Cuántos estudiantes estudian en Madrid?
6. ¿Habla alemán el señor Marcos?
7. ¿Cómo habla alemán?
8. ¿Dónde estudia alemán?
9. ¿Habla otro idioma?
10. ¿Qué lenguas extranjeras estudia la señora Sommer?

2.2. Delante del coche

El señor Marcos y la señora Sommer:

M — Este es nuestro auto, señora Sommer. Es un modelo S-E-A-T.
S — ¡Ah, su coche es un SEAT! ¿Es un modelo español o extranjero?
M — No es un modelo español. El SEAT es el FIAT español.
S — ¿Importa España los SEAT de las fábricas FIAT de Turín?
M — No. Las fábricas FIAT fabrican los SEAT aquí en nuestro país.
S — ¿Son caros en España los automóviles de fabricación española?
M — Hay de todo. Pero los SEAT son muy populares porque son baratos.
S — ¿Está Ud. contento del coche?
M — Sí, el SEAT no es muy grande, pero seguro y cómodo. Es para cinco personas.
S — ¿Gasta mucha gasolina? ¿Cuál es el consumo medio del SEAT?
M — Los SEAT no gastan mucho. De siete a ocho litros y medio.
S — No es mucho. Bueno. ¿Y adónde vamos ahora? ¿Al hotel?
M — Sí, ahora vamos al hotel "Internacional". Es un hotel muy bueno.
S — ¿El hotel "Internacional"? ¿Dónde está? ¿En el centro?
M — Sí, está en el centro de Madrid.
S — ¿Está lejos de la "Puerta del Sol"?
M — No, señora Sommer, está muy cerca de esa plaza.
S — Pues vamos. ¿Dónde coloca Ud. mi equipaje?
M — Coloco sus maletas y nuestras carteras en el maletero.

1. ¿Qué coche tiene el señor Marcos delante del aeropuerto?
2. ¿Qué modelo es?
3. ¿Por qué es popular el SEAT en España?
4. ¿Cuál es el consumo medio del SEAT?
5. ¿Adónde van el señor Marcos y la señora Sommer?
6. ¿Dónde está el hotel?
7. ¿El señor Marcos va con la señora Sommer?
8. ¿Dónde colocan las maletas?
9. ¿Quién coloca el equipaje en el maletero?

2.A. Präsens von ser

ser	sein		
soy	ich bin	somos	wir sind
eres	du bist	sois	ihr seid
es	er, sie, es ist	son	sie sind
Ud. es	Sie sind	Uds. son	Sie sind

E   de Madrid → ¿Es Ud. (son Uds., eres, sois) de Madrid?

Sí, soy (somos) de Madrid. / No, no soy (no somos) de Madrid.

de Madrid, de la R.D.A., de Berlín, intérprete, estudiante, maestro, español

E

Wir sind aus der DDR. Wir sind keine Dolmetscher, wir sind Studenten. Ich bin nicht aus Berlin, ich bin aus Leipzig. Herr Müller ist aus Berlin. Er ist kein Student, er ist Lehrer. Die Studenten sind nicht aus Spanien, sie sind aus Argentinien. Bist du aus Madrid? Bist du Student? Seid ihr Spanier? Seid ihr Assistenten? Sind Sie Dolmetscher? Sind Sie Lehrer? Wie viele Kollegen sind Sie?

2.B.   ser und estar

ser

Herkunft:	somos de Madrid
Nationalität:	somos españoles
Beruf:	somos intérpretes
Zahl:	somos nueve
Charakteristikum:	el español no es difícil

estar

Ort:	estamos en Madrid
	el hotel está en el centro de la ciudad
Befinden:	estamos bien
	estamos contentos

E   ¡Forme frases! (Bilden Sie Sätze)

El señor Marcos { es / está } en Madrid
de España
profesor
contento de su trabajo
bien
en la universidad
amable

E

Wir sind 5 Freunde. Wir sind Studenten. Wir sind nicht aus Leipzig, wir sind aus Berlin. Wir sind mit der Arbeit zufrieden. Ich bin an der Universität. Ich bin ein Kollege von Frau Sommer. Frau Sommer ist nicht in der Universität. Sie ist in Madrid. Sie ist aus der DDR. Die drei Kollegen sind aus Madrid. Sie sind nicht in der Universität, sie sind im Hotel. Das Hotel ist im Zentrum.

2.C. Die Possessivadjektive (Los adjetivos posesivos)

mi	trabajo tarea	mis	trabajos tareas	
tu	trabajo tarea	tus	trabajos tareas	
su	trabajo tarea	sus	trabajos tareas	(de él, de ella, de Ud.)
nuestro nuestra	trabajo tarea	nuestros nuestras	trabajos tareas	
vuestro vuestra	trabajo tarea	vuestros vuestras	trabajos tareas	
su	trabajo tarea	sus	trabajos tareas	(de ellos, de ellas, de Uds.)

E Frank — amigo → ¿Frank es su (tu, vuestro) amigo?
   Sí, es mi (nuestro) amigo.
Frank — amigo, Ulrike — amiga, el señor Müller — compañero, los estudiantes —
amigos, los señores — compañeros

E trabajo — interesante → ¿Es interesante su (tu, vuestro) trabajo?
   Sí, mi (nuestro) trabajo es muy interesante.

trabajo — interesante, tarea — difícil, profesores — amables, universidad — importante, lecturas — interesantes, ciudad — grande, coche — rápido

E

Unsere Arbeit ist interessant. Unsere Aufgaben sind groß. Meine Kollegen sind gute
Lehrer. Ihre Kenntnisse sind bedeutend. Meine Freundin ist eine gute Lehrerin. Sie
ist sehr zufrieden mit ihrer Arbeit. Unsere Universität ist sehr groß. Sie ist im Zentrum
unserer Stadt. Ihre Aufgaben sind bedeutend. Mein Kollege ist nicht aus Berlin. Seine
Stadt ist weit entfernt von der Hauptstadt.

2.D. Die Grundzahlen von 1 — 10 (Los números cardinales de 1 a 10)

1	un(o), una	6	seis
2	dos	7	siete
3	tres	8	ocho
4	cuatro	9	nueve
5	cinco	10	diez

E 3 Länder, 5 Städte, 4 Hotels, 8 Schulen, 9 Freunde, 2 Sprachen, 10 Studenten, 6 Assistenten, 4 Lehrer, 7 Dolmetscher

---

9   *nueve*

2.E. Präsens von ir

ir	gehen, fahren		
voy	ich gehe	vamos	wir gehen
vas	du gehst	vais	ihr geht
va	er, sie, es geht	van	sie gehen
Ud. va	Sie gehen	Uds. van	Sie gehen

E ir a la universidad → ¿Va Ud. (van Uds., vas, vais) a la universidad?
Sí, voy (vamos) a la universidad. / No, no voy (no vamos) a la universidad.

ir a la universidad, ir al centro, ir en coche, ir al hotel, ir a Leipzig, ir al extranjero

2.F. Kurzformen einiger Adjektive (Las formas apocopadas de algunos adjetivos)

1. un **buen** amigo
   (aber: un amigo muy bueno)
   buenos amigos

   una buena amiga

   buenas amigas

2. un **mal** amigo
   (aber: un amigo muy malo)
   malos amigos

   una mala amiga

   malas amigas

3. un **gran** país
   (aber: un país muy grande)
   grandes países

   una **gran** ciudad
   (aber: una ciudad muy grande)
   grandes ciudades

4. el **primer** diálogo
   primeros diálogos

   la primera lección
   primeras lecciones

   ebenso: tercero

E der erste Tag, ein guter Kollege, die ersten Aufgaben, ein sehr großes Auto, ein großer Kofferraum, große Koffer, die dritte Reise, ein guter Tag, gute Freunde, eine große Aktentasche, ein schlechter Tag

2.3. Repaso

Ich bin aus der DDR. Ich spreche deutsch und russisch. Jetzt studiere ich mit meinen Kollegen Spanisch. Ich arbeite in der Universität. Ich bin mit meiner Arbeit zufrieden. Meine Aufgaben sind sehr interessant.

Wir . . .

Mein Freund . . .

Meine Freunde . . .

Stellen Sie einem Gast Fragen!

Fragen Sie ihn, woher er ist, welchen Beruf er hat, wo er arbeitet, ob er mit seiner Arbeit zufrieden ist, ob seine Aufgaben interessant sind.

2.4.   Primeros detalles de España

El señor Marcos trabaja en la universidad de Madrid. Marcos es su apellido. Su nombre es Miguel Enrique. Tiene una profesión interesante. Es profesor de castellano. Es de nacionalidad española. España es su patria. La universidad queda en el centro de Madrid, en la calle de San Bernardo. La ciudad universitaria con sus grandes construcciones modernas también está situada en el centro de la capital española, cerca de la calle de la Princesa. Los edificios de la ciudad universitaria madrileña son excelentes ejemplos de la arquitectura funcional de nuestro siglo.
Madrid es la capital de España. Está situada en el centro del país y es una ciudad grande y hermosa.
España está en la Península Ibérica. En España se hablan cuatro idiomas: el castellano, el gallego, el catalán y el vasco. El castellano o español tiene su origen en la lengua latina y es el idioma oficial del Estado español. Se habla español también en las siete repúblicas de Centroamérica (o América Central): México, Guatemala, El Salvador, Honduras, Nicaragua, Costa Rica y Panamá; en tres islas del Mar Caribe: la República de Cuba, la República Dominicana y Puerto Rico; y en nueve países de América del Sur: Venezuela, Colombia, Ecuador, Perú, Bolivia, Chile, Paraguay, Uruguay, y la Argentina.

1. ¿Dónde está España?
2. ¿Dónde está la capital de España?
3. ¿Dónde está la universidad de Madrid?
4. Y la ciudad universitaria, ¿dónde está?
5. ¿Cómo es la ciudad universitaria?
6. ¿Cuáles son los idiomas de los españoles?
7. ¿Cuál es el idioma oficial?
8. ¿Dónde tiene su origen la lengua española?
9. ¿En qué países se habla español?
10. ¿Cuántos países de lengua castellana están situados
     a) en el Mar Caribe?
     b) en América Central?
     c) en la América del Sur?

Lección tres

3.1. Camino al hotel (1)

La señora Sommer y el señor Marcos:

S — ¿Cuánto tardamos desde el aeropuerto hasta el hotel?

M — No tardamos mucho tiempo. Unos veinte o veinticinco minutos.

S — ¿El aeropuerto de Barajas está situado lejos de la ciudad?

M — No, está muy cerca. Está a trece kilómetros del centro.

S — Pero qué tráfico tiene Madrid. Qué cantidad de coches hay en las calles y cuántos autobuses y camiones.

M — Sí, señora, la circulación de Madrid es siempre muy intensa.

S — ¿Hay muchos accidentes de tráfico en las calles madrileñas?

M — Algunos. En los diarios leemos noticias de accidentes todos los días.

S — Creo que muchos madrileños no viven en el centro.

M — Ud. tiene razón. En el centro los alquileres son demasiado caros. Por eso muchos viven en los alrededores.

S — ¿Cómo van al centro los habitantes de los suburbios?

M — Hay muchos medios de transporte: trenes, metro y buses.

S — Pues no comprendo por qué hay tantos coches en las calles.

M — Hay que tener en cuenta que los medios de transporte públicos no bastan. Por eso muchos madrileños viajan en coche, ¿comprende Ud.?

S — Sí. ¿No hay tranvías?

M — No, en Madrid ya no hay tranvías.

S — Sr. Marcos, ¿cuándo vamos a hablar de nuestro programa oficial?

M — No tenemos prisa. Ya son las once y media. Ahora vamos al hotel, Ud. toma su habitación, y después, a la una, vamos a comer.

S — ¿A qué hora es el almuerzo en España?

M — Comemos entre las doce del día y las dos de la tarde.

S — Tengo gran curiosidad por probar los platos españoles.

M — Tenemos platos nacionales que son muy condimentados.

S — No importa. Voy a comer seguramente con gran apetito.

1. ¿Adónde van la señora Sommer y el señor Marcos?

2. ¿En cuánto tiempo llegan del aeropuerto al hotel?

3. ¿A cuántos kilómetros está el aeropuerto de Madrid del centro?

4. ¿De qué tema hablan los dos compañeros?

5. ¿Qué vehículos hay en las calles?

6. ¿Cómo es la circulación de Madrid?

7. ¿Por qué no viven muchos madrileños en el centro de la ciudad?

8. ¿Qué medios de transporte toman los madrileños para ir al trabajo?

9. ¿Por qué no hablan los dos compañeros del programa oficial ahora?

10. ¿A qué hora es el almuerzo en España?
11. ¿Por qué cosas tiene curiosidad la señora Sommer?

3.2.   Camino al hotel (2)

La señora Sommer y el señor Marcos:

S — ¿En qué barrio de Madrid vive Ud., señor Marcos?
M — Vivo en los alrededores de la ciudad, en Las Rozas.
S — ¿Está Ud. satisfecho de su vivienda?
M — Sí, estoy muy satisfecho.
S — ¿Vive Ud. en un barrio tranquilo?
M — Sí, vivimos en una calle tranquila de poco tráfico.
S — ¿Es numerosa su familia? Perdón, señor Marcos. Soy muy curiosa.
M — De ningún modo, señora Sommer. Somos cinco: mi mujer, yo y nuestros tres hijos. ¿Me permite Ud. fumar?
S — Sí. ¿Es Ud. muy fumador?
M — Fumo unos veinte cigarrillos diarios. ¿Fuma Ud.?
S — No, no fumo. Tengo que hacerle una pregunta, señor Marcos. ¿Hay algún quiosco de souvenirs en el "Internacional"?
M — Creo que sí. ¿Por qué pregunta Ud.? ¿Necesita Ud. alguna cosa?
S — Sí, tarjetas. Cuando estoy en el extranjero escribo muchas tarjetas postales.
M — Creo que hay algunas postales de Madrid en la recepción del hotel.
S — Mi marido espera recibir noticias antes de mi vuelta.
M — En la calle de Alcalá, donde estamos ahora, está la Librería de España, donde hay tarjetas en colores de todas las atracciones de nuestra capital y también de nuestro país. Ahí está la librería.
S — ¡Ah, sí! Es usted muy amable. Gracias por la información.
M — No hay de qué. Allí está su hotel: el "Internacional".
S — Es un edificio grande y hermoso. ¿Bajamos delante del hotel?
M — No. Voy a aparcar el coche en el aparcamiento del hotel.
S — ¿Vamos a discutir sobre el programa del congreso todavía hoy?
M — Sí, después del almuerzo voy a contestar a sus preguntas. Ahora vamos a la recepción. Hay que arreglar las formalidades.

1. ¿Dónde vive el señor Marcos?
2. ¿Es numerosa la familia de Marcos?
3. ¿Fuma la señora Sommer?
4. ¿Cuántos cigarrillos fuma el señor Marcos al día?
5. ¿Por qué necesita la señora Sommer tarjetas postales?
6. ¿Dónde va a comprar la señora Sommer las tarjetas?
7. ¿Dónde está la Librería de España?
8. ¿Dónde aparca el coche el señor Marcos?
9. ¿Por qué baja también el señor Marcos?
10. ¿Cuándo van a discutir los dos compañeros sobre el programa del congreso?

3.A. Präsens der Verben auf -er

comer	essen		
como	ich esse	comemos	wir essen
comes	du ißt	coméis	ihr eßt
come	er, sie, es ißt	comen	sie essen
Ud. come	Sie essen	Uds. comen	Sie essen

E   comer muchos platos nacionales → ¿Come Ud. (comen Uds., comes, coméis) muchos platos nacionales?
Sí, como (comemos) muchos platos nacionales. / No, no como (no comemos) muchos platos nacionales.

comer muchos platos nacionales, aprender idiomas extranjeros, creer la noticia, leer el diario

3.B. Präsens der Verben auf -ir

vivir	leben, wohnen		
vivo	ich lebe	vivimos	wir leben
vives	du lebst	vivís	ihr lebt
vive	er, sie, es lebt	viven	sie leben
Ud. vive	Sie leben	Uds. viven	Sie leben

E   vivir en la capital → ¿Vive Ud. (viven Uds., vives, vivís) en la capital?
Sí, vivo (vivimos) en la capital. / No, no vivo (no vivimos) en la capital.

vivir en la capital, vivir en un barrio tranquilo, recibir muchas informaciones, escribir mucho en español, discutir sobre el trabajo

3.C. ir a + Infinitiv

Vamos a discutir el programa.
Wir *werden gleich* das Programm *besprechen*.

E   Sagen Sie, was Sie (Ihr Freund, Ihre Kollegen, Sie und Ihre Kollegen) gleich machen werden!

3.D. hay oder está/están

unbestimmte Aussage		**bestimmte** Aussage	
¿Qué hay en la calle?			
En la calle	hay un coche	En la calle	está el coche
	hay coches		están los coches
	hay muchos coches		está mi coche
	hay algunos coches		
	hay cinco coches		

E   La Universidad Humboldt ... en Berlín. En la universidad ... muchos estudiantes extranjeros. Los estudiantes ... en la plaza. En nuestra ciudad ... numerosas atracciones. ... hermosos edificios en muchos barrios. La plaza Alexanderplatz ... en el centro. En la plaza ... un gran hotel.
El hotel ... en la plaza Alexanderplatz. En el hotel ... diarios de muchos países. Los diarios ... en la recepción.

E

In unserem Land sind viele Ausländer. Sie sind in den Fabriken, in den Schulen, in den Universitäten. Wie viele Studenten sind in Ihrem Institut? Sind die Studenten in der Universität? — Wo ist das Gepäck? Ist es im Auto? Was ist in dem Koffer? Sind Zeitungen im Koffer? Sind Ihre Zeitungen auch im Auto? — Im Zentrum Berlins sind viele Sehenswürdigkeiten. Die Humboldt-Universität ist nicht am Alexanderplatz, sie ist Unter den Linden. In der Nähe der Universität sind andere interessante Gebäude.

3.E.   hay que

Hay que arreglar las formalidades.
Man muß die Formalitäten regeln.

E   Estudias mucho. → Hay que estudiar.
Estudias mucho. Hablas mucho. Escribes mucho. Lees mucho. Trabajas mucho. Comes mucho.

3.F.   Die Grundzahlen von 11 bis 20

11	once	16	dieciséis
12	doce	17	diecisiete
13	trece	18	dieciocho
14	catorce	19	diecinueve
15	quince	20	veinte

E   15 Flugzeuge, 18 Autobusse, 20 Autos, 12 Lastkraftwagen, 17 Züge, 11 U-Bahnen, 10 Straßen, 13 Kilometer, 19 Minuten, 16 Stunden

E   ¿Cuántos son 5 + 6? → Cinco más seis son once.
¿Cuántos son? 5 + 6, 6 + 6, 7 + 7, 8 + 7, 8 + 8, 9 + 9, 10 + 9, 10 + 10, 10 + 5, 10 + 6, 11 + 3, 12 + 5, 13 + 6, 14 + 5, 17 + 3
   ¿Cuántos son 12 − 6? → Doce menos seis son seis.
¿Cuántos son? 12 − 6, 19 − 5, 18 − 9, 20 − 5, 16 − 3, 17 − 5, 14 − 4, 13 − 7

3.3. Repaso

Ich wohne in einer schönen Stadt. Ich nehme den Bus, um zur Arbeit zu fahren. Im Bus lese ich die Zeitung. Ich studiere Fremdsprachen. Ich spreche gut Russisch und Englisch. Jeden Tag fahre ich zur Universität. An der Universität sind viele Studenten. Ich glaube, daß Spanisch nicht sehr schwer ist. Ich habe Freunde in vielen Ländern. Ich bekomme viele Ansichtskarten.
Wir ...
Mein Freund ...
Meine Freunde ...

3.4. El señor Marcos habla de su familia

Soy casado y tengo tres hijos: mi hija Asunción y mis hijos Manolo y José. Vivimos como viven muchos españoles. Nuestra vivienda está en un suburbio de los alrededores de Madrid, en un barrio tranquilo donde no hay mucho tráfico. Para ir al centro tomamos el coche, el bus o el tren. Hay una estación a pocos minutos de nuestra casa. Vivimos en un edificio nuevo. Por eso, el alquiler no es barato. Es muy caro. Nuestra vivienda está en el tercer piso. Tiene cinco habitaciones: un cuarto de estar, nuestro dormitorio, dos habitaciones para nuestros hijos y un estudio para mí. Tenemos además la cocina, el cuarto de baño, un vestíbulo y un pequeño balcón.
Asunción es la mayor y tiene diecinueve años de edad; Manolo tiene catorce y José, el menor, once años.
Asunción está estudiando en la universidad de Madrid. Es estudiante de medicina. Estudia muchas asignaturas y tiene muchos cursos. De ocho de la mañana a tres de la tarde está en la facultad de medicina. Por lo general, estudia también en casa después de las clases, desde las seis de la tarde hasta las nueve de la noche. Los estudiantes de medicina tienen mucho que estudiar. Asunción trabaja y estudia con mucho esmero. Es una estudiante muy aplicada. Por lo general, no soy orgulloso, pero estoy orgulloso de mi hija Asunción.
Manolo y José son escolares. Van a una escuela cerca de nuestra casa. Los dos son buenos deportistas. Mi mujer, María Consuelo Gómez de Marcos, es médica y trabaja en una policlínica.
Mis padres viven en Barcelona. Mi padre es obrero. Trabaja en el puerto. Mi madre es ama de casa. En las vacaciones siempre vamos a Barcelona.

1. *¿Cuántos hijos tiene el señor Marcos?*
2. *¿Dónde está la vivienda del señor Marcos?*
3. *¿Qué medio de transporte toma el señor Marcos para ir al centro de Madrid?*
4. *¿A cuántos minutos del metro está la vivienda de la familia de Marcos?*
5. *¿Cómo es el edificio donde vive la familia de Marcos?*
6. *¿En qué piso vive la familia de Marcos?*
7. *¿Cuántas habitaciones tiene?*
8. *¿Qué habitaciones?*
9. *¿Cuántos años tienen los hijos de la familia de Marcos?*

10. ¿Trabajan Asunción, Manolo y José?
11. ¿Cuánto tiempo está Asunción cada día en la universidad?
12. ¿Cuánto tiempo estudia Asunción en casa?
13. ¿Cuál es la profesión de la señora de Marcos?
14. ¿Dónde trabaja la señora de Marcos?
15. ¿Dónde viven los padres del señor Marcos?
16. ¿Dónde trabajan ellos?

Lección cuatro

4.1.   En la recepción del hotel (1)

El recepcionista y la señora Sommer:

R — Buenos días, señora. ¿Qué desea usted?

S — Buenos días. ¿Tiene Ud. una habitación reservada a nombre de Susanne Sommer?

R — Un momento. Voy a ver. Perdón, ¿cómo se llama Ud., señora?

S — Susanne Sommer. Soy de Berlín. Aquí tiene Ud. mi pasaporte.

R — Gracias. Sí, aquí está su reservación.

S — Pues me alegro mucho. ¿Qué clase de habitación es?

R — Ud. tiene una habitación individual, de una cama, con cuarto de baño y balcón a la calle.

S — ¿Es una calle de mucho tráfico?

R — No. Se trata de una calle lateral de poca circulación.

S — ¿En qué piso está mi habitación?

R — Está en el quinto piso. Es la habitación número 61 (sesenta y uno). ¡Oh, no! Perdón. Aquí hay una nota. Ud. tiene la habitación número 77 (setenta y siete).

S — Bueno. ¿Cuál es el precio de la habitación?

R — Son 1850 (mil ochocientas cincuenta) pesetas por día.

S — ¿Están incluidos en el precio el servicio y el desayuno?

R — Sí. El precio es muy conveniente. ¿Quisiera ver la habitación y decidirse después si se queda con ella?

S — No, gracias. Creo que todas las habitaciones del "Internacional" son confortables.

R — Desde luego. ¿Cuánto tiempo va a quedarse en nuestro hotel?

S — Me voy a quedar más de una semana en Madrid.

R — Aquí tiene Ud. la hoja reglamentaria para inscribirse y un prospecto para informarse del hotel.

S — Muchas gracias. ¿Hay que llenar en seguida el formulario aquí en la recepción?

R — Sí, señora, tenga la bondad. Aquí tiene Ud. un bolígrafo.

S — Gracias. ¡Oh! Me estoy ensuciando.

R — Allí hay un lavabo para lavarse las manos.

S — Entonces, hasta luego, señor Marcos. Ya no tiene que esperarme. Nos vemos a la una, aquí mismo en el vestíbulo del hotel. Adiós.

1. ¿Con quién habla la señora Sommer?
2. ¿Por qué habla con el recepcionista?
3. ¿Qué clase de habitación hay reservada para la señora Sommer?
4. ¿En qué piso está la habitación?

5. ¿Cuál es el número de la habitación?
6. ¿Cuál es el precio de la habitación?
7. ¿Qué cosas hay incluidas en el precio?
8. ¿Cuánto tiempo va a quedarse la señora Sommer en Madrid?
9. ¿Qué tiene que llenar la señora Sommer?
10. ¿A qué hora se van a ver los dos compañeros?

4.2. En la recepción del hotel (2)

La señora Sommer y el recepcionista:

S — Después de llenar el formulario, ¿qué otra cosa tengo que hacer?
R — Nada, señora, eso es todo. Aquí tiene Ud. su llave. Al marcharse haga Ud. el favor de dejar la llave en la recepción.
S — ¿Se ocupan Uds. también de mis maletas?
R — El mozo del hotel va a subir su equipaje en seguida.
S — ¿Me permite otras preguntas? ¿Hay peluquería en el hotel?
R — Sí. Camino a los ascensores Ud. va a ver nuestra peluquería.
S — ¿Hay además algún quiosco de souvenirs en el vestíbulo?
R — En el vestíbulo, no. Las tiendas se hallan en el primer piso.
S — Es que antes de subir quisiera comprar algunas postales.
R — Haga el favor de mirar las tarjetas que tenemos aquí.
S — ¡Ah! ¡Qué hermosas fotos en colores!
R — Son algunos edificios y calles del centro comercial.
S — Es difícil decidirse por alguna tarjeta postal. Madrid es una ciudad muy hermosa que tiene muchos lugares atractivos.
R — Así es. Sin exagerar.
S — Me decido por las tres tarjetas en colores con vistas de la "Puerta del Sol".
R — 3 tarjetas a 15 pesetas son 45 (cuarenta y cinco) pts.
S — Necesito también sellos para mandar las tarjetas a la República Democrática Alemana.
R — Son otras 30 (treinta) pts. por los tres sellos aéreos.
S — Aquí tiene Ud. un billete de 100 (cien) pesetas.
R — 25 pts. de vuelta. Muchas gracias. ¿Desea Ud. algo más?
S — No. Además de tener sellos y postales no necesito nada más.
R — Los ascensores están a la derecha. ¡Pedro! Las maletas de la señora a la habitación 77, por favor.

1. ¿Qué recibe la señora Sommer del recepcionista?
2. ¿Quién se ocupa de las maletas?
3. ¿De qué se informa la señora Sommer antes de subir a su habitación?
4. ¿Dónde están la peluquería y el quiosco de souvenirs?
5. ¿Qué quisiera comprar la señora Sommer?
6. ¿Dónde hay también tarjetas?
7. ¿Qué clase de fotos hay?
8. ¿Por qué no es fácil decidirse?

9. ¿Qué tarjetas toma la señora Sommer y cuántas?
10. ¿Cuántas pesetas tiene que pagar?
11. ¿Cuántos sellos de cuántas pesetas necesita?
12. ¿Cuánto paga la señora Sommer en total?
13. ¿Qué billete tiene la señora Sommer?
14. ¿Necesita algo más la señora Sommer?

4.A. Präsens der Reflexivverben (El presente de los verbos reflexivos)

lavarse   sich waschen

me lavo	ich wasche mich	**nos** lavamos	wir waschen uns
te lavas	du wäschst dich	**os** laváis	ihr wascht euch
se lava	er, sie, es wäscht sich	**se** lavan	sie waschen sich
Ud. **se** lava	Sie waschen sich	Uds. **se** lavan	Sie waschen sich

Beachten Sie die Stellung des Reflexivpronomens:

me lavo   ich wasche mich

voy a lavar**me** *oder* **me** voy a lavar   ich werde mich gleich waschen

tengo que lavar**me** *oder* **me** tengo que lavar   ich muß mich waschen

E   inscribirse → ¿Se inscribe Ud. (se inscriben Uds., te inscribes, os inscri-
bís)?
Sí, me inscribo (nos inscribimos). / No, no me inscribo (no nos inscribimos).

inscribirse, llamarse Müller, quedarse con la habitación, lavarse en el cuarto de baño,
marcharse en coche, ocuparse de lenguas extranjeras

E   ir a inscribirse → ¿Va Ud. a inscribirse (van Uds. a inscribirse, vas a inscri-
birte, vais a inscribiros)?
Sí, voy a inscribirme (vamos a inscribirnos).
No, no voy a inscribirme (no vamos a inscribirnos).

ir a inscribirse, ir a ocuparse del equipaje, ir a lavarse, tener que quedarse en el hotel,
tener que lavarse, tener que marcharse

E

Wie heißen Sie? Ich heiße Müller. Womit beschäftigen Sie sich? Ich beschäftige mich
mit Fremdsprachen. Ich glaube, daß Ihr Zimmer die Nummer 61 hat. Ich werde
mich gleich am Empfang erkundigen (informieren). Sie müssen sich einschreiben.

4.B. Der adverbiale Infinitiv (El infinitivo adverbial)

Al marcharse haga el favor de dejar su llave en la recepción.
Wenn Sie weggehen, lassen Sie bitte Ihren Schlüssel am Empfang.
Beim Weggehen ...

Antes de subir quisiera comprar algunas postales.
Bevor ich hinaufgehe, möchte ich einige Ansichtskarten kaufen.
Después de llenar el formulario, ¿qué otra cosa tengo que hacer?
Nachdem ich das Formular *ausgefüllt habe*, was muß ich noch erledigen?

E Llego a la recepción. Saludo al recepcionista.
   → Al llegar a la recepción saludo al recepcionista.

Llego a la recepción. Saludo al recepcionista.
Espero a los compañeros. Leo el diario.
Comemos con los compañeros. Hablamos de nuestra ciudad.
La señora Sommer se inscribe. Habla con el recepcionista.
Los compañeros se marchan. Dejan la llave en la recepción.

E Me inscribo. Subo a mi habitación.
   → Después de inscribirme, subo a mi habitación.

Me inscribo. Subo a mi habitación. Me lavo. Me informo sobre los lugares atractivos de la ciudad. Miro las tarjetas. Dejo la llave en la recepción. Me marcho del hotel.

E ¡Traduzca al alemán! (Übersetzen Sie ins Deutsche!)

Al llegar a la recepción, la señora Sommer saluda al recepcionista. Al ir a la universidad, hablamos del trabajo. Antes de inscribirse, la señora Sommer habla con el recepcionista. Antes de subir, quisiera comprar algunas tarjetas postales. Antes de ir a la universidad, estudiamos la lección. Después de inscribirse, la señora Sommer sube a su habitación. Después de estudiar cinco o seis horas, nos marchamos de la universidad.

E

Bevor ich in den Bus steige, kaufe ich eine Zeitung. Auf der Fahrt in die Universität lese ich die Zeitung und diskutiere mit meinen Kollegen. Nachdem wir vier Stunden lang Spanisch studiert haben, gehen wir weg. Beim Essen spreche ich mit meinen Kollegen. Nach dem Essen arbeiten wir in der Universität oder gehen nach Hause.

4.C. Die Grundzahlen von 21 bis 100

21	veintiun(o), -a	27	veintisiete	40	cuarenta
22	veintidós	28	veintiocho	50	cincuenta
23	veintitrés	29	veintinueve	60	sesenta
24	veinticuatro	30	treinta	70	setenta
25	veinticinco	31	treinta y un(o), -a	80	ochenta
26	veintiséis	32	treinta y dos	90	noventa
				100	cien(to)

Beachten Sie:

veintiún sellos	veintiuna tarjetas
treinta y un sellos	treinta y una tarjetas
cien sellos	cien tarjetas

E   ¡Lea los números! (Lesen Sie die Zahlen!)

24, 36, 57, 61, 79, 88, 96, 99, 85, 73, 66, 55, 48, 33, 23, 21, 67, 76, 44

E

92 Zimmer, 75 Gebäude, 100 Zeitungen, 51 Ansichtskarten, 41 Kugelschreiber, 34 Formulare, 28 Fotos, 81 Länder, 100 Städte, 33 Straßen, 67 Autos

E   ¿Cuántos son?

$22 + 23, 31 + 44, 17 + 16, 50 + 50, 44 + 44, 73 + 14, 66 + 33, 28 + 11, 61 + 21,$
$55 + 17$
$55 - 14, 42 - 11, 99 - 38, 76 - 13, 49 - 21, 53 - 15, 88 - 36, 22 - 12, 100 - 28$

E   ¿Cuántos son $5 \cdot 5$? → Cinco por cinco son veinticinco.

$5 \cdot 5, 6 \cdot 6, 7 \cdot 7, 8 \cdot 8, 9 \cdot 9, 10 \cdot 10, 6 \cdot 11, 7 \cdot 12, 4 \cdot 16, 2 \cdot 15, 5 \cdot 18$

4.3.   Repaso

Ich beschäftige mich mit vielen Dingen. Ich muß viel studieren. Bevor ich von Hause losgehe, esse ich etwas. Auf der Fahrt zur Universität lese ich die Zeitung. Nachdem ich die Zeitung gelesen habe, diskutiere ich mit meinen Kollegen. Ich bleibe viele Stunden in der Universität.
Wir . . .
Mein Freund . . .
Meine Freunde . . .

4.4.   Madrid

Madrid, capital del Reino de España, está situada a 650 (seiscientos ...) metros de altitud a orillas del Manzanares, un río muy modesto, casi en el centro geográfico de la Península Ibérica. Hoy tiene 3 millones 994 (novecientos ...) mil habitantes y la aglomeración madrileña, Gran Madrid, comprende todas las poblaciones dentro de un radio de 15 km.
Madrid es una ciudad moderna y muy importante. A lo largo de las avenidas y calles del centro hay palacios antiguos, edificios modernos con viviendas, oficinas, grandes almacenes y pequeñas tiendas de toda clase, como también numerosos museos, teatros, bibliotecas, iglesias y monumentos históricos.
Entre los centros culturales destacan la universidad con la magnífica ciudad universitaria, la Puerta de Alcalá, el Observatorio Astronómico, el Jardín Botánico, el Museo de Ciencias Naturales y el Museo del Prado, situado en el paseo del mismo nombre.

Por el número de fábricas y la variedad de su producción, Madrid es la primera ciudad industrial de España (construcción de maquinaria, fabricación de automóviles y de otros vehículos, aparatos electrotécnicos, productos químicos, etcétera).

Madrid es también el centro político, administrativo y cultural del país. Aquí tienen su sede la Casa Real (en el castillo del Pardo, en el Norte de Madrid), las Cortes (el parlamento español), el gobierno, los ministerios, los partidos políticos, las organizaciones sindicales y las instituciones culturales y científicas más importantes.

1. *¿ Dónde está Madrid?*
2. *¿ Cuántos habitantes tiene Madrid?*
3. *¿ Qué territorio comprende la aglomeración madrileña?*
4. *¿ Qué edificios hay a lo largo de las calles y avenidas?*
5. *¿ Cuáles son los centros culturales más importantes de Madrid?*
6. *¿ De dónde tiene el Museo del Prado su nombre?*
7. *¿ Cuáles son las industrias más importantes de Madrid?*
8. *¿ Cuáles son los productos industriales más importantes de Madrid?*
9. *¿ Por qué es importante además Madrid?*

Lección cinco

5.1. En el vestíbulo del hotel

Susanne y Diego:

S — ¡Hola! ¡Diego! ¡Qué sorpresa!

D — ¡Susanne! ¡Qué casualidad! ¿Tú aquí, en Madrid?

S — Sí, ya ves. Me alegro mucho de verte por aquí. ¿Qué tal?

D — Muy bien, gracias. Y a ti, ¿cómo te va? ¿Bien?

S — Bien, gracias. Y a Manuela, ¿cómo le va a ella?

D — Bien, gracias. Y tú, ¿qué vas a hacer aquí en Madrid?

S — Voy a participar en un congreso. Soy huésped de la universidad.

D — Yo estoy reservando habitaciones. Tenemos invitados. Los Sánchez van a estar con nosotros unos días.

S — ¿Antonio y Teresa os van a visitar? Saludos de mi parte.

D — Gracias. ¿No deseas visitarnos? Te invito.

S — Gracias por tu invitación. La acepto con mucho gusto.

D — ¿A qué hora vas a estar libre? ¿A las siete y media?

S — Hoy no me es posible visitaros. Voy a estar ocupada hasta la noche.

D — ¿Y mañana?

S — Creo que voy a estar libre a eso de las cinco.

D — Pues vamos a esperarte por la noche, a las siete menos cuarto.

S — ¿Cuál es tu número de teléfono? ¿Puedes dármelo?

D — Te lo voy a anotar aquí. Te anoto mi dirección también. ¿Te indico el camino?

S — No es necesario. Voy a tomar un taxi. ¿Ya tienes habitaciones?

D — Sí, ya las tengo.

S — Bueno, adiós, Diego. Ahora tengo que subir.

D — Sí, es mediodía y me espera un cliente.

S — Mis recuerdos a todos. Me alegra mucho la idea de veros pronto.

D — Nosotros también nos alegramos de verte dentro de poco. Tenemos muchas fotos de nuestro viaje a Berlín. Te las vamos a enseñar. Hasta luego, Susanne.

1. ¿Quiénes son los dos que se saludan?
2. ¿Por qué está Diego en el hotel "Internacional"?
3. ¿Para cuándo invita Diego a Susanne?
4. ¿A qué hora va a visitar Susanne la familia de Diego?
5. ¿Qué escribe Diego?
6. ¿Por qué no es necesario indicarle a Susanne el camino?
7. ¿Adónde tiene que ir Susanne ahora?
8. ¿Por qué tiene que irse también Diego?
9. ¿Qué alegra a Susanne?
10. ¿Qué va a ver Susanne en casa de Diego?

5.2. En la habitación del hotel (1)

La camarera y la señora Sommer:

C — Ésta es su habitación, señora. ¿Le gusta?

S — Sí, me gusta mucho. Es bastante grande, clara y está bien amueblada.

C — El "Internacional" es un hotel de primera categoría.

S — Ya lo veo: aire acondicionado, teléfono, radio y televisión.

C — Nuestro hotel tiene todas las comodidades modernas.

S — Creo que voy a pasar aquí unos días muy agradables.

C — Le deseo también una estancia muy agradable en nuestra ciudad.

S — Gracias. ¿Dónde está el timbre para llamarla a usted?

C — A la izquierda de la puerta de entrada. Aquí lo tiene Ud.

S — Veo tres botones y tres símbolos. ¿Para qué son los tres?

C — Son para el camarero del piso, el mozo del hotel y la camarera.

S — Muy bien, gracias. ¿Hay papel de carta aquí?

C — El papel de carta y dos postales con vistas del hotel están sobre la mesa. ¿Necesita Ud. sellos para el extranjero?

S — No los necesito, gracias. Ya los tengo.

C — Debo ayudarla a meter su ropa en el armario? ¿O la mete Ud. misma?

S — Gracias. Voy a meterla después de escribir postales.

C — ¿Necesita Ud. algo más? ¿Otra almohada tal vez? ¿O le basta una?

S — ¿Otra almohada? No comprendo. Una almohada, ¿qué es eso?

C — ¿No comprende? Voy a explicárselo. Aquí, en su cama, hay una almohada.

S — ¡Ah! Ahora comprendo. No, gracias, una almohada me basta.

C — Está bien. Si no necesita nada más ¿me permite retirarme?

S — Desde luego. Tengo todo lo necesario. Muchas gracias por su amabilidad.

C — De nada, señora.

1. ¿Con quién habla la señora Sommer?

2. ¿Cómo es la habitación?

3. ¿De qué categoría es el hotel?

4. ¿Qué comodidades tienen las habitaciones?

5. ¿Cuántos botones hay para el servicio?

6. ¿Para qué son los botones?

7. ¿Qué desea la señora Sommer?

8. ¿Qué hay sobre la mesa de la habitación?

9. ¿Quién va a meter la ropa en el armario? ¿Cuándo?

10. ¿Qué palabra no comprende la señora Sommer?

5.A. Personalpronomen als indirektes und direktes Objekt
(Las formas átonas de los pronombres personales)

indirektes Objekt

me			mir
te			dir
le	escribe	er schreibt	ihm, ihr, Ihnen
nos			uns
os			euch
les			ihnen, Ihnen

direktes Objekt

me			mich
te			dich
lo	llama	er ruft	ihn, Sie
la			sie, Sie
nos			uns
os			euch
los			sie, Sie
las			sie, Sie

Zur Verdeutlichung kann in der 3. Person "a él", "a ella", "a Ud.", "a ellos", "a ellas", "a Uds." zu den entsprechenden Formen gesetzt werden.

Beachten Sie die Stellung der Pronomen:

no **lo** llama	er ruft ihn nicht
va a llamar**lo** *oder* **lo** va a llamar	er wird ihn gleich rufen
tiene que llamar**lo** *oder* **lo** tiene que llamar	er muß ihn rufen

E   leer → ¿Te (os, le, les) gusta leer?
   Sí, me (nos) gusta leer. / No, no me (no nos) gusta leer.

leer, viajar al extranjero, ir al teatro, escribir tarjetas, quedarse en casa

E

Sagen Sie, was Ihnen in Ihrer Stadt und an Ihrem Arbeitsplatz gefällt bzw. nicht gefällt! Sagen Sie, was sie gern tun und was Sie nicht gern tun!

E

Compro un diario y . . . leo. Tomo un formulario y . . . lleno. Recibo una invitación y . . . acepto. Compro una tarjeta y . . . escribo a mis compañeros. Llamo a mis compañeros y . . . invito. Compro algunas tarjetas y . . . miro. Saludo a algunas compañeras y . . . invito. Llamo por teléfono a mi compañero y . . . hablo de mi viaje. Invito a mis compañeros y . . . indico el camino. Saludo a los huéspedes y . . . enseño sus habitaciones.

E   la habitación → ¿Te (os, le, les) gusta la habitación?
   Sí, me (nos) gusta. / No, no me (no nos) gusta.

la habitación, el balcón, las tarjetas, los sellos, la radio, la televisión

---

E   leer los diarios → ¿Va Ud. a leer los diarios?
No tengo tiempo para leerlos.

leer los diarios, repasar las palabras nuevas, visitar a los compañeros, escribir a los amigos, comprar la radio, indicar el camino

5.B.   **Doppelpronomen** (los pronombres acumulados)

el museo / la biblioteca / los museos / las bibliotecas

me					
te					
se					
	lo /	la /	los /	las	enseña
nos					
os					
se					

"se lo enseña" kann heißen: „er, sie, es zeigt es ihm", „er, sie, es zeigt es ihr", „er, sie, es zeigt es ihnen", „er, sie, es zeigt es Ihnen".
Zur Verdeutlichung kann man Zusätze machen: "se lo enseña a él/a ella/a Ud./ a ellos/a ellas/a Uds.".

E

Mein Kollege kauft eine Ansichtskarte und zeigt sie mir. Ich kaufe Briefmarken und zeige sie ihm. Der Lehrer nimmt kubanische Zeitungen und gibt sie uns. Wir nehmen unsere Arbeiten und geben sie ihm. Unsere kubanischen Kollegen kaufen Ansichtskarten von ihrer Stadt und schicken sie uns. Wir machen Fotos von unserer Stadt und schicken sie ihnen.

5.C.   **Die Uhrzeit** (la hora)

¿Qué hora es? Wie spät ist es?
1.00 Es la una
1.05 Es la una y cinco
1.15 Es la una y cuarto
1.29 Es la una y veintinueve
1.30 Es la una y media
1.31 Son las dos menos veintinueve
1.45 Son las dos menos cuarto
1.55 Son las dos menos cinco
2.00 Son las dos
¿A qué hora llega el autobús?
2.20 Llega a las dos y veinte

E   ¿Qué hora es? / ¿Qué hora tiene (Ud.)?

1.25, 6.56, 10.15, 12.45, 9.33, 11.30, 7.18, 4.40, 8.50, 3.22, 6.17, 2.47, 7.21, 11.42, 2.55, 4.15

E   ¡Conteste a las preguntas!

¿A qué hora se va Ud. de casa? ¿A qué hora llega Ud. al trabajo? ¿A qué hora llegan sus compañeros? ¿Hasta qué hora trabajan Uds.? ¿A qué hora llega Ud. a casa? ¿A qué hora tienen Uds. cursos de español?

5.D.   Präsens von ver, dar, poder

ver(sehen)

veo	vemos
ves	veis
ve	ven

E   ver el timbre → ¿Ve Ud. (ven Uds., ves, veis) el timbre?
         Sí, lo veo (vemos).

ver el timbre, ver los símbolos, ver las postales, ver la almohada, ver las llaves

dar(geben)

doy	damos
das	dais
da	dan

E   dar los sellos → ¿Me da Ud. (dan Uds., das, dais) los sellos?
         Sí, se los doy (damos) en seguida.

dar los sellos, dar los diarios, dar las fotos, dar el bolígrafo, dar la hoja reglamentaria, dar las llaves

poder (können)

puedo	podemos
puedes	podéis
puede	pueden

E   poder comprar el coche
         → ¿Puede Ud. (pueden Uds., puedes, podéis) comprar el coche?
         Sí, puedo (podemos) comprarlo.

poder comprar el coche, poder llamar a la compañera, poder invitar a los amigos, poder tomar el metro, poder escribir la carta

5.3.   Repaso

Ich lerne gern Sprachen. Mir gefällt die spanische Sprache. Ich spreche sie noch nicht sehr gut.
Ich habe einen Freund in Kuba. Ich kaufe viele Zeitungen, lese sie und schicke sie ihm. Ich schreibe ihm auf Deutsch. Er schreibt mir auf Spanisch. Ich werde ihm gleich

schreiben. Ich werde ihn einladen. Unser Lehrer hat viele Fotos aus Kuba. Er zeigt sie uns gern. Sie gefallen uns.

Wir haben ausländische Gäste. Wir begrüßen sie. Wir kaufen Souvenirs und geben sie ihnen. Wir zeigen ihnen Sehenswürdigkeiten der Stadt. Wir erklären sie ihnen.

5.4. Los transportes de Madrid y la "Puerta del Sol"

Además de los autobuses y trolebuses, el madrileño toma el metropolitano para ir al centro o de un barrio a otro. El metro tiene muchas estaciones y sus líneas comunican las poblaciones de los alrededores de Madrid, los suburbios, con el centro comercial y los sectores industriales.

Cada mañana, decenas de miles de trabajadores y empleados toman también los trenes eléctricos para ir al trabajo. Como no tienen dinero suficiente, muchos madrileños tienen que vivir en los alrededores de la capital donde los alquileres son más baratos que en el centro. El metro y los trenes eléctricos son los medios de transporte urbanos más rápidos. Están casi siempre muy llenos pues, además del gran número de madrileños que los necesitan todos los días para llegar a sus fábricas y oficinas, hay otra cantidad importante de turistas que los toman para visitar los puntos de atracción.

La estación más importante del metro es la estación de la "Puerta del Sol". Está en la Plaza de la "Puerta del Sol", que es el punto más céntrico y más animado de toda la ciudad: pasan por ahí innumerables coches, autobuses y taxis, gritan los vendedores de periódicos y de lotería, esperan los limpiabotas a su clientela y hay siempre mucha gente, españoles y extranjeros de muchos países del mundo que se pasean, van al trabajo, regresan del trabajo, van de compras, toman fotos o esperan a otros.

La plaza de la "Puerta del Sol" es el punto de reunión preferido por todos. En la plaza desembocan diez grandes calles. Una de ellas es la Calle de Alcalá, la avenida principal de la capital española.

1. ¿Qué medios de transporte públicos hay en Madrid?
2. ¿Cuál es la importancia del metro y de los trenes eléctricos?
3. ¿Por qué no viven los trabajadores y empleados en el centro, cerca de sus oficinas y fábricas?
4. ¿Por qué están casi siempre llenos los medios de transporte públicos de Madrid?
5. ¿Por qué es importante la plaza de la "Puerta del Sol"?
6. ¿Cuál es la avenida principal de Madrid?

Lección de repaso 1

La señora Sommer habla de su familia, de Berlín y de la universidad

Soy de la República Democrática Alemana, la R.D.A. Mi nombre es Susanne.
Tengo 38 años de edad y soy casada, Mi marido se llama Reiner. Tiene 41 años.
Es ingeniero y trabaja en una fábrica metalúrgica de Berlín.
Mi familia no es numerosa. Tenemos dos hijas. Se llaman Annett y Katrin. Tienen
10 y 18 años de edad y son escolares. Tienen mucho que hacer. Estudian bien y con
mucho esmero. Después de hacer sus deberes, les gusta leer. Por eso las dos tienen
muchos libros.
Vivimos en Berlín, capital de la R.D.A. La ciudad está situada a orillas del Spree,
uno de los grandes ríos de la R.D.A. Berlín tiene muchas atracciones históricas y
modernas. Entre ellas destacan la Puerta de Brandenburgo, la Ópera Nacional,
la Ópera Cómica, la Biblioteca Nacional, la Universidad Humboldt, el Palacio
de la República — sede de la Cámara del Pueblo, el parlamento de la R.D.A. —
y la torre de televisión, símbolo nuevo de la ciudad de Berlín.
La plaza más céntrica y más preferida de Berlín es la plaza Alexanderplatz. En ella
desembocan algunas grandes calles. Una de ellas es la avenida Karl-Marx-Allee,
la primera calle socialista de Berlín.
La capital de la R.D.A. tiene más de un millón de habitantes. Es la primera ciudad
industrial de la R.D.A. y el centro político, administrativo, científico y cultural
del país.
Berlín tiene 9 barrios. Nuestra vivienda está en el barrio de Marzahn. Es moderna,
grande y muy hermosa. Pero el alquiler no es caro. En los países socialistas los
alquileres son baratos.
Tenemos una vivienda de tres habitaciones: cuarto de estar, dos dormitorios — uno
para los padres y otro para las hijas —, además cocina, cuarto de baño, vestíbulo
y un gran balcón de donde podemos ver una gran parte del barrio y de sus alrededores. Estamos muy contentos de nuestra vivienda y, también, de nuestro trabajo.
Yo soy científica y profesora. Trabajo en la sección de marxismo-leninismo de la
Universidad Humboldt de Berlín.
La Universidad Humboldt se halla en la avenida Unter den Linden, en el centro de la
ciudad. Aquí estudian más de 13.000 estudiantes. Es una universidad importante.
Existe desde 1810 (mil ochocientos diez). Delante de la entrada principal hay dos
estatuas. Son las estatuas de los hermanos Humboldt. Guillermo de Humboldt es el
fundador de la universidad. Su hermano es uno de los grandes científicos del siglo
19. En el monumento a Alejandro de Humboldt hay una inscripción en español: "Al
segundo descubridor de Cuba — la Universidad de la Habana".

E

1. Herr Marcos ist Spanier. Er ist aus Madrid. Er ist Spanischlehrer. Jetzt ist er in seinem Institut. Er ist mit seiner Arbeit zufrieden.

2. Frau Sommer ist aus Berlin. Sie ist Wissenschaftlerin. Sie ist die Mutter von Katrin und Annett. Katrin ist 18 Jahre alt, Annett 10. Frau Sommer ist sehr stolz auf ihre Töchter.

3. Katrin und Annett sind Schülerinnen. Sie sind sehr fleißig. Sie sind gute Schülerinnen. Die Lehrer sind zufrieden.

4. Carmen ist die Freundin von Miguel Marcos. Sie ist 25 Jahre alt. Sie ist Spanierin. Sie ist Angestellte. Jetzt ist sie in ihrem Büro. Ihr Büro ist im Stadtzentrum, 5 Minuten vom Bahnhof entfernt.

5. Ich bin aus der DDR. Ich bin Spanischstudent. Spanisch ist nicht sehr schwer. Jetzt bin ich in der Universität.

6. Wir sind Studenten. Wir sind 11. Wir sind nicht aus Leipzig, wir sind aus Berlin. Wir sind sehr beschäftigt. Heute sind wir nicht in der Universität, wir haben frei.

7. Aus welchem Land sind Sie? Sind Sie Kubaner? Sind Sie Spanischlehrer? Sind Sie zufrieden mit Ihrer Arbeit? Sind Sie sehr beschäftigt?

8. Bist du Sprachstudent? In welchem Jahr bist du? Bist du sehr fleißig? Wieviele Studenten seid ihr? Seid ihr alle aus Madrid? Habt ihr heute frei?

E

1. Sagen Sie, daß Sie (1. Singular, 2. Plural) morgens zur Arbeit gehen, nachdem Sie sich gewaschen haben, einen Kaffee getrunken haben und gefrühstückt haben.

2. Sagen Sie, daß Sie (1. Singular, 2. Plural) auf Ihrer Fahrt zur Arbeit Ihre Freunde sehen, daß Sie bei der Ankunft Ihre Kollegen begrüßen, daß Sie beim Essen von Ihrer Arbeit sprechen.

3. Sagen Sie, daß Sie (1. Singular, 2. Plural), bevor Sie weggehen, den Schlüssel Ihrer Kollegin geben, daß Sie, bevor Sie nach Hause gehen, einkaufen gehen, daß Sie, bevor Sie ins Bett gehen, etwas lesen.

E   leer los diarios
  → 1. ¿Lee Ud. los diarios? Sí, los leo. / No, no los leo.
  → 2. ¿Va Ud. a leer los diarios? Sí, los voy a leer (o: voy a leerlos). / No, no los voy a leer (o: no voy a leerlos).

leer los diarios, dar los diarios a los compañeros, aprender las palabras, escribir a los amigos extranjeros, mandar las tarjetas a los amigos, escribir al profesor, enseñar las fotos a los estudiantes, tomar el desayuno en casa.

Lección seis

6.1.   En la habitación del hotel (2)

La señora Sommer y una aprendiza:

S — ¡Adelante! La puerta no está cerrada.

A — Buenos días, señora. Ud. acaba de tocar el timbre. ¿Ud. desea?

S — ¿Es Ud. camarera, señorita? Acabo de hablar con otra señora.

A — Ud. acaba de hablar con la camarera del piso. Yo soy su ayudante. Soy aprendiza de camarera en el "Internacional".

S — Tengo una blusa sucia. ¿Cómo la mando a lavar?

A — La llevo ahora mismo. Todo lo hace la camarera: la lava y la plancha en un solo día.

S — Bueno. Otra cosa, señorita: Necesito algunas perchas, también otra toalla y jabón.

A — Voy a buscárselo en seguida.

S — ¿A qué hora son las comidas?

A — El desayuno de ocho a diez, la comida de una a tres y la cena de siete a nueve.

S — ¿Dónde está el comedor para desayunar?

A — El comedorcito de desayuno está abajo, junto al restaurante.

S — El desayuno, ¿es posible tomarlo en la habitación?

A — Claro que sí. ¿A qué hora lo desea tomar?

S — Quisiera mañana desayunar a las siete y media.

A — Voy a avisar al camarero del piso.

S — Mañana tengo que levantarme temprano. Haga el favor de despertarme por teléfono a las siete en punto.

A — De eso se encarga la central telefónica. Voy a avisarlos también.

S — Eso es todo, gracias. Por el momento no necesito nada más.

A — Si tiene algún deseo, basta tocar el timbre.

S — Tenga, para Ud.

A — Muchas gracias. Estoy siempre a sus órdenes. Hasta luego.

1. ¿Por qué entra la aprendiza de camarera en la habitación de la señora Sommer?
2. ¿Qué desea la señora Sommer?
3. ¿Cómo manda a lavar la señora Sommer su blusa?
4. ¿Qué más necesita la señora Sommer?
5. ¿A qué hora son las comidas?
6. ¿Dónde desea tomar la señora Sommer su desayuno?
7. ¿A qué hora tiene que levantarse la señora Sommer mañana?
8. ¿A qué hora desea tomar el desayuno mañana?
9. ¿A quiénes va a avisar la aprendiza?

6.2.   Una llamada telefónica

Una empleada y la señora Sommer:

E — Embajada de la República Democrática Alemana. Buenos días. ¿Ud. desea?

S — Buenos días. Haga el favor de comunicarme con el señor Beck.

E — ¿Con quién? ¿Con el señor Beck? Hoy no está presente. Está de viaje.

S — ¿Quién es su suplente?

E — La señora Lindner lo está reemplazando y también el Sr. Frank.

S — ¿Cuál de los dos es el encargado de los viajeros en misión oficial?

E — La Sra. Lindner. Pero ella también va a estar ausente toda la tarde.

S — ¡Qué lástima! Entonces voy a dejarle un recado. ¿Quisiera anotarlo, por favor?

E — Desde luego, señora, y voy a entregárselo.

S — Sírvase anotar que la señora Sommer acaba de llegar . . .

E — Voy a deletrear: S-o-m-m-e-r. ¿Correcto?

S — Sí . . . y que me hallo en el hotel "Internacional", habitación número setenta y siete . . .

E — Perdón, ¿qué número? ¿67?

S — Es el 77 . . . y que tengo la intención de visitarla mañana a las nueve.

E — . . . anuncia su visita para mañana . . . nueve.

S — Eso es todo. ¿Cuánto tiempo tarda el bus del hotel a la embajada?

E — Unos 30 minutos. El cobrador le indica la parada donde Ud. tiene que bajar.

S — ¿La embajada de la R.D.A. queda todavía en la calle de Tambre?

E — Sí, calle de Tambre, número 15, en el barrio Chamartín.

S — Muchas gracias por su amabilidad.

E — No hay de qué. Adios.

1. ¿Adónde llama por teléfono la señora Sommer?

2. ¿Por qué desea hablar la señora Sommer con el encargado de los viajeros en misión oficial?

3. ¿Cómo avisa la señora Sommer a la señora Lindner?

4. ¿Qué anotaciones escribe la empleada?

5. ¿Qué medio de transporte va a tomar la señora Sommer para ir a la embajada?

6. ¿Dónde está la embajada de la R.D.A. en España?

6.A.   Interrogativadverbien, -pronomen und -adjektive
(Los adverbios, pronombres y adjetivos interrogativos)

¿cuándo?	wann?
¿desde cuándo?	seit wann?
¿hasta cuándo?	bis wann?
¿dónde?	wo?
¿adónde?	wohin?
¿de dónde?	woher?
¿cómo?	wie?

¿qué?	was?, welcher?, welche?, welches?
¿por qué?	warum?
¿quién?, ¿quiénes?	wer?
¿cuál?, ¿cuáles?	welcher?, welche?, welches?
¿cuánto?, ¿cuánta?	wieviel?
¿cuántos?, ¿cuántas?	wieviele?

Beachten Sie:

¿**Qué ciudad** va Ud. a visitar?

¿**Qué idioma** habla Ud.?

"¿Qué?" = welcher? steht unmittelbar vor dem Substantiv.

¿**Cuál de estas ciudades** va Ud. a visitar?

¿**Cuáles de estos idiomas** habla Ud?

"¿Cuál?", "¿cuáles?" = welcher? wird verwendet, wenn eine Auswahl zu treffen ist.

E   Stellen Sie einem ausländischen Gast Fragen!

Fragen Sie ihn:

— wie es ihm geht,
— wie er heißt,
— welchen Beruf er hat,
— aus welcher Stadt er ist,
— wo er wohnt,
— wieviele Zimmer er hat,
— in welchem Stock seine Wohnung ist,
— seit wann er in der DDR ist,
— welches seine Wünsche sind,
— mit wem er sprechen möchte.

6.B.   **acabar de + Infinitiv**

La señora Sommer **acaba de llegar**.		Frau Sommer ist *gerade/eben angekommen*.	
acabo		ich bin	
acabas		du bist	
acaba	de llegar	er, sie, es ist	eben angekommen
acabamos		wir sind	
acabáis		ihr seid	
acaban		sie sind	

E   visitar el museo → ¿Va Ud. a visitar el museo? Acabo de visitarlo.

visitar el museo, inscribirse, comprar las tarjetas, escribir a su mujer, invitar a los compañeros, enseñar las fotos a los compañeros, tocar el timbre, lavar una blusa, dejar un recado, anunciar su visita

E   Sagen Sie, was Sie (der Lehrer, die Kollegen) eben gemacht haben und gleich tun werden!

6.C.   Die Zahlen von 101 bis 1.000.000.000

101	ciento uno, una	1.000	mil
102	ciento dos	1.001	mil uno, una
125	ciento veinticinco	1.002	mil dos
200	doscientos, -as	2.000	dos mil
300	trescientos, -as	100.000	cien mil
400	cuatrocientos, -as	200.000	doscientos, -as mil
500	quinientos, -as	1.000.000	un millón
600	seiscientos, -as	1.500.000	un millón y medio
700	setecientos, -as	2.000.000	dos millones
800	ochocientos, -as	1.000.000.000	mil millones
900	novecientos, -as		

Beachten Sie:

mil habitantes   tausend Einwohner
un millón **de** habitantes   eine Million Einwohner

E   ¡Lea los números!
1.980, 3.826, 7.901, 21.566, 33.781, 55.333, 99.204, 4.505.742, 918.654, 734.508, 337.856, 450.387, 670.255

E   560 Formulare, 670 Radios, 105 Städte, 201 Fabriken, 785 Autos, 580 Kilometer, 250 Fotos, 410 Ansichtskarten, 15.500 Studenten, 150.000 Zeitungen, 13.750 Wörter, 1.000.000 Wohnungen, 2.500.000 Zimmer, 4.000.000 Einwohner

E   ¿Cuántos son 100 :10? → Cien entre diez son diez.
100 : 10, 550 : 5, 960 : 3, 880 : 10, 700 : 2, 660 : 6, 999 : 3, 420 : 20, 15.000 : 2, 25.500 : 3, 32.000 : 16, 90.000 : 45, 88.000 : 8

E   ¡Conteste a las preguntas!
¿A cuántos kilómetros de Berlín está su ciudad?
¿Cuántos habitantes tiene?
¿Cuántos habitantes tiene la R.D.A.?
¿Cuántos habitantes tiene la capital de la R.D.A.?
¿En qué año estamos?

6.D.   Präsens von hacer

hacer (tun, machen)

hago	hacemos
haces	hacéis
hace	hacen

E   hacer ejercicios → ¿Hace Ud. (hacen Uds., haces, hacéis) ejercicios?
          Sí, hago (hacemos) ejercicios.

hacer ejercicios, hacer preguntas, hacer traducciones, hacer muchos viajes, hacer muchas visitas

6.E.   Das spanische Alphabet (El alfabeto español)

a	b	c	ch	d	e	f	g	h		i	j	k	l	ll	m	n
a	*be*	*ce*	*che*	*de*	*e*	*efe*	*ge*	*hache*		*i*	*jota*	*ka*	*ele*	*elle*	*eme*	*ene*

ñ		o	p	q	r	rr	s	t	u	v	w		x	y		z
eñe		*o*	*pe*	*cu*	*ere*	*erre*	*ese*	*te*	*u*	*uve·*	*doble ve*		*equis*	*ye (i griega)*		*zeta*

Beachten Sie:

la a, **la** b etc. das A, das B usw.

a   a minúscula
A   a mayúscula

E   ¡Deletree su nombre, su apellido, su dirección, la calle de su escuela (universidad)!

6.F.   Farbadjektive

amarillo, -a, -os, -as	gelb
blanco, -a, -os, -as	weiß
negro, -a, -os, -as	schwarz
pardo, -a, -os, -as	braun
rojo, -a, -os, -as	rot
azul, -es	blau
gris, -es	grau
verde, -s	grün

E

ein schwarzer Koffer, ein brauner Kugelschreiber, eine rote Bluse, ein grünes Handtuch, ein gelbes Kissen, ein graues Auto, ein blauer Autobus, ein weißes Haus
braune Aktentaschen, gelbe Schränke, weiße Handtücher, grüne Kissen, schwarze Kugelschreiber, blaue Briefe, graue Gebäude, rote Autos

6.3.   Repaso

Ich habe eben in der Bibliothek gearbeitet. Jetzt bin ich in der Universität. Ich habe eine Spanischstunde. Ich werde gleich mit dem Lehrer sprechen.
Wir haben eben die ausländischen Gäste begrüßt. Jetzt sind wir im Hotel. Wir werden gleich essen.

Frau Sommer ist gerade ins Hotel zurückgekommen. Sie ist in ihrem Zimmer. Sie wird gleich in die Halle hinuntergehen. Die ausländischen Gäste sind gerade im Hotel angekommen. Sie sind in der Halle. Sie haben viel Gepäck. Sie werden sich gleich einschreiben.

6.4.   La "Gran Vía"

La "Gran Vía" está situada en el centro de Madrid. Es la más grande de las avenidas de Madrid y comunica la calle de Alcalá con la ciudad universitaria. Es un moderno centro comercial, un lugar para ir de compras, mirar los escaparates, tomar un cocktail o ir al cine. En la "Gran Vía" están los más grandes almacenes, los mejores restaurantes, cafés y bares y la mayoría de los locales de espectáculos de la capital española.

Aquí los almacenes presentan con mucha propaganda toda clase de artículos; los cines anuncian en grandes carteles ilustrados las películas de producción española y extranjera; las agencias de viajes tratan de llamar la atención del público con sus atractivas descripciones de muchos países extranjeros que esperan a los turistas; los restaurantes tienen toda clase de platos nacionales y extranjeros; los cafés y los bares prometen muchos refrescos y un ambiente agradable. A todo lo largo de la "Gran Vía" hay siempre un movimiento permanente de coches y de gente, tanto bajo el cielo azul del día madrileño como a la luz de la intensa propaganda luminosa del Madrid nocturno. El viajero que visita la Calle de Alcalá, la Gran Vía y las otras calles y avenidas del centro comercial madrileño observa que Madrid es una ciudad moderna, imponente y animada.

Pero después de caminar por las calles laterales tiene la impresión de que la capital española reúne lo moderno con lo antiguo y la riqueza con la pobreza: altos edificios de numerosos pisos y monumentos antiguos; el lujo de la gente rica y la vida miserable de los limpiabotas, vendedores de lotería, mendigos, viejos y desempleados.

1. *¿ Dónde está situada la "Gran Vía"?*
2. *¿ Cuál es la importancia de la "Gran Vía"?*
3. *¿ Cómo tratan de llamar la atención del público los almacenes, los cines y las agencias de viajes?*
4. *¿ Qué hay en los cafés, bares y restaurantes?*
5. *¿ Qué impresión tiene el viajero que visita Madrid?*
6. *¿ Quiénes son los que viven en la pobreza?*

Lección siete

7.1.   Camino al almuerzo

El señor Marcos y la señora Sommer:

M — Buenos días, señora Sommer. Aquí me tiene. ¿Qué tal su habitación?

S — Es hermosa y muy confortable. Muchas gracias por la reservación.

M — No vale la pena hablar de eso. Pero Ud. está buscando algo. ¿Puedo ayudarla?

S — Estoy buscando mi llave para dársela al recepcionista.

M — ¿No está aquí, en la mesita, al lado de las revistas ilustradas?

S — ¡Sí, allí está!

M — ¿Me excusa, señora Sommer? Vengo con unos minutos de retraso.

S — No importa. Sé que el tráfico del mediodía siempre es intenso.

M — Es la una y cuarto. Si Ud. quiere, vamos a comer. ¿De acuerdo?

S — De acuerdo. ¿Y adónde vamos? ¿Al restaurante del hotel?

M — Sí. La cocina del "Internacional" tiene muy buena reputación.

S — Bueno. Vamos a ver si la gastronomía es también de primera.

M — Ya llegamos al restaurante. Sírvase pasar adelante.

S — No veo ninguna mesa libre. Es una lástima. ¿Qué hacemos?

M — Ud. tiene razón. Todas las mesas están ocupadas. Pero delante de la sala hay una terraza. Por aquí, por favor.

S — ¡Qué terraza más bonita! Y hay todavía algunas mesas libres.

M — ¿Le gusta esta mesa?

S — Sí, me gusta, gracias. Desde aquí voy a disfrutar de la vista hermosa de la avenida.

M — Ud. va a gozar también de la buena cocina española.

S — Sin duda.

M — No sé dónde poner mi sombrero y mi abrigo, ¿sabe Ud.? Voy al vestíbulo para dejarlos en el guardarropa. ¿Me excusa?

S — ¡Naturalmente! Ahora no tenemos prisa. Hay tiempo de sobra.

1. *¿Por qué viene el señor Marcos con unos minutos de retraso?*
2. *¿Por qué está contenta la señora Sommer de su habitación?*
3. *¿Qué quieren hacer los dos compañeros?*
4. *¿Por qué no comen en el restaurante del hotel?*
5. *¿Dónde hay todavía algunas mesas libres?*
6. *¿De qué disfrutan los dos compañeros en la terraza?*
7. *¿Por qué se marcha el señor Marcos?*

7.2. Almuerzo en la terraza

El señor Marcos y la señora Sommer:

M — Aquí tiene Ud. el menú. ¿Quisiera Ud. comer a la lista?

S — No sé. A ver lo que hay como menú del día: "Sopa de tomate ... bistec de ternera ... patatas fritas ... fruta variada". ¿Qué le parece?

M — ¿No quiere ordenar comidas típicas españolas?

S — Sí, algo español, algún plato del país. Pero, yo no sé qué escoger. Tenga la bondad de ayudarme, señor Marcos.

M — Con mucho gusto. ¿Me pasa la lista, por favor? Voy a ver.

S — Aquí la tiene. Me es muy difícil leer sin diccionario una lista de platos tan larga.

M — Ya está. Le propongo tomar de entrada — sopa de gambas; de plato principal — paella a la valenciana; y de postre — ensalada de fruta y helado de vainilla con crema; además café y coñac o licor para Ud.

S — Estupendo. Su propuesta me gusta mucho, pero no sé lo que es gamba.

M — La gamba es un producto del mar. Se puede decir también: langostino.

S — En el extranjero hay que comer los platos del país para hacerse una idea de ellos.

M — Sí, eso es. ¿Qué bebida desea Ud.? Vamos a ver qué babidas hay: vino, cerveza, jugo de fruta, agua mineral. ¿Qué quisiera tomar, señora Sommer?

S — Voy a tomar vino: vino tinto con la paella.

M — ¿Dónde está el camarero? ¿Lo ve Ud.?

S — Está detrás de Ud. Está anotando algo. Tiene mucho que hacer. Todos están comiendo o esperando sus platos. Paciencia, señor Marcos.

M — Voy a dar unas palmadas para llamarlo. Ya viene el camarero, ¿lo ve?

1. ¿Dónde leen los dos compañeros los platos que hay?
2. ¿Qué hay como menú del día?
3. ¿Qué quisiera comer la señora Sommer?
4. ¿Qué propone el señor Marcos?
5. ¿Qué es una gamba?
6. ¿Qué bebidas hay?
7. ¿Qué bebidas va a tomar la señora Sommer?
8. ¿Cómo llama el señor Marcos al camarero?

7.A. Präsens der Verben haber, saber, decir, venir, poner, querer

haber	(haben)	**saber**	(wissen, können)	**decir**	(sagen)
	(*Hilfsverb*)				
he	hemos	sé	sabemos	digo	decimos
has	habéis	sabes	sabéis	dices	decís
ha	han	sabe	saben	dice	dicen

venir	(kommen)	**poner**	(setzen, stellen, legen)	**querer**	(wollen)
vengo	venimos	pongo	ponemos	quiero	queremos
vienes	venís	pones	ponéis	quieres	queréis
viene	vienen	pone	ponen	quiere	quieren

ebenso:

proponer

componer (zusammensetzen)

exponer (ausstellen)

E   saber idiomas extranjeros

→ ¿Sabe Ud. (saben Uds., sabes, sabéis) idiomas extranjeros?

Sí, sé (sabemos) idiomas extranjeros.

No, no sé (sabemos) idiomas extranjeros.

saber idiomas extranjeros, saber el inglés, dar clases de alemán, venir de una gran universidad, venir de La Habana, hacer muchos ejercicios, decir muchas cosas en español, querer aprender más, hacer muchas preguntas, poder estudiar otros idiomas, poner su abrigo en el guardarropa

E

Woher kommen Sie? Kommen Sie aus dem Hotel? — Ich komme nicht aus dem Hotel, ich komme aus der Botschaft.

Wohin gehen Sie? Gehen Sie ins Museum? — Ich gehe nicht ins Museum, ich gehe in die Universität.

Was machen Sie in der Universität? Geben Sie Spanischunterricht? — Ich gebe keinen Spanischunterricht, ich gebe Englischunterricht.

Was machen Sie im Unterricht? — Ich mache viele Übungen mit den Studenten.

Was sagen Sie den Studenten? — Ich sage ihnen, daß es notwendig ist, Sprachen zu lernen.

Welche Sprachen können Sie? Können Sie Deutsch? — Ich kann nicht Deutsch, ich kann Spanisch und Englisch.

Sehen Sie Ihre französischen Kollegen? — Ich sehe sie in der Universität.

Können Sie mir sagen, wo das Museum ist? — Ich kann es Ihnen nicht sagen. Ich weiß es nicht.

Wohin wollen Sie am Abend fahren? — Ich will ins Kino fahren.

7.B.   Gebrauch von poder und saber (El empleo de "poder" y "saber")

En la universidad **puedo** estudiar idiomas.

In der Universität kann ich Sprachen studieren. (*Möglichkeit*)

Sé leer textos españoles.

Ich kann spanische Texte lesen. (*Fähigkeit*)

E

Können Sie das Radio kaufen? — Ich kann es nicht kaufen, ich habe kein Geld.
Können Sie die Speisekarte lesen? — Ich kann sie nicht lesen, ich kann nicht gut
Spanisch.
Können Sie mich besuchen? — Ich kann Sie nicht besuchen, ich habe keine Zeit.

7.C.   Verlaufsform (estar + Gerundium)

*Estoy busc***ando** mi llave. Ich suche (gerade) meinen Schlüssel.
Todos *están com***iendo**. Alle essen (gerade).

E   ¿Van Uds. a estudiar el texto?
→ Ya estamos estudiándolo (o: Ya lo estamos estudiando).

¿Van Uds. a estudiar el texto?
¿Va Ud. a aprender las nuevas palabras?
¿Va el señor Marcos a escoger los platos?
¿Va el señor Marcos a dar la lista a la señora Sommer?
¿Van los señores a llamar al camarero?
¿Va Ud. a hacer los ejercicios?
¿Va Ud. a informarse?
¿Van Uds. a escribir las palabras?

E

¿Qué está Ud. haciendo?
¿Qué está haciendo su madre (su padre, su hermano, su hermana, su hijo, su hija,
su mujer, su marido, el profesor)?
¿Qué están haciendo sus compañeros (sus amigos, los huéspedes extranjeros)?

7.D.   Interrogativadverb qué beim Ausruf

¡Qué terraza más bonita! Welch hübsche Terrasse!

E   curso interesante → ¡Qué curso más interesante!

habitación	amable
abrigo	bonito
instituto	confortable
tráfico	fácil
camarero	grande
lectura	intenso
lengua	interesante

---

4   Lehrb. span. Spr.

7.3. Repaso

Ich komme von zu Hause. Ich will zum Bahnhof fahren. Ich nehme den Bus. Am Bahnhof sehe ich die ausländischen Gäste. Sie steigen gerade aus dem Zug. Ich begrüße sie. Ich frage sie, wie es ihnen geht. Ich sage ihnen, daß ich mich freue, sie zu sehen. Ich schlage den Gästen vor, ins Hotel zu fahren. Ich kann mit ihnen fahren. Ich weiß, daß sie Zimmer im Hotel „Stadt Berlin" haben. Welch modernes Hotel!
Wir . . .
Mein Freund . . .
Meine Freunde . . .

7.4. Las comidas

El desayuno es la primera comida del día. Los españoles desayunan poco y toman un desayuno más o menos ligero. Toman un café con leche y azúcar o una taza de té, un vaso de leche — pura o con chocolate — o un vaso de jugo de fruta. Con el café los españoles comen panecillos o pan tostado con mantequilla, jamón, queso o mermelada; con el té o la leche comen bizcochos, galletitas o churros. Pero hay también personas que comen más abundante por la mañana: huevos de diferentes maneras, tortillas, embutido o bistec.
El almuerzo es la comida del mediodía. Los españoles la toman entre las doce del día y las dos de la tarde. Es una de las comidas principales del día. En general, tiene también un carácter ligero. El menú comprende sopa, un plato de huevos, de pescado o de carne y fruta.
La merienda es una comida ligera que se toma en la tarde, entre las cuatro y las seis. En esa ocasión los españoles toman una taza de café o de té, un cacao o un zumo con bizcochos, churros o toda clase de pasteles o bocadillos.
La cena es la comida de la noche. Es abundante. Los españoles y muchos hispano-americanos también cenan entre las ocho y las diez de la noche. La cena se compone de mayor número de platos que el almuerzo. En los restaurantes, el menú (o la lista de platos) presenta toda clase de entremeses — sopas y ensaladas —, de platos principales (o fuertes) — a base de carne o de pescado —, de legumbres y de postre — queso, fruta, dulces, pastas, cafés, etc.
Después de la comida (del mediodía o de la noche) hay siempre un café muy cargado, y, también, una copita de coñac para los caballeros o de licor dulce para las señoras.
En las comidas, los españoles no olvidan nunca comer pan y beber un vaso de vino, tinto por lo general, que toman con o sin agua fresca.

1. ¿Cómo desayunan los españoles?
2. ¿De qué se compone un desayuno más fuerte?
3. ¿Cómo se llama la comida del mediodía?
4. ¿Qué comprende un almuerzo en los restaurantes?
5. La merienda, ¿qué es?
6. ¿De qué se compone una cena en los restaurantes?
7. ¿Qué toman los españoles después de la comida?
8. ¿Qué beben los españoles en cada comida?

Lección ocho

8.1. Hablando de comidas

La señora Sommer y el señor Marcos:

S — ¿Puede Ud. hablarme de las comidas diarias que hay en España?

M — ¡Ajá! Veo que a Ud. le interesan nuestras costumbres gastronómicas.

S — Muchísimo. Tengo interés por la cocina española y deseo familiarizarme con las costumbres del país.

M — Para muchos españoles la comida principal es la cena, que es la comida de la noche.

S — ¿Y por qué estamos comiendo un almuerzo tan fuerte a mediodía?

M — Solamente por respetar el modo de almorzar en su país.

S — No hace falta. Yo creo que comer a la española es la mejor manera de hacerse una idea de las costumbres nacionales. ¿De qué se compone un almuerzo español?

M — En general comemos algo ligero, por ejemplo: ensalada, una tortilla o un bocadillo de queso o de jamón, y un poco de fruta. A veces comemos también un poco de carne o de pescado y, de vez en cuando, tomamos una sopa.

S — ¿Y qué hay en el desayuno?

M — Por la mañana, antes de salir de casa, comemos mucho menos aún: un huevo, una o dos tostadas, y bebemos una naranjada, café, leche o té. A veces yo tomo sólo un café solo y no como nada. Salgo muy temprano y por la mañana no tengo mucha hambre.

S — Yo tampoco. ¿Oye Ud. la música? Es muy alegre, ¿verdad?

M — La oigo. No está mal. ¡Qué ritmo! ¿Eh?

S — Sí. El pianista sabe tocar muy bien el tango argentino.

M — Ahora viene nuestro café.

S — Para mí con azúcar y mucha crema, ¿bueno?

M — Como Ud. quiera. ¡Camarero! El café de la señora con crema y azúcar, por favor. ¿Me disculpa unos minutos, señora Sommer? Tengo que dar una llamada.

S — No tiene por qué apresurarse. Aquí no me aburro.

1. *¿Con qué cosa quiere familiarizarse la señora Sommer?*
2. *¿Por qué escoge el señor Marcos una comida fuerte a mediodía?*
3. *¿De qué se compone un almuerzo en España?*
4. *¿Qué comprende el desayuno español?*
5. *¿Cómo come a veces el señor Marcos por la mañana?*
6. *¿Qué están oyendo los dos compañeros?*
7. *¿Con qué terminan los dos compañeros la comida?*
8. *¿Por qué se disculpa el señor Marcos?*

8.2. Bacalao a la vizcaína

El camarero y unos turistas extranjeros:

C — Buenos días. ¿Qué desean los señores? ¿Van a comer?

T — Sí. Venimos del restaurante y allí ya no hay mesas libres.

C — Tengo para Uds. una mesa que les va a gustar.

T — Gracias, aquí estamos bien. ¿Nos trae la lista de platos, por favor?

C — Un momento, por favor. Aquí la tiene Ud.

T — Gracias. ¿Y la lista de vinos?

C — En seguida se la traigo. Aquí la tiene Ud.

T — ¿Puede Ud. recomendarnos algo? Quisiéramos comer algo típico, pero no sabemos tanto español como para orientarnos por la lista.

C — Les puedo recomendar hoy un plato de pescado: bacalao a la vizcaína.

T — ¿Bacalao a la vizcaína? ¿Qué clase de plato y de qué región es?

C — Se trata de un plato vasco. Es original de la región de Bilbao, una ciudad del norte de España, al golfo de Vizcaya.

T — ¿No hay que andarse con cuidado con el pescado aquí en Madrid? Estamos en el interior del país, bastante lejos del mar y no tenemos ganas de caer enfermos.

C — No hay nada que temer. El pescado viene a la capital por avión. No cabe duda, pues, de que nuestro pescado está fresco.

T — Su explicación nos tranquiliza. Entonces, bacalao ¿a la ...?

C — ... vizcaína. ¿Quisieran tomar una sopa? Sopa de cangrejo, tal vez.

T — Sopa, no. De entrada, tráiganos solamente un poco de ensalada de mariscos con tostadas.

C — Puedo recomendarles también un queso típico del país, un manchego. Es de primera calidad. Lo comemos muy a menudo.

T — Manchego, sí. ¿Puede Ud. traernos también una botella de vino de Rioja y una garrafa de limonada para las niñas?

C — Por supuesto, en seguida.

1. ¿Dónde está el señor Marcos?
2. ¿Qué hace la señora Sommer?
3. ¿Quiénes llegan?
4. ¿Qué tiene que traer el camarero?
5. ¿Cómo quieren comer los turistas?
6. ¿Por qué no se orientan los turistas ellos mismos?
7. ¿Qué plato les puede recomendar el camarero?
8. ¿Qué comen los turistas antes y después del plato fuerte?
9. ¿Qué bebidas toman los turistas?

8.A. Präsens der Verben caber, salir, oír, caer, traer

caber	(hineinpassen)	**salir**	(hinausgehen)	**oír**	(hören)
quepo	cabemos	salgo	salimos	oigo	oímos
cabes	cabéis	sales	salís	oyes	oís
cabe	caben	sale	salen	oye	oyen

caer	(fallen)	**traer**	(bringen)
caigo	caemos	traigo	traemos
caes	caéis	traes	traéis
cae	caen	trae	traen

E salir temprano → ¿Sale Ud. (salen Uds., sales, salís) temprano?
Si, salgo (salimos) temprano. / No, no salgo (salimos) temprano.

salir temprano, salir todos los días, oír el ruido de los coches, venir en coche, traer a sus compañeros, caber todos en el coche, caer a veces enfermo

8.B. oír/escuchar, ver/mirar

„hören" = oír, escuchar
Oigo el ruido   Ich höre den Lärm (*passiv*)
Escucho la radio   Ich höre Radio (*aktiv*)
„sehen" = ver, mirar
Veo a mi amigo   Ich sehe meinen Freund (*passiv*)
Miro por la ventana   Ich sehe aus dem Fenster (*aktiv*)

E

Ich höre jeden Abend Radio. Ich höre gern Musik. Hören Sie die Musik? – Ja, ich höre sie sehr gut. Wenn auf der Straße viele Autos fahren, höre ich nicht sehr gut. Im Unterricht muß man gut zuhören.
Sehen Sie Frau Sommer oft? Ich sehe sie manchmal in der Universität. Manchmal sehen wir uns Fotos an. Frau Sommer sieht nicht gut.

8.C. ir/venir, llevar/traer

Voy a casa de mi amigo.   Mi amigo viene a verme.
Le llevo mis revistas.   Me trae sus revistas.
(*Sprecher* →)   (→ *Sprecher*)

E

Mein Kollege besucht mich oft. Er bringt mir die Briefe seiner ausländischen Freunde. Manchmal bringt er Freunde mit. Ich besuche ihn manchmal. Ich bringe ihm Bücher und Zeitschriften. – Ich bringe die Freunde ins Museum.
Können Sie mir ein spanisches Gericht bringen? Ich kann Ihnen eine paella bringen.
Können Sie die Zeitschrift Ihrem Kollegen bringen?
Ich kann sie ihm nicht bringen, ich habe keine Zeit.

8.D. andar/ir

andamos por las calles   vamos al restaurante
andamos dos horas diariamente
(*ohne Ziel*)   (*mit Ziel*)

E ¡Forme frases!

Ando por las calles.　　　　　　　Voy a la universidad.
Ando . . .　　　　　　　　　　　　Voy . . .

E

Wir sind eben durch das Stadtzentrum gegangen. Jetzt gehen wir einkaufen. Wir gehen ins Kaufhaus.
Die Touristen gehen ins Museum. Sie gehen durch die Säle. Dann gehen sie einen Kaffee trinken.
Mein Sohn ist ein Jahr alt. Er kann schon laufen. Er läuft durch die Wohnung.

8.E.　Die Subjektformen der Personalpronomen (El pronombre personal sujeto)

yo	ich	nosotros, -as	wir
tú	du	vosotros, -as	ihr
él	er, es	ellos	sie
ella	sie, es	ellas	sie
usted	Sie	ustedes	Sie

En el almuerzo comemos algo ligero. | Nosotros en el almuerzo comemos mucho más.
Mittags essen wir etwas Leichtes. |
Wir essen mittags viel mehr.
(*Hervorhebung, Gegenüberstellung*)

E

Mein Kollege lernt Französisch. Ich lerne Spanisch. Und du? Welche Sprache lernst du? Lernst du Deutsch?
Meine Kollegen lesen französische Zeitschriften. Wir lesen Zeitschriften aus Kuba. Und ihr? Lest ihr Zeitschriften aus der DDR?
Herr Marcos und seine Frau sind Spanier. Er ist aus Barcelona, sie aus Madrid. Und Sie? Woher sind Sie? Sind Sie aus Madrid?

8.3.　Repaso

Ich gehe von Zuhause los. Ich gehe ins Stadtzentrum. Ich gehe durch die Straßen. Ich betrachte die Schaufenster. Ich sehe viele interessante Dinge. Ich höre den Lärm der Autos. Ich besuche meinen Freund. Ich bringe ihm Zeitschriften. Er wohnt im Zentrum. Ich wohne in einem Vorort.
Wir . . .
Mein Freund verläßt das Haus. Er geht ins Museum. Er geht durch die Säle. Er sieht die Bilder an. Er hört dem Angestellten zu. Er hört nicht gut. Er kauft den Katalog. Er wird ihn mir bringen.
Meine Freunde . . .

8.4.   Platos típicos españoles

En cuanto a los platos típicos de la cocina española hay que mencionar en primer lugar el puchero. (Se puede decir también: la olla podrida o el cocido (madrileño).) "Es el plato nacional, comido todos los días, por todos, en todo el país. El puchero es, respecto al arte culinario, lo que es, respecto a la literatura, una antología: hay un poco de todo y de lo mejor ... En realidad es más bien una comida que un plato: por eso, muchos no comen otra cosa; un buen puchero y una botella de Valdepeñas pueden bastar a cualquiera". (Suárez de Figueroa)
El puchero se compone de carne de vaca, de pollo, garbanzos (siempre el ingrediente de base), patatas, verduras y de jamón, tocino y también chorizo.
En segundo lugar está la famosa tortilla. Por lo general, los españoles la preparan de huevos batidos, patatas y cebollas, pero hay muchos otros ingredientes y modos de prepararla porque su preparación depende de la región del país y de la fantasía y de la habilidad de cada ama de casa. Los españoles comen tortillas tanto por la mañana como por la tarde, tanto en los restaurantes como en casa, tanto de viaje como en el campo, donde son una comida preferida por los campesinos durante las duras faenas agrícolas.
En tercer lugar, la paella (valenciana) es una comida estimada no solamente en su región de origen — Valencia —, sino también en el resto del país. Es una comida fuerte que se compone de arroz (siempre la materia prima) y de toda clase de carne, mariscos y legumbres.
Además existen muchos otros platos típicos de la cocina española, p.e. los gazpachos de Andalucía, una sopa fría a base de aceite, agua, pan, sal, vinagre, pimentón y tomate; y los numerosos modos de preparar — a la española — toda clase de pescado (guisado y frito) y de mariscos.

1. *¿Cuál es el primer plato nacional de los españoles?*
2. *¿Qué nombres tiene?*
3. *¿Con qué palabras describe Suárez de Figueroa el puchero?*
4. *¿De qué se compone el puchero?*
5. *¿Qué vino beben muchos españoles con el puchero?*
6. *¿Qué plato nacional hay que mencionar en segundo lugar?*
7. *¿Cómo preparan las españolas las tortillas?*
8. *¿Cómo se llama otra comida muy estimada y dónde tiene su origen?*
9. *¿De qué se compone la paella?*
10. *¿Qué otros platos típicos hay en España y de qué ingredientes se componen?*

Lección nueve

9.1. **Un joven matrimonio (1)**

Juanita y José:

Ju — ¿Qué tienes, José? ¿A quién haces señas con la mano?

Jo — Estoy viendo a una vendedora de flores. Está allí. Quisiera comprarte un ramillete.

Ju — Oh, es encantador de tu parte. Eres muy atento y el mejor marido del mundo.

Jo — Puedes escoger: ¿Te gusta este ramillete?

Ju — Estas rosas están muy bonitas.

Jo — ¿Y ésas?

Ju — Esas, no. Ya están demasiado abiertas y empiezan a marchitarse.

Jo — Pues, ¿éstas tres te gustan?

Ju — Sí, éstas me gustan muchísimo.

Jo — Si a ti te gustan entonces son tuyas, querida.

Ju — Muchas gracias, José. Te quiero tanto.

Jo — Tenga, señorita, la vuelta es para Ud. — El camarero ya nos está trayendo el aperitivo. Gracias. A tu salud, querida. Aquí tienes también aceitunas y queso. Esto abre el apetito. ¿Qué tal te parece este aperitivo?

Ju — Está muy bueno. Me gusta mucho. Creo que es mejor que ese aperitivo de ayer por la tarde, ¿eh?

Jo — Sí. Éste es excelente, mucho mejor que ése de ayer. Voy a anotar esta marca. ¿Es tuyo ese bolígrafo?

Ju — No, no es mío. No sé de quién es. Del camarero o de otro huésped tal vez.

Jo — Puede ser. Ahora vamos a comer algo. Tengo hambre y cuando veo los platos se me hace agua la boca.

1. ¿Dónde está el matrimonio?
2. ¿Por qué hace señas José con la mano?
3. ¿Qué compra José?
4. ¿Qué toman los dos?
5. ¿Qué comen Juanita y José con el aperitivo?
6. ¿Les gusta el aperitivo? ¿Qué dicen de él?
7. ¿Por qué necesita José un bolígrafo?

9.2.   Un joven matrimonio (2)

Juanita y José:

Ju — ¿No quieres probar una de estas manzanas como postre? Las manzanas están realmente deliciosas.

Jo — No, nada más, gracias. Estoy satisfecho.

Ju — Y ahora, ¿qué hacemos? ¿No tienes ganas de dar un paseíto?

Jo — Con mucho gusto. ¿Vamos al Jardín Botánico?

Ju — Como quieras. De paso puedo hacer algunas compras. ¿Me pasas mi bolso? Te voy a mostrar mi lista de compras. Tú sabes que antes de ir de compras suelo anotarlo todo, para no olvidar nada.

Jo — Eres muy buena ama de casa, Juanita. Piensas en todo.

Ju — Aquí está la lista. La guardas en tu cartera, ¿ya?

Jo — ¿Y ésta es la lista para las compras de esta tarde? ¿De veras quieres comprar todo esto por la tarde?

Ju — ¿Y por qué no? Esa lista contiene sólo unas bagatelas.

Jo — ¿Bagatelas? Para comprar todo esto hay que ser millonario.

Ju — Eso significa que tú ya no me quieres. ¡Así son los hombres! Primero le ofrecen a una el oro y el moro, y después ...

Jo — Por amor a la paz vamos a dar aquel bendito paseo.

Ju — Eres muy simpático, José.

Jo — ¡Qué bien sabes lisonjear! Pero ... ¿qué pasa allá en la calle?

Ju — ¿Dónde?

Jo — Ahí, en aquella esquina, al lado del estanco.

Ju — ¡Dios mío! ¡Un accidente de tráfico! Veo que se paran muchos coches y en el cruce también se detiene la gente. ¡Estos accidentes! ¡Qué horror!

Jo — Ahora está llegando la policía. ¿Oyes cómo suenan las sirenas?

Ju — Sí, las oigo.

Jo — ¡Camarero! ¡Quisiéramos pagar la cuenta!

1. *¿Qué cosa no quiere probar José?*
2. *¿Por qué no la prueba?*
3. *¿Qué van a hacer Juanita y José después del almuerzo?*
4. *¿Qué quiere hacer Juanita de paso?*
5. *¿Qué costumbre tiene Juanita?*
6. *¿Qué dice José de la lista?*
7. *¿Qué dice Juanita de José?*
8. *¿Qué pasa en la calle?*
9. *¿Qué pueden ver y oír los dos?*
10. *¿Qué le dice José al camarero?*

9.A.   Präsens des Klassenverben: diphthongierende Verben
(El presente de los verbos de la clase de la diptongación)

pensar   (denken)

pienso	pensamos
piensas	pensáis
piensa	piensan

Ebenso: cerrar (schließen), empezar, recomendar, sentarse, despertar, despertarse (aufwachen), defender (verteidigen), entender (verstehen), atender (betreuen), descender (hinuntergehen), perder (verlieren) u. a.

E   recomendar un restaurante al huésped
→ Recomiendo un restaurante al huésped.
Recomendamos ...
Mi amigo recomienda ...
Mis amigos recomiendan ...

recomendar un restaurante al huésped, cerrar la puerta, sentarse a una mesa, recomendar un plato, empezar a comer, defender la cocina alemana, entender el francés, pensar en la cocina francesa.

probar	(probieren)		jugar	(spielen)
pruebo	probamos		juego	jugamos
pruebas	probáis		juegas	jugáis
prueba	prueban		juega	juegan

Ebenso: mostrar, soler, costar (kosten), rogar (bitten), volver (zurückkehren), encontrarse (sich treffen), rodar (drehen) u. a.

E   soler comer en el restaurante
→ Suelo comer en el restaurante.
Solemos ...
Mi amigo suele ...
Mis amigos suelen ...

soler comer en el restaurante, probar platos extranjeros, mostrar la ciudad a huéspedes, volver a casa

9.B.   Die Possessivpronomen (Los pronombres posesivos)

¿Dónde está el equipaje?
El mío está en el vestíbulo. (Meins ...)
El tuyo está en la habitación.
El suyo (de él, de ella, de Ud.) está en el coche.
El nuestro está en el vestíbulo.
El vuestro está en la habitación.
El suyo (de ellos, de ellas, de Uds.) está en el coche.

el mío	la mía	los míos	las mías
el tuyo	la tuya	los tuyos	las tuyas
el suyo	la suya	los suyos	las suyas
el nuestro	la nuestra	los nuestros	las nuestras
el vuestro	la vuestra	los vuestros	las vuestras
el suyo	la suya	los suyos	las suyas

E

Wo ist dein Gepäck? Meins ist im Auto.
Wo ist deine Aktentasche? Meine ist im Zimmer.
Wo sind deine Zeitungen? Meine sind im Schrank.
Wo sind deine Zeitschriften? Meine sind im Koffer.
Wo ist euer Hotel? Unseres ist an der Ecke.
Wo ist euer Zimmer? Unseres ist im 2. Stock.
Wo sind eure Anmeldeformulare? Unsere sind am Empfang.
Wo sind eure Koffer? Unsere sind im Schrank.

Unser Land hat 17 Millionen Einwohner. Wie viele hat Ihres?
Unsere Hauptstadt hat 12 Theater. Wie viele hat Ihre?
Unsere Theater beginnen um 7 Uhr, $^1/_2$8 Uhr oder um 8 Uhr. Wann beginnen Ihre?
Unsere Geschäfte öffnen zwischen 6 Uhr und 10 Uhr. Wann öffnen Ihre?

9.C. Übersetzung von „gehören"

¿De quién es el bolígrafo? Wem gehört der Kugelschreiber?
Es mío, tuyo, suyo, nuestro, vuestro, suyo.
Es del señor Marcos. Es de los huéspedes.

E

Wem gehört die Aktentasche? Gehört sie Ihnen? Nein, sie gehört nicht mir, sie gehört meiner Kollegin. — Wem gehören die Zigaretten? Gehören sie dir? Nein, sie gehören nicht mir, sie gehören meinem Kollegen. — Wem gehören die Fotos? Gehören sie euch? Nein, sie gehören nicht uns, sie gehören den Gästen.

9.D. Die Demonstrativadjektive und -pronomen
(Los adjetivos y pronombres demonstrativos)

Este libro es mío.   (beim Sprecher)
Ese libro es tuyo.   (beim Angesprochenen)
Aquel libro es del señor Marcos. (am dritten Ort)

este	esta	estos	estas
ese	esa	esos	esas
aquel	aquella	aquellos	aquellas

Este libro es mío, ése es tuyo, aquél es del señor Marcos.
(Beachten Sie den Akzent des Demonstrativpronomens!)

E   bolígrafo/amigo
→ ¿De quién es ese bolígrafo? Es mío.
¿Y aquél? Es de mi amigo.

bolígrafo/amigo, pasaporte/compañero, fotos/señor Marcos, revista/profesora, cigarillos/señor Sommer, tarjetas/huésped

9.3.   Repaso

Um 8 Uhr morgens beginne ich zu arbeiten. Gewöhnlich nehme ich das Mittagessen um 1 Uhr ein. Um 6 Uhr komme ich nach Hause. Ich verstehe ziemlich gut Russisch und Englisch. Oft betreue ich ausländische Gäste. Ich zeige ihnen die Stadt. Ich empfehle ihnen Restaurants. Die Arbeit meines Freundes ist nicht sehr interessant. Meine gefällt mir sehr.
Wir ...
Mein Freund ...
Meine Freunde ...

9.4.   Situación y relieve de España

España está situada al suroeste de Europa, entre el océano Atlántico y el mar Mediterráneo, y ocupa casi toda la Península Ibérica, que comprende dos países: España y Portugal. Toda la tierra española es muy alta y montañosa. En todas partes hay muchas cordilleras más o menos altas que se extienden en general de este a oeste.
Llanuras más o menos extensas se hallan sólo a lo largo de los dos grandes ríos: del Ebro, en el norte, que desemboca en el Mediterráneo, y del Guadalquivir en el sur, que corre hacia el Atlántico. Al norte del país se eleva la imponente sierra de la Cordillera Pirenaica. Los Pirineos, como dicen los españoles, forman entre Francia y España una barrera natural de 440 km de longitud y de unos 100 km de anchura con picos hasta de 3.404 metros, como el Pico de Aneto, el pico más alto de esa montaña.
A lo largo de la costa cantábrica, muy cerca del Golfo de Vizcaya, se elevan los montes Cantábricos de la Cordillera Cántabro-Astúrica, que va desde el país vasco hasta Galicia y forma una prolongación de los Pirineos.
Casi todo el interior de España está formado por una altiplanicie, la Meseta. De la Meseta destaca el Sistema Central, otra cordillera que corre por el centro del país y está muy cerca de Madrid. En el Sistema Central distinguimos dos sierras altas: la Sierra de Guadarrama y la Sierra de Credos y otra sierra más baja: la Cordillera Oretana con los montes de Toledo. Al sur de la Meseta se eleva la Cordillera Mariánica, más conocida por Sierra Morena.
También en el sur del país, en Andalucía, se estrecha otra cordillera: la Cordillera Penibética, donde hay varias sierras, por ejemplo: la Sierra Nevada con el pico más alto de España y de toda la Península Ibérica, el Pico de Mulhacén, que tiene 3.480 metros de altitud. Después de Suiza, España es el segundo país montañoso de Europa.

1. ¿Dónde está situada España?
2. ¿Qué países comprende la Península Ibérica?
3. ¿Cómo es el relieve de España?
4. ¿Cómo se llaman los dos grandes ríos de España y dónde desembocan?
5. ¿Cómo se llama la cordillera que se eleva al norte de España?
6. ¿Qué puede Ud. decir de la longitud, la anchura y la altitud de los Pirineos?
7. ¿Cuál es el pico más alto de los Pirineos?
8. La Meseta, ¿qué es y dónde está situada?
9. ¿Cómo se llama la cordillera que está muy cerca de Madrid?
10. ¿Qué otras cordilleras hay en España y dónde están situadas?
11. ¿Qué pico está situado en la Sierra Nevada y cuántos metros de altura tiene?

Lección diez

10.1. El clima de Madrid

El señor Marcos y la señora Sommer:

M — ¿No está Ud. aburrida de esperar tanto rato?

S — ¿Aburrida? ¡En absoluto! Estoy leyendo este prospecto. Si no exagera, aquí en Madrid casi siempre hace buen tiempo.

M — Sí, casi siempre hace muy buen tiempo con un cielo azul y sin nubes. El clima de Madrid es sano y seco. Llueve poco.

S — La ciudad debe el clima a su situación geográfica, ¿verdad?

M — Sí. Madrid goza de varios privilegios. Uno de ellos es su situación cercana a la Sierra de Guadarrama, una montaña bastante alta.

S — ¿Cómo? ¿Puede Ud. repetir? ¿Qué sierra? ¿Dónde está?

M — Se llama "Sierra de Guadarrama" y se halla al noroeste de la ciudad. Es una región ideal para deportes de invierno.

S — ¿Qué altitud alcanzan las montañas de la Sierra de Guadarrama?

M — Alcanzan su culminación en el Pico de Peñalara, que mide 2.330 metros. No, me equivoco: tiene 2.430 metros de alto.

S — ¿Madrid debe a aquella Sierra su buen clima y este cielo azul?

M — Sí. Aquella Sierra sirve de barrera contra los vientos. Por eso Madrid tiene veranos muy calurosos y secos y también inviernos muy fríos. La Sierra de Guadarrama corrige el clima de Madrid.

S — ¿Hay grandes diferencias de temperatura?

M — Las temperaturas varían mucho entre las diferentes estaciones del año. En verano a menudo hace mucho calor. Hace 35 grados sobre cero y más. En invierno hace bastante frío, hace 10 grados bajo cero. Las estaciones más agradables son la primavera y el otoño.

S — Bueno. Ahora nos despedimos. Después del viaje y del almuerzo abundante, tengo un poco de sueño. Voy a dormir un rato para descansar.

M — Perfectamente. Voy a pedir la cuenta y Ud. va a dormir la siesta. ¿Qué hora prefiere Ud. para volver a vernos por la tarde?

S — A las cuatro, si Ud. está de acuerdo. Entonces, hasta luego, señor Marcos. ¡Ah! ¿Puede decirme cómo se va a las tiendas? Antes de dormir quisiera comprar algunas cosas en la perfumería.

M — Puedo conducirla. Por aquí, por favor.

1. ¿De qué está informándose la señora Sommer?
2. ¿Cómo es el clima de Madrid? ¿A qué se debe ese clima?
3. ¿Qué altitud alcanzan las montañas de la Sierra de Guadarrama?
4. ¿Cómo son las estaciones del año en Madrid?
5. ¿Por qué se despiden los dos compañeros?
6. ¿A qué hora van a verse los dos compañeros por la tarde?
7. ¿Adónde quiere ir la señora Sommer antes de subir?

10.2.   En una perfumería

Una vendedora y la señora Sommer:

V — Buenas tardes, señora. ¿En qué puedo servirla?
S — Quisiera una buena crema para cutis seco.
V — Con mucho gusto. ¿Quiere Ud. una marca especial?
S — No, no conozco las marcas. ¿Puede Ud. recomendarme alguna?
V — Le recomiendo ésta. Es de muy buena calidad y protege el cutis a la perfección durante todo el día.
S — ¿No le parece que esta crema tiene un perfume muy fuerte?
V — Unas pocas gotas de perfume reducen la transpiración, señora.
S — No me gustan las cremas perfumadas. Quisiera otra sin perfume.
V — Entonces le recomiendo esta otra crema.
S — ¿Puedo probarla?
V — Por supuesto.
S — Ésta me gusta más. Me quedo con ella. ¿Cuánto cuesta?
V — 75 pesetas.
S — Además quisiera un buen jabón.
V — Aquí tiene Ud. nuestra colección. Haga el favor de elegir a su gusto.
S — Me gusta este jabón.
V — No es un producto español sino extranjero.
S — Ya lo veo. Viene de una conocida casa de París.
V — ¿Me permite Ud. traducirle las indicaciones de la cajita?
S — No hace falta. Yo hablo un poco de francés y sé leerlas.
V — Aquí le ofrezco un librito que incluye todos los artículos que produce esta casa.
S — Gracias, señorita. Es Ud. muy amable. ¿Cuánto cuesta esta pastilla de jabón?
V — 150 pesetas. ¿Desea Ud. algo más?
S — Sí, pañuelos de papel. Diez paquetes, por favor.
V — Todo vale 425 pesetas en total.
S — Aquí tiene Ud. mil pesetas.
V — 575 pts. de vuelta. Le agradecemos su visita, señora.

1. ¿Qué quiere comprar la señora Sommer?
2. ¿Qué crema recomienda la vendedora?
3. ¿Por qué no quiere tomar la señora Sommer esta crema?
4. ¿Cuánto cuesta la otra crema que recomienda la vendedora?
5. ¿Qué quiere comprar la señora Sommer además?
6. ¿En qué idioma están las indicaciones de la cajita?
7. ¿Por qué no hace falta traducir las indicaciones a la señora Sommer?
8. ¿Qué otra cosa ofrece la vendedora?
9. ¿Para qué sirve ese librito?
10. ¿Cuánto cuesta la pastilla de jabón?
11. ¿Cuánto valen los pañuelos de papel?
12. ¿Cuántas pesetas tiene que pagar la señora Sommer en total?
13. ¿Cuántas pesetas recibe de vuelta?

10.A. Präsens der Klassenverben: vokaländernde Verben
(El presente de los verbos de la clase de la alternativa vocálica)

pedir (bitten, bestellen)

pido	pedimos
pides	pedís
pide	piden

Ebenso: corregir, despedirse, elegir, medir, repetir, servir u. a.

E   elegir un plato
        → Elijo un plato.
        Elegimos ...
        Mi amigo elige ...
        Mis amigos eligen ...

elegir un plato, pedir el plato al camarero, repetir la palabra, corregir la lista de platos, pedir la cuenta, despedirse del huésped

10.B. Präsens der Klassenverben: Verben auf -acer, -ecer, -ocer, -ucir
(El presente de los verbos de la clase de la guturización)

conocer (kennen)

conozco	conocemos
conoces	conocéis
conoce	conocen

Ebenso: agradecer, ofrecer, conducir, traducir, reducir u. a.

E   conocer bien su país
        → Conozco bien mi país.
        Conocemos ...
        Mi amigo conoce ...
        Mis amigos conocen ...

conocer bien su país, ofrecer sus servicios a turistas extranjeros, conducir a los huéspedes al hotel, traducir las preguntas, agradecer la visita a los amigos extranjeros

10.C. Präsens der Klassenverben: Verben auf -uir
(El presente de los verbos de la clase de la y eufónica)

incluir (einschließen)

incluyo	incluimos
incluyes	incluís
incluye	incluyen

Ebenso: construir (bauen), contribuir (beitragen), distribuir (verteilen), influir (beeinflussen) u. a.

10.D.   Gebrauch des Verbes „hacer" zur Beschreibung des Wetters

¿Qué tiempo hace?

Hace buen tiempo. Hace sol. Hace calor. Hace 25 grados sobre cero. Hace mal tiempo. Hace frío. Hace 10 grados bajo cero.

E   ¡Conteste a las preguntas!

¿Qué tiempo hace en su país

> en primavera?
> en verano?
> en otoño?
> en invierno?

¿Qué tiempo hace hoy?
¿Está Ud. contento del tiempo que hace?
¿Qué estación del año le gusta más?

10.E.   Die Wochentage (Los días de la semana)

lunes	Montag	los lunes	montags
martes	Dienstag	los martes	dienstags
miércoles	Mittwoch	los miércoles	mittwochs
jueves	Donnerstag	los jueves	donnerstags
viernes	Freitag	los viernes	freitags
sábado	Sonnabend	los sábados	sonnabends
domingo	Sonntag	los domingos	sonntags

E   ¡Conteste a las preguntas!

¿Qué día es hoy?
¿En qué días tienen Uds. lecciones de español?
¿En qué días están Uds. libres?
¿Qué día de la semana le gusta más? ¿Por qué?
¿En qué días están cerrados los museos?

10.3.   Repaso

Sonnabends und sonntags habe ich frei. Ich betreue oft ausländische Gäste. Im Winter, wenn es sehr kalt ist, führe ich sie ins Museum. Ich bitte die Angestellten um Informationen. Ich übersetze die Erklärungen. Im Sommer, wenn es sehr warm ist, wähle ich ein anderes Programm. Ich führe die Gäste in die Umgebung meiner Stadt. Ich verabschiede mich abends von ihnen.
Wir . . .
Mein Freund . . .
Meine Freunde . . .

---

5 Lehrb. span. Spr.

10.4. El clima de España

España se halla entre los países europeos que más disfrutan del sol. (Los otros son Italia y Grecia). Como resultado de su situación geográfica (entre Europa y África y entre el Atlántico y el Mediterráneo), así como de su relieve continental las condiciones climáticas no son iguales en todo el país, y el clima español no es uniforme sino, al contrario, muy desigual.

Distinguimos 3 zonas climáticas que muestran características muy diferentes:

      1. la zona atlántica en el oeste y el norte
      2. la zona continental en el interior del país
      3. la zona mediterránea en el sur y el este

El Atlántico influye en el clima de la zona atlántica en las partes occidental y septentrional de España. Este clima es marítimo, es decir templado y bastante uniforme, con una temperatura media anual de 14,5 (catorce coma cinco) grados. En invierno no hace mucho frío (temperaturas mínimas de 0°) y en verano no hace mucho calor (temperaturas máximas de 33°). Las lluvias son abundantes y el cielo está cubierto gran parte del año.

El territorio español a lo largo del Mediterráneo, donde las bonitas playas atraen a muchos turistas, está sometido a la influencia favorable de este mar que provoca el clima mediterráneo donde los inviernos son muy suaves (t. mínimas de 5°) y, en cambio, los veranos muy secos y calurosos (t. máximas de 40°). Las lluvias son escasas y el cielo está despejado. Sólo esta zona corresponde a la imagen que tienen los extranjeros de una España que vive un verano permanente.

En el interior del país, en la región de la Meseta que se extiende de norte a sur y de oeste a este de la Península Ibérica, encontramos la extensa zona continental, que presenta dos características climáticas: inviernos fríos (el frío alcanza 19 grados bajo cero) y veranos calurosos (el calor alcanza t. máximas de 45 grados sobre cero). Como en la zona mediterránea las lluvias son escasas y el cielo, en general, está despejado. En esta zona de clima continental está Madrid. Los madrileños caracterizan sus condiciones climáticas con un dicho popular: "Madrid tiene nueve meses de invierno y tres meses de infierno".

1. ¿Qué se puede decir, en general, de las condiciones climáticas de España?
2. ¿A qué se debe esa variedad?
3. ¿Cuántas zonas climáticas hay y cuáles son?
4. ¿Cómo es el clima en las regiones occidental y septentrional de España?
5. ¿Qué clima produce el mar que está al sur de España?
6. ¿Qué zona corresponde a la imagen que tienen los extranjeros de España?
7. ¿Cuáles son las características climáticas del interior de España?
8. ¿Cómo caracterizan los madrileños sus condiciones climáticas?

Lección de repaso 2

En una escuela de indios

La señora Sommer lee un libro de Antonio Rodríguez, escritor mejicano, que describe la vida de los indios de su país:
El maestro escribe en el encerado:
"Mi padre trabaja en el campo".
El maestro explica a los alumnos las letras que escribe; pero los alumnos quieren dormir y no comprenden al maestro.
El maestro escribe nuevas palabras y los niños las repiten a coro:
"Mi madre prepara la comida".
Los días de trabajo en la escuela son muy difíciles. Los niños están muy cansados porque durante el día trabajan mucho y no quieren ir a la escuela. De 180 niños que viven en la aldea, a la escuela sólo van diez niños.
Los niños no tienen ni lápices, ni libros, ni cuadernos. En la escuela no hay mesas, los niños se sientan en bancos de madera. El maestro después de leer las palabras que acaba de escribir en el encerado, llama al encerado a un niño, que se llama Guncho. Guncho se levanta despacio del banco y se acerca al encerado. Los otros niños siempre están muy tristes, pero ahora se ríen.
El maestro no comprende y también se ríe.
— ¿Qué te pasa? pregunta el maestro.
El niño no comprende la pregunta.
— Te pregunto ¿qué te pasa?
— Acabo de beber dos vasos de pulque.
Antes de ir a la escuela Guncho no come nada, pero bebe pulque. El pulque es el desayuno, el almuerzo y la cena de los niños y de los mayores de la aldea de los indios otomí porque no hay nada qué comer ni beber. Por eso los niños y los mayores desde la mañana hasta la noche están medio borrachos.
El maestro muy triste, termina la lección.
— Bueno, podéis ir a casa, dice a los niños.
Cuando los niños salen de la escuela, no van a casa, van otra vez al trabajo. El maestro se acerca a un niño y le pregunta:
— ¿Por qué no vienes a la escuela todos los días?
— Porque no tengo tiempo. Tengo que ayudar en los campos.
— ¿Dónde está tu hermano?, pregunta el maestro a otro alumno.
— Tiene que ir con mi padre a trabajar.
Los niños salen muy tristes de la escuela. El maestro limpia el encerado. Mira la clase y piensa:
— Allí donde no hay pan y los niños siempre están medio borrachos y tienen que beber pulque porque no hay agua, no son necesarias las escuelas.
El maestro, sin cerrar la puerta, sale de la escuela, va por el campo y piensa muy triste en la vida de los indios, en su trabajo.

E

Ich bin aus der DDR. Ich komme aus einer großen Stadt. Ich bin 20 Jahre. Ich bin Student. Ich bin zufrieden mit meinem Leben. Ich studiere Sprachen. Ich kann gut Russisch. Ich habe Spanischunterricht. Ich lese viel. Ich lerne Wörter. Ich spreche viel mit dem Lehrer. Ich diskutiere mit meinen Kollegen. Ich mache Übungen. Ich übersetze Artikel aus Zeitungen und Zeitschriften. Ich bereite mich gut auf die Stunden vor. Ich gehe oft in die Bibliothek. Ich verstehe schon ziemlich gut Spanisch.
Wir . . . / Mein Freund . . . / Meine Freunde . . .

Ich treffe mich manchmal mit meinen Freunden. Ich lade sie zum Essen ein. Ich schlage ein Restaurant vor. Ich suche einen freien Tisch. Ich setze mich mit meinen Freunden an den Tisch. Ich empfehle meinen Freunden Speisen und Getränke. Ich setze die Speisenfolge zusammen. Ich bestelle die Gerichte beim Kellner. Ich esse mit meinen Freunden. Ich trinke auf die Gesundheit meiner Freunde. Nach dem Essen biete ich meinen Freunden Zigaretten an. Ich bitte den Kellner um die Rechnung. Ich bezahle die Rechnung. Ich danke dem Kellner für seine Dienste. Ich gehe aus dem Restaurant. Ich verabschiede mich von meinen Freunden.
Wir . . . / Mein Freund . . . / Meine Freunde . . .

Wie heißt du? Aus welchem Land bist du? Woher kommst du? Bist du verheiratet? Hast du Kinder? Wo wohnst du? Hast du eine schöne Wohnung? Was zahlst du an Miete? Wo arbeitest du? Bist du zufrieden mit deiner Arbeit? Interessieren dich Fremdsprachen? Welche Sprachen kannst du? Sprichst du deutsch? Verstehst du englisch? Kannst du fremdsprachige Bücher kaufen? Übersetzt du Artikel aus Zeitungen und Zeitschriften? Welche Länder kennst du? Wo verbringst du gewöhnlich deine Freizeit? Fährst du gern ans Meer?
Wie heißt ihr? . . . / Wie heißen Sie? . . .

E

Die DDR hilft Kuba. An den Universitäten der DDR gibt es viele kubanische Studenten. Es sind gute Studenten. Sie arbeiten sehr gut. Die Dozenten sind zufrieden mit ihnen. Ich bin Lehrer. Ich habe viel zu tun. Meine Arbeit gefällt mir. Jetzt lerne ich gerade Spanisch. In unseren Schulen lernen die Kinder Russisch, Englisch und Französisch. Es gibt auch Kinder, die Spanisch lernen. Ich habe drei Kinder. Meine große Tochter ist 16 Jahre alt, meine kleine Tochter ist 10 Jahre alt, mein Sohn 12 Jahre. Meine große Tochter will als Dolmetscherin arbeiten. Sie lernt gern Sprachen. Jetzt betreut sie gerade französische Gäste. Abends lesen wir, sehen fern oder hören Radio. Wir gehen auch gern ins Theater oder ins Kino. In unserer Stadt gibt es sehr gute Theater.

E

Unsere Universität ist 180 Jahre alt. Wie alt ist eure? Meine Stadt ist 230 km von der Hauptstadt entfernt. Wieviele Kilometer ist deine entfernt?
Meine Freunde wohnen in Leipzig. Wo wohnen deine? Unsere Stadt hat 300 000 Einwohner. Wieviele Einwohner hat Ihre? Dieser Apparat gehört meinem Freund. Meiner ist im Koffer.

Lección once

11.1. Una palabra desconocida

La señora Sommer y el señor Marcos:

S — ¡Oh! Veo que ya me está esperando. Buenas tardes. Lamento la tardanza.

M — No importa, señora Sommer. ¿Qué tal la siesta?

S — Es una costumbre muy agradable. Después de la siesta una se siente muy bien.

M — Así es. ¿Quiere Ud. tomar asiento en una de esas butacas del bar? ¡Camarero! Dos cafés y algunos bizcochos, por favor.

S — Dicen que aquí se toma mucho café. Veo que es verdad.

M — Sí, los españoles tomamos mucho café.

S — En la R.D.A. el consumo de café crece también de año en año y el gobierno tiene que gastar muchas divisas en importar café en cantidad suficiente para satisfacer la demanda.

M — Y los precios del café aumentan a menudo. ¡Es terrible!

S — En nuestro país hay precios fijos para la mayoría de los artículos de consumo. El Estado garantiza los precios subvencionándolos.

M — Es una facilidad que nosotros no tenemos.

S — Señor Marcos, le ruego explicarme una palabra que no conozco. ¿Qué quiere decir "estanco"? Acabo de consultar el diccionario, pero no comprendo lo que es.

M — Eso no es difícil de explicar. Un estanco es una pequeña tienda donde se venden artículos o géneros estancados, ¿comprende Ud.?

S — Sigo sin comprender nada, ni "estanco", ni "estancado".

M — Artículos estancados son los que vende el Estado. Se dice también: artículos monopolizados.

S — Ahora comprendo. ¿Y qué se vende, entonces, como monopolio del Estado?

M — Allí se venden sellos de correos, postales ilustradas, pipas, puros, cigarrillos, cerillas, bolígrafos, etc.

S — Bueno, ahora ya conozco otra palabra española. Gracias por la explicación.

M — De nada. Ahora, si Ud. quiere, la voy a informar sobre el congreso.

S — De acuerdo. Siento gran curiosidad por saber más detalles.

1. ¿Dónde están la señora Sommer y el señor Marcos?
2. ¿De qué hablan?
3. "Dormir la siesta" ¿Qué quiere decir eso?
4. ¿Qué dicen la señora Sommer y el señor Marcos del consumo de café?
5. En cuanto a los precios para los artículos de consumo, ¿qué diferencias hay entre la R.D.A. y España?
6. ¿Qué quiere decir "estanco"?
7. ¿Qué se vende en los estancos?
8. ¿Por qué cosa siente curiosidad la señora Sommer?

11.2. El programa del congreso

La señora Sommer y el señor Marcos:

S — ¿Cuáles son los objetivos que se espera alcanzar en ese congreso?

M — Se va a discutir sobre las tendencias del desarrollo social de los diferentes regímenes políticos y se van a conocer, en especial, algunos aspectos teóricos y prácticos de los países socialistas.

S — ¿Participan delegados de muchos países socialistas?

M — Este año van a participar más países socialistas que el año pasado. Se esperan participantes de la Unión Soviética, de Polonia, de Checoslovaquia, de Hungría, de Rumania, de Bulgaria y de Cuba, es decir, de más de ocho países socialistas.

S — Cuentan que hay varios grupos de estudiantes y docentes que se interesan por la filosofía marxista-leninista.

M — Lo más importante es que hoy en día hay mucha gente en España que busca nuevas ideas para solucionar adecuadamente los problemas más urgentes de nuestro país.

S — ¿Dónde tiene lugar el congreso? ¿En un instituto universitario?

M — No, en la "Torre de Madrid". Esa "torre" es más baja que la torre de televisión de Berlín, pero con sus ciento veinte metros de alto es una de las atracciones de la capital porque es el edificio más alto de la ciudad.

S — Conozco esa torre por una foto. ¿Qué sesiones hay?

M — Por la mañana, hay una o dos conferencias. Por la tarde, los grupos de trabajo celebran sus sesiones.

S — ¿Vamos a dar también una vuelta por la capital?

M — Claro que sí. El programa para el tiempo libre es tan voluminoso como el programa de trabajo. Está programado un recorrido por Madrid, una visita al museo del Prado y una corrida de toros. También está programada una excursión. Después de leer este prospecto Ud. va a tener una idea más clara. Aquí lo tiene.

S — Muchas gracias. Creo que en los próximos días voy a captar más impresiones que nunca.

1. ¿Cuáles son los objetivos del congreso?
2. ¿Qué países socialistas participan en el congreso?
3. ¿Qué tendencias hay en la universidad?
4. ¿Dónde tiene lugar el congreso?
5. ¿Qué edificio es la "Torre de Madrid"?
6. ¿Cuál es el programa del congreso?
7. ¿Qué cosas están programadas para el tiempo libre?
8. ¿Qué dice la señora Sommer después de conocer los detalles?

11.A. Die Vergleichung (La comparación)

a) Adjektive

Mi casa es **la menos alta** de todas.	(am wenigsten hoch)
Mi casa es **menos alta que** la de mi amigo.	(weniger hoch als)
Mi casa es **tan alta como** la de mi amigo.	(so hoch wie)
Mi casa es **más alta que** la de mi amigo.	(höher als)
Mi casa es **la más alta** de todas	(am höchsten)

Beachten Sie die besonderen Formen:

mejor	=	besser	**menos**	=	weniger
peor	=	schlechter	**mayor**	=	älter
más	=	mehr	**menor**	=	jünger

b) Substantive

Mi calle tiene **menos** casas **que** la de mi amigo.
Mi calle tiene **tantas** casas **como** la de mi amigo.
Mi calle tiene **más** casas **que** la de mi amigo.

Beachten Sie:
Berlín tiene **más** habitantes **que** Leipzig.
Berlín tiene **más de** 1 millón de habitantes. (*Zahlen*)

E   trabajo/interesante
         → Mi trabajo es tan interesante como el de mi amigo.
         El trabajo de mi amigo es tan interesante como el mío.

trabajo/interesante, compañeros/amables, tareas/difíciles, universidad/conocida,
estudios/interesantes

E   ciudad/importante
         → Mi ciudad es menos importante que la de mi amigo.
         La ciudad de mi amigo es más importante que la mía.

ciudad/importante, barrio/tranquilo, casa/alta, habitaciones/grandes, aparatos/
modernos, radio/buena, familia/numerosa, hijos/grandes, hermano/pequeño

E   saber idiomas
         → ¿Sabe su amigo tantos idiomas como Ud.?
         Sí, sabe tantos idiomas como yo.
         No, no sabe tantos idiomas como yo. Sabe más (menos) idiomas que yo.

saber idiomas, tener libros, recibir dinero, fumar cigarrillos, beber cerveza, hacer
viajes, tomar fotos

E

Leipzig ist größer als Dresden. Magdeburg ist fast so groß wie Karl-Marx-Stadt.
Die größte Stadt unseres Landes ist die Hauptstadt, Berlin. Sie hat über eine Million
Einwohner. Das Hotel „Stadt Berlin" ist höher als das „Haus des Lehrers". Viele

moderne Wohnhäuser sind so hoch wie das „Haus des Lehrers". Das höchste Gebäude unserer Stadt ist der Fernsehturm. Er ist 365 m hoch.
Die Universität von Berlin ist weniger alt als die von Rostock. Die Rostocker Universität ist fast ebenso alt wie die Leipziger. Die Leipziger ist die älteste Universität unseres Landes. Sie ist über 570 Jahre alt.

11.B. Bildung der Adverbien (La formación de los adverbios)

adecuado, adecuada	adecuadamente
claro, clara	claramente
excelente	excelentemente
fácil	fácilmente
bueno	bien
malo	mal

11.C. Vergleichung der Adverbien

Habla **menos claramente que** su compañero. (weniger deutlich)
Habla **tan claramente como** su compañero. (so deutlich wie)
Habla **más claramente que** su compañero. (deutlicher als)

Beachten Sie:

mejor	=	besser	lo mejor	=	am besten
peor	=	schlechter	lo peor	=	am schlechtesten

E

Unser Lehrer spricht sehr deutlich. Seine Erklärungen sind sehr deutlich. Er spricht deutlicher als sein Kollege. Er spricht am deutlichsten von allen.
Mein Freund ist ein guter Student. Er arbeitet sehr gut. Er arbeitet besser als die anderen. Er arbeitet am besten von allen.

11.3. Repaso

Meine Stadt ist nicht so groß wie die meines Freundes, doch sie ist schöner. In ihr gibt es mehr Sehenswürdigkeiten als in anderen Städten. Die ältesten Gebäude sind im Zentrum. Die Marienkirche ist über 500 Jahre alt.

11.4. Las regiones de España

España es un país de contrastes donde cada región tiene sus características propias. Encontramos en la cordillera de *los Pirineos* montes altos sin caminos y regiones pintorescas de prados donde la población se dedica en primer lugar a la ganadería.

También en el norte, en los montes cantábricos de *las Asturias* – una región donde viven los vascos, una minoría nacional de la población española – está situado el principal centro de la industria metalúrgica del país. En todas partes de las afueras de Bilbao, Oviedo y Gijón hay minas de hierro y de carbón, altos hornos, fábricas y talleres.

En el extremo noroeste – hacia la frontera portuguesa – descubrimos *Galicia* donde la población vive sobre todo de la agricultura y de la pesca.

La Meseta ocupa todo el interior del país y comprende *las Castillas*. Es un paisaje montañoso con una tierra seca y con pocos bosques, pocos prados y campos cultivables. La población de la Meseta cultiva el trigo, la vid y el olivo, un árbol que se contenta con poca agua.

Hacia el sur llegamos a *Andalucía*, la hermosa y feliz Andalucía como cantan los poetas porque Andalucía es muy rica en sol y en vino.

A lo largo de la costa mediterránea distinguimos *la región de Valencia* y *la Costa de Levante*, muy conocidas por sus productos agrícolas: tomates, limones, y, en especial, las naranjas españolas, uno de los primeros productos de exportación del país.

En el noreste está *la región de Cataluña* con la ciudad portuaria más importante de España, Barcelona, muy conocida también como centro de la industria textil, de las artes gráficas y de la industria de automóviles (se produce en Barcelona el SEAT (Sociedad Española de Automóviles de Turismo); las fábricas SEAT ocupan unos 25.000 trabajadores). En Cataluña vemos también extensos campos de arroz, de trigo y de patatas, así como grandes viñas. En esa región vive otra minoría nacional de la población española: los catalanes. Su actividad laboriosa se refleja en otro dicho popular: Dicen que los catalanes de las piedras sacan panes.

1. ¿Cómo se puede caracterizar España por lo general?
2. ¿Qué se puede decir de la Cordillera de los Pirineos?
3. ¿Dónde viven los vascos y qué son?
4. ¿Por qué son importantes los montes cantábricos de las Asturias?
5. ¿Cómo se llaman las ciudades industriales más importantes de los montes cantábricos?
6. ¿Dónde está Galicia y de qué actividad vive la gente de allí?
7. ¿Qué hay que saber de la Meseta?
8. ¿Cómo se llaman las regiones a lo largo del Mediterráneo?
9. ¿Cuáles son los productos agrícolas más importantes de la región de Valencia y de la Costa de Levante?
10. ¿Dónde está Barcelona?
11. ¿Qué ciudad es Barcelona y por qué tiene gran importancia para España?
12. ¿Qué quiere decir "SEAT"?
13. ¿Cómo se llama otra minoría de la población española y dónde vive?
14. ¿Qué quiere decir: "Dicen que los catalanes de las piedras sacan panes"?

Lección doce

12.1. Como telefonear en España

La señora Sommer y el señor Marcos:

S — Permítame otra pregunta. ¿Cómo se usa el teléfono público para telefonear con un abonado madrileño?

M — Descuelgue el auricular, meta un duro en el aparato y marque el número del abonado.

S — Por favor, hable más despacio. Ud. habla tan de prisa que no le entiendo bien. Por favor, repítamelo una vez más.

M — Dispense Ud. Entonces: Tome el auricular, introduzca un duro en el aparato y al oír el tono marque el número, ¿está claro ahora?

S — Sí, ahora está claro. ¿Qué quiere decir "duro"? ¿Eso es una moneda?

M — Sí, señora. Así se llama la moneda de cinco pesetas.

S — Ajá. ¿Se dice "hola" al hablar por teléfono?

M — No. Diga: ¡Oiga!

S — Perdone Ud. que lo moleste con tantas preguntas.

M — No es ninguna molestia. Pregunte e infórmese Ud. a su gusto. Estoy siempre a su disposición.

S — Gracias, señor Marcos, pero no lo entretengo más. Espéreme mañana por la mañana, a las ocho y media, en el vestíbulo.

M — ¡Claro está! No se preocupe. Haga el favor de dejarme su pasaporte. Hay que arreglar las formalidades necesarias en el centro de recepción. Se lo voy a devolver en seguida.

S — Tenga, y muchas gracias por sus buenos servicios.

M — No tiene por qué. Hasta mañana, señora Sommer.

S — Hasta luego, señor Marcos.

1. ¿Qué hay que hacer para telefonear en España?
2. ¿Por qué no comprende la señora Sommer todas las palabras?
3. Un duro, ¿qué es eso?
4. ¿Por qué pide perdón la señora Sommer al señor Marcos?
5. ¿Cómo se ve que el señor Marcos es amable?
6. ¿Para qué hora se citan los dos compañeros?
7. ¿Qué cosa pide el señor Marcos a la señora Sommer y por qué?

12.2. En el despacho de servicios del hotel

La señora Sommer y un empleado:

S — Tengo aquí un billete de mil pesetas. Cámbiemelo, por favor.

E — ¿Le bastan billetes o quiere también monedas?

S — Deme 3 monedas de 50 pts., 4 de 25 pts., 6 de 5 y 20 monedas de una peseta. El resto en billetes.

E — Mire, aquí están las monedas. Además dos billetes de cien pesetas y un billete de quinientas pesetas. Haga el favor.

S — Muchas gracias. Ahora deseo encargar una conferencia local. ¿Adónde debo dirigirme?

E — La cabina está allí. Dígame el número para comunicarla.

S — Aquí lo tiene.

E — Por favor, siéntese aquí y espere un momentito. ¡Señorita! Póngame al habla con el abonado número 22 414 47. Bueno, voy a esperar. ¡Oiga! No cuelgue, por favor. Le voy a poner al habla con un huésped del hotel "Internacional". ¡Señora! Vaya a la cabina y descuelgue el auricular. Su abonado está esperando.

S — Oiga, oiga. Sommer habla. ¿Con quién hablo? ¿Es Ud. el señor Muñoz? Se oye mal, muy mal. Hable más alto, tenga la bondad. Repita, por favor, no lo entiendo. Hable más lentamente. No se entiende. ¿Ud. me oye? Voy a llamarlo otra vez. Hasta luego.

E — ¡Señora! El aparato de esta cabina tiene una avería. Perdone.

S — Entonces voy a subir para llamar desde mi habitación.

E — Déjeme el número de su habitación aquí. Voy a ponerla otra vez al habla con el abonado.

S — Gracias. ¿Se venden aquí planos de Madrid?

E — Venga por aquí. Aquí tiene Ud. planos, prospectos y diarios.

S — Muéstreme ese plano. Sí, páseme un ejemplar de ése que está colgado en la pared.

E — Tenga, por favor. Tenemos además planos con descripciones ilustradas. ¿Quiere ver uno? Mire, señora.

S — No me dé Ud. otros planos. Me quedo con éste. ¿Cuánto le debo?

E — Este plano cuesta 210 pesetas.

S — Aquí tiene Ud. 250 pesetas. Quédese con el vuelto.

E — Muchas gracias. Servidor de usted.

1. ¿ Por qué entra la señora Sommer en el despacho de servicios?
2. ¿ Cómo cambia el empleado el billete de mil pesetas?
3. ¿ Adónde debe dirigirse la señora Sommer para hacer una llamada?
4. ¿ Qué habla el empleado por el teléfono?
5. ¿ Qué dice la señora Sommer?
6. ¿ Por qué no es posible entender bien al abonado?
7. ¿ Qué más pide la señora Sommer al empleado?
8. ¿ Qué quiere decir "quédese con el vuelto"?

12.A. Der Imperativ — Sie-Formen
(El imperativo — formas de Ud., Uds.)

1. regelmäßige Verben (verbos regulares)

estudiar	—	¡(no) estudie!	¡(no) estudien!
aprender	—	¡(no) aprenda!	¡(no) aprendan!
escribir	—	¡(no) escriba!	¡(no) escriban!

2. Klassenverben (verbos clasificados en grupos)

cerrar	—	¡(no) cierre!	¡(no) cierren!
probar	—	¡(no) pruebe!	¡(no) prueben!
repetir	—	¡(no) repita!	¡(no) repitan!
traducir	—	¡(no) traduzca!	¡(no) traduzcan!
concluir	—	¡(no) concluya!	¡(no) concluyan!

3. unregelmäßige Verben (verbos irregulares)

dar	—	¡(no) dé!	¡(no) den!
decir	—	¡(no) diga!	¡(no) digan!
hacer	—	¡(no) haga!	¡(no) hagan!
ir	—	¡(no) vaya!	¡(no) vayan!
oír	—	¡(no) oiga!	¡(no) oigan!
poner	—	¡(no) ponga!	¡(no) pongan!
saber	—	¡sepa!	¡sepan!
salir	—	¡(no) salga!	¡(no) salgan!
tener	—	¡(no) tenga!	¡(no) tengan!
⁺raer	—	¡(no) traiga!	¡(no) traigan!
venir	—	¡(no) venga!	¡(no) vengan!
ver	—	¡vea!	¡vean!

E   El huésped debe visitar el centro de la ciudad → ¡Visite el centro de la ciudad!

El huésped debe visitar el centro de la ciudad, comprar un plano, tomar el autobús bajar detrás del gran almacén, pasar por las avenidas, mirar los escaparates, hablar con la gente, arreglar las formalidades en la embajada.

El huésped debe leer el prospecto, comer en un restaurante, escoger platos nacionales, abrir la carta, escribir a sus amigos, discutir con los compañeros.

El huésped debe pensar en su salud, cerrar la puerta, probar la cerveza alemana, de volver la lista de platos al camarero, pedir la lista de vinos, elegir un vino tinto, agradecer al camarero, traducir la palabra.

El huésped debe hacer un viaje, salir en avión, venir a la R.D.A., ir a las grandes ciudades, traer fotos de su país, decir sus deseos, poner su apellido y su nombre, dar sus papeles al empleado, tener paciencia.

12.B.   Stellung der Reflexivpronomen und der Personalpronomen beim Imperativ

Bejahter Imperativ: ¡Quédese! ¡Ayúdeme!
Verneinter Imperativ: ¡No se quede! ¡No me ayude!

E   quedarse en casa
       → 1. ¿Me quedo en casa? Sí, quédese en casa.
          2. ¿Me quedo en casa? No, no se quede en casa.

quedarse en casa, prepararse para los cursos, informarse de la historia de la ciudad, citarse con los compañeros, dirigirse a la embajada, ponerse en contacto con el Sr. Gonzales.

E   comprar la revista
        → 1. ¿Compro la revista? Sí, cómprela.
           2. ¿Compro la revista? No, no la compre.

comprar la revista, leer los artículos, traducir las informaciones, escribir a sus compañeros, llamar al Sr. Gonzales, mostrar la traducción al Sr. Gonzales, devolver el diccionario a la profesora.

E   El huésped debe ir a la oficina de correos
        → ¡Vaya a la oficina de correos!

El huésped debe ir a la oficina de correos, entrar en la cabina, descolgar el auricular, introducir la moneda, esperar el tono, marcar el número, hablar muy alto, colgar el auricular, salir de la cabina, volver a casa.

El huésped debe hacer un viaje, reservar una habitación, ir a la estación, sacar un billete, subir al tren, buscar un asiento libre, sentarse, mirar el paisaje, mostrar su billete, bajar del tren, ir al hotel, dirigirse al recepcionista.

E   ¡Forme imperativos! (Repaso)

1. Un huésped extranjero desea conocer la R.D.A. ¿Qué le recomienda Ud.?
2. Un huésped extranjero desea aprender el alemán. ¿Qué le recomienda Ud.?

E   ¡Formen conferencias telefónicas!

1. El señor Marcos llama a la secretaria del congreso para decirle que la señora Sommer acaba de llegar, que está en el hotel y que van a hablar sobre el programa del congreso.

2. El señor Marcos llama a su mujer para decirle que debe quedarse en la ciudad y que va a cenar con la señora Sommer de la R.D.A.

3. La señora Sommer llama a Diego, un compañero español, para decirle que acaba de llegar a Madrid, que está en el hotel "Internacional" y que va a participar en un congreso.

4. Una reportera de un diario madrileño llama a la señora Sommer para hacerle preguntas sobre la vida de un científico en la R.D.A.

5. Un reportero de un diario madrileño llama a la secretaria del congreso para hacerle preguntas sobre el programa del congreso y sobre los participantes.

12.3.   Repaso

Machen Sie eine Reise! Kommen Sie nach Berlin. Besuchen Sie uns! Erzählen Sie mir von Ihrem Land! Schreiben Sie mir nicht auf Deutsch! Schreiben Sie mir auf Spanisch! Fahren Sie auch in die anderen großen Städte der DDR!
Kommen Sie in die Universität! Wenden Sie sich an Prof. Müller! Erzählen Sie uns von Ihrer Arbeit! Erklären Sie uns die Probleme! Beantworten Sie die Fragen der Studenten! Organisieren Sie eine Diskussion! Gehen Sie nach der Diskussion noch nicht weg! Bleiben Sie in der Universität! Essen Sie mit uns!

12.4. Territorio, población y Estado Español

La Península Ibérica tiene una extensión total de 584.193 kilómetros cuadrados, de los que España ocupa una superficie de 503.487 km², es decir, más del 84% (por ciento) de toda la superficie peninsular. El resto pertenece a un territorio independiente minúsculo de la cordillera pirenaica, el valle de Andorra, que comprende 453 km²; a Portugal que ocupa 80.248 km² (unos 10 millones de habitantes; capital: Lisboa); y, en el extremo Sur, al Peñón de Gibraltar, una roca de 425 metros de altitud, con una extensión de sólo 4,6 por 1,2 km (o sea 5,5 km²), una colonia inglesa desde el año 1794. — El territorio político-administrativo del Estado Español se compone del territorio peninsular así como del territorio insular que comprende dos grupos de islas: las Baleares en el Mediterráneo (Mallorca, Menorca, Ibiza, Fomentera y Cabrera) y las Canarias en el Atlántico (Gran Canaria, Fuerteventura, Lanzarote, Tenerife, Gomera, La Palma y Hierro). — En la actualidad, el número de habitantes del territorio total de España se eleva a unos 37,4 millones. La densidad de población es de unos 73,5 habitantes por kilómetro cuadrado. Se puede constatar un creciente proceso de despoblación de extensas regiones en el interior del país y un aumento de la concentración demográfica en la periferia de las grandes ciudades como Madrid, Barcelona, Valencia, Sevilla, Zaragoza, Bilbao y Málaga. Por eso, la distribución de la población es muy irregular.

El Estado Español o el Reino de España es una monarquía parlamentaria. El parlamento, las "Cortes Generales" (600 miembros), se compone del "Congreso" y del "Senado" (el Consejo Nacional del Reino).

La división administrativa del territorio español comprende 50 provincias. Cada una tiene como órgano de gobierno y administración un gobernador civil y una Diputación Provincial. — Los partidos políticos más importantes de España son: la UCD (Unión del Centro Democrático), el PSOE (Partido Socialista Obrero Español) y el PCE (Partido Comunista de España).

1. ¿Cuál es la extensión total de la Península Ibérica?
2. ¿Cuántos estados y territorios independientes hay situados en la Península Ibérica y cuáles son?
3. ¿Qué sabe Ud. de cada uno de esos territorios?
4. ¿De qué se compone el territorio del Estado Español?
5. ¿Conoce Ud. algunas de las Islas de las Baleares y de las Canarias?
6. ¿Cuántos habitantes tiene España?
7. ¿A cuánto se eleva la densidad de población?
8. ¿Por qué es tan irregular la distribución demográfica?
9. ¿Qué régimen tiene España?
10. ¿Qué sabe Ud. del parlamento español?
11. ¿Qué sabe Ud. de la administración de España?
12. ¿Cuáles son los partidos políticos más importantes de España?

Lección trece

13.1. El ascensor (1)

Dos aprendices:

A 1 — ¡Enrique! Date prisa. Alguien quiere subir.

A 2 — Hombre, no hables tanto y dame otra bombilla.

A 1 — ¿Otra bombilla? Acabo de darte una. ¿No te basta?

A 2 — Estoy viendo que la segunda también está defectuosa. ¿Ves? Mírala acá. Hazme el favor y coge las dos defectuosas. Tómalas. ¡Hombre! ¡Cuidado! No las dejes caer.

A 1 — Cállate. ¿Crees que yo soy menos inteligente que tú?

A 2 — Estate quieto, Domingo, y no te enfades conmigo. Ya sé que tú conoces tu oficio. Ahora, las bombillas están cambiadas. Enciende la luz.

A 1 — Espera. Parece que el interruptor no funciona. ¿Tienes un destornillador? Dámelo. Quiero ver lo que hay.

A 2 — Déjate de tonterías. Todavía no estamos bien preparados para reparar nosotros mismos esas cosas. Oye, Domingo, ve a la recepción y ponte al habla con el maestro. Dile de qué se trata y pregúntale qué hay que hacer.

A 1 — Déjame en paz. Cuéntaselo tú mismo. No hay que trabajar tan de prisa. Ven acá. Baja de la escalera y siéntate conmigo por aquí. Ahora vamos a probar estos bocadillos.

A 2 — Tienes razón. Despacio se va lejos. Cierra la puerta. Y al maestro le avisamos más tarde, ¿de acuerdo?

A 1 — De acuerdo. Aaah, ¡qué bocadillo! ¿Te gusta también?

A 2 — Mh, conozco bocadillos mejores. Este jamón es demasiado seco.

A 1 — Escucha: Cada uno come lo que le gusta. ¿No conoces el dicho?: Sobre gustos y colores no han escrito los doctores.

1. ¿Quiénes están trabajando en el ascensor?
2. ¿Qué están haciendo los dos aprendices?
3. Después de cambiar las bombillas, ¿por qué no está terminado aún el trabajo?
4. ¿Por qué no reparan los aprendices el interruptor defectuoso?
5. ¿Qué debe hacer Domingo?
6. ¿Qué prefiere hacer Domingo?
7. ¿Qué hace Enrique?
8. ¿Cómo son los bocadillos que comen los dos?
9. ¿Con qué dicho termina el diálogo?

13.2. El ascensor (2)

Los dos aprendices y el maestro:

A — Alguien está golpeando a la puerta. ¡Por Dios! ¡El maestro!

M — Abrid, muchachos. Soy yo, Don Pascual. Quiero ver lo que estáis haciendo.

A — Vamos a abrir inmediatamente. Estamos encima de la escalera.

M — Aquí estáis, por fin. Decidme, ¿por qué trabajáis en la cabina cerrada?

A — El interruptor para el alumbrado no funciona, por eso ...

M — ... estáis comiendo bocadillos y no hacéis nada, ¿eh?

A — Acabamos de cambiar las bombillas defectuosas. Pero no podemos probarlas porque el interruptor no funciona.

M — En efecto, no funciona. Afortunadamente tengo otro en el coche. Id al coche y buscad uno en la caja donde están las piezas de recambio. Aquí tenéis las llaves del coche. Está delante del hotel.

A — ¿Traemos también la caja de herramientas?

M — Sí, traédmela también. Daos prisa, muchachos, y no os paréis.

A — Aquí está todo: el nuevo interruptor y la caja también.

M — Dadme el destornillador grande. Primeramente hay que destornillar esta plancha. Ved, muchachos, detrás están los fusibles. Hay que sacarlos. Así se evitan cortocircuitos.

A — ¿Podemos hacerlo nosotros, maestro? Parece ser muy fácil.

M — Pues, hacedlo. Trabajad cuidadosamente y poned el nuevo interruptor exactamente en el mismo lugar. Tampoco olvidéis atornillar bien los alambres.

A — Vamos a hacer todo como Ud. ordena, maestro. Mire, así.

M — Siempre hay que trabajar con esmero para satisfacer a la clientela.

A — Ahora todo está en orden. Vuelven a funcionar las bombillas y también se puede apagar y encender la luz.

M — Bueno, muchachos, el trabajo está terminado. Marchaos a casa. ¡Adiós!

1. *¿Quién está golpeando a la puerta del ascensor?*
2. *¿Por qué está cerrada la puerta del ascensor?*
3. *¿Qué quiere el maestro?*
4. *¿Qué explicaciones dan los aprendices?*
5. *¿Qué ordena el maestro a los aprendices?*
6. *¿Qué tiene el maestro en el coche?*
7. *Después de tener las herramientas, ¿qué hace el maestro?*
8. *¿Qué quieren hacer los aprendices?*
9. *¿Cómo tienen que trabajar los aprendices?*
10. *La luz y el interruptor vuelven a funcionar. ¿Qué permite el maestro a los aprendices ahora?*

13.A. Der Imperativ — Du-Formen (El imperativo — formas de tú)

1. Regelmäßige Verben

estudiar	— ¡estudia!	¡no estudies!
aprender	— ¡aprende!	¡no aprendas!
escribir	— ¡escribe!	¡no escribas!

2. Klassenverben

cerrar	— ¡cierra!	¡no cierres!
probar	— ¡prueba!	¡no pruebes!
repetir	— ¡repite!	¡no repitas!
traducir	— ¡traduce!	¡no traduzcas!
concluir	— ¡concluye!	¡no concluyas!

3. unregelmäßige Verben

dar	— ¡da!	¡no des!
decir	— ¡di!	¡no digas!
hacer	— ¡haz!	¡no hagas!
ir	— ¡ve!	¡no vayas!
oír	— ¡oye!	¡no oigas!
poner	— ¡pon!	¡no pongas!
saber	— ¡sabe!	
salir	— ¡sal!	¡no salgas!
tener	— ¡ten!	¡no tengas!
traer	— ¡trae!	¡no traigas!
venir	— ¡ven!	¡no vengas!
ver	— ¡ve!	

4. Reflexivverben

levantarse	— ¡levántate!	¡no te levantes!
irse	— ¡vete!	¡no te vayas!

E　　Su amigo debe estudiar el alemán → ¡Estudia el alemán!

Su amigo debe estudiar el alemán, comprar libros y periódicos, escuchar la radio, hablar con la gente, perfeccionar sus conocimientos, trabajar en las bibliotecas.

Su amigo debe leer libros y periódicos, escoger libros interesantes, aprender nuevas palabras, escribir cartas en alemán, discutir con obreros y estudiantes, abrir el libro.

Su amigo debe atender a huéspedes extranjeros, recomendar lugares atractivos, mostrar la ciudad, volver al hotel, pedir informaciones, elegir un programa, traducir las explicaciones, conducir a los huéspedes al teatro.

Su amigo debe poner su interés en el estudio, ir a las bibliotecas, hacer muchos ejercicios, tener paciencia, salir con sus compañeros, venir a la universidad, decir la verdad.

Su amigo debe sentarse, prepararse bien para los cursos, informarse de los problemas actuales, citarse con sus compañeros, encontrarse con sus amigos, escribirse con jóvenes de otros países, dirigirse a una revista.

E   Su amigo no debe fumar tanto → ¡No fumes tanto!

Su amigo no debe fumar tanto, comprar cigarrillos, gastar demasiado dinero, tomar bebidas alcohólicas, olvidar sus tareas.

Su amigo no debe comer demasiado, beber cerveza, escoger bebidas alcohólicas, abrir la botella, discutir.

Su amigo no debe cerrar la ventana, encender la luz, contar tonterías, volver tarde a casa, repetir las palabras, ofrecer cigarrillos, conducir a los huéspedes al bar.

Su amigo no debe salir todas las noches, ir al bar, hacer ruido, decir tonterías, venir tarde al curso, poner los libros en la cartera.

Su amigo no debe despedirse todavía, irse, darse prisa, preocuparse.

13.B.   Der Imperativ — Ihr-Formen (El imperativo — formas de vosotros)

1. regelmäßige Verben

estudiar	—	¡estudiad!	¡no estudiéis!
aprender	—	¡aprended!	¡no aprendáis!
escribir	—	¡escribid!	¡no escribáis!

2. Klassenverben

cerrar	—	¡cerrad!	¡no cerréis!
probar	—	¡probad!	¡no probéis!
repetir	—	¡repetid¡	¡no repitáis!
traducir	—	¡traducid!	¡no traduzcáis!
concluir	—	¡concluid!	¡no concluyáis!

3. unregelmäßige Verben

dar	—	¡dad!	¡no deis!
decir	—	¡decid!	¡no digáis!
hacer	—	¡haced!	¡no hagáis!
ir	—	¡id!	¡no vayáis!
oír	—	¡oíd!	¡no oigáis!
poner	—	¡poned!	¡no pongáis!
saber	—	¡sabed!	
salir	—	¡salid!	¡no salgáis!
tener	—	¡tened!	¡no tengáis!
traer	—	¡traed!	¡no traigáis!
venir	—	¡venid!	¡no vengáis!
ver	—	¡ved!	

4. Reflexivverben

levantarse	—	¡levantaos!	¡no os levantéis!
irse	—	¡idos!	¡no os vayáis!

E   Sus amigos deben estudiar el alemán → ¡Estudiad el alemán!

Sus amigos deben estudiar el alemán, trabajar en las bibliotecas, perfeccionar sus conocimientos, mostrar la ciudad a huéspedes, visitar lugares atractivos, hablar con la gente.

Sus amigos deben leer libros y periódicos, escoger libros interesantes, poner su interés en el estudio, hacer muchos ejercicios, aprender muchas palabras.

Sus amigos deben escribir cartas en alemán, discutir con obreros y estudiantes, pedir informaciones, traducir artículos, ir al teatro y al cine.

Sus amigos deben sentarse, prepararse bien para los cursos, informarse de los problemas actuales, citarse con sus compañeros, encontrarse con sus amigos, escribirse con jóvenes de otros países, dirigirse a una revista.

E   Sus amigos no deben fumar tanto → ¡No fuméis tanto!

Sus amigos no deben fumar tanto, comprar cigarrillos, gastar demasiado dinero, tomar bebidas alcohólicas, olvidar sus tareas.

Sus amigos no deben comer demasiado, beber cerveza, escoger bebidas alcohólicas, abrir la botella, discutir.

Sus amigos no deben pedir bebidas alcohólicas, repetir las palabras, ofrecer cigarrillos, conducir a los huéspedes al bar.

Sus amigos no deben despedirse todavía, irse, darse prisa, preocuparse.

E   comprar la revista
         → 1. ¿Compro la revista? Sí, ¡cómprala!
         → 2. ¿Compramos la revista? Sí, ¡compradla!

comprar la revista, leer los artículos, traducir las informaciones, consultar el gran diccionario, pedir el diccionario a la bibliotecaria, poner su apellido, mostrar la traducción al profesor, hacer el trabajo de corrección, devolver el diccionario, escribir al compañero chileno.

E   comprar el coñac
         → 1. ¿Compro el coñac? No, ¡no lo compres!
         → 2. ¿Compramos el coñac? No, ¡no lo compréis!

comprar el coñac, servir el vino, ofrecer los cigarrillos, recomendar el restaurante a los huéspedes, hacer la excursión, llamar a su amiga, escribir a la señora Gómez, poner los discos, traducir las explicaciones, dar los discos a los huéspedes, leer los prospectos.

E   ¡Forme imperativos!

1. Un amigo (algunos amigos) desea(n) conservar su salud. ¿Qué le (les) recomienda Ud.?
2. Un amigo (algunos amigos) desea(n) aprender bien el alemán. ¿Qué le (les) recomienda Ud.?
3. Un amigo (algunos amigos) desea(n) pasar vacaciones interesantes. ¿Qué le (les) recomienda Ud.?

13.3. Repaso

1. Rufe ich dich am Nachmittag an? — Ruf mich nicht am Nachmittag an! Ruf mich am Abend an!

Schreibe ich dir auf englisch? — Schreib mir nicht auf englisch! Schreib mir auf spanisch!

Gehe ich nach den Vorlesungen weg? — Geh noch nicht weg! Bleib in der Universität! Geh später weg!

Zeige ich den Gästen die Schule? — Zeige ihnen nicht die Schule! Zeige ihnen die Bibliothek!

Bringe ich die Gäste ins Theater? — Bringe sie nicht ins Theater! Bringe sie ins Museum!

2. Warten wir auf euch in der Universität? — Wartet nicht in der Universität auf uns! Wartet auf uns im Restaurant an der Ecke!

Bieten wir den Gästen Kognak an? — Bietet ihnen keinen Kognak an! Bietet ihnen Wein an!

Verbringen wir den Abend in einer Gaststätte? — Verbringt ihn nicht in einer Gaststätte! Verbringt ihn im Club!

Schreiben wir die Briefe auf deutsch? — Schreibt sie nicht auf deutsch! Schreibt sie auf spanisch!

Wenden wir uns an den Geschichtslehrer? — Wendet euch nicht an den Geschichtslehrer! Wendet euch an den Spanischlehrer!

13.4.   La industria de España

España — antes un país completamente agrícola — está transformándose en la actualidad en un país agro-industrial. La industria muestra un incremento extraordinario y el aumento del sector industrial de la economía española en el curso de los últimos años es considerable.

Por sus riquezas minerales España tiene excelentes posibilidades para el desarrollo de la industria. Se explota: carbón, hierro, mercurio, plata, cinc, cobre, plomo, estaño, manganeso, wolframio, bauxita, sales y hasta petróleo.

Basándose en estas riquezas naturales, el proceso de industrialización va acelerándose de año en año, no solamente en los ramos de la industria básica (siderurgia, metalurgia, carbón, energía, petróleo, cemento) sino también en los de la industria transformadora (productos alimenticios, bebidas, textiles, química, mecánica, calzados, papel, construcción naval, cinematografía, artesanía). La industria se concentra en primer lugar en las regiones de Cataluña (industria textil), Bilbao (industria pesada) y Asturias (minería), y, claro, alrededor de las grandes ciudades como Madrid (importantes ramos de la industria ligera) y Barcelona (importante centro de la construcción de maquinaria; 1 900 000 habitantes). Después hay que mencionar Valencia, Málaga, Córdoba, Sevilla y Valladolid (industria metalúrgica), Bilbao y Santander (fundiciones y astilleros).

Hoy día España fabrica barcos, automóviles, maquinaria, aparatos eléctricos, herramientas etc. y exporta e importa, entre otras cosas: bienes de consumo (alimentos, bebidas, tabacos), materias primas, productos químicos, combustibles y medios de producción.

Hay que mencionar también que el desarrollo industrial depende, en su mayoría, del capital extranjero cuyas inversiones son considerables. Por eso, la lucha de clase en los centros industriales de España se está poniendo violenta.

1. ¿Qué desarrollo se puede constatar en España en el curso de los últimos años?
2. ¿Qué se puede decir en cuanto a las riquezas naturales de España?
3. ¿Qué riquezas naturales se explotan?
4. ¿Cuáles son los ramos más importantes de la industria básica?
5. ¿Cuáles son los ramos más importantes de la industria transformadora?
6. ¿Dónde se concentran en primer lugar los diferentes ramos de la industria española?
7. ¿Puede Ud. citar algunos productos que fabrica la industria de España?
8. ¿Cuáles son los productos de exportación e importación?
9. ¿Qué hay que decir en cuanto a la influencia del capital extranjero?

Lección catorce

14.1.   En la calle (1)

La señorita Emilia y la señora Sommer:

E — Perdone, señora. Veo que Ud. está buscando algún lugar en el plano de la ciudad. Permítame que la ayude.

S — Ud. es muy amable, señorita. Ojalá pueda Ud. indicarme cómo llegar a la Puerta de Alcalá.

E — ¿Quiere Ud. tomar el metro o ir en autobús?

S — Prefiero ir a pie para ver un poco más del centro.

E — Bueno, voy a indicarle el camino.

S — Dígame, ¿queda lejos la Puerta de Alcalá?

E — La verdad es que no queda muy cerca. Permítame que vea su plano. Mire, ahora estamos en la Calle de la Cruz. Le propongo que tome este camino: Vaya Ud. derecho hasta la Carrera de San Jerónimo. En este cruce tuerza a la izquierda y siga hasta la Puerta del Sol. ¿Ve Ud.? Por aquí.

S — ¿Y por dónde voy de la Puerta del Sol a la Puerta de Alcalá? ¿Queda muy lejos todavía? Es una lástima que no tenga tanto tiempo. La ruego que me indique, por eso, el camino más corto.

E — Muy bien, señora. Entonces, es mejor que tome la primera calle a la derecha de la Puerta del Sol. Es la calle de Alcalá. Mire, aquí está.

S — ¿Y cómo se llama esta calle ancha a la izquierda? ¿Puede que sea la Gran Vía?

E — Sí, es la Gran Vía. Corre de la Calle de Alcalá hasta la Plaza de España, donde se pueden ver el monumento a Cervantes y las más altas construcciones de la ciudad, el "Edificio España" y la "Torre de Madrid". Además hay un hermoso parque muy cerca de allí.

S — Tal vez tenga tiempo mañana para visitarlo todo.

E — Ahora, deje Ud. la Gran Vía a la izquierda y continúe Ud. subiendo la Calle de Alcalá hasta la Plaza de la Cibeles. Allí hay una fuente muy hermosa. Cruce la plaza y siga en la misma dirección hasta la Puerta de Alcalá. Mire, aquí está.

1. ¿Qué está haciendo la señora Sommer?
2. ¿Adónde quiere ir?
3. ¿Quién quiere ayudarla a buscar el camino?
4. ¿Por qué prefiere ir a pie la señora Sommer?
5. ¿Qué camino propone la señorita Emilia?
6. ¿Desde dónde hasta dónde corre la Gran Vía?
7. ¿Qué se puede ver en la Plaza de España?
8. ¿Por dónde se va de la Calle de la Cruz a la Puerta de Alcalá?

14.2.   En la calle (2)

La señorita Emilia y la señora Sommer:

E — No creo que tenga inconvenientes por el camino, señora.

S — Gracias a su ayuda ahora puedo orientarme sin dificultad.

E — En caso contrario conviene que se dirija a un guardia. Dígale que la ayude. Aquí tiene su plano.

S — Gracias por sus indicaciones. ¡Caramba! Es un problema tremendo cruzar la calle por aquí. Los vehículos pasan sin interrupción.

E — Siga recto hasta la esquina. Allí hay un paso para peatones.

S — ¡Puf! Este camión. El escape está contaminando todo el aire.

E — Es terrible. La contaminación del aire en el centro de Madrid aumenta más y más. Menos mal que tenemos las montañas cerca. Para respirar el aire fresco y puro hay que salir de Madrid e ir a la campaña o a la Sierra.

S — ¿Y dónde se recrean los que no tienen tiempo para ir hasta allá?

E — En el Parque del Retiro. Es el parque más grande de Madrid. Está al Sur de la Puerta de Alcalá. Allí hay también un pequeño lago artificial con botes. En esa dirección se halla además el Jardín Botánico donde hay otros atractivos paseos.

S — Es bueno que me dé tantas informaciones. Por favor, acompáñeme un rato y continúe hablándome de Madrid.

E — Como no. Estoy libre y me alegro de poder acompañarla.

S — Entonces, no perdamos tiempo, sigamos por aquí y crucemos la calle por allá. Es necesario que nos demos prisa, señorita.

E — Llámeme Emilia. Me llamo Emilia Corrales.

S — Encantada. Susanne Sommer. Me alegro que venga conmigo.

1. ¿Por qué no es difícil para la señora Sommer encontrar el camino de la Puerta de Alcalá?

2. ¿A qué otra persona puede dirigirse la señora Sommer para informarse?

3. ¿Por qué es difícil cruzar las calles del centro de Madrid?

4. ¿Qué dice la señorita Emilia en cuanto a la contaminación del aire en Madrid?

5. ¿Dónde puede uno recrearse del ruido del tráfico y de la contaminación del aire de Madrid?

6. La señora Sommer pide un favor a la señorita Emilia. ¿Cuál y por qué?

7. ¿Por qué está de acuerdo la señorita Emilia?

14.A.   Der Konjunktiv Präsens (El presente de subjuntivo)

1. regelmäßige Verben

	trabajar	aprender	escribir
es necesario que	trabaje	aprenda	escriba
	trabajes	aprendas	escribas
	trabaje	aprenda	escriba
	trabajemos	aprendamos	escribamos
	trabajéis	aprendáis	escribáis
	trabajen	aprendan	escriban

2. Klassenverben

	probar	pensar	pedir	traducir
es necesario que	pruebe	piense	pida	traduzca
	pruebes	pienses	pidas	traduzcas
	pruebe	piense	pida	traduzca
	probemos	pensemos	pidamos	traduzcamos
	probéis	penséis	pidáis	traduzcáis
	prueben	piensen	pidan	traduzcan

3. unregelmäßige Verben

es necesario que

quepa,	caiga,	dé,	diga,	esté,	haya,	haga,
(caber)	(caer)	(dar)	(decir)	(estar)	(haber)	(hacer)

vaya,	oiga,	pueda,	ponga,	quiera,	sepa,	salga,
(ir)	(oír)	(poder)	(poner)	(querer)	(saber)	(salir)

sea,	tenga,	traiga,	valga,	venga,	vea
(ser)	(tener)	(traer)	(valer)	(venir)	(ver)

14.B. Gebrauch des Konjunktivs

1. Konjunktiv nach Ausdrücken der Notwendigkeit und des Wollens

Ojalá pueda Ud. ayudarme.
La ruego que me indique el camino más corto. Es necesario que nos demos prisa.

Konjunktiv nach ojalá, es necesario que, es importante que, querer que, esperar que, preferir que, ordenar que, pedir que, rogar que, invitar que, proponer que, recomendar que, permitir que.

Beachten Sie:

Dígale de qué se trata.	Sagen Sie ihm, worum es sich handelt.
Dígale que la ayude.	Sagen Sie ihm, daß er Ihnen helfen soll.

"decir que" und "escribir que" zum Ausdruck einer Feststellung mit dem Indikativ, zum Ausdruck einer Aufforderung mit dem Konjunktiv.

E comprar los libros
→ ¿Va a comprar tu amigo los libros? ¡Ojalá los compre pronto!

comprar los libros, llamar al Sr. Marcos, enviar las fotos a los compañeros extranjeros, visitar el museo, explicar los problemas a los huéspedes, invitar a la profesora chilena, aprender el alemán, escoger las revistas, leer los artículos, escribir a sus padres, recibir el dinero
empezar la traducción, buscar una gramática, mostrar sus trabajos al profesor, corregir el texto, traducir los artículos, decir sus deseos, hacer la traducción, traer los diccionarios, salir, ir a la universidad, dar los prospectos a los huéspedes

E hacer el trabajo
  → ¿Hago el trabajo? Sí, te ruego que lo hagas.
  ¿Y cuándo quieres que lo haga? ¡Hazlo pronto!

hacer el trabajo, traducir el artículo, traer la traducción a la Sra. Sommer, devolver los diccionarios a la bibliotecaria, ir a ver a los estudiantes cubanos, invitar a Andrés, escribir a María, dar las fotos a los huéspedes

E leer el libro
  → ¿Por qué leéis el libro? Porque el profesor quiere que lo leamos.

leer el libro, pedir las revistas a los huéspedes, traducir los artículos, hacer los ejercicios, escribir a los compañeros cubanos

E

Herr Gómez sagt, daß er gerade angekommen ist und daß er unsere Stadt noch nicht kennt. Er sagt mir, daß ich ihm die Sehenswürdigkeiten der Stadt zeigen soll. Er sagt, daß er sich sehr für Kunst interessiert. Er sagt mir, daß ich ihn in die Museen meiner Stadt führen und ihm die Erklärungen übersetzen soll.

E ¡Conteste a las preguntas!

1. Un amigo desea aprender el alemán. ¿Qué le recomienda Ud.?
2. Ud. desea estudiar bien. ¿Qué es necesario?
3. Algunos amigos desean pasar un fin de semana interesante con Ud. ¿Qué recomienda Ud.?
4. Algunos huéspedes extranjeros desean llegar a conocer su ciudad. ¿Qué les recomienda Ud.?

2. Konjunktiv nach Ausdrücken der Gefühlsbewegung

Es bueno que Ud. me dé tantas informaciones.
Es lástima que no tenga tiempo.
Me alegro que Ud. pueda acompañarme.
Konjunktiv nach alegrarse que, estar contento que, es bueno que, temer que, molestar que, es lástima que

E

In unseren Volkshochschulen werden viele Sprachen studiert. Ich freue mich, daß wir auch Spanisch lernen können. Schade, daß es in unseren Buchhandlungen nicht mehr spanischsprachige Bücher gibt.
Manchmal betreue ich ausländische Gäste. Ich freue mich, daß viele Lateinamerikaner und Spanier die DDR besuchen und daß sie auch in unsere Stadt kommen. Ich bin zufrieden, daß unsere Stadt ihnen gefällt.

3. Konjunktiv nach Ausdrücken der Ungewißheit und des Zweifels

No creo que tenga inconvenientes por el camino.
¿Puede que sea la Gran Vía?
Tal vez tenga tiempo mañana.
Konjunktiv nach no pensar que, no creer que, es posible que, puede que, tal vez
Beachten Sie: pensar que, creer que mit Indikativ!

E   ser de La Habana

    → ¿Los huéspedes son de La Habana? No creo que sean de La Habana.

ser de La Habana, venir de una gran ciudad, trabajar en una escuela, saber lenguas extranjeras, poder quedarse todo el día, tener mucho tiempo

E

Ich glaube nicht, daß Herr Müller zu Hause ist. Ich glaube, daß er Ferien hat und daß er einige Tage mit seiner Familie im Gebirge verbringt. Vielleicht kommt er morgen abend zurück. Ich glaube, daß Frau Gómez sich für Kunst interessiert. Möglicherweise braucht sie Informationen über das kulturelle Leben in der DDR. Ich glaube nicht, daß die Zeitungen ihres Landes viel über diese Probleme schreiben.

14.C.   Der Imperativ der 1. Person Plural
        (El imperativo de la primera persona de plural)

¡No perdamos tiempo!
¡Sigamos por aquí!
¡Crucemos la calle!
(Formen des Konjunktivs)

Beachten Sie:

1. Reflexivverben:
   sentarse — ¡sentémonos! ¡no sentemos!
2. ir — ¡vamos! ¡no vayamos!

E   Debemos estudiar lenguas → ¡Estudiemos lenguas!

Debemos estudiar lenguas, leer libros extranjeros, discutir sobre problemas actuales, hacer traducciones, traducir artículos de revistas, perfeccionar nuestros conocimientos, ir a las bibliotecas, pedir ayuda a los profesores, prepararnos bien para los cursos

E

1. Geben Sie Ihren Mitstudenten Anregungen, wie Sie gemeinsam das Studium gut organisieren können!
2. Geben Sie Ihren Mitstudenten Anregungen, wie Sie sich gemeinsam gesund erhalten können!

14.3.   Repaso

1. Meine kubanischen Freunde werden bald in die DDR kommen. Ich habe gerade einen Brief von ihnen bekommen. Sie schreiben mir, daß ich Zimmer bestellen soll. Vielleicht kommen sie auch in meine Stadt. Ich werde ihnen gleich schreiben, daß sie bei mir schlafen können. Hoffentlich bleiben sie länger als eine Woche in der

DDR. Ich glaube, daß sie unser Land noch nicht kennen. Hoffen wir, daß ihnen ihr Aufenthalt gefällt.

2. Erklären Sie einem spanischsprachigen Gast den Weg zum Bahnhof, zur Post, zu einem Warenhaus, zu den Sehenswürdigkeiten der Stadt!

14.4. La agricultura de España

Casi la mitad de la población trabajadora española sigue ocupada en la agricultura.
Las provincias del Norte son importantes por el cultivo del alcornoque (producción del corcho) y la cría de ganado.
Hacia el Sur, la producción agrícola saca provecho de las buenas condiciones climáticas meridionales. Las regiones más fértiles de España son las de Valencia, Andalucía, Murcia y Castilla.
Producen los productos típicos españoles, p.e.: cítricos (agrios): naranjas, mandarinas, limones, toronjas (pomelos), aceitunas y otras frutas, p.e.: melocotones, albaricoques, ciruelas, manzanas, plátanos (exclusivamente en las Islas Canarias), uvas de mesa y una fruta típicamente española, la granada. Se cultiva también el melón y el melón de agua (sandía). Hoy día, se consume y se exporta la producción frutera no solamente fresca sino también — después del aprovechamiento industrial — en forma de zumos naturales, de concentrados o de mermeladas. La agricultura española cultiva además cereales, p.e.: trigo, cebada, centeno, avena, maíz y arroz, así como remolachas de azúcar, patatas, legumbres y hortalizas.
Gran importancia para la economía nacional tienen el cultivo del olivo y la viticultura. España es el primer país productor de aceite de oliva. Produce el 40 % de la producción mundial. Además es el tercer país vinícola del mundo, después de Francia y de Italia. Por todas partes se aprecia mucho el Tarragona, el Málaga, el Jérez.
Lo que agrava el desenvolvimiento de la agricultura es que los campesinos españoles, los pequeños propietarios poseen sólo una tercera parte de las tierras utilizables. La mayor parte de la tierra está en manos de los grandes propietarios latifundistas y del clero. Esta repartición del suelo aumenta más y más el descontento de la población rural española.

1. *¿ En qué sector está ocupada la mayoría de la población española?*
2. *¿ Qué se produce en las provincias del Norte de España?*
3. *¿ De qué saca provecho la agricultura en el Sur de España?*
4. *¿ Cuáles son las regiones más fértiles de España?*
5. *¿ Puede Ud. citar algunos frutos que se cultivan en España?*
6. *¿ Conoce Ud. una fruta típicamente española? ¿ Cuál es?*
7. *¿ Cómo se consume y cómo se exporta la producción frutera española?*
8. *¿ Qué otros productos cultiva la agricultura española?*
9. *¿ Qué sabe Ud. de la importancia del cultivo del olivo en España?*
10. *¿ Qué sabe Ud. de la importancia de la viticultura en España?*
11. *¿ Qué agrava el desenvolvimiento de la agricultura?*
12. *¿ Por qué podemos decir que en España hay una repartición injusta del suelo?*

Lección quince

15.1. Hablando de ayer

El señor Marcos y la señora Sommer:

M — Muy buenos días, señora Sommer. ¿Cómo le va?

S — Bien, gracias. Me alegro de volver a verlo. ¿Cómo está Ud.?

M — Bien, gracias. ¿Sabe? El coche que viene a buscarnos todavía no está aquí, así que tenemos tiempo. Pues, ¿cómo pasó Ud. la tarde de ayer?

S — Muy bien. Después de despedirnos compré un plano de Madrid, hablé por teléfono con un conocido mío, y volví a hablar con la embajada de la R.D.A. y además escribí algunas postales a unos amigos míos. Por último resolví dar un paseo.

M — ¡Ah, qué bien! Es bueno que conozca la ciudad. ¿Adónde fue Ud.?

S — Fui por el centro comercial hasta la Puerta de Alcalá.

M — Por ese camino se puede ver gran parte de la ciudad. ¿Le fue difícil encontrar la Puerta de Alcalá?

S — No. Una joven me indicó el camino. Los españoles son muy complacientes y serviciales.

M — Ésa es la caballerosidad española.

S — Es un rasgo muy simpático. La señorita me explicó muchos detalles de la ciudad. Habló de una manera tan interesante que, finalmente, le rogué acompañarme un poco. Aceptó encantada y juntas fuimos a la Puerta de Alcalá.

M — Después de ese paseo ¿no quedó Ud. muy cansada?

S — No sentí la más mínima fatiga. No olvide Ud. la siesta.

M — Claro que sí. La siesta es un buen descanso.

S — Además, no volví demasiado tarde. Cené en el restaurante del hotel. Después, subí a mi habitación, leí el "Pueblo", miré la televisión y me acosté bastante temprano.

M — Bueno, señora Sommer. Vamos ya. El coche está llegando.

1. ¿ Dónde y a qué hora vuelven a encontrarse el señor Marcos y la señora Sommer?

2. ¿ Adónde quieren ir los dos compañeros?

3. ¿ Por qué tienen que esperar un poco?

4. ¿ De qué tema hablan?

5. ¿ Qué cuenta la señora Sommer?

6. ¿ Cómo caracteriza la señora Sommer a los españoles?

7. ¿ Qué quiere saber el señor Marcos en cuanto al paseo?

8. ¿ Cómo pasó la señora Sommer la mañana de ayer?

9. ¿ Cómo pasó la señora Sommer la tarde y la noche de ayer?

15.2. Una función de cine

La señora Sommer y el señor Marcos:

S — Y Ud., señor Marcos, ¿qué hizo ayer por la noche?

M — Anoche estuve en casa y tuve que trabajar hasta cerca de las ocho. Luego, un amigo mío me llamó por teléfono para invitarnos al cine a mí y a mi mujer.

S — ¡Qué bien! ¿Y qué hicieron Uds.? ¿Fueron al cine?

M — Sí. Cenamos rápidamente y fuimos en coche al cine "Bulevar". Allí nos encontramos. Felizmente conseguimos entradas.

S — Me parece que, por las noches, las funciones comienzan tarde.

M — La función comenzó a las diez. Hay funciones a las siete y a las diez, a las diez y cuarto o a las diez y media.

S — ¿Qué película echaron?

M — Primero vimos el noticiario más reciente, el No-Do como decimos también, después un documental interesantísimo sobre Granada y , por fin, la película. Nos gustó mucho. La acción se desarrolla en Italia durante la primera guerra mundial. Los protagonistas son un periodista norteamericano y una enfermera inglesa. Es una película anti-bélica.

S — Creo que conozco el film. ¿No se trata de la filmación de una novela de Ernesto Hemingway?

M — Sí. El título español del film es: "Adiós a las armas".

S — La novela me impresionó mucho. La leí hace unos años. El año pasado vi la película en Francia. También me gustó.

M — Los actores interpretaron muy bien sus papeles, ¿verdad? Nosotros también quedamos muy impresionados.

S — Ahora hay que bajar. Allí está la "Torre de Madrid". ¿La ve Ud.?

1. ¿Qué hizo el señor Marcos ayer por la noche?
2. ¿A qué hora de la noche comienzan las funciones de cine en Madrid?
3. ¿Qué película vieron los Marcos?
4. ¿De qué trata la película?
5. ¿Cómo se llama el autor de la novela que sirvió de base para la filmación?
6. ¿Qué piensa la señora Sommer de la novela y de la película?
7. ¿Cuál es la impresión del señor Marcos?

15.A. Das einfache Perfekt (El perfecto simple) — regelmäßige Formen

trabajar	aprender	escribir
trabajé	aprendí	escribí
trabajaste	aprendiste	escribiste
trabajó	aprendió	escribió
trabajamos	aprendimos	escribimos
trabajasteis	aprendisteis	escribisteis
trabajaron	aprendieron	escribieron

E comprar un diccionario
→ 1. Compré un diccionario.
2. Compramos . . .
3. Mi amigo compró . . .
4. Mis amigos compraron . . .

comprar un diccionario, pagar mucho dinero, estudiar un artículo, trabajar tres horas, terminar el trabajo antes del almuerzo, llamar a unos amigos, invitar a los amigos a comer, pasar la noche en un restaurante

comer en un restaurante, escoger platos nacionales, beber a la salud de los huéspedes, ofrecer cigarrillos, volver tarde a casa, decidir trabajar un poco, escribir un artículo

encontrarse con unos amigos, sentarse a una mesa, quedarse hasta las seis, dirigirse al camarero, marcharse

E visitar la exposición
→ ¿Visitó Ud. (visitaron Uds., visitaste, visitasteis) la exposición la semana pasada?
No, la visité (visitamos) hace quince días.

visitar la exposición, encontrar al Sr. Gonzales, ver la película, leer los prospectos, llevar las fotos a los amigos, escribir a la Sra. Sommer

15.B. **Das einfache Perfekt der Verben ser, ir, hacer, tener, estar**

ser/ir	hacer	tener	estar
fui	hice	tuve	estuve
fuiste	hiciste	tuviste	estuviste
fue	hizo	tuvo	estuvo
fuimos	hicimos	tuvimos	estuvimos
fuisteis	hicisteis	tuvisteis	estuvisteis
fueron	hicieron	tuvieron	estuvieron

E tener mucho que hacer
→ 1. Tuve mucho que hacer.
2. Tuvimos . . .
3. Mi amigo tuvo . . .
4. Mis amigos tuvieron . . .

tener mucho que hacer, ir a la biblioteca, estar en la sala de lectura, hacer una traducción, tener que trabajar cuatro horas, estar muy cansado, irse de la biblioteca

E levantarse (¿a qué hora?)
→ ¿A qué hora te levantaste (os levantasteis, se levantó Ud., se levantaron Uds.) ayer?
Me levanté (nos levantamos) a las . . .

levantarse (¿a qué hora?), salir de casa (¿cuándo?), ir (¿adónde?), tomar (¿qué medio de transporte?), ver (¿a quién?), trabajar (¿cuánto tiempo?), hacer (¿qué?), almorzar (¿dónde?), comer (¿qué?), estar por la tarde (¿dónde?), volver a casa (¿a qué hora?), pasar la noche (¿cómo?), acostarse (¿a qué hora?)

E

1. ¡Cuente lo que hizo la Sra. Sommer ayer!

levantarse temprano, desayunar rápidamente, ir al aeropuerto, tener que darse prisa, salir de Schönefeld por la mañana, llegar a Madrid a mediodía, ver al Sr. Marcos, alegrarse mucho, almorzar con el Sr. Marcos en el hotel, escoger platos nacionales, visitar el centro de la ciudad, quedar muy impresionada, dirigirse a una señorita, hacer muchas preguntas, informarse de los lugares atractivos, agradecer a la señorita Emilia su amabilidad, volver al hotel

2. ¡Cuente lo que hicieron los Marcos por la noche!

tener que darse prisa, cenar rápidamente, irse de casa, tomar el coche para ir al cine, encontrarse con sus amigos, ver una película norteamericana, quedar muy impresionados, discutir con sus amigos, ir a un café, hablar de mil cosas, estar muy alegres, volver tarde a casa, acostarse en seguida

3. ¡Cuente lo que hizo la hija del señor Marcos!

ir a la universidad, tener muchos cursos, escuchar con mucha atención, tomar el almuerzo en el comedor de la universidad, ver a muchos amigos, estar muy alegre, pasar la tarde trabajando en casa, ocuparse de muchas cosas, hacer una traducción, escribir un artículo, leer un libro

4. ¡Cuente lo que hizo Ud. (lo que hicieron Uds.) ayer, anteayer, el sábado, el domingo, la semana pasada!

15.3. Repaso

Ich kaufe viele Bücher. Gestern habe ich ein interessantes Buch über Spanien gekauft.
Ich lese viel. In der vorigen Woche habe ich einen Roman von Goytisolo gelesen.
Ich bin oft bei ausländischen Freunden. Gestern abend war ich bei kubanischen Studenten.
Ich betreue manchmal ausländische Gäste. Vor einer Woche habe ich spanische Ärzte betreut.
Ich mache viele Reisen. Im vergangenen Jahr habe ich eine interessante Reise in die Sowjetunion gemacht.
Ich besuche manchmal Ausstellungen. Gestern habe ich eine Kunstausstellung besucht.
Ich gehe oft ins Theater. In der vorigen Woche bin ich ins Berliner Ensemble gegangen.
Ich muß viele Übersetzungen machen. Vor 14 Tagen mußte ich einige Artikel aus einer kubanischen Zeitschrift übersetzen.
Wir ...
Mein Freund ...
Meine Freunde ...

15.4. Las Brigadas Internacionales (1)

Entre los acontecimientos políticos que en los años treinta estremecieron la conciencia de Europa y del mundo, la resistencia popular española frente a la sublevación militar fascista iniciada en julio de 1936, ocupa un destacado lugar. Aquella resistencia encontró inmediatamente la simpatía y el apoyo de las fuerzas más progresistas de todos los países. En particular, la clase obrera y la Internacional Comunista movilizaron en ayuda del pueblo español a las fuerzas más combativas de cada país. Nacieron las Brigadas Internacionales que, en las trincheras de la República, se cubrieron de gloria en defensa del pueblo español.

Italianos y alemanes, franceses y polacos, ingleses y norteamericanos, rumanos, búlgaros y yugoslavos, austríacos y suizos, finlandeses y suecos, irlandeses y noruegos y albaneses, canadienses, cubanos, argentinos y mejicanos y representantes de otras repúblicas latinoamericanas, de todos los continentes llegaron a España. Lucharon junto al pueblo español en la primera gran batalla contra la agresión fascista que precedió a la segunda guerra mundial.

Su aportación constituyó una ayuda inapreciable y un ejemplo heroico de solidaridad internacional y del espíritu de sacrificio del internacionalismo proletario.

Si la lucha armada terminó con la derrota de la República por la inferioridad de fuerzas y por la traición de la Junta de Madrid, la lucha por la República y la democracia no cesó con el establecimiento de la dictadura franquista en 1939, ni con la muerte de Franco en 1975. Impulsada fundamentalmente por la clase obrera española y por su Partido Comunista prosigue en continuidad heroica y, muy a menudo, en condiciones difíciles hasta el establecimiento de un régimen verdaderamente democrático en España. (Según Dolores Ibárruri)

1. *¿Qué acontecimiento político estremeció Europa en los años treinta?*
2. *¿Cuándo comenzó la sublevación militar fascista en España?*
3. *¿Contra quiénes se dirigió la sublevación militar fascista?*
4. *¿Quién movilizó las Brigadas Internacionales y por qué?*
5. *¿Quiénes participaron en la lucha por la República?*
6. *¿Cómo se llamó la brigada alemana?*
7. *¿Qué aportación constituyó la ayuda de las Brigadas Internacionales?*
8. *¿Por qué terminó la lucha armada con la derrota de la República Española?*
9. *¿Qué hicieron las fuerzas progresistas en el momento del establecimiento de la dictadura franquista?*
10. *¿Hasta qué momento prosigue la lucha de las fuerzas progresistas de España?*
11. *¿Cuál es la situación política de la España actual?*
12. *¿Quién es Dolores Ibárruri?*

Lección de repaso 3

En la Librería de España la señora Sommer compra un libro sobre la historia de América Latina. Poco tiempo después, empieza a leer el capítulo que trata del descubridor de América: Cristóbal Colón.

La vida de Cristóbal Colón (primera parte)

Cristóbal Colón, hijo de un artesano, nació probablemente en Italia, en Génova, en el año 1451. Pasó su niñez y su juventud en esa ciudad y empezó a trabajar en el oficio de su padre. Pero unos años después abandonó ese trabajo. Salió de Génova y se hizo marino.
Pronto tuvo la idea de encontrar un camino más corto a la India.
Hacia 1475 Colón estuvo en Portugal.
Sus ideas las presentó allí al Rey de Portugal y le pidió ayuda. Pero éste no le dió ni barco, ni otro apoyo.
Por eso, Cristóbal Colón se dirigió a España donde encontró a personas influyentes que le presentaron a los Reyes Católicos Fernando de Aragón e Isabel de Castilla.
Ellos consideraron posible el proyecto y decidieron ayudarlo. En 1492 Colón recibió hombres y carabelas y el día 3 de agosto del mismo año comenzó el viaje.
El día 12 de octubre llegaron a una tierra desconocida. Todos se sintieron muy felices.
El día 27 de octubre descubrieron la isla de Cuba. En aquel tiempo, Cristóbal Colón escribió esta famosa frase: "Ésta es la tierra más hermosa que ojos humanos jamás vieron".

R.3.A. Die alternierenden Formen des einfachen Perfekts

pedir	sentir	dormir
pedí	sentí	dormí
pediste	sentiste	dormiste
pidió	sintió	durmió
pedimos	sentimos	dormimos
pedisteis	sentisteis	dormisteis
pidieron	sintieron	durmieron
Ebenso alle Verben der vokaländernden Klasse	Ebenso: divertirse (sich amüsieren), convertirse (sich verwandeln) u. a., die im Präsens in den stammbetonten Formen jedoch -ie- haben	Ebenso: morir (sterben), im Präsens in den stammbetonten Formen jedoch -ue-

E   pedir la lista de platos
→ 1. Pedí la lista de platos.
2. Pedimos . . .
3. Mi amigo pidió . . .
4. Mis amigos pidieron . . .

pedir la lista de platos, elegir el menú, pedir los platos al camarero, sentirse muy bien en el restaurante, divertirse mucho, repetir la pregunta, seguir comiendo, dormir la siesta

R.3.B.   Monatsnamen (Los meses)

enero, febrero, marzo, abril, mayo, junio, julio, agosto, septiembre, octubre, noviembre, diciembre

R.3.C.   Datumsangabe (La fecha)

1. ¿A cuántos estamos hoy?
Estamos a 1° (primero) de enero de 19. . .
Estamos a 2 (dos) de enero de 19. . .
Estamos a 3 (tres) de enero de 19. . .
(1. des Monats mit Ordnungszahl, 2. – 31. mit Grundzahl)

2. ¿Cuándo salió Colón de España?
Salió el 3 de agosto de 1492.

E   ¡Conteste a las preguntas!

¿A cuántos estamos hoy?
¿Cuál es el mes que le gusta más? ¿Por qué?
¿Cuál es la estación más agradable en su país?
¿Cuándo nació Ud.?

E   ir al teatro / ir al teatro "Berliner Ensemble"
→ ¿Va Ud. (van Uds.) a veces al teatro?
Sí, el domingo fui (fuimos) al teatro "Berliner Ensemble".

ir al teatro / ir al teatro "Berliner Ensemble", hacer excursiones / hacer una excursión a las montañas, comprar revistas extranjeras / comprar una revista cubana, leer novelas españolas / leer una novela de Goytisolo, atender a huéspedes extranjeros / atender a huéspedes cubanos, hacer traducciones / hacer una traducción del español al alemán

E

¡Cuente su vida! ¡Cuente la vida de un compañero suyo!
nacer — pasar los primeros años de su vida — ingresar en la escuela — estudiar diferentes asignaturas — aprender lenguas — terminar la escuela — aprender un oficio — ingresar en la universidad — terminar los estudios, etc.

E

1. Am Dienstag habe ich meine kubanischen Kollegen besucht. Ich habe sie um Hilfe gebeten. Ich habe ihnen viele Fragen gestellt. Ich habe viel gelernt. Ich habe ihnen von meiner Arbeit erzählt. Ich habe mich spät von ihnen verabschiedet. Ich bin um 11 Uhr nach Hause gekommen.
Wir . . .
Mein Freund . . .
Meine Freunde . . .

2. Gestern war ich den ganzen Tag in der Universität. Am Vormittag hatte ich 3 Vorlesungen. Um eins habe ich zu Mittag gegessen. Nach dem Essen bin ich in die Bibliothek gegangen. Ich habe einige Bücher zurückgegeben. Ich habe im Lesesaal gearbeitet. Ich habe zu Hause zu Abend gegessen. Nach dem Abendbrot habe ich eine Übersetzung gemacht.
Wir . . .
Mein Freund . . .
Meine Freunde . . .

3. Im Februar habe ich eine Woche bei meinen Eltern verbracht. Ich habe mich ausgeruht. Ich habe viel geschlafen. Am Sonntag habe ich einen Ausflug gemacht. Zweimal bin ich ins Kino gegangen. Ich habe interessante Filme gesehen. Einmal habe ich Freunde besucht. Ich habe mich gut amüsiert. Während dieser Woche habe ich mich sehr wohl gefühlt.
Wir . . .
Mein Freund . . .
Meine Freunde . . .

4. Voriges Jahr habe ich die Städte Moskau und Leningrad besucht. Ich habe interessante Dinge gesehen. Ich habe viele Aufnahmen gemacht. Ich habe meine Freunde besucht. Ich habe ihnen Bücher aus der DDR gebracht. Ich habe sie eingeladen, in die DDR zu kommen.
Wir . . .
Mein Freund . . .
Meine Freunde . . .

5. Was hast du am Sonnabend gemacht? Bist du zu Hause geblieben? Hast du ferngesehen? Hast du den französischen Film gesehen? Hat er dir gefallen? Bist du am Abend in den Klub gegangen? Hast du viele Freunde getroffen? Hast du dich wohl gefühlt? Was habt ihr am Sonnabend gemacht? . . .

6. Was haben Sie (Singular) am Sonntag gemacht? Sind Sie nach Potsdam gefahren? Haben Sie die Schlösser besucht? Haben Sie in einem Restaurant zu Mittag gegessen? Haben Sie sich mit Ihren Kollegen getroffen? Haben Sie mit ihnen über kulturelle Probleme diskutiert? Waren Sie zufrieden? Haben Sie sich wohl gefühlt?
Was haben Sie (Plural) am Sonntag gemacht? . . .

Lección dieciséis

16.1.   Un encuentro (1)

Miguel Marcos y Tomás:

M — Tome asiento, señora Sommer, por favor. Ese folleto de informaciones es para Ud. Discúlpeme. Estoy viendo a un compañero mío. Hasta luego. ¡Hola! ¡Tomás! ¡Espera!

T — ¡Hola! ¡Manuel! ¡Qué voz más simpática! ¿Qué es de tu vida? Me alegro de verte.

M — Yo también. ¿Te encontraste ayer con Jaime? ¿Te dio algo para mí?

T — No, no me dio ni me dijo nada. Pero dime ¿por qué no te vimos ayer por la tarde? ¿Por qué no viniste al instituto? ¿Dónde estuviste? Nosotros estuvimos todos presentes. ¿No quisiste venir o no pudiste?

M — No preguntes tanto. No vine porque no pude. Tuve que trabajar en casa. ¿Hubo mucho que hacer?

T — Bastante. Figúrate mi sorpresa: Bien entrada la tarde, el director del instituto me llamó y me dijo: "Venga, Don Tomás, Ud. tiene que ir inmediatamente al aeropuerto para recibir a los cubanos. Van a llegar a las seis, así que dése prisa".

M — ¿Dónde estuvieron Jesús y Felipe? Sé que a ellos los encargaron ir a Barajas para recibir a la delegación cubana.

T — Felipe cayó enfermo y Jesús, de repente, tuvo que hacer otro trabajo urgente. Asuntos del acto de inauguración. Entonces, fui a darles la bienvenida a los cubanos. Tardé mucho en llegar hasta el aeropuerto, pero llegué a tiempo. Llegaron a la hora precisa.

M — ¿Hasta cuándo tuviste que atenderlos? ¿Toda la noche?

T — No, felizmente, no. Los acompañé sólo al hotel. Allí les di los documentos necesarios y me despedí.

M — ¿Avisaste el centro de recepción de la llegada de los cubanos?

T — Esta mañana, sí. Ayer quise hacerlo, pero no pude localizar a nadie.

1. *¿Qué quiere saber Miguel Marcos de su compañero Tomás?*
2. *¿Qué pregunta Tomás?*
3. *¿Por qué no vino Miguel al instituto ayer por la tarde?*
4. *¿Cómo pasó Tomás la tarde de ayer?*
5. *¿Hasta cuándo tuvo que atender Tomás a los cubanos?*
6. *¿Qué hizo Tomás después de despedirse de los cubanos?*

16.2. Un encuentro (2)

Tomás y Miguel:

T — Ayer por la mañana tuve que preparar la excursión. ¿Y tú?

M — Primero me encargué de nuestro huésped húngaro. Fui a su hotel por la mañana. Desayunamos juntos. Luego dimos una vuelta en coche y le mostré el centro de la ciudad.

T — Atender a huéspedes es más agradable que preparar viajes. Tienes suerte. ¿Tú estás atendiendo al húngaro?

M — No, sólo ayer por la mañana, sí. Después pasé a atender al huésped de la R.D.A.

T — ¡Ah, la R.D.A.! El año pasado estuve unos días allá. Bueno. ¿Sabes que Rafaela nos va a abandonar dentro de poco?

M — ¡Imposible! ¿Quién te lo dijo? ¿Ella misma? ¿Cuándo lo supiste?

T — Lo supe hace quince días. Julia me lo dijo.

M — Es lástima. La encuentro simpática. Según mi opinión, posee una sólida formación.

T — Sí. Tiene talento para muchas cosas, además es ambiciosa.

M — A propósito, Tomás, me parece que no te sientes muy bien.

T — No me siento nada bien. Anoche hubo otra sorpresa para mí. Mi mujer trajo dos amigas suyas para cenar con nosotros. Después de comer fuimos todos a la taberna de la esquina.

M — Se llama "Paquita", ¿verdad? Creo que la conozco.

T — Las mujeres se pusieron a charlar, yo me encontré con unos vecinos, el mozo nos trajo una botella tras otra y anduvimos muy alegres. No nos fuimos sino a la una de la madrugada. Dormí mal durante la noche. Ahora tengo un dolor de cabeza bárbaro.

M — No te preocupes, muchacho. Son cosas que tiene la vida. Ya sabes: no hay mal que cien años dure. Pues, vámonos, que ya es hora. El acto ya está comenzando.

1. ¿Qué tuvo que hacer Tomás ayer por la mañana?
2. ¿De qué se encargó Miguel durante el mismo tiempo?
3. ¿A quién atiende Miguel y por cuánto tiempo?
4. ¿Qué sorpresa hay para Miguel durante la conversación?
5. ¿Cómo es Rafaela?
6. ¿Qué sorpresa hubo para Tomás anoche?
7. ¿Cómo pasó Tomás la noche de ayer?
8. ¿Por qué hoy no se siente bien Tomás?
9. ¿Cómo se llama el dicho que termina el diálogo y qué quiere decir?

16.A. Unregelmäßige Formen des einfachen Perfekts

traducir	decir	traer
traduje	dije	traje
tradujiste	dijiste	trajiste
tradujo	dijo	trajo
tradujimos	dijimos	trajimos
tradujisteis	dijisteis	trajisteis
tradujeron	dijeron	trajeron

ebenso alle Verben auf -ducir

caber	saber	poner	poder	haber
cupe	supe	puse	pude	hube
cupiste	supiste	pusiste	pudiste	hubiste
cupo	supo	puso	pudo	hubo
cupimos	supimos	pusimos	pudimos	hubimos
cupisteis	supisteis	pusisteis	pudisteis	hubisteis
cupieron	supieron	pusieron	pudieron	hubieron

andar	venir	querer
anduve	vine	quise
anduviste	viniste	quisiste
anduvo	vino	quiso
anduvimos	vinimos	quisimos
anduvisteis	vinisteis	quisisteis
anduvieron	vinieron	quisieron

dar	oír	caer
di	oí	caí
diste	oíste	caíste
dio	oyó	cayó
dimos	oímos	caímos
disteis	oísteis	caísteis
dieron	oyeron	cayeron

E   dar un paseo
→ 1. Di un paseo.
    2. Dimos ...
    3. Mi amigo dio ...
    4. Mis amigos dieron ...

dar un paseo, andar por las calles, poder visitar muchos lugares atractivos, querer llamar a un amigo, introducir una moneda en el aparato, ponerse a hablar, saber muchas noticias, oír la voz del amigo, decir su opinión

16.3.   Repaso general

Gestern habe ich viel gearbeitet. Ich bin spät nach Hause gekommen. Am Abend bin ich zu Hause geblieben. Ich habe eine Übersetzung gemacht. Ich habe einen Artikel übersetzt. Ich konnte die Arbeit vor $^1/_2$ 9 Uhr beenden. Dann habe ich einen Spaziergang gemacht. Um 11 Uhr bin ich ins Bett gegangen. Ich habe etwas gelesen und Radio gehört.

Vorige Woche haben wir uns mit kubanischen Studenten getroffen. Wir waren in ihrem Heim. Wir haben ihnen viele Fragen gestellt. Wir haben uns über das Leben in Kuba informiert. Wir haben Fotos angesehen. Wir haben viel gelernt. Wir haben uns spät von den kubanischen Kommilitonen verabschiedet. Wir haben ihnen für die Einladung gedankt. Wir sind nach Hause gefahren. Wir haben alle ins Auto von Jens gepaßt.

Im vergangenen Jahr hat mein Freund eine Reise ins Ausland gemacht. Er hat interessante Tage in einer großen Stadt verbracht. Er hat in einem Hotel geschlafen. Er hat seine Freunde besucht. Er hat viele interessante Dinge gesehen. Er konnte 14 Tage bleiben. Er hat sich sehr wohl gefühlt. Gestern hat er mich besucht. Er hat mir Prospekte und Fotos mitgebracht. Er hat mir von seiner Reise erzählt. Er hat mir Souvenirs gegeben.

Die jungen Sportler sind vor 4 Wochen in Havanna losgefahren. Sie sind vor 14 Tagen in Rostock angekommen. Sie haben Souvenirs aus Kuba mitgebracht. Sie haben einige Tage an der Ostsee verbracht. Sie haben ihre Kräfte mit Sportlern aus der DDR gemessen. Sie haben gute Ergebnisse erzielt. Sie haben auch die Hauptstadt besucht. Sie waren sehr beeindruckt von den Sehenswürdigkeiten. Sie wollten länger bleiben, doch sie konnten nicht.

Was hast du gestern gemacht? Hast du viel gearbeitet? Konntest du deine Arbeit beenden? Warst du sehr abgespannt? Bist du am Abend zu Hause geblieben? Hast du deine Kommilitonen besucht? Wo habt ihr den Abend verbracht? Seid ihr zusammen ausgegangen? Konntet ihr ins Theater gehen? Habt ihr Karten bekommen? Habt ihr mit den Freunden erzählt?

Was haben Sie in den Ferien gemacht? Sind Sie an die Ostsee gefahren? Haben Sie angenehme Wochen verbracht? Haben Sie sich ausgeruht? Haben Sie viel geschlafen? Haben Sie Ihre Kollegen getroffen? — Waren Sie gemeinsam in Rostock? Haben Sie den Hafen und die Werft besucht? Haben Sie mit den Arbeitern gesprochen? Haben Sie Ihre Wünsche dem Dolmetscher gesagt?

16.4.   Comienza el congreso

Señoras y caballeros: Queridos invitados extranjeros:
Me alegro mucho de tener la ocasión y el honor de saludarlos aquí con motivo del segundo congreso científico internacional de la Facultad de Ciencias Políticas de la Universidad de Madrid. Hace dos años, en esta misma sala, inició sus labores el primer congreso. Entonces acordamos convocar, de vez en cuando, a representantes de diferentes opiniones y convicciones políticas para conocer más detalles sobre las tendencias del desarrollo social en el mundo contemporáneo.

Este mundo cambia a ojos vistas y podemos decir que cambia para mejor, para el progreso social. Eso se manifiesta, cada día más, por un vuelco en el desarrollo de las relaciones internacionales: de la guerra fría a la coexistencia pacífica de los Estados con distintos regímenes sociales, a la distensión en Europa, a la cooperación normal y recíprocamente ventajosa en muchas partes del mundo, a la libertad y la independencia de los países coloniales. — No tenemos la intención de contemplar pasivamente esos cambios. Quisiéramos participar activamente en ellos y lo hacemos en nuestra especialidad, el estudio de los regímenes sociales pasados, actuales y futuros.

En este segundo congreso, en el que participan delegaciones de 21 países, nos hemos trazado la meta de describir algunos aspectos de los dos principales sistemas sociales de la actualidad, es decir: conocer, comparar y discutir la vida social del socialismo y del capitalismo.

El primer congreso planteó muchos problemas. Esperemos que durante los días siguientes algunos de ellos sean discutidos bajo otros puntos de vista, que surjan nuevos conocimientos, que logremos cambiar ideas en una atmósfera cordial y que las divergencias disminuyan.

En este sentido declaro el congreso abierto y deseo que tenga mucho éxito.

Señoras y Caballeros: Les doy las gracias por su atención.

1. ¿De qué congreso se trata?
2. ¿Cuándo se inició el primero de esos congresos?
3. ¿Qué se acordó entonces?
4. ¿Cuáles son las metas de esos congresos?
5. ¿Cómo aprecia el director del instituto la situación internacional?
6. ¿Qué quieren los científicos del instituto?
7. ¿Qué meta tiene el segundo congreso en especial?
8. ¿Qué espera el director del instituto del segundo congreso?
9. ¿Qué desea el director del instituto?

Lección diecisiete

17.1.   La señora Sommer hace una visita

Manuela Pereda y Susanne Sommer:

M — ¡Susanne! ¡Por fin! Ya te esperábamos. Pasa, pasa, por favor.

S — Perdona que llegue con retraso.

M — Había mucho tráfico, ¿verdad?

S — Sí. El taxi andaba muy despacio. En muchos cruces los semáforos estaban en rojo y teníamos que esperar. Dos veces tuvimos que tomar una desviación.

M — Ya nos lo figurábamos. ¡Cuánto me alegro que nos visites!

S — Yo también estoy muy contenta de volver a veros. Estas flores son para ti, Manuela.

M — ¡Ay, qué flores más maravillosas! Me gustan mucho los claveles. Voy a ponerlos en un florero. Muchas gracias.

S — De nada. ¿Dónde está Diego? ¿No está en casa?

M — Está telefoneando. Ven por aquí. Pasemos a la sala. Ven, por favor, y siéntate aquí, Susanne.

S — ¿No querían venir Antonio y Teresa? Creí que ya estaban aquí.

M — Tenían otro compromiso. Espero que vengan pronto. ¿Qué tal fue el vuelo? ¿Te gusta viajar en avión?

S — Sí, me gusta. El vuelo fue rápido y muy cómodo. Eran las seis cuando salimos y a las once ya estábamos en Madrid.

M — ¡Cuánto tiempo se tardaba antes para recorrer esa distancia! ¿Qué tiempo hizo?

S — Hizo un tiempo magnífico. El cielo estaba profundamente azul y sin nubes y teníamos una vista estupenda.

M — Bueno. ¿Quieres tomar algo, Susanne? ¿Tal vez un jugo de piñas?

S — Sí, por favor. Me muero de sed. Hace muchísimo calor.

M — Madrid no se lo recomiendo a nadie en junio, julio o agosto. Ven en abril, mayo, septiembre u octubre. La primavera y el otoño son las estaciones más agradables.

1. ¿ A quién visita la señora Sommer?
2. ¿ Por qué llega con retraso?
3. ¿ Qué trae la señora Sommer a Manuela?
4. ¿ A quiénes están esperando las dos amigas?
5. ¿ Por qué no están todavía los otros?
6. ¿ Qué tal fue el vuelo de la señora Sommer?
7. ¿ Qué tiempo hizo durante el vuelo?
8. ¿ Por qué acepta la señora Sommer con mucho gusto un jugo de piñas?
9. ¿ Cuáles son los meses y las estaciones del año
   a) menos agradables de Madrid?   b) más agradables de Madrid?

17.2. Días inolvidables

Manuela y Susanne:

M — Cuando estabas por subir a tu habitación en el hotel te encontraste con Diego, ¿verdad? ¿Lo reconociste?

S — Sí. Lo reconocí al instante. Es el mismo de antes.

M — Nos acordamos mucho de los días del festival.

S — Sí, aquellos días fueron incomparables. Tuvimos impresiones inolvidables. ¿Recuerdas todavía nuestro primer encuentro?

M — ¡Cómo que no! Estaba en la calle y andaba desesperada.

S — No sabías dónde estaba tu alojamiento.

M — Sí. Preguntaba a mucha gente, pero nadie me comprendía. Era para volverse loca. En eso apareciste tú hablando un español perfecto.

S — ¡Oh, me estás lisonjeando! Después de eso, nos veíamos muy a menudo.

M — Nos mostraste la ciudad y nosotros queríamos saber muchísimo. Eras una guía excelente. ¿Te acuerdas de la reunión final?

S — Claro que sí. Era de noche. Una inmensa muchedumbre estaba reunida. Muchos reflectores iluminaban los edificios y desde la tribuna hablaban y cantaban los representantes de la juventud mundial. Fue muy impresionante.

M — Pero ¡cómo me dolían los pies! Me costaba estar de pie.

S — ¿No me dijiste entonces que vivíais en un piso pequeño? Éste me parece bastante espacioso.

M — Antes teníamos un piso mucho más pequeño. Era sólo de un cuarto, sin contar la cocina y, además, estaba en un barrio periférico.

S — Seguramente teníais problemas.

M — ¡Y cuántos! Pienso sólo en el camino al trabajo. Todos los días nos levantábamos una hora más temprano que hoy. Teníamos que ir en autobús y en metro.

S — Comprendo. Diego me dijo que trabajas ahora de azafata.

M — Soy entre azafata y telefonista. Hace poco leí que IBERIA buscaba empleadas. Junto con otras muchachas ingresé en el Despacho de Informaciones. De lunes a viernes tengo que responder a preguntas. ¿Puedes imaginarte algo más aburrido que esto?

1. *¿Qué dice Susanne en cuanto a su encuentro con Diego?*
2. *¿Cómo llegó a conocer Manuela a Susanne?*
3. *¿Qué impresiones tienen las dos amigas del festival y, en especial, de la reunión final?*
4. *¿Dónde y cómo vivían los Pereda antes?*
5. *¿Cuál es la profesión de Manuela?*
6. *¿Dónde trabaja Manuela y qué tiene que hacer todos los días?*

17.A. Das Imperfekt (El imperfecto)

1. Regelmäßige Formen

trabajar	aprender	vivir
trabaj**aba**	aprend**ía**	viv**ía**
trabaj**abas**	aprend**ías**	viv**ías**
trabaj**aba**	aprend**ía**	viv**ía**
trabaj**ábamos**	aprend**íamos**	viv**íamos**
trabaj**abais**	aprend**íais**	viv**íais**
trabaj**aban**	aprend**ían**	viv**ían**

2. Unregelmäßige Formen

ir		ser		ver	
iba	íbamos	era	éramos	veía	veíamos
ibas	ibais	eras	erais	veías	veíais
iba	iban	era	eran	veía	veían

E   levantarse tarde
   → 1. Me levanto tarde. En las vacaciones yo también me levantaba tarde.
      2. Nos levantamos tarde. En las vacaciones nosotros también nos levantábamos tarde.

levantarse tarde, desayunar con la familia, invitar a los amigos, pasar el día con los amigos, fumar poco, celebrar muchas fiestas, bailar en el club, acostarse tarde, estar contento, leer muchos libros, tener tiempo para ir al museo, escribir cartas a los amigos, recibir visitas, reunirse con los amigos, comer en restaurantes, ver películas interesantes, hacer excursiones

E   El señor Gonzales dijo: "Tengo mucho que hacer".
   → El señor Gonzales dijo que tenía mucho que hacer.

El señor Gonzales dijo: "Tengo mucho que hacer. Soy profesor de lenguas. Soy de Camagüey. Doy clases de alemán. Corrijo los trabajos de los estudiantes. Leo libros y revistas de la R.D.A. Perfecciono mis conocimientos. Voy a menudo a la biblioteca. Atiendo a huéspedes de la R.D.A. Muestro a los huéspedes los lugares atractivos de mi ciudad. Traduzco las preguntas y las explicaciones del guía. Sé bastante bien el alemán y el inglés. Puedo comprar diarios de la R.D.A."

17.B. Gebrauch von Imperfekt und einfachem Perfekt

1.

Eran las seis,	cuando **salimos**.
Imperfekt: Situationen	*einfaches Perfekt:* einmalige Handlungen

Beachten Sie:

sabía	ich wußte		supe	ich erfuhr
conocía	ich kannte		conocí	ich lernte kennen
tenía	ich hatte		tuve	ich bekam

2.

Después nos veíamos muy a menudo.

Todos los días nos levantábamos una
hora más temprano que hoy.

Imperfekt:
unbestimmt wiederholte Handlungen

Dos veces tuvimos que tomar una
desviación.

einfaches Perfekt:
bestimmt wiederholte Handlungen

E

1. En un parque

¡Describa un día en el parque!
hacer buen tiempo, haber mucha gente
los niños: estar alegres, jugar, hacer ruido
las madres: tomar el sol, leer, charlar
los jóvenes: discutir, escuchar la radio, divertirse

¿Qué hizo Ud.?
andar por el parque, sentarse en un banco, tomar el sol, leer el diario, quedarse
hasta las cinco

2. En el café

¡Describa una tarde en el café!
haber mucha gente, las mesas: estar ocupadas
los señores: tomar cerveza y coñac, fumar, discutir
las señoras: tomar café, comer pasteles, escribir tarjetas postales
los niños: comer helados, charlar, hacer tonterías
los camareros: tener mucho que hacer, servir a los clientes, traer café, bebidas alcohólicas y pasteles

¿Qué hizo Ud.?
encontrarse con sus amigos, invitar a sus amigos a tomar un café, hacer preguntas
a sus amigos, contestar a las preguntas de los amigos, despedirse tarde de los amigos

17.3. Repaso

Im Winter hatten wir 14 Tage lang keine Vorlesungen. Wir waren bei unseren Eltern.
Als wir ankamen, begrüßten sie uns herzlich. In den 14 Tagen haben wir uns etwas
ausgeruht, doch wir haben auch etwas gearbeitet. Wir haben uns auf das neue
Semester vorbereitet. Fast alle Tage haben wir gelesen und studiert. Ich habe viele
Übungen gemacht. Ich habe fremdsprachige Bücher gelesen, Artikel aus Zeitschriften
übersetzt und mich auf den Unterricht in Marxismus-Leninismus vorbereitet.
Nachmittags, wenn schönes Wetter war, bin ich weggegangen. Ich habe mich mit
meinen Freunden getroffen, um Spaziergänge zu machen. Es war sehr kalt, doch es
war sonnig, und wir waren sehr froh. Abends sind wir manchmal ins Kino oder ins
Theater gegangen. Einmal sind wir tanzen gegangen. Wir haben getanzt, erzählt und
uns gut amüsiert. Als wir nach Hause kamen, war es schon spät.

17.4.   Las Brigadas Internacionales (2)

A medida que se desarrollaba la guerra nacional-revolucionaria en España, anti-fascistas de muchos países del mundo llegaban al otro lado de los Pirineos. Prestaban ayuda moral a los españoles y, junto con ellos, defendían la República. Para estos voluntarios extranjeros era muy difícil llegar a España. Muchas veces la policía de los países capitalistas los detenía por el camino y los metía en las cárceles. Pero no podía cerrar el paso a todos los que querían ir a España y muchos lograban alcanzar el territorio republicano. Durante toda la guerra llegaron a España cerca de 5.000 voluntarios alemanes. La mayoría de ellos eran emigrados políticos que estaban en Francia, Inglaterra y Bélgica; pero había también otros que consiguieron escapar de la Alemania hitleriana. Pertenecían a todos los sectores de la población trabajadora, desde obreros hasta intelectuales. Todos estaban plenamente decididos a luchar contra el fascismo hasta la última gota de sangre.

El 7 de agosto de 1936 se inició en Barcelona la formación de la Centuria Thaelmann. A la cabeza de este destacamento de combate estaba el miembro del Comité Central del Partido Comunista de Alemania, Hans Beimler, que cayó el 1° de diciembre en la Ciudad Universitaria de Madrid.

El 1° de noviembre de 1936 fue formada la primera Brigada Internacional a la que se dio la denominación oficial de 11ª (undécima) Brigada. Constaba de 3 batallones: "Edgar André" (mayoría: alemanes), "Comuna de París" (mayoría: franceses) y "Dombrowski" (mayoría: polacos). Cada uno de ellos agrupaba también a representantes de otras naciones. Los combatientes de la Centuria Thaelmann formaron el núcleo del Batallón Thaelmann, que al principio perteneció a la 12ª (duodécima) Brigada Internacional y después fue incorporado a la 11ª Brigada. Había también grupos y secciones de alemanes en las Brigadas 12ª y 13ª (décimo tercero) y en otras unidades internacionales.

De los 5.000 antifascistas alemanes que lucharon en España 3.000 no volvieron. Dieron su vida por una España democrática y por la libertad.

1. ¿Qué guerra tuvo lugar en España entre 1936 y 1939?
2. ¿Quiénes ayudaron a los republicanos?
3. ¿Por qué era difícil para los voluntarios extranjeros llegar a España?
4. ¿Cuántos voluntarios alemanes llegaron a España?
5. ¿A qué sectores de la población pertenecían?
6. ¿A qué estaban decididos los voluntarios?
7. ¿Qué sabe Ud. de la Centuria Thaelmann y de su primer comandante?
8. ¿De qué secciones constaba la primera Brigada Internacional?
9. ¿Qué sabe Ud. del Batallón Thaelmann?
10. ¿Cuántos voluntarios alemanes dieron su vida en España?
11. ¿Por qué lucharon en España?
12. ¿Quién es Ernesto Thaelmann?

Lección dieciocho

18.1.　En casa de los Pereda

Diego y Susanne:

D — Disculpa, Susanne. He telefoneado varias veces. Hubo problemas con un estudiante mío. ¿Qué es de tu vida, Susanne?

S — Muy bien, gracias. ¿Lo has arreglado todo?

D — Sí. Todo está resuelto. Y vosotras, ¿lo habéis pasado bien?

S — Sí. Hemos estado charlando de esto y aquello.

D — ¿Todavía no habéis tomado nada? ¿No habéis visto las botellas?

S — Sí, ya hemos tomado un aperitivo. Me ha gustado muchísimo.

D — ¿No han vuelto todavía Antonio y Teresa? ¿Qué has hecho hasta ahora en la ciudad, Susanne?

S — Sólo he dado una vuelta por la ciudad y he ido a la Puerta de Alcalá. Fuera de eso no he tenido tiempo para ver lo demás.

D — ¿Qué tal ha sido el primer día del congreso?

S — ¡Muy interesante! La alocución inaugural ha sido breve, el primer discurso, interesante y la discusión, informativa.

D — ¿Habéis recibido el discurso u otros materiales por escrito?

S — Sí, me han dado la versión española y la traducción alemana del discurso y de las informaciones del día.

D — Comparar las dos es un buen método para perfeccionar los conocimientos lingüísticos.

S — A propósito, Diego, quería regalarte un librito. Es una lástima que lo haya olvidado en el hotel.

D — No importa. Eso le puede pasar a cualquiera. Muchas gracias de antemano. ¿Te ha mostrado ya Manuela las fotos que hemos tomado cuando estuvimos en la R.D.A.?

S — Hasta ahora no las he visto. ¿Habéis tomado muchas?

D — Algunas. Voy a enseñártelas. ¿Dónde he puesto mis gafas? Ah, aquí están.

S — ¡Cuidado! ¡Se ha caído el florero! Por fortuna no se ha roto nada.

D — Tocan el timbre. tenemos visita. Creo que son Teresa y Antonio.

1. ¿Por qué no saludó Diego a Susanne en seguida?
2. ¿Qué han hecho Manuela y Susanne entretanto?
3. ¿Qué quiere saber Diego de Susanne?
4. ¿Cómo describe Susanne el primer día del congreso?
5. ¿Cuál es uno de los métodos para perfeccionar los conocimientos lingüísticos?
6. ¿Por qué le pide perdón Susanne a Diego?
7. ¿Qué fotos quiere mostrar Diego?
8. ¿Qué incidente hay aún?

18.2. Susanne Sommer habla de sus hijas

Susanne y Manuela:

S — La paella que hemos comido estaba excelente. La has hecho muy bien.

M — No es nada especial. Vamos a tomar el café en el salón.

S — Con mucho gusto. ¿Puedo ayudarte a hacer el café?

M — No, gracias. Todo ya está preparado. Sentémonos aquí a la mesita. Cuéntame algo de tus hijas, Susanne. ¿Cómo están?

S — Bien, gracias. Annett cursa el cuarto grado. Ahora está en un campamento de pioneros donde ha pasado también su cumpleaños.

M — ¿Cuándo es su cumpleaños? Si mal no recuerdo, a mediados de julio.

S — Sí. Nació el 14 de julio. Ahora tiene ya diez años.

M — Y Katrin, ¿seguramente es una señorita hecha y derecha?

S — Sí. Ha cumplido 18 años y, a fines del mes pasado, aprobó el examen de bachillerato.

M — ¡Cómo pasa el tiempo! ¿Ya sabe exactamente lo que quiere ser?

S — Sí. Quiere estudiar ingeniería civil.

M — Parece que en los países socialistas la formación de la mujer ha experimentado una transformación radical. ¿Dónde va a estudiar?

S — Como ha terminado la clase preuniversitaria de un plantel de formación técnica, ahora va a ingresar en una escuela superior de ingeniería.

M — ¿Hay exámenes de ingreso para la escuela superior?

S — No.

M — ¿Cuántos años duran sus estudios?

S — 5 años.

M — ¿Va a recibir una beca?

S — Sí. Todos los estudiantes universitarios y los de escuelas técnicas reciben una beca. Además, los estudios son gratuitos.

M — Me han dicho que los alumnos de la R.D.A. reciben también formación politécnica.

S — Sí. A través de la enseñanza politécnica adquieren conocimientos elementales técnicos y realizan trabajo productivo. Katrin aprendió un oficio y, además del examen de bachillerato, obtuvo el certificado de obrera especialista en hormigón.

M — Y aquí muchos jóvenes no consiguen un puesto de aprendiz y para muchos otros casi no existen posibilidades de seguirse capacitando. ¡Qué diferencia!

---

1. ¿Qué han comido los Pereda y sus invitados?
2. ¿De qué ingredientes se compone una paella?
3. ¿Cuántas hijas tiene Susanne Sommer y cómo se llaman?
4. ¿Qué se puede decir en cuanto a la hija menor?
5. ¿Qué quiere saber Manuela Pereda sobre la hija mayor de Susanne?
6. ¿Qué exámenes aprobó Katrin?
7. ¿Qué posibilidades de desarrollo tiene la mujer en los países socialistas?
8. ¿Cuáles son las metas de la enseñanza politécnica en la R.D.A.?
9. ¿Cuáles son las perspectivas profesionales para muchos jóvenes en España?

18.A. **Das zusammengesetzte Perfekt** (El perfecto compuesto)

haber

he
has
ha
hemos
habéis
han

⎫
⎬
⎭

⎧
⎨
⎩
trabajado
aprendido
vivido

abierto (abrir), cubierto (cubrir), descubierto (descubrir), dicho (decir), escrito (escribir), hecho (hacer), impreso (imprimir), muerto (morir), puesto (poner), resuelto (resolver), roto (romper), visto (ver), vuelto (volver)

18.B. **Gebrauch des zusammengesetzten Perfekts**

Marianne quiere estudiar ingeniería civil. En los países socialistas la formación de la mujer ha experimentado una transformación radical.

Bezeichnung einer Handlung, deren Ergebnis noch gegenwärtig ist.

E   ¡Conteste a las preguntas!

1. ¿Cómo ha aprendido Ud. (han aprendido Uds.) el ruso?
estudiar la gramática, prepararse bien para los cursos, aprender muchas palabras, leer diarios soviéticos, discutir con huéspedes, hacer muchos ejercicios, decir muchas cosas en ruso, escribir en ruso a sus amigos soviéticos, ver películas soviéticas

2. ¿Qué ha hecho Ud. (han hecho Uds.) para conservar la salud?
llevar una vida sana, beber leche, comer fruta, acostarse temprano, dormir mucho, hacer muchas excursiones, practicar deportes, ir a menudo a nadar, ir de paseo

E   aprender las palabras
       → ¡Aprenda las palabras!
          Ya las he aprendido.

aprender las palabras, comprar el libro, hacer la traducción, escribir el texto, leer el periódico, hablar con el profesor, informarse

E   saludar al profesor
       → ¡Saluden al profesor!
          Ya lo hemos saludado.

saludar al profesor, abrir los libros, leer los textos, decir su opinión, hacer las preguntas, escribir las nuevas palabras, informarse

E   visitar los lugares atractivos
       → ¡Qué la Sra. Sommer visite los lugares atractivos!
          Ya los ha visitado.

visitar los lugares atractivos, tomar la comida, llamar a sus conocidos, abrir la carta, leer los prospectos, decir sus deseos al Sr. Marcos

E   visitar la exposición
    → ¡Qué los compañeros visiten la exposición!
     Ya la han visitado.

visitar la exposición, mirar los objetos de arte, describir sus impresiones, volver al hotel, reunirse

E   comer algo
    → ¿Ha comido Ud. algo?
     No he comido nada.

comer algo, beber algo, pedir algo, decir algo, escribir algo

E   encontrar a alguien
    → ¿Ha encontrado Ud. a alguien?
     No he encontrado a nadie.

encontrar a alguien, llamar a alguien, invitar a alguien, ver a alguien

E   estar alguna vez en los Pirineos
    → ¿Ha estado Ud. alguna vez en los Pirineos?
     No he estado nunca en los Pirineos.

estar alguna vez en los Pirineos, visitar alguna vez la ciudad de Barcelona, escribir alguna vez artículos en portugués

E   comprar el libro
    → ¿Has comprado (habéis comprado, ha comprado Ud., han comprado Uds.) el libro?
     Sí, lo compré (lo compramos) ayer.

comprar el libro, estudiar la primera lección, hacer los ejercicios, traducir las frases, dar la traducción al profesor, devolver el diccionario a la bibliotecaria, leer los artículos, escribir al Sr. Marcos, ver al Sr. Pereda

18.3. Repaso

Kuba hat eine eigene Industrie entwickelt. Die DDR hat Kuba geholfen. Viele Spezialisten aus der DDR haben in Kuba gearbeitet.
Einige Kommilitonen sind in Havanna gewesen. Sie haben viel gelernt. Sie haben interessante Dinge gesehen. Sie haben uns nicht oft geschrieben, doch nach ihrer Rückkehr haben sie uns von ihren Eindrücken und Erfahrungen erzählt. Wir sind nie in Kuba gewesen, doch wir haben andere sozialistische Länder besucht.
Wo haben Sie Deutsch gelernt? Haben Sie es in der Volkshochschule gelernt? Haben Sie viele Bücher gelesen?
Haben Sie viele Übersetzungen gemacht? Sind Sie mal in der DDR gewesen? Welche Städte haben Sie besucht? Haben Sie sich über die Entwicklung der DDR informiert?

18.4.   Notas biográficas de Dolores Ibárruri

"Sentí la miseria y la dureza de la vida de la mina. Fui socialista y después fui comunista. Yo no he olvidado el ambiente de lucha y de rebeldía en que crecí.

La vida de los mineros era una vida de esclavos. Trabajaban de sol a sol y el salario mayor era de tres pesetas. Cobraban mensualmente; pero se veían obligados a comprar los comestibles necesarios para la vida en comercios que pertenecían a los mismos patrones. A fines de mes los mineros no tenían nada que cobrar. Esto significaba que no podían marcharse de la mina porque estaban en deuda con los patrones.

Recuerdo muy bien la huelga de mineros en 1903, es decir, cuando yo tenía ocho años. Contra ellos fueron movilizados destacamentos militares, se declaró el estado de guerra. Después conocí la huelga de 1906, huelga por la disminución de la jornada de trabajo, la huelga del año 10, del 11, del 13, y después, cuando yo era ya una mujer casada, la huelga revolucionaria de 1917, donde por primera vez tomé parte activa en la lucha.

Yo no he estudiado en ningún instituto, no he ido a ninguna universidad. En la vida y en el trabajo aprendí a ser rebelde. Busqué la verdad y la encontré en la teoría marxista-leninista. Y fui comunista, fui una activa participante en la lucha. Yo no he sido siempre dirigente del Partido Comunista. He trabajado hasta 1931 en un pueblo minero, entre los hombres de las minas, entre las mujeres de los mineros. He tenido seis hijos y un salario mísero, y mi formación política no ha sido fácil. He cumplido las más humildes tareas, desde limpiar la Casa del Pueblo hasta vender los periódicos; cuidaba de mi casa y de mis hijos; asistía a las reuniones y colaboraba en los periódicos obreros.

Mis hijos me ayudaban en los trabajos de casa. Muchas veces quedaban solos porque yo trabajaba para el Partido y asistía a las actividades de los obreros. Así, mis hijos se acostumbraban a las dificultades y aprendían a vencerlas por sí mismos. Es verdad que esto era muy duro, y a mí me dolía en el alma como me dolía toda nuestra vida. No, no fue fácil nuestra vida".

1. ¿ Cómo era la vida de los mineros españoles?
2. ¿ Por qué estaban los mineros siempre en deuda con los patrones?
3. ¿ Qué huelgas de mineros recuerda Dolores Ibárruri?
4. ¿ Cómo y por qué fue comunista Dolores Ibárruri?
5. ¿ Qué sabe Ud. de la vida de Dolores Ibárruri en el pueblo minero?
6. ¿ Qué sabe Ud. de los hijos de Dolores Ibárruri?

Lección diecinueve

19.1.   Conversación sobre un viaje a Sevilla (1)

Diego y Manuela Pereda:

D — Como ya he dicho, este año hemos ido de vacaciones a Sevilla. Estábamos resueltos a visitar su famosa feria.

M — Pero en esta temporada hemos tenido más dificultades de las que creíamos para reservar un viaje a nuestro gusto.

D — En la oficina de turismo nos enteramos de que todos los viajes a precios razonables a Sevilla estaban agotados.

M — Pero la empleada estuvo muy atenta con nosotros y prometió buscar otra posibilidad.

D — Al otro día nos llamó por teléfono para comunicarnos que había logrado reservar un apartamento en un pequeño hotel.

M — Dijo que teníamos suerte y que se trataba de una reservación que otro cliente había anulado.

D — Así no perdimos la ocasión de pasar una semana en la ciudad de las corridas y de las ferias.

M — Pero no hemos viajado sin contratiempos. Escuchad: Después de dejarlo todo arreglado y llegado el día de la partida, fuimos a Atocha.

D — Y allí nos dimos cuenta que habíamos olvidado los billetes.

M — Afortunadamente me acordé dónde los había dejado y además había bastante tiempo para tomar un taxi y volver de prisa a casa.

D — Los billetes estaban en el escritorio, como Manuela había supuesto.

M — Entretanto yo estaba sentada en la sala de espera de la estación de Atocha y cuando comenzaba a ponerme nerviosa volvió Diego.

D — Habíamos tenido suerte. Poco tiempo después estábamos sentados en el expreso nocturno TALGO, uno de estos modernos trenes automotores que circulan ya por todas las vías principales de la Red.

M — Para explicártelo, Susanne: Red significa "Red Nacional de Ferrocarriles Españoles". Se puede decir también "Renfe", la abreviatura.

1. ¿ Adónde querían ir de vacaciones Diego y Manuela Pereda?
2. ¿ Por qué han elegido Sevilla?
3. ¿ Dónde está Sevilla?
4. ¿ Por qué no fue fácil reservar un viaje a Sevilla?
5. ¿ Cómo lograron los Pereda reservar un apartamento?
6. ¿ Qué contratiempo se presentó?
7. ¿ Qué clase de tren es el TALGO?
8. ¿ Qué quiere decir "Renfe"?
9. ¿ Cómo viajaron los Pereda a Sevilla?

19.2. Conversación sobre un viaje a Sevilla (2)

Manuela y Susanne:

M — Hasta entonces nunca había estado en Sevilla, aunque siempre había tenido ganas de conocer esa ciudad. Fueron días magníficos.

S — ¿Cuándo tiene lugar la feria de Sevilla?

M — Siempre unos días después de la Semana Santa. Aquí tengo unas fotos que hemos tomado. Míralas.

S — Parece ser una fiesta animada y llena de alegría.

M — ¡Ya lo creo! Por la tarde, después de las corridas de toros, las más famosas de España, hay un desfile de miles de automóviles y de carretelas. Recorren lentamente las grandes avenidas y las mujeres muestran sus preciosos vestidos. Por la noche, bajo miles de guirnaldas y de luces de colores, toda la ciudad es música y baile.

S — Me gustan las faldas de estas bailadoras. ¿Qué bailan?

M — Aquí se bailan sevillanas, el baile típico de Sevilla. Por todas partes se oyen las castañuelas y las canciones que acompañan este baile.

S — Estas construcciones tienen una forma bastante extraña.

M — Son pabellones ligeros, típicos de la feria sevillana. Se llaman casetas. En su interior tienen lugar las fiestas.

S — ¿Por qué se llaman ferias las fiestas de las que estás hablando?

M — Porque por la mañana hay un mercado de ganado que constituye la feria propiamente dicha.

S — ¿Habéis visto también otras cosas interesantes en Sevilla?

M — Bastantes. Vimos la Fábrica de Tabacos donde, según Bizet, trabajaba Carmen, la protagonista de la famosa ópera; paseamos por el mayor puerto fluvial del país, a orillas del río Guadalquivir; visitamos la célebre catedral, la iglesia más bella de España — como dicen muchos — donde descansan los restos mortales de Cristóbal Colón, el descubridor de América, y donde está también el símbolo de la ciudad, la Giralda, una torre de 93 metros de altura. Ya había leído algo sobre Sevilla. Pero la ciudad es más fantástica de lo que creía. Nunca había hecho un viaje tan interesante como éste.

1. ¿ Cuándo tiene lugar la feria de Sevilla?
2. ¿ De qué partes tradicionales se compone la feria?
3. ¿ Cómo se desarrolla la fiesta durante la noche?
4. ¿ En qué clase de construcciones se celebran las fiestas?
5. ¿ Por qué se llaman feria las fiestas?
6. ¿ Qué otras atracciones han visto los Pereda?
7. ¡ Explique Ud. las palabras: sevillana y caseta !
8. ¿ Quién fue Cristóbal Colón?
9. ¿ Cuándo descubrió Cristóbal Colón América?

19.A. Das Plusquamperfekt (El pluscuamperfecto)

había
habías
había
habíamos
habíais
habían
} {
trabajado, aprendido, vivido;
abierto, cubierto, descubierto,
dicho, escrito, hecho, impreso,
muerto, puesto, resuelto, roto,
visto, vuelto

E El señor Gonzales dijo: "He estudiado el alemán en la escuela."
→ El señor Gonzales dijo que había estudiado el alemán en la escuela.

El señor Gonzales dijo: "He estudiado el alemán en la escuela. He leído libros y revistas de la R.D.A. He hecho traducciones del alemán al español. He estado varias veces en la R.D.A. Me he encontrado con los estudiantes cubanos."

E ¡Complete! (Vervollständigen Sie!)

Mi amigo me habló de un viaje que . . . a la Unión Soviética.
Me mostró las fotos que . . . en Moscú.
Me leyó las cartas que . . . de sus amigos soviéticos.
Me recomendó una novela soviética que . . . en original.
Puso los discos que . . . en el gran almacén.
Me dio los regalos que . . . del viaje.

E preparar la comida
→ ¿Qué estaban Uds. haciendo cuando llegó su compañero?
¿Estaban preparando la comida?
No, ya la habíamos preparado.

preparar la comida, tomar la cena, lavar los platos, hacer sus ejercicios, leer el diario, informarse

E

Vor einigen Monaten haben wir eine Gruppe junger Ungarn betreut. Die jungen Leute waren in die DDR gekommen, um das Leben in unserem Lande zu studieren und sich im Deutschen zu vervollkommnen. Einige hatten Deutsch in der Schule gelernt, andere hatten an Volkshochschulkursen teilgenommen. Sie sagten uns die Titel der Bücher, die sie in Deutsch gelesen haben.

19.B. Der Satzvergleich

La ciudad estaba **más** fantástica **de lo que** creía.
(Vergleich bezieht sich auf ein *Adjektiv*)

Hemos tenido **más** dificultades **de las que** creíamos.
(Vergleich bezieht sich auf ein *Substantiv*)

E

Die Bibliothek ist größer, als es scheint.
In den Lesesaal passen mehr Personen, als ich glaubte.
Dieses Buch ist interessanter, als ich dachte.
Gestern kamen mehr ausländische Gäste, als wir erwarteten.

19.3. Repaso general

Ich kann ziemlich gut Russisch. Ich habe es in der Schule gelernt. Im vergangenen
Jahr konnte ich meine Ferien in der Sowjetunion verbringen. Als ich in Moskau ankam, hießen mich meine Freunde willkommen. Sie sagten mir, daß sie sich sehr
freuen, mich zu sehen. Sie hatten ein Zimmer bestellt. Am ersten Tag machten wir
einen Spaziergang durch die Stadt. Die Straßen waren sehr belebt. Man sah viele
Touristen, die die Sehenswürdigkeiten besuchten, Aufnahmen machten und sich mit
den Einwohnern Moskaus unterhielten. Meine Freunde brachten mich zur Universität, wo wir mit Sprachstudenten diskutieren konnten. Viele von ihnen sprachen gut
deutsch. Ich stellte ihnen viele Fragen. Sie erzählten mir von ihrem Leben. Ich lernte
auch einige kubanische Jugendliche kennen, die in Moskau studierten. Als wir uns
verabschiedeten, war es schon spät, aber auf den Straßen waren noch viele Menschen. Ich verbrachte eine Woche in der sowjetischen Hauptstadt, dann reiste ich ans
Schwarze Meer, wo ich 14 Tage blieb. Fast alle Tage war schönes Wetter. Den Vormittag verbrachte ich oft am Strand. Ich badete und sonnte mich. Am Nachmittag
nach vier Uhr, wenn es nicht mehr so warm war, machten wir Ausflüge. Mitte August
kehrte ich nach Hause zurück. Meine Kollegen begrüßten mich herzlich. Ich erzählte
ihnen von meiner Reise und zeigte ihnen die Aufnahmen, die ich in Moskau gemacht
habe. In diesem Jahr möchte ich nach Budapest fahren. Meine ungarischen Freunde
haben mich eingeladen. Ich habe sie vor einigen Jahren kennengelernt. Im vergangenen Winter haben sie mich besucht.

19.4. La señora Sommer escribe una carta

Madrid, 24 de julio

Distinguido Sr. Weller:

Desde Madrid le envío cordiales saludos. Estoy participando en un congreso. Me
alegro mucho de poder pasar unos días en España. Los conocimientos de idioma
adquiridos en sus lecciones, me han ayudado mucho para hacerme entender. A los
españoles también los comprendo bastante bien cuando no hablan demasiado de
prisa. ¿Le gusta la vista panorámica de la tarjeta que he metido en el sobre? Como Ud.
puede ver, Madrid es una ciudad enorme que está transformándose de día en día.
En los barrios céntricos surgen por todas partes muchas vías modernas de circulación,
edificios altísimos, aparcamientos grandes y supermercados gigantescos que aquí
también se llaman autoservicios. Las viviendas de alquileres razonables están des-
apareciendo del centro y la mayoría de los empleados y trabajadores tienen que

---

buscar domicilio en las afueras, lo que causa durante las horas-pico una circulación caótica. Hace dos días visité una de esas nuevas ciudades satélites de las afueras y quedé muy impresionada por la arquitectura moderna y funcional de los edificios. Pero lo que me impresionó mucho más fue la "barraca" entre la ciudad satélite y Madrid. Se me explicó que había muchos de esos territorios que rodean Madrid como un feo cinturón. Las "barracas" sirven de domicilio para los más pobres del país, quienes llegan de la provincia para buscar trabajo y una vida mejor en la ciudad y no encuentran ni empleo, ni vivienda. Sólo las "barracas" les ofrecen un refugio miserable e inhumano, sin escuelas, hospitales, calles y, muy a menudo, sin luz eléctrica ni agua corriente.

Tengo también la intención de visitar el museo del Prado. Dudo que tenga tiempo para ver los 3.000 cuadros, pero hay que ver los más famosos.

Después de mi estancia en España, voy a seguir viaje a Cuba para participar en el curso de verano para extranjeros de la universidad de La Habana.

Le ruego transmita saludos a su esposa. Recuerdos también a todos los compañeros del curso de español que se encuentren con Ud.

Le saluda atenta y cordialmente

Susanne Sommer

1. ¿A quién escribe la señora Sommer?
2. ¿Por qué le escribe una carta al señor Weller?
3. ¿Qué escribe la señora Sommer en cuanto a sus conocimientos de lengua?
4. ¿Qué impresiones de Madrid tiene la señora Sommer?
5. ¿Qué ha impresionado en especial a la señora Sommer?
6. ¿Qué escribe la señora Sommer de las "barracas"?
7. ¿Qué quiere visitar además la señora Sommer?
8. ¿De qué está dudando la señora Sommer?
9. ¿Adónde va a viajar la señora Sommer después del congreso? ¿Por qué?
10. ¿Qué sabe Ud. de la República de Cuba y de su capital?

Lección veinte

20.1. Los taxistas están en huelga

El presidente de la reunión y la señora Sommer:

P — Señoras y caballeros: Propongo que hagamos una pausa de media hora. ¡Ah, señora Sommer! ¡Qué bien que haya venido!

S — Siento mucho haber llegado con tanto retraso, señor Hernández, pero me fue imposible llegar a tiempo.

P — Ya no esperábamos que Ud. viniera. ¿Qué le ha ocurrido?

S — Nada malo. Quería tomar un taxi, pero cuando le rogué al recepcionista que me llamara uno, me dijo que no era posible.

P — ¡Pues, claro! Los taxistas madrileños están en huelga.

S — Entonces el recepcionista me aconsejó que tomara el metro. Cuando iba a la estación vi de repente un taxi. Como temía que el metro tardara mucho, hice señas con la mano, y el taxista paró.

P — Hay siempre algunos que no cumplen el llamamiento de huelga. Supongo que tuvo algún incidente, ¿verdad?

S — ¡Y qué incidente! Al pasar por una calle, otros taxistas no permitieron que prosiguiéramos nuestro camino.

P — Es que los huelguistas no tienen mucha comprensión con los rompehuelgas. Yo tampoco simpatizo con ellos.

S — Obligaron a mi taxista a que se solidarizara con ellos.

P — Hicieron bien. Y a Ud., ¿qué le dijeron?

S — Me pidieron perdón y me señalaron la próxima estación del metro. ¿Qué exigen los taxistas? Ya les he preguntado, pero sin entenderlos del todo.

P — Exigen un aumento de salario y mejores condiciones de trabajo.

S — Hablaron de 24 horas y me dieron un volante. ¿Quiere Ud. verlo?

P — Sí, haga el favor. Mire: Se trata de una huelga de prevención para acentuar las reivindicaciones.

S — ¿Qué le parecen las perspectivas para satisfacerlas?

P — Las condiciones objetivas son buenas. La mayoría de los españoles están cansados de que los precios suban tanto sin que suban los salarios. Por eso hay apoyo y solidaridad en todas las acciones huelguísticas.
Bueno, señora Sommer. En cuanto a su informe, quisiera que lo presentara después del delegado soviético.

S — Como Ud. quiera. No tengo nada en contra.

1. ¿Qué es una "huelga"?
2. ¿Qué diferencia hay entre un huelguista y un rompehuelgas?
3. ¿Qué le ha ocurrido a la señora Sommer en el hotel?
4. ¿Qué le ha ocurrido a la señora Sommer en la ciudad?

5. ¿Qué exigen los taxistas?
6. ¿De qué clase de huelga se trata?
7. ¿Qué le han dado los taxistas a la señora Sommer y por qué?
8. ¿Cuáles son las perspectivas para el buen éxito de la huelga?
9. ¿Qué debe hacer la señora Sommer en el curso de la reunión?

20.2. El congreso trabaja: Una discusión

Un delegado soviético y el presidente de la reunión:

S — Señoras y caballeros: Lo que quería es que tuviesen una idea general de la política exterior de mi país. Antes de terminar, quisiera entregarles este folleto rogándoles que presten atención a las propuestas relativas a la distensión hechas el año pasado por la comunidad de los países socialistas.
Les agradezco su atención.

P — Muchas gracias por su aporte a la discusión, señor Petrov. ¿A qué propuestas se refiere?

S — A la Declaración de Moscú, adoptada por los Estados miembros del Tratado de Varsovia.

P — ¿Puede Ud. decirnos algo del contenido de esa declaración?

S — Desde luego. En este documento los países signatarios llamaban a todos los hombres de buena voluntad en el mundo entero a que se uniesen, que redoblasen sus esfuerzos en pro del progreso, que luchasen más efectivamente contra la guerra y que defendiesen la paz por todas partes del mundo.

P — ¿Puede Ud. decirnos también algo de la acogida dispensada a la declaración?

S — Ha encontrado una acogida amplia, que se explica en gran medida por el hecho de que allí se presenta un programa realista y de claros objetivos con las iniciativas de nuestra época para garantizar la paz y, además, se proponen pasos concretos y sendas viables para la solución de los problemas actuales más urgentes.

P — Haga el favor de mencionar algunos de los problemas tratados en la declaración.

S — Ante todo las cuestiones relativas al cese de la carrera armamentista con todas sus cargas para los pueblos, la limitación de los armamentos y el desarme.

P — Gracias por estos datos complementarios. ¿Hay otras preguntas? Parece que no. Bueno. Ayer le pedí a la señora Sommer de la R.D.A. que preparase un informe y dijese unas palabras sobre la política exterior de su país. Ahora se concede la palabra a la señora Sommer. Por favor, señora Sommer.

1. ¿De qué clase de discusión se trata?
2. ¿Qué es lo que el delegado soviético entrega a los otros participantes de la reunión y por qué lo hace?
3. ¿Cuáles son los argumentos principales de la declaración?
4. ¿Por qué ha encontrado la declaración una acogida amplia?
5. ¿Qué objetivos políticos se proponen en primer lugar?
6. ¿De qué manera toma parte activa la señora Sommer en la reunión?

20.A. **Der Konjunktiv Imperfekt** (El imperfecto de subjuntivo)

trabajar	aprender	vivir
trabajara/trabajase	aprendiera/aprendiese	viviera/viviese
trabajaras/trabajases	etc.	etc.
trabajara/trabajase		
trabajáramos/trabajásemos		
trabajarais/trabajaseis		
trabajaran/trabajasen		

Zur Ableitung vgl. einfaches Perfekt, 3. Person Plural: trabajaron, aprendieron, vivieron, **hicie**ron, etc.

Beide Formen (r-Form und s-Form) werden ohne Unterschied gebraucht:

Ya no esperábamos que Ud. *viniera/viniese*.

En este documento los países signatarios llamaban a todos los hombres de buena voluntad a que se *unieran/uniesen*, que *redoblaran/redoblasen* sus esfuerzos en pro del progreso, que *lucharan/luchasen* más efectivamente contra la guerra y que *defendieran/defendiesen* la paz.

E   1. ¿Qué era necesario para estudiar bien en la escuela? trabajar mucho
→ Era necesario que trabajáramos (trabajásemos) mucho.

trabajar mucho, asistir regularmente a los cursos, prepararse bien, hacer muchos ejercicios, reunirse en círculos de interés, seguir los consejos de los profesores, ir a las bibliotecas

2. ¿Qué era necesario para aprender bien el español?

estudiar la gramática, aprender muchas palabras, leer revistas y diarios cubanos, discutir con huéspedes, decir mucho en español, ecribir en español a amigos cubanos o chilenos, traducir artículos

3. ¿Qué era necesario para conservar la salud?

llevar una vida sana, dar paseos, beber leche, comer fruta, acostarse temprano, dormir mucho, hacer muchas excursiones, practicar deportes, ir a menudo a la piscina, dar paseos

E   leer el libro
→ ¿Por qué ha leído Ud. el libro?
Mi compañero quiso que lo leyera (leyese).

leer el libro, estudiar los textos, traducir los artículos, dar la traducción al Sr. Gonzales, ir a ver la película cubana, poner los discos, llevar los libros a los estudiantes cubanos

E   dar el libro al Sr. Gonzales/leer
→ ¿Por qué dio Ud. el libro al Sr. Gonzales?
Se lo di para que lo leyera (leyese).

dar el libro al Sr. Gonzales / leer,
llevar la carta a la Sra. Gómez / traducir,
enviar las fotos al Sr. Domínguez / mostrar a los compañeros,

explicar los problemas a los huéspedes / comprender,
recomendar la película a los estudiantes extranjeros / ir a ver pronto

20.B.   Der Konjunktiv — Zusammengesetzte Formen

Se alegra	que haya	escrito	
	que hayas	escrito	
	que haya	escrito	
	que hayamos	escrito	
	que hayáis	escrito	
	que hayan	escrito	

Se alegró	que hubiese	(hubiera)	escrito
	que hubieses	(hubieras)	escrito
	que hubiese	(hubiera)	escrito
	que hubiésemos	(hubiéramos)	escrito
	que hubieseis	(hubierais)	escrito
	que hubiesen	(hubieran)	escrito

E   Mi compañero se alegra: Hemos recibido una carta de nuestros amigos.
→ Mi compañero se alegra que hayamos recibido una carta de nuestros amigos.

Mi compañero se alegra: Hemos recibido una carta de nuestros amigos. Nos han anunciado su visita. Han pasado bien sus exámenes. Pablo ha obtenido buenos resultados. Los profesores han estado muy contentos.
Mi compañero se alegró: Habíamos recibido una carta de nuestros amigos. Nos habían anunciado su visita. Habían pasado bien sus exámenes. Pablo había obtenido buenos resultados. Los profesores habían estado muy contentos.

20.3.   Repaso

Seit einigen Monaten lernen wir Spanisch. Als sie uns begrüßten, sagten uns die Lehrer, daß es wichtig ist, Sprachen zu studieren. Sie sagten uns, daß wir viel arbeiten sollen, daß wir viel lesen, viele Übungen machen und Artikel aus kubanischen Zeitschriften übersetzen sollen. Wir haben schon viel gelernt. Es ist gut, daß wir die Ratschläge der Lehrer befolgt haben.
Vorigen Sonntag feierte mein Kollege seinen Geburtstag. Er hatte viele Gäste. Er freute sich, daß viele Freunde gekommen waren, um den Tag mit ihm zu verbringen.

20.4. Principios de la política exterior de la R.D.A.

En primer lugar hay que mencionar la alianza fraternal con la Unión Soviética y la firme integración en la familia de los pueblos socialistas. La R.D.A. continúa ampliando la integración económica socialista y las relaciones económicas con la URSS y los demás países del Consejo de Ayuda Mutua Económica (CAME) y presta su aporte al fortalecimiento de la comunidad de los Estados socialistas.

En segundo lugar es necesario subrayar que frente a los países capitalistas la R.D.A. ejerce una política de coexistencia pacífica. Relaciones pacíficas y la cooperación mutuamente ventajosa entre Estados de sistemas sociales diferentes son parte integrante y, al mismo tiempo, resultado de la política socialista.

Se robustecen la paz y la seguridad, cuando se respeta estrictamente el principio de la soberanía, de la igualdad de derechos y de la no-intervención. Las relaciones bilaterales se desarrollan bien donde los principios acordados en la Conferencia sobre la Seguridad y la Cooperación en Europa no solamente se observan sino también se aplican en la práctica. Los esfuerzos activos de la R.D.A. siempre van encaminados a llevar a la práctica el Acta Final en su conjunto.

En tercer lugar, uno de los principios fundamentales en los que se fundamenta la política practicada por la R.D.A. socialista es la solidaridad antiimperialista. Por eso, la R.D.A. se encuentra al lado de los pueblos que construyen una sociedad nueva.

La R.D.A. ve en el fortalecimiento de sus relaciones con los países liberados y, en particular, con los de orientación socialista, así como en su apoyo a la lucha de los movimientos de liberación, una importante contribución para aumentar la seguridad internacional y el progreso de los pueblos.

1. ¿Qué clase de principios menciona la señora Sommer?
2. ¿Cuál es el principio fundamental de la política exterior de la R.D.A.?
3. ¿Qué desarrollo político y económico continúa ampliando la R.D.A. en cuanto a los países socialistas?
4. ¿Cuáles son los principios más importantes de la política exterior de la R.D.A. en cuanto a los países capitalistas?
5. ¿Cómo se puede robustecer la paz y la seguridad de los pueblos?
6. ¿Qué política ejerce la R.D.A. frente a los países no-alineados?
7. ¡ Caracterice la política de la R.D.A. frente a los movimientos de liberación!

Lección de repaso 4

La vida de Cristóbal Colón (segunda parte)

A mediados de enero de 1493 Cristóbal Colón volvió a España. El historiador chileno Barros Arana describe en su Historia de América la vuelta de Colón con las palabras siguientes:

"El viernes 15 de marzo el descubridor de América llegó con la carabela Niña al puerto de Palos, donde le saludó el pueblo con el mayor entusiasmo.

Los reyes de España se hallaban entonces en Barcelona. El almirante, porque éste era el título con que desde entonces se le conoció, recogió en el camino la más brillante admiración pública, e hizo en Barcelona una entrada triunfal. Toda la ciudad salió a recibirlo.

Colón marchaba en medio de los indios que había traído de las islas. Los indios llevaban sus trajes nacionales. El almirante quiso arrodillarse a los pies de los reyes, pero ellos le mandaron que se sentara en su presencia. Colón les hizo un relato de su viaje y de su descubrimiento, y les presentó a los indios que lo acompañaban y los objetos preciosos que había traído.

Después, Fernando confirmó a Colón en todos sus privilegios; y la reina le permitió que usara en su escudo los emblemas de Castilla y de León."

El 25 de septiembre del mismo año Cristóbal Colón salió por segunda vez para "Las Indias". Ahora iba con más de 1.200 personas y tenía 17 barcos.

En 1498 hizo su tercer viaje y en 1502 su cuarto.

Cristóbal Colón pasó los últimos años de su vida en España. Pronto cayó enfermo. Después quedó solo. Murió en Valladolid, olvidado, el 20 de mayo de 1506.

R.4.A.   Zeitangaben

Tageszeiten

de día	bei Tag, tags
de noche	bei Nacht, nachts
por la mañana	am Morgen, morgens;
	am Vormittag, vormittags
a mediodía	am Mittag, mittags
por la tarde	am Nachmittag, nachmittags
por la noche	am Abend, abends

E

Arbeiten Sie nicht nachts! Arbeiten Sie bei Tag!
Vormittags sind die Kollegen im Büro. Mittags nehmen sie das Essen in einem Restaurant ein. Am Nachmittag arbeiten sie wieder. Zweimal in der Woche gehen sie abends in die Volkshochschule, um am Spanischunterricht teilzunehmen.

Wochentage

los lunes	montags
el lunes pasado	vorigen Montag
el lunes que viene (el lunes próximo)	nächsten Montag

Woche

entre semana	in der Woche
la semana pasada	vorige Woche
la semana que viene (la semana próxima)	nächste Woche

E

Dienstags und donnerstags haben die Kollegen Spanischunterricht. In der Woche haben sie viel zu tun. Sonnabends und sonntags haben sie frei. Vorigen Sonntag haben sie einen Ausflug gemacht. Nächsten Sonntag bleiben sie zu Hause, um sich auf die Spanischprüfung vorzubereiten.

Monat

en junio (en el mes de junio)	im Juni
en junio de 1981	im Juni 1981
el mes pasado	vorigen Monat
el mes que viene (el mes próximo)	nächsten Monat

Jahreszeiten

en verano	im Sommer
el verano pasado	vorigen Sommer
el verano que viene (el verano próximo)	nächsten Sommer

Jahr

en 1983 (en el año 1983)	1983
el año pasado	voriges Jahr
el año que viene (el año próximo)	nächstes Jahr

E

Im Sommer, im Juli und im August, haben die Kinder Ferien. Alljährlich verbringen viele Kinder ihre Ferien in den schönsten Gegenden unseres Landes. Vorigen Sommer habe ich eine Gruppe französischer Kinder betreut. Nächsten Sommer betreue ich eine Gruppe kubanischer Kinder.
Im August 1973 fanden die X. Weltfestspiele der Jugend und Studenten in Berlin statt. Es nahmen mehr als 500 kubanische Jugendliche teil. Vom 28. Juli bis 5. August 1978 fanden die XI. Weltfestspiele in Havanna statt.

E   Ejercicio de repaso

1. Ich lerne jetzt Spanisch. Ich bin nie in Spanien gewesen. Als ich zur Hochschule kam, sprach ich ziemlich gut Russisch (ich hatte es in der Schule gelernt), doch ich konnte nicht Spanisch. Die Dozenten sagten uns, daß wir regelmäßig am Unterricht teilnehmen sollen. Sie empfahlen uns, daß wir viele Übungen machen.

2. Ich mache gern Reisen. Ich habe fast alle sozialistischen Länder besucht. Vorigen Sommer war ich in der Sowjetunion. Als ich in Leningrad ankam, begrüßten mich meine Freunde. Ich verbrachte einige Tage in Leningrad. Meine Freunde hatten eine Stadtrundfahrt organisiert. Sie hatten Theaterkarten gekauft und Ausflüge in die Umgebung vorbereitet, damit ich viel sehe. Die Tage waren sehr interessant. Am 16. August fuhren wir ans Schwarze Meer. 14 Tage lang konnten wir uns erholen. Wir gingen fast alle Tage an den Strand. Wir verbrachten angenehme Stunden. Abends gingen wir oft tanzen. Am 1. September mußte ich wieder nach Hause zurück. Als ich ankam, waren meine Eltern am Flugplatz. Sie begrüßten mich herzlich und sagten mir, daß ich ihnen von meiner Reise erzählen soll.

Lección veintiuno

21.1.   Conversación entre dos sesiones (1)

La señora Sommer y el señor Marcos:

S — Es una lástima que el congreso ya toque a su fin.

M — ¿No se quedará Ud. unos días más aquí?

S — No. Tendré que salir inmediatamente para Cuba.

M — Espero que algún día vuelva a visitar nuestro país.

S — Así lo espero yo también. ¿Ha estado Ud. alguna vez en Cuba?

M — Sí. Estuve allí el año pasado. ¿Y usted?

S — Es la primera vez que voy a un país latinoamericano.

M — Le gustará mucho. La isla de Cuba es hermosísima. Ya lo comprobará Ud. misma. ¿Cuánto tiempo permanecerá Ud. en Cuba?

S — Todavía no lo sé exactamente. Quizás permanezca dos semanas.

M — Si Ud. está libre y si hace buen tiempo no deje de ir a la playa de Varadero, que me ha gustado muchísimo. Es la mejor playa de Cuba y una de las más bellas del mundo.

S — Si tengo tiempo, lo haré seguramente.

M — Hay que aprovechar los viajes y admirar los lugares de interés turístico.

S — Eso es. ¿Sabe Ud. dónde queda la Oficina de Turismo?

M — Un momento, se lo diré en seguida. Consultemos la guía. Queda en la calle del Duque de Medinaceli N° 2. Ud. encontrará fácilmente el edificio porque verá el letrero grande.

S — Gracias. ¿A qué hora saldremos mañana?

M — Creo que será a las seis y media.

S — ¿Adónde iremos?

M — No le anticipo nada. Sólo le digo que habrá mucho que ver.

S — Ud. sabe guardar secretos. ¿Qué tiempo hará mañana?

M — Según el boletín meteorológico, la temperatura bajará un poco, pero continuará el buen tiempo.

S — Entonces, no me pondré el sobretodo, el traje sastre bastará.

1. ¿Cuánto tiempo permanecerá la señora Sommer en Cuba?

2. ¿Qué atracción turística le recomienda el señor Marcos a la señora Sommer?

3. ¿Adónde quiere ir la señora Sommer para informarse del vuelo a Cuba?

4. ¿Qué actividades desarrolla una oficina de turismo?

5. ¿Qué dice el señor Marcos en relación al día de la excursión?

6. ¿Qué tiempo hará el día de la excursión?

21.2. Conversación entre dos sesiones (2)

La señora Sommer y el señor Marcos:

S — ¿Dónde está el señor que quería hablarnos del programa de la excursión?

M — ¿El señor Rojas? Estará aún en el centro organizativo. Cuando haya terminado la sesión, va a explicarles todo el programa. ¿Dónde está su vecina cubana? Hoy no la he visto.

S — Se habrá quedado en la habitación del hotel. Ayer me dijo que no se sentía bien y que tenía dolores de cabeza.

M — Si está enferma, tendremos que llamar al médico.

S — Cuando esté libre, pasaré por su habitación para ver lo que hace.

M — Bueno. A propósito, ¿qué hará Ud. pasado mañana?

S — Si no estoy demasiado cansada, visitaré el Museo del Prado.

M — Es que mi esposa y yo quisiéramos invitarla a hacernos una visita.

S — Muchas gracias. Acepto gustosamente su invitación.

M — Cuando venga habrá una sorpresa para Ud.

S — Ud. despierta mi curiosidad. ¿A qué hora me esperan?

M — Si le parece bien, venga a eso de las cuatro. ¿Ya habrá terminado Ud. su visita al museo a esa hora?

S — Creo que sí, pero no sé exactamente a qué hora terminará la visita colectiva. Por desgracia no sé dónde está mi libreta de apuntes.

M — La habrá dejado en su habitación. Por favor, llámeme cuando vuelva al hotel.

S — Sí, lo llamaré en cuanto haya hablado con la compañera cubana.

M — Será mejor que Ud. me llame después de las ocho. Antes, no habremos regresado. Mi esposa y yo tenemos un compromiso más. Si Ud. quiere vendré en coche al museo a buscarla.

S — No será necesario. No se moleste Ud. Tomaré el metro.

1. ¿ De qué cosa va a hablar el señor Rojas dentro de poco?

2. ¿ Por qué no ha estado presente la vecina cubana de la señora Sommer?

3. ¿Qué va a hacer la señora Sommer después de la sesión cuando esté libre?

4. ¿Qué hará la señora Sommer pasado mañana?

5. ¿Qué propone el señor Marcos a la señora Sommer?

6. ¿Por qué llamará la señora Sommer al señor Marcos?

7. ¿Qué propuesta tiene el señor Marcos para la señora Sommer en cuanto a su visita al Museo del Prado?

8. ¿Por qué no acepta la señora Sommer la propuesta del señor Marcos?

9. ¿Qué sabe Ud. del Museo del Prado?

21.A. Das Futur (El futuro)

1. regelmäßige Formen

trabajar	aprender	escribir
trabajaré	aprenderé	escribiré
trabajarás	etc.	etc.
trabajará		
trabajaremos		
trabajaréis		
trabajarán		

2. unregelmäßige Formen

caber	—	cabré		querer	—	querré
decir	—	diré		saber	—	sabré
haber	—	habré		salir	—	saldré
hacer	—	haré		tener	—	tendré
poder	—	podré		valer	—	valdré
poner	—	pondré		venir	—	vendré

21.B. Das Futur II (El antefuturo)

habré	trabajado
habrás	aprendido
habrá	vivido
habremos	hecho
habréis	etc.
habrán	

E   hacer el trabajo
   → ¡Haga (hagan) el trabajo!
    Lo haré (haremos) mañana.

hacer el trabajo, leer las revistas, traducir los artículos sobre el desarrollo económico de la R.D.A., llevar la traducción al Sr. Gonzales, corregir el texto, devolver los diccionarios a la bibliotecaria, escribir la traducción, decir sus problemas al Sr. Gonzales

E

1. ¿Cómo pasarán los huéspedes el domingo?
hacer una excursión, caber todos en el autocar, visitar un castillo, poder discutir con profesores y alumnos de una escuela, ponerse en contacto con sus compañeros, hablar de sus problemas, decir su opinión, tener la posibilidad de discutir con el director de la escuela, quedarse todo el día en la ciudad, salir a las 9

2. ¿Qué hará Ud. (harán Uds.) esta tarde, esta noche, mañana, pasado mañana, el fin de semana?

3. ¿Cómo pasará Ud. (pasarán Uds.) sus vacaciones?

21.C. Bedingungssätze (1) (oraciones condicionales)

Si está enferma, tendremos que llamar al médico.
Si le parece bien, venga a eso de las cuatro.

Bezug:	Zukunft
Hauptsatz:	Verb im Futur oder im Imperativ
Nebensatz:	eingeleitet mit der Konjunktion **"si"**
	Verb im Präsens oder im zusammengesetzten Perfekt

E   traducir el artículo / tener tiempo
        → ¿Traducirá Ud. el artículo?
            Si tengo tiempo, lo traduciré.

traducir el artículo / tener tiempo,
comprar la radio / tener dinero,
ir a ver la película / conseguir entradas,
ir a ver a sus amigos / estar libre,
dar los libros al Sr. Gonzales / poder pasar por su casa

E   organizar el encuentro con los estudiantes extranjeros / Pablo haber reservado una sala
        → ¿Organizarán Uds. el encuentro con los estudiantes extranjeros?
            Si Pablo ha reservado una sala, lo organizaremos.

organizar el encuentro con los estudiantes extranjeros / Pablo haber reservado una sala,
ir a ver la película / Juan haber conseguido entradas,
devolver los diccionarios / Andrés haber terminado la traducción,
visitar la exposición / Jorge haber vuelto de su viaje

21.D. Temporalsätze der Zukunft (oraciones temporales)

Cuando esté libre, pasaré por su habitación.
Lo llamaré en cuanto haya hablado con la compañera cubana.
Por favor, llámeme cuando vuelva al hotel.

Hauptsatz:	Verb im Futur oder im Imperativ
Nebensatz:	eingeleitet mit den Konjunktionen **"cuando"** oder **"en cuanto"**
	Verb im Konjunktiv Präsens oder im Konjunktiv Perfekt

E   preparar el café / venir el amigo
        → ¿Cuándo preparará Ud. el café?
            Lo prepararé cuando (o: en cuanto) venga el amigo.

preparar el café / venir el amigo,
ver a la Sra. Domínguez / empezar el nuevo semestre,
tomar la comida / terminar los cursos,
pagar la cuenta / el camarero traer el café,
abrir la discusión / llegar los estudiantes extranjeros

E   dar el libro al amigo / haber leído
      → ¿Cuándo dará Ud. el libro al amigo?
        Se lo daré cuando (o: en cuanto) lo haya leído.

dar el libro al amigo / haber leído,
devolver las cintas / haber escuchado,
llevar la traducción al Sr. Gonzales / haber corregido,
vender la radio / haber hecho reparar

21.3.   Repaso

1. Interessieren Sie diese Bücher? Ich kann sie Ihnen geben. Wenn Sie sie gelesen haben, geben Sie sie mir bitte zurück!

2. Herr Gonzales kommt heute nachmittag in die Bibliothek. Wenn er kommt, geben Sie ihm bitte diese Zeitschriften!

3. Besuchen Sie mich! Am Sonntag bleibe ich zu Hause. Wenn Sie nicht kommen können, rufen Sie mich bitte an!

4. Am Sonntag besuche ich meine Freundin. Wenn sie frei hat, machen wir einen Ausflug. Wenn sie viel zu tun hat, bleiben wir zu Hause.

5. Bestellen Sie bitte ein Zimmer für Frau Domínguez! Sie kommt nächsten Dienstag an. Sie bleibt einige Tage in der DDR. Wenn ihre sowjetischen Kollegen sie eingeladen haben, fährt sie am 15. nach Moskau.

6. Wenn wir die Prüfungen hinter uns haben, können wir uns etwas ausruhen. Im August fahren wir nach Dresden. Wenn Martina meinen Brief bekommt, bestellt sie Zimmer.

21.4.   El programa de la excursión

Señoras y caballeros: Permitan que les explique ahora el programa de nuestra excursión de mañana. Nos reuniremos delante de este edificio, a las seis y media de la mañana. El autocar llegará a las siete menos cuarto y saldremos a las siete en punto.

Uds. ya estarán curiosos por saber adónde iremos. Uds. conocerán dos de las ciudades esencialmente históricas y más pintorescas de España. Primero iremos a Ávila, una ciudad de 33.000 habitantes, que está a unos 110 km de Madrid. Es la ciudad española que está situada a mayor altitud, a 1.131 metros. Allí visitaremos la gran muralla del siglo 11 que con sus 90 torres y 9 puertas es la más perfecta edificación militar de la Edad Media que existe hoy día en España.

Después seguiremos viaje a Salamanca, ciudad universitaria de 122.000 habitantes que se alza a orillas del Tormes. Allí, un guía nos enseñará la universidad más célebre y más antigua de España, fundada en el siglo 13 y que todavía hoy sigue siendo muy importante porque brinda enseñanza a más de 10.000 estudiantes.

Por la tarde, si Uds. lo desean y si disponemos de tiempo podremos visitar también otras de las numerosas atracciones turísticas de aquella fascinante ciudad que, desde el punto de vista artístico-monumental, figura entre las ciudades españolas más importantes. Quisiera tan sólo mencionar las catedrales: la nueva, en estilo gótico, y la antigua, en estilo románico; el puente romano; el panorama de la Plaza Mayor, en estilo barroco; el palacio de Monterrey, uno de los ejemplos más bellos del Renacimiento español, etc.

Aquello será algo único. Uds. estarán contentos con lo que hemos escogido y preparado.

Voy a ver qué más habrá. ¡Ah, sí! Comeremos en Ávila y cenaremos en Salamanca. No volveremos antes de medianoche, porque Salamanca se encuentra a 200 km de Madrid.

Ahora no me queda nada más que rogarles que sean puntuales mañana por la mañana. Pero si tienen preguntas, estaré con el mayor gusto a su disposición.

1. *¿Cuánto tiempo durará la excursión?*
2. *¿Qué habrá que ver?*
3. *¿Por qué es interesante Ávila?*
4. *¿Por qué es importante Salamanca?*
5. *¿Cuántos kilómetros distan las dos ciudades de Madrid?*

Lección veintidós

22.1.　En la oficina de turismo

La señora Sommer y una empleada:

S — Quisiera reservar un pasaje Madrid-La Habana para la semana que viene.

E — Lo siento, señora. Todas las reservaciones están agotadas.

S — Llamé por teléfono y cierta señorita Aguirre me dijo que habría todavía una posibilidad y que trataría de conseguirme una reservación. Me pidió que viniera a esta taquilla. ¿Está realmente todo reservado? ¿No se puede hacer nada?

E — ¿A qué hora habló Ud. con la Srta. Aguirre?

S — Cuando llamé serían las nueve.

E — ¿Cómo se llama Ud., señora?

S — Susanne Sommer.

E — Voy a ver si ella ha apuntado algo a su nombre. ¿Cuándo quisiera viajar?

S — Me gustaría salir a mediados de la semana próxima: martes, miércoles, jueves. El jueves me convendría más.

E — No encuentro ningún apunte. Espere un momento hasta que venga mi colega. Acaba de salir un instante.

S — Me quedaría, pero no tengo tiempo.

E — Entonces, la pondré en la lista de espera para el jueves a las 15:10, vuelo N° 558 con escalas en Lisboa, Ponta Delgada y Hamilton. Déjeme sus señas, por favor. ¿Cómo ha dicho que se llamaba?

S — Aquí tiene Ud. mi tarjeta de visita. Estoy alojada en el hotel "Internacional". ¡Qué bueno sería si Ud. me consiguiera una reservación!

E — ¡Ya veremos! Voy a hablar con la Srta. Aguirre y trabajaremos para que la confirmación de vuelo se haga dentro de poco. ¿Podría Ud. volver mañana?

S — Mañana, sí. Vendré entre las cinco y las seis de la tarde. ¿De dónde salen los autobuses que hacen el trayecto al aeropuerto?

E — De la plaza de Neptuno. Tome este prospecto con la ruta y las condiciones de viaje para los vuelos a Cuba. El pasaje, ¿lo desea primera clase o turista?

S — Clase turista. Pues, hasta mañana. Espero que tenga suerte.

1. ¿ Dónde está la señora Sommer y qué quiere arreglar aquí?
2. ¿ Por qué quiere hablar la señora Sommer con la Srta. Aguirre?
3. ¿ Cuándo le gustaría a la señora Sommer viajar a Cuba?
4. ¿Qué posibilidad le ofrece la empleada a la señora Sommer?
5. ¿ De qué informa el prospecto que recibe la señora Sommer?

22.2. Una entrevista

Un periodista y la señora Sommer:

P — Permítame presentarme: Ramón Galdós, periodista. ¿Sería Ud. tan amable de contestarme unas preguntas?

S — ¿De qué diario es Ud.?

P — Soy del "Mundo Obrero", órgano del comité central del Partido Comunista de España.

S — Pues, pregunte, pero le agradecería que fuese breve. Tengo que marcharme.

P — ¿Qué opina Ud. del panorama político de los últimos años?

S — Diría que, en resumen, han sido años bastante positivos.

P — ¿A pesar de los numerosos problemas que se produjeron?

S — Ha habido progresos en el camino de la distensión y los pueblos de Europa continúan viviendo en paz. Eso es importante.

P — ¿Cómo se podría profundizar el proceso de la distensión?

S — La solución estaría en realizar el Acta final de Helsinki en su totalidad.

P — ¿Podría Ud. explicar brevemente la posición política de su país?

S — Como Estado socialista, la R.D.A. trata de contribuir a la consolidación de la paz, la seguridad de los pueblos, la continuación de la distensión y al entendimiento y a la colaboración de todos los hombres de buena voluntad.

P — Desearía que Ud. resumiera las exigencias políticas fundamentales de la R.D.A.

S — Cese de la carrera armamentista, limitación de los armamentos, desarme — exigencias que son de interés vital para todos los pueblos.

P — Me gustaría que dijese a nuestros lectores también unas palabras acerca de las actividades futuras de la R.D.A. en el terreno internacional.

S — La R.D.A. intensificará la integración económica y política socialista, así como la colaboración multifacética con todos los estados que respeten la igualdad de derechos, la no-ingerencia en los asuntos internos y la soberanía de los países.

P — ¿Qué consideraría como tarea fundamental de nuestra época?

S — Conseguir que cesen los preparativos materiales de una nueva guerra y que se mantenga la paz en todos los continentes.

P — Muchísimas gracias por sus palabras, señora.

1. ¿Qué periódico es el "Mundo Obrero"?
2. ¿Qué opina la señora Sommer de los años pasados y en qué se basa para ello?
3. ¿Qué profundizaría el proceso de la distensión?
4. ¿Cuál es la posición política de la R.D.A.?
5. ¿Qué exigencias políticas caracterizan la política exterior de la R.D.A.?
6. ¿Qué desarrollo sigue manteniendo la R.D.A.?
7. Según la señora Sommer: ¿cuál es la tarea fundamental de nuestra época?
8. ¿Qué diría Ud. si un periodista le hiciera la misma pregunta?

22.A.   Das Konditional I (El condicional)

1. regelmäßige Formen

trabajar	aprender	escribir
trabajaría	aprendería	escribiría
trabajarías	etc.	etc.
trabajaría		
trabajaríamos		
trabajaríais		
trabajarían		

2. unregelmäßige Formen

caber	cabría	querer	querría
decir	diría	saber	sabría
haber	habría	salir	saldría
hacer	haría	tener	tendría
poder	podría	valer	valdría
poner	pondría	venir	vendría

E   El señor Gonzales dijo: "Iré a Leipzig".
→ El señor Gonzales dijo que iría a Leipzig.

El señor Gonzales dijo: "Iré a Leipzig. Daré una vuelta por la ciudad. Visitaré los lugares atractivos. Podré discutir con profesores de la universidad. Discutiremos sobre muchos problemas. Hablaremos sobre la organización de los estudios. Nos reuniremos con estudiantes de varios países. Nos informaremos de sus problemas. Contestaremos a preguntas".

E   comprar la radio / no tener dinero
→ 1. ¡Compre la radio! La compraría, pero no tengo dinero.
→ 2. ¡Compren la radio! La compraríamos, pero no tenemos dinero.

comprar la radio / no tener dinero,
hacer la traducción / no tener tiempo,
enviar los libros al señor Gonzales / no saber sus señas,
devolver las revistas / no poder ir a la biblioteca,
ir a ver a los compañeros / no poder salir de casa,
acompañar a los huéspedes / no estar libre

22.B.   Bedingungssätze (2)

¡Qué bueno *sería* si Ud. me *consiguiera* una reservación!

Bezug:	Gegenwart oder Zukunft
Hauptsatz:	Konditional I
Nebensatz:	Konjunktiv Imperfekt, eingeleitet mit "si"

E   aprender el portugués / tener tiempo
           → 1. ¿Aprendería Ud. el portugués? Lo aprendería si tuviera tiempo.
           → 2. ¿Aprenderían Uds. el portugués? Lo aprenderíamos si tuviéramos tiempo.

aprender el portugués / tener tiempo,
visitar la feria / estar libre,
ir a ver al señor Sommer / saber sus señas,
comprar los libros / tener dinero,
hacer el trabajo / poder ir a Leipzig

E   ¡Complete!

Si estuviera libre, ...; Si tuviera dinero, ...; Si supiera mejor el español, ...; Si pudiera ir a Cuba, ...

22.3.   Repaso

Wir interessieren uns sehr für Sprachen. Wenn wir mehr Zeit hätten, würden wir Portugiesisch lernen.
Mein Freund übersetzt gerade einen sowjetischen Roman. Wenn ich besser Russisch könnte, würde ich ihm helfen.
Meine tschechischen Freunde haben mich eingeladen, einige Tage bei ihnen zu verbringen. Wenn ich frei hätte, würde ich ihre Einladung annehmen.
Wenn schönes Wetter wäre, würden wir einen Ausflug machen. Wenn im Restaurant nicht soviel Leute wären, würde ich dich zum Essen einladen.
Wenn du dich gut auf die Stunden vorbereitetest, würdest du gute Ergebnisse erzielen.

22.4.   El congreso termina

Queridos delegados e invitados de honor: Queridos compatriotas: Este es un acto de clausura. Luego es también un acto de despedida y las despedidas suelen ser tristes. Sin embargo, no hay motivo para eso.
El congreso con sus multifacéticas formas y sus actividades diarias ha tenido gran éxito. Brillaron especialmente los sentimientos de colaboración y de buena voluntad. Creemos que todos los discursos y todas las discusiones contribuyeron a la mutua comprensión.
Dentro de breves horas comenzará el regreso de nuestros estimados visitantes. Uds. volverán al trabajo creador en sus patrias, sea en la parte del mundo que vive en el socialismo, sea en ésta del capitalismo.
Cuidemos juntos de que la humanidad siempre pueda avanzar hacia el futuro bajo las condiciones de una paz duradera y de una amplia cooperación internacional.
Queridos invitados: Estos días han transcurrido muy veloces. Parece que los momentos más interesantes siempre pasan demasiado rápidos.

Nuestro instituto hizo suyo este congreso. Desde el instante en que supimos que sería sede del congreso trabajamos incansablemente para dispensar a nuestros huéspedes la mejor acogida.

Les expresamos nuestro reconocimiento por su participación en este congreso. Nunca habíamos recibido a un grupo tan numeroso de participantes en tal ocasión. Nos hemos esmerado por estar a la altura de tal honor. Si hemos sido deficientes rogamos nos excusen. No debemos ser nosotros mismos quienes juzguemos la calidad de este congreso. Son Uds. los más indicados para hacerlo. Si Uds. también estiman que ha sido exitoso, no pensaremos nunca que haya sido un éxito nuestro, pensaremos que fue un éxito de todos nosotros.

Señoras y caballeros: Les ruego levanten sus copas para brindar conmigo por la concordia, la paz y el progreso. ¡Salud!

1. *¿ De qué acto se trata?*
2. *¿ En qué se manifiesta el éxito del congreso?*
3. *¿ A qué actividades llama el presidente del instituto?*
4. *¿ Qué dice el presidente del instituto acerca del número de participantes?*
5. *¿ Qué dice el presidente del instituto de los esfuerzos realizados por sus colaboradores para atender a los participantes?*
6. *¿ Por qué brindan todos?*

Lección veintitrés

23.1.   La salida

La señora Sommer y el señor Marcos:

S — Si no hubiéramos salido tan temprano, no habríamos llegado a tiempo. Un poco más y habríamos perdido el avión.

M — El tráfico a esta hora es verdaderamente extraordinario.

S — Y si Ud. no hubiera tomado esas calles laterales, a estas horas estaríamos todavía en medio de aquel caos.

M — Eso es. Por fortuna conozco muy bien la ciudad.

S — ¿Dónde puedo registrar y entregar mi equipaje?

M — Ahí enfrente está la taquilla de la línea aérea cubana donde también se revisa el pasaporte y se controla el equipaje. ¿Tiene Ud. algo que declarar?

S — Nada. No llevo más que mis cosas personales y unos recuerdos. ¿Cree Ud. que tengo exceso de equipaje?

M — Vamos a ver. Voy a pesar las dos maletas. La cartera y la bolsa puede llevárselas a la cabina. Mire: Ud. no tendrá que pagar ningún sobrepeso.

S — Pues, ha llegado el momento de la despedida.

M — Sí. Vamos a despedirnos aquí. Ahí está el control de pasaportes y aduana. Ud. no puede perder tiempo.

S — Le quedo muy agradecida por lo bien que me ha acogido.

M — Ha sido un placer. Le habría podido mostrar mucho más si hubiéramos dispuesto de más tiempo.

S — Gracias nuevamente por la amable hospitalidad y el regalo que me dieron Uds. El botijo me recordará siempre los días que he pasado en España. Nunca los olvidaré.

M — Me alegro que la estancia en nuestro país haya sido de su agrado.

S — Muchos recuerdos a su esposa.

M — Espero que algún día nos volvamos a ver.

S — Así lo espero yo también. Entonces, adios, señor Marcos.

M — Adiós, señora Sommer. Feliz viaje y que le vaya bien.

Atención, atención. Señores viajeros: Éste es el primer aviso del vuelo AC 558 Madrid — La Habana. Rogamos pasar a la puerta N° 8 con los pasajes listos. Gracias.

1. ¿Qué dificultades tuvieron el señor Marcos y la señora Sommer en el camino al aeropuerto?

2. ¿Cómo lograron llegar a tiempo?

3. ¿La señora Sommer tiene algo que declarar?

4. ¿Qué hace el señor Marcos para saber si la señora Sommer tiene exceso de equipaje?

5. ¿Por qué les queda muy agradecida la señora Sommer a los Marcos?
6. ¿Qué le parece a la señora Sommer su estancia en España?
7. ¿Qué esperan los dos compañeros al despedirse?
8. ¿Qué anuncian por el altavoz?

23.2.   En el avión

La señora Romero y la señora Sommer:

Bienvenidos a bordo, damas y caballeros: Les habla la azafata en jefe. En breve despegaremos con destino a La Habana. Sírvanse abrocharse los cinturones de seguridad y recuerden que durante el despegue está prohibido fumar. Gracias.

R — ¡Cuánto me alegro de que estemos juntas!
S — Yo también. Así podemos charlar y el tiempo pasará más rápida y agradablemente.
R — No sabía que Ud. también viajaba a Cuba.
S — Si la hubiese visto ayer, se lo hubiera podido decir. En efecto, recibí la confirmación de vuelo a última hora.
R — ¿Qué va a hacer en nuestro país?
S — Voy a asistir a un curso de verano de la universidad de La Habana.
R — ¡Qué bien! Entonces, no deje de visitarme. No se olvide, y si quiere le mostraré nuestra capital.
S — Muchas gracias. Es Ud. muy amable. ¿Ud. es habanera?
R — Nací en Baracoa, en el extremo oriente de Cuba, pero vivo en La Habana desde el triunfo de la Revolución.
S — Recuerdo haber leído que Baracoa figura entre las primeras fundaciones de Cuba.
R — Sí. Baracoa es la ciudad más antigua de Cuba. Los españoles la fundaron en 1512, dos años antes de La Habana.
S — Entonces Ud. pasó su niñez en una ciudad rica en tradiciones.
R — A principios de 1953 nos trasladamos a Santiago de Cuba.
S — Conozco bastante bien esa ciudad por los informes sobre el ataque al cuartel Moncada, que he leído con gran interés.
R — No olvidaré nunca aquel día del 26 de julio de 1953. Mi padre tomó parte en el ataque y fue uno de los pocos sobrevivientes. Fue gravemente herido y si no hubiese logrado llegar a la casa de un fiel amigo suyo, no hubiera sobrevivido.
    ¿No tiene Ud. ganas de visitar Santiago de Cuba y ver el Moncada? El antiguo cuartel es hoy una gran ciudad escolar y un centro de estudios para miles de niños y jóvenes.
S — Me interesaría mucho visitar Santiago de Cuba. Me gustan las excursiones y, en especial, las excursiones a lugares históricos.

Señoras y señores: Les habla el capitán. Estamos volando a una altura de 10.000 metros. El vuelo sigue su curso normal. A las 16.55 aterrizaremos en el aeropuerto de Lisboa. La escala durará 30 minutos.

1. ¿Qué pide la azafata a los viajeros?
2. ¿Por qué está tan contenta la señora Sommer?
3. ¿Por qué viaja a Cuba la señora Sommer?
4. ¿Qué le propone la señora Romero a la señora Sommer?
5. ¿De dónde es la señora Romero? ¿Dónde nació?
6. ¿Cuál es la importancia histórica de Baracoa?
7. ¿En qué otra ciudad vivieron los Romero también? ¿Cuándo?
8. ¿Por qué es importante el 26 de julio de 1953?
9. ¿Qué cuenta la señora Romero de su padre?
10. ¿Qué dice el comandante del avión?

23.A. Das Konditional II (El condicional compuesto)

habría	
habrías	trabajado
habría	aprendido
habríamos	vivido
habríais	hecho
habrían	etc.

E   leer el libro / no tener tiempo
→ ¿Ha leído Ud. el libro?
   Lo habría leído con mucho gusto, pero no tenía tiempo.

leer el libro / no tener tiempo,
comprar la radio / no tener dinero,
escribir al señor Marcos / no saber sus señas,
ir a ver a los compañeros cubanos / no estar libre,
llevar los libros a la señora Sommer / no poder ir a su casa,
hacer el viaje / no sentirse bien

23.B. Bedingungssätze (3)

Si no *hubiéramos salido* tan temprano, no *habríamos (hubiéramos) llegado* a tiempo al aeropuerto.

Bezug: Vergangenheit
Hauptsatz: Konditional II
Nebensatz: Konjunktiv Plusquamperfekt, eingeleitet durch **"si"**

Beachten Sie: Im Hauptsatz findet man auch die r-Form des Konjunktivs Plusquamperfekt.

E   leer el libro / tener tiempo
→ 1. — ¿Habría leído Ud. el libro? Lo habría leído si hubiera tenido tiempo.
   2. — ¿Habrían leído Uds. el libro? Lo habríamos leído si hubiéramos tenido tiempo.

leer el libro / tener tiempo,
comprar la radio / tener dinero,
escribir al señor Marcos / saber sus señas,
ir a ver a los compañeros cubanos / estar libre,
llevar los libros a la señora Sommer / poder ir a su casa,
hacer el viaje / sentirse bien

23.C. Gebrauch des Artikels (Zusammenfassung)

Der bestimmte Artikel (El artículo determinado)
Abweichend vom Deutschen gebraucht:

1. zur Bezeichnung körperlicher Eigenschaften

Mi amigo tiene los ojos azules.	Mein Freund hat blaue Augen.

2. in Zeitangaben

Son las siete.	Es ist sieben (Uhr).
La función empieza a las siete y media.	Die Vorstellung beginnt halb acht.
Los huéspedes llegarán el lunes.	Die Gäste werden Montag ankommen.
La semana pasada estuvieron en La Habana.	Vergangene Woche waren sie in Havanna.
Los miércoles tenemos cursos de español.	Mittwochs haben wir Spanischunterricht.

3. vor señor, señora, señorita und vor Titeln (außer Anrede)

el señor Marcos, la señora Sommer, la señorita Emilia,
el doctor Múñoz, la doctora Gómez,
el presidente Allende

4. nach Personalpronomen, die ein Substantiv bei sich haben

Uds. los cubanos	Sie Kubaner
(Nosotros) los estudiantes tenemos mucho que hacer.	Wir Studenten . . .

5. bei manchen geographischen Namen

el Brasil, la Argentina, el Perú, La Habana, etc.

6. nach todo, toda, todos, todas

todo el día	der ganze Tag
todos los cubanos	alle Kubaner

7. in Prozentangaben

el 30%	30%

8. in bestimmten Wendungen

escuchar la radio	Radio hören
mirar la televisión	fernsehen
tocar el piano / la guitarra, etc.	Klavier, Gitarre spielen
jugar al fútbol / al tenis / a la pelota, etc.	Fußball, Tennis, Pelota spielen

interesarse por el teatro / la música / las lenguas, etc.	sich für Theater, Musik, Sprachen interessieren
saber bien / mal el español	gut / schlecht Spanisch können

Abweichend vom Deutschen nicht gebraucht:

1. in kurzen Appositionen

Madrid, capital de España	Madrid, die Hauptstadt Spaniens

2. in Herrschernamen

Felipe II (Felipe segundo)	Philipp der Zweite

3. nach elegir und nombrar

elegir presidente	zum Präsidenten wählen
nombrar embajador	zum Botschafter ernennen

Der unbestimmte Artikel (El artículo indeterminado)

Abweichend vom Deutschen gebraucht bei ungenauen Prozentangaben

un 40%	etwa 40%

Abweichend vom Deutschen nicht gebraucht vor otro, medio, semejante (ähnlich), tal

Me dio otro libro.	Er gab mir ein anderes Buch.
Esperé media hora.	Ich wartete eine halbe Stunde.

E

1. Berlin, die Hauptstadt der DDR, hat über eine Million Einwohner.

2. An der Humboldt-Universität studieren über 13.000 junge Leute. Eine weitere wichtige Universität unseres Landes ist die Karl-Marx-Universität Leipzig. Alle Studenten erhalten ein Stipendium.

3. Ich kann ziemlich gut Spanisch. Ich habe es eineinhalb Jahre lang studiert. Ich habe Freunde in Lateinamerika.

4. Andrés lebt in Havanna. Voriges Jahr war er zum ersten Mal in der DDR. Er spricht Spanisch, Deutsch und Englisch. Er interessiert sich sehr für Sprachen. Er studiert Medizin.

5. Wir jungen Leute machen gern Reisen ins Ausland. Nächstes Jahr fahre ich mit meinem Freund in die Sowjetunion. Er spricht sehr gut Russisch.

6. Ich interessiere mich sehr für modernes Theater. Ich kenne fast alle Stücke Brechts. Meine Freundin geht lieber ins Konzert. Ihr gefällt klassische Musik. Sie spielt gut Klavier.

23.3. Repaso

1. Ich habe gerade einen interessanten Artikel über die wirtschaftliche Entwicklung der lateinamerikanischen Länder gelesen. Wenn das Thema Sie interessiert, bringe ich Ihnen die Zeitschrift. Wenn die Vorlesungen zu Ende sind, rufen Sie mich bitte

an! Ich bin bis sieben Uhr zu Hause. Der Artikel ist sehr gut geschrieben. Wenn ich mehr Zeit hätte, würde ich ihn ins Deutsche übersetzen.

2. Nächste Woche betreuen wir eine Gruppe kubanischer Jugendlicher. Wenn sie in Schönefeld ankommen, begrüßen wir sie. Am ersten Tag zeigen wir ihnen die Sehenswürdigkeiten Berlins. Wenn sie alles gesehen haben, treffen wir uns mit DDR-Studenten. Wenn sich die Gäste für Literatur und Theater interessieren, gehen wir am Abend ins Berliner Ensemble. Am Sonnabendabend besuchen wir den Studentenclub. Es ist Tanz. Mein Freund war vorige Woche dort. Er hat fast die ganze Nacht getanzt. Am Sonntag machen wir einen Ausflug nach Potsdam. Wir besuchen alle Sehenswürdigkeiten, und wenn es nicht regnet, machen wir Spaziergänge durch die Parkanlagen. Wenn Herr Müller Zimmer in einem Studentenheim bestellen könnte, verbringen wir einige Tage in Weimar. Wenn die kubanischen Freunde mir eher geschrieben hätten, hätte ich mich an das Reisebüro gewendet, um Zimmer zu bestellen.

23.4.   El descubrimiento de América

El 3 de agosto del año 1492 salieron del Puerto de Palos, cerca de Huelva, en Andalucía, tres carabelas, la Pinta, la Niña y la Santa María, con una tripulación de 120 hombres. Además de los marineros había un médico, un intérprete, un cura y un abogado.

El capitán de la pequeña flotilla era Cristóbal Colón (1451–1506). Quería buscar un nuevo camino hacia la India, más corto y menos peligroso que el de tierra firme.

El viaje se ponía más difícil cada día. A fines de septiembre la tripulación se rebeló por primera vez. Colón logró calmarla entonces y durante el resto del viaje.

Necesitó 70 días para atravesar el Océano Atlántico, y el 12 de octubre llegó a una de las islas de las Bahamas, a la que dio el nombre de "San Salvador". Los españoles se quedaron tres días en esta isla y luego continuaron hacia el sur donde, el 27 de octubre, descubrieron Cuba, que confundieron con Asia.

Por falta de conocimientos exactos sobre la circunferencia terrestre Colón calculó que la India estaba unas 7.000 millas más cerca de Europa de lo que en realidad está. Por eso, aún después de otros cuatro viajes y hasta el día de su muerte siguió convencido de haber encontrado el nuevo camino a la India. Por eso llamó "indios" a los indígenas. No llegó a saber jamás que había descubierto un inmenso continente nuevo cuya parte latinoamericana comprendía 22 millones de km^2 con una población actual superior a los 250 millones de habitantes.

Más tarde, los nuevos territorios descubiertos, el Nuevo Mundo, recibieron su nombre en honor a un marino italiano, Américo Vespuccio, quien exploró el nuevo continente, hizo las primeras descripciones detalladas y trazó el primer mapa de esas nuevas tierras.

Después de los primeros descubridores vinieron muy rápidamente los conquistadores, como por ejemplo: Hernán Córtez, que conquistó el país de los Aztecas en Méjico, y Francisco Pizarro, que conquistó el de los Incas en el Perú. Ellos y muchos otros conquistaron con sus ejércitos casi todos los países latinoamericanos para España, a excepción del Brasil, de Haití y de las Guayanas, que fueron colonias portuguesa, francesa, inglesa y holandesa respectivamente, creando así la base para que los espa-

ñoles pudieran explotar durante tres siglos las riquezas del continente latinoamericano.

1. *¿ Cuándo vivió Cristóbal Colón?*
2. *¿ Qué quería buscar Colón y por qué?*
3. *¿ Cuándo comenzó el viaje, de dónde salieron las carabelas y quiénes participaron
   en el viaje?*
4. *¿ Cómo fue el viaje?*
5. *¿ Qué parte de América descubrieron los españoles y cuándo fue?*
6. *¿ De qué estuvo convencido Colón hasta su muerte? ¿Por qué?*
7. *¿ Qué no llegó a saber jamás?*
8. *¿ Por qué recibieron los nuevos territorios el nombre de un italiano?*
9. *¿ Quiénes son los dos conquistadores más conocidos?*
10. *¿ Qué territorios conquistaron aquellos conquistadores?*
11. *¿ Qué países fundaron colonias en Latinoamérica?*
12. *¿ Qué quiere decir "colonia"?*

Lección veinticuatro

24.1. En casa de la señora Romero (1): Roberto invita

La señora Romero y la señora Sommer:

R — ¡Roberto! Espera un momentito y no vayas a colgar. Están tocando el timbre. Vuelvo en seguida.

¡Ah, la compañera Sommer! Pase, por favor.

S — Perdone que me haya adelantado.

R — No se preocupe. Tome asiento, por favor. Dispénseme un instante. Estoy hablando por teléfono con mi hermano. No sabe que nos hemos citado para ir de compras esta tarde. Voy a decirle que Ud. ha llegado y que volveré a llamarlo más tarde.

S — No, no. Quisiera que Ud. terminara la llamada.

R — Bueno. Oye, Roberto. ¿Estás todavía junto al aparato? Has dicho que los abuelos no andan del todo bien, que han trabajado tanto y que ahora se cuidarán mucho. ¡Qué se mejoren pronto! Recuerdos de mi parte. ¿Qué quieres saber? ¿Quieres saber quién ha llegado? Supongo que no conoces a la compañera. Se llama Susanne Sommer. Es alemana de la R.D.A. Está asistiendo a un curso de verano de la universidad. A veces la atiendo yo. ¿Cómo? Compañera Sommer: Roberto dice que le gustaría conocerla.

S — Dígale que también yo me alegraría de conocer al hermano de mi gentil acompañante.

R — ¿Qué cosa propones? ¡Buena idea! A ver, voy a preguntarle. Compañera Sommer, mi hermano pregunta qué haremos esta noche y si no nos gustaría ir a ver con él el nuevo show "Bajo las estrellas" del cabaret Tropicana. ¿Qué le parece?

S — A mí me parece estupendo. Aceptó encantada la invitación.

R — Ella dice que le gustaría ir al cabaret y a mí también me gustaría. ¿Qué dices? No te entiendo bien. ¿Has dicho que vendrás a buscarnos? Bueno. ¿No crees que hará falta más tiempo? ¿No? Entonces, a las ocho.

S — Dígale a su hermano que le agradezco mucho la invitación.

R — La compañera Sommer dice que te queda muy agradecida por la invitación. ¿Estás convencido de que lograrás sacar entradas? Bueno. ¿Qué otra cosa? Bueno, bueno, Roberto. No preguntes tanto. Ella te lo contará todo con más detalles esta noche. Estaremos listas a la hora exacta. ¡Chao!

¡Qué muchacho tan curioso! Me ha preguntado además dónde Ud. vive, cómo está, cuánto tiempo estará aquí, si habla español, dónde estaremos esta tarde, y ha dicho también que si estuviera menos ocupado, ahora vendría a vernos sin tardar. Parece que mi hermano quiere aprovechar la oportunidad para pulir sus conocimientos lingüísticos. ¿Sabía Ud. que lleva ya varios meses estudiando alemán?

---

1. ¿Quién es Roberto?
2. ¿Cómo habla la señora Romero con él?
3. ¿Por qué viene la señora Sommer?
4. ¿De dónde conoce la señora Sommer a la señora Romero?
5. ¿De qué hablan Roberto y su hermana?
6. ¿Qué quiere saber Roberto en cuanto a la señora Sommer?
7. ¿Qué propone Roberto?
8. ¿Qué dice la señora Sommer en cuanto a la invitación?
9. ¿Qué otra cosa quiere saber Roberto?
10. ¿Por qué quiere saber Roberto tantas cosas acerca de la señora Sommer?

24.2. Buscando un libro técnico

La señora Romero y la señora Sommer:

R — Creo que no tendremos suerte. Ésta es la tercera librería donde nos dicen que los Cuadernos Populares están agotados.

S — Creía que se vendían por todas partes.

R — No hay que olvidar que la campaña alfabetizadora ha despertado en Cuba un interés cada vez mayor por los libros.

S — "Quien busca encuentra" dice el refrán. Lo intentaremos más tarde en otra librería.

R — Anteayer hablé con mi marido. Me dijo que pronto iría a la editorial y me prometió que trataría de conseguirlos allí.

S — Sería muy bueno. Nuestro profesor de español nos recomendó mucho la lectura de los Cuadernos. Constituyen una pequeña biblioteca de cultura cubana y ofrecen al lector en diversos volúmenes breves los conocimientos más importantes. ¿No es así?

R — Sí. Publicaciones como ésas cumplen una función importante en la formación de los cubanos. ¿Sabía Ud. que antes de la revolución Cuba era uno de los países más atrasados del continente en el terreno de la instrucción?

S — Sí. Leí en algún periódico que antes de 1960 más de una cuarta parte de la población era analfabeta.

R — Así es. Nosotros recogimos una amarga herencia. Pero con la campaña nacional de alfabetización, que comenzó en 1961, el analfabetismo disminuyó al 3%.

S — Oí decir que los alfabetizadores han vivido y trabajado muy a menudo en condiciones muy difíciles.

R — Así fue. Mi marido también alfabetizó en las montañas. Entonces era aún estudiante.

S — ¿Mantiene todavía relaciones con algunos de sus alumnos?

R — Con muchos. Hace cierto tiempo le escribieron que habían terminado los cursos de seguimiento y que algunos se superarían profesionalmente en una escuela vespertina de la cooperativa. ¿Sabe Ud. lo que quiere decir "curso de seguimiento"?

S — Diría que se trata de otra forma de capacitación.

R — Sí. Los cursos de seguimiento, la batalla del sexto grado, la del nono, y muchas otras oportunidades de superación han tenido y tienen por objeto capacitar el mayor número posible de cubanos y de completar su instrucción.

1. *¿Qué acaban de hacer las dos señoras?*
2. *¿Por qué parece ser difícil comprar los Cuadernos Populares?*
3. *¿Quién quiere ocuparse también de ese asunto y dónde quiere hacerlo?*
4. *¿Por qué quiere comprar la señora Sommer los Cuadernos?*
5. *¿Qué función cumplen los Cuadernos?*
6. *¿Qué amarga herencia recogieron los cubanos revolucionarios en 1959?*
7. *¿Cómo lograron los cubanos disminuir el analfabetismo al 3%?*
8. *¿Cómo participó el marido de la señora Romero en la campaña alfabetizadora?*
9. *¿Qué le escribieron los alumnos al señor Romero?*
10. *¿Qué oportunidades tenían y tienen los adultos en Cuba para completar su instrucción?*

24.A. Die Zeitenfolge im indirekten Stil (La concordancia de los tiempos en el estilo indirecto)

1. Steht das Verb des Hauptsatzes in einer *Gegenwartszeit* (Präsens, Futur, zusammengesetztes Perfekt), so kann das Verb des Nebensatzes in allen Zeiten stehen:

Me ha preguntado además dónde Ud. vive, cómo está, cuánto tiempo estará aquí, si habla español, dónde estuvimos ayer.

2. Steht das Verb des Hauptsatzes in einer *Vergangenheitszeit* (einfaches Perfekt, Imperfekt, Plusquamperfekt), so steht das Verb des Nebensatzes

a) zum Ausdruck der *Gleichzeitigkeit* oft im Imperfekt:

Creía que los Cuadernos Populares se *vendían* por todas partes.

b) zum Ausdruck der *Vorzeitigkeit* oft im Plusquamperfekt:

Hace cierto tiempo le escribieron que *habían terminado* los cursos de seguimiento.

c) zum Ausdruck der *Nachzeitigkeit* oft im Konditional:

Me dijo que pronto *iría* a la editorial.

E

1. Ich glaube, daß der neue Film sehr interessant ist;
daß es heute drei Vorstellungen gibt;
daß der Text sehr gut übersetzt ist.

2. Ich glaube, daß der Film in der Sowjetunion viel Erfolg gehabt hat;
daß ihn Millionen von Menschen gesehen haben;
daß man viel über ihn geschrieben hat.

3. Ich glaube, daß der Film Ihnen gefallen wird;
daß wir nach der Vorstellung mit einigen Darstellern diskutieren können;
daß die Diskussion sehr interessant wird.

---

4. Ich glaubte,   daß Jörg im Heim ist;
                   daß er viel zu tun hat;
                   daß er sich gerade auf die Prüfung vorbereitet.
5. Ich glaubte,   daß Jörg im Ausland gewesen ist;
                   daß er einige Städte besucht hat;
                   daß seine Freundin ihn begleitet hat.
6. Ich glaubte,   daß Jörg nach Kuba fährt;
                   daß er seine Sprachkenntnisse vervollkommnet;
                   daß seine Freunde mit ihm losfahren.

24.B.   Zur Übersetzung von "in", "seit", "vor"

in

En un año hemos aprendido el español.   "in" = im Verlauf von
Dentro de un año algunos compañeros   "in" = nach Ablauf von
saldrán para Cuba.

E

In einer Woche sehen wir unsere kubanischen Freunde. In sechs Monaten haben sie
Deutsch gelernt. In einiger Zeit nehmen sie ihr Studium an der Universität auf. In
vier Jahren, wenn sie ihr Studium beendet haben, kehren sie nach Kuba zurück.

seit

desde esta mañana   "seit" + Zeitpunkt
desde hace algunas semanas   "seit" + Zeitspanne

E

Wir lernen seit einiger Zeit Spanisch. Unsere kubanischen Freunde sind seit 1978
in der DDR. Wir kennen sie seit drei Monaten. Seit gestern wohnen sie in einem
anderen Heim. Seit zwei Jahren will meine Freundin Dolmetscherin werden. Seit
Ende letzten Jahres weiß sie, daß sie in Berlin studieren kann.

vor

delante de la puerta   "vor" + Ort
antes de las nueve   "vor" + Zeitpunkt
hace quince días   "vor" + Zeitspanne

E

Vor einer Woche waren wir im Kino. Vor der Vorstellung begrüßten wir unsere
kubanischen Freunde. Vor dem Kino waren viele Leute. Die Vorstellung war vor
10 Uhr zu Ende. Vor einigen Tagen diskutierten wir mit unseren kubanischen Freunden über den Film, der seit mehreren Monaten mit großem Erfolg gespielt wird.

24.3. Repaso

1. La señora Sommer escribe otra carta al señor Weller refiriéndose a los acontecimientos e impresiones de los últimos días:
   — la partida de España
   — el vuelo a Cuba
   — la señora Romero y su familia (padre, hermano)
   — la invitación del hermano de la señora Romero
   — la noche en el cabaret "Tropicana"
   — los "cuadernos populares"
   — las posibilidades de formación en Cuba (antes, hoy día)
   Escriba Ud. esta carta en nombre de la señora Sommer.

2. Un amigo cubano lo llama a Ud. y lo invita:
   — al cine (teatro, museo)
   — al restaurante (bar)
   — a dar un paseo (a nadar, a bailar) — el sábado próximo. Ud. está ocupado ese día. Ud. está libre solamente el domingo próximo, por la tarde, después de las dos (cuatro, seis).
   Componga Ud. un diálogo con otro estudiante sobre este tema.

3. Hable Ud. de lo que hace Ud. los sábados y los domingos, por la mañana y por la tarde (noche).

24.4. América Latina

A principios del siglo XIX nació en América Latina el movimiento de liberación contra la dominación española, encabezado por Simón Bolívar en Venezuela. Al cabo de muchos años de lucha tenaz, los países latinoamericanos fueron conquistando uno tras otro su independencia y se convirtieron en repúblicas.

Pero después de retirarse los españoles, los países liberados no pudieron emprender su propio camino independiente. Llegaron primeramente los comerciantes y, más tarde, los grandes monopolios extranjeros. Con ayuda de la burguesía nacional han penetrado en todas las ramas de la vida política y económica de todas las repúblicas latinoamericanas.

Han invertido millones y millones de dólares y siguen haciéndolo. Pero no lo hacen para contribuir al desarrollo económico e industrial de los países, sino para comprar, explotar y exportar, a precios muy bajos, las inmensas riquezas naturales y, vendiéndolas o transformándolas en el extranjero, logran beneficios enormes.

Toda América Latina constituye para los monopolios extranjeros un recurso barato de materias primas, pues este continente posee abundantes yacimientos de petróleo, hierro, cobre, carbón, zinc, plomo, uranio, oro, plata, platino y otros y, además, debido a un clima y a un suelo muy favorables, dispone de condiciones propicias para extensos cultivos tropicales como café, cacao, caña de azúcar, plátanos, etc.
— riquezas del subsuelo y del suelo que desempeñan un papel cada vez más importante en el mercado mundial.

Al hablar de América Latina hay que mencionar también que los monopolios extranjeros y los grandes terratenientes nacionales poseen extensísimos latifundios, caracterizados por el monocultivo y el trabajo manual baratísimo, mientras que la mayoría de los campesinos y peones tienen que trabajar como jornaleros y vivir en la miseria. Por eso, muchos de ellos emigran a las grandes ciudades donde esperan obtener trabajo, vivienda y una vida mejor. Allí aumentan la multitud de los desempleados o de los que tienen solamente un empleo irregular y no hallan refugio sino en los feos barrios pobres alrededor de las grandes ciudades.

Todas esas condiciones sociales activan la lucha de clase. Los trabajadores industriales y los labradores, cada vez más conscientes de sus condiciones de vida y trabajo, siguen luchando cada vez más enérgicamente contra la nueva forma del colonialismo, por una verdadera independencia política y económica.

Los ayuda en su lucha el desarrollo ejemplar del pueblo cubano que después del derrocamiento armado de la dictadura de Batista en 1958, ha logrado alcanzar profundas transformaciones en todos los sectores de la vida pública para el bienestar de todos y que, en la actualidad, con ayuda de los países socialistas, está construyendo la sociedad socialista.

1. *¿ Qué movimiento nació a principios del siglo XIX en América Latina y cuáles eran sus objetivos?*
2. *¿ Por qué no pudieron emprender los países liberados su propio camino independiente después del retiro de los españoles?*
3. *¿ Por qué tienen gran interés los monopolios extranjeros en América Latina?*
4. *¿ Cómo logran beneficios enormes los monopolios extranjeros?*
5. *¿ Cuál es el papel de las materias primas de América Latina en el mercado mundial?*
6. *¿ Puede Ud. mencionar algunas de las materias primas de los países latinoamericanos?*
7. *¿ Conoce Ud. también algunos de los productos de la agricultura latinoamericana?*
8. *¿ Qué situación social se puede constatar en el campo?*
9. *¿ Qué hacen muchos de los que viven en el campo para vivir mejor?*
10. *¿ Cuál es la situación social en las grandes ciudades?*
11. *¿ Qué desarrollo social se puede observar en América Latina?*
12. *¿ Qué sirve de ejemplo en la lucha de clase de los países latinoamericanos?*

Lección veinticinco

25.1.   El curso de verano trabaja (1): Conferencia sobre Chile

Señoras y señores: Al hablar de Chile hay que partir de un hecho central: al finalizar la década del 50, la victoria de la revolución cubana y el establecimiento del primer Estado socialista de América, significan la peor derrota del imperialismo en el continente.

Ahora bien, la instalación del gobierno de la Unidad Popular en Chile en 1970 fue sin duda otra victoria anti-imperialista. El surgimiento de un régimen popular en esta parte del continente cambió en realidad el mapa político de América Latina.

La UP había definido el proceso de su desarrollo como antiimperialista y antioligárquico. Así, el primer acto revolucionario en la política exterior de la UP fue el restablecimiento de relaciones con Cuba y los otros Estados socialistas y el primer hecho revolucionario de la política interna fue la nacionalización del cobre.

El metal rojo es para Chile lo que es el azúcar para Cuba, su riqueza principal. Pero aquélla era explotada principalmente por los consorcios extranjeros. Por eso, el imperialismo trató de impedir que el presidente Salvador Allende asumiera su cargo e hizo todo lo posible para derrocarlo.

Inmediatamente después del triunfo electoral del 4 de septiembre de 1970 y durante tres años, el imperialismo y sus aliados internos ejercieron en defensa de sus intereses el sabotaje económico, la obstrucción parlamentaria, el bloqueo económico disimulado o abierto, la provocación de la intervención militar.

En julio de 1971, al nacionalizarse el cobre se intensificó la agresión imperialista. El mecanismo de la nacionalización significaba poner en peligro todas las inversiones del imperialismo, no sólo en Chile, no sólo en América Latina, sino en todo el Tercer Mundo. Y ustedes comprenden la magnitud que eso tenía.

Por eso, la conspiración y el crimen político aumentaron. Con sucesivas huelgas empresariales se procuró paralizar el país. En todas estas acciones se detecta la participación directa del imperialismo. Todas estaban enfiladas a una meta: provocar la intervención militar.

El golpe se inició en Valparaíso, puerto chileno a 150 kilómetros de Santiago, el 11 de septiembre de 1973.

1. ¿Cuál fue la peor derrota del imperialismo en América al finalizar la década del 50?
2. ¿Cuál fue otra victoria anti-imperialista al comenzar la década del 70?
3. ¿Cuáles fueron los primeros actos revolucionarios de la Unidad Popular?
4. ¿Cómo reaccionó el imperialismo ante la nacionalización del cobre?
5. ¿Qué significaba la nacionalización del cobre?
   a) para el pueblo chileno,
   b) para el imperialismo.

6. ¿Qué meta perseguían las provocaciones del imperialismo?
7. ¿Cuándo fue el triunfo electoral de la Unidad Popular?
8. ¿Cuándo y dónde se inició el golpe militar de la Junta?

25.2.   El curso de verano trabaja (2): Discusión sobre Chile

Los participantes del curso de verano y el orador:

P – El golpe militar en Chile ha sido, sin duda, el más duro de América Latina en este siglo. ¿Cuál es el balance de aquello?

O – Como balance tenemos datos terribles: entre quince y veinte mil muertos; cuarenta mil presos políticos; la Central Unica de Trabajadores, la CUT, disuelta; disueltos los partidos políticos de izquierda; despedida masiva de trabajadores por el "delito" de aparecer como sospechosos de simpatizar con la izquierda; desaparecidos muchos otros, por la misma razón, etc.

P – El golpe militar más represivo se produjo justamente en Chile, el país de mayores tradiciones democráticas del continente. ¿Por qué?

O – Porque el pueblo chileno era también el pueblo con mayor grado de organización y conciencia de América Latina, y el gobierno de la UP contribuyó a elevar mucho más aún la conciencia, combatividad y organización de los trabajadores.

P – ¿Se puede afirmar que en la historia de Chile la UP es la única fuerza que ha incrementado su respaldo después de ejercer el poder político durante dos años y medio?

O – Sin duda. El gobierno de la UP contó siempre con el respaldo mayoritario de los trabajadores y en las elecciones parlamentarias de marzo de 1973 logró el 44 por ciento de los sufragios.

P – Ésta es una de las causas fundamentales del golpe, ¿verdad?

O – Sí. Por ello el imperialismo y sus aliados internos sólo pudieron derribar el gobierno del doctor Allende recurriendo a los militares golpistas.

P – ¿Cómo valora Ud. el ejemplo combatiente del presidente Salvador Allende, su personalidad, su muerte heroica en el combate de la Moneda?

O – Tenía consecuencia revolucionaria, buen contacto con las masas, tenacidad y coraje político y personal. Además, bajo la UP aumentó la conciencia revolucionaria de las masas y fue Allende, el conductor del proceso, quien mejor representó y simbolizó ese profundo sentimiento.

P – ¿De allí su enorme prestigio, que se mantiene hasta hoy?

O – Sí. En Chile, mucha gente no cree que Allende haya muerto y sostiene que transita de una población obrera a otra, organizando la resistencia.

P – Como ocurre con la muerte de los grandes combatientes, su memoria sigue siendo impulso para la lucha.

O – A pesar de ello, el camino hasta la libertad del pueblo chileno no será fácil.

P – Sin duda. Pero con la unidad de las fuerzas revolucionarias y el más amplio frente antifascista que agrupe a todos los que estén dispuestos a luchar firme y decididamente por derrocar a la junta militar fascista, el pueblo chileno vencerá y habrá una Cuba más en América Latina.

1. ¿ Cuál es el balance del golpe militar en Chile?
2. ¿ Por qué ocurrió en Chile el golpe militar más represivo del continente latinoamericano?
3. ¿ Qué se puede decir en cuanto al respaldo de la Unidad Popular?
4. ¿ Cuál fue el único medio del imperialismo para derribar la UP?
5. ¿ Cómo valora Ud. al presidente Salvador Allende?
6. ¿ Qué prestigio tiene Salvador Allende?
   a) en Chile,
   b) en el mundo.
7. ¿ Quién garantiza la victoria de las fuerzas progresistas en Chile?

25.A. Die Zeitenfolge in Konjunktivsätzen
(La concordancia de los tiempos con el verbo subordinado en subjuntivo)

1. Steht das Verb des Hauptsatzes in einer *Gegenwartszeit* (Präsens, Futur, zusammengesetztes Perfekt), so steht das Verb des Nebensatzes

a) zum Ausdruck der *Gleichzeitigkeit* oder *Nachzeitigkeit* im Konjunktiv Präsens,

b) zum Ausdruck der *Vorzeitigkeit* im Konjunktiv Perfekt.

2. Steht das Verb des Hauptsatzes in einer *Vergangenheitszeit* (einfaches Perfekt,
Imperfekt, Plusquamperfekt) oder im Konditional, so steht das Verb des Nebensatzes

a) zum Ausdruck der *Gleichzeitigkeit* oder *Nachzeitigkeit* im Konjunktiv Imperfekt,

b) zum Ausdruck der *Vorzeitigkeit* im Konjunktiv Plusquamperfekt.

E   traducir el artículo
       → 1. Es necesario que traduzcas el artículo.
       → 2. Era necesario que tradujeras el artículo.
traducir el artículo, dar la traducción al profesor, corregir las faltas, ir a la biblioteca,
devolver el diccionario, traerme la revista, leer el libro, ir a ver la película

E   trabajar juntos
       → 1. Es importante que trabajemos juntos.
       → 2. Era importante que trabajáramos juntos.

trabajar juntos, hacer esfuerzos, obtener buenos resultados, cumplir el plan, seguir los
consejos de los profesores, poner su interés en los estudios, ir a las bibliotecas

E

Ich glaube nicht (glaubte nicht), daß Pablo frei hat, daß er seine Übersetzung schon
beendet hat, daß er zu uns kommen kann, daß er Karten bekommen hat, daß wir
ins Kino gehen können, daß es zwei Vorstellungen gibt, daß der Film, der im „Kos-
mos" gespielt wird, sehr interessant ist.

25.B.   Der Konjunktiv im Relativsatz (El subjuntivo en la oración relativa)

Con la unidad de las fuerzas revolucionarias y el más amplio frente antifascista que *agrupe* a todos los que *estén* dispuestos a luchar firme y decididamente por derrocar a la junta militar fascista, el pueblo chileno vencerá y habrá una Cuba más en América Latina.

Der Konjunktiv steht im Relativsatz
1. zum Ausdruck einer geforderten Eigenschaft,
2. zum Ausdruck einer Auswahl oder einer Möglichkeit,
3. nach einer verneinten Beziehungsgröße.

E   ¡Complete!

Estoy leyendo un libro que . . .

ser interesante, estar muy bien escrito, analizar los problemas de la juventud de nuestro país, haber obtenido un premio, interesar sobre todo a los estudiantes

Nuestro país necesita especialistas que . . .

tener buenos conocimientos, ser capaces de dirigir bien la economía, haber estudiado con esmero, hablar idiomas extranjeros, leer libros técnicos de otros países

Quisiera escribirme con un joven cubano que . . .

trabajar en una escuela, ser profesor de idiomas, interesarse por el teatro moderno, conocer los problemas culturales de su país, haber leído mucho, tener unos 25 años

Tengo muchos amigos extranjeros que . . .

vivir en la R.D.A., estudiar en nuestra ciudad, saber muy bien el alemán, haber aprendido el alemán en un instituto especial, trabajar a veces de intérprete

25.C.   Der Konjunktiv im Adverbialsatz (El subjuntivo en la oración adverbial)

1. Konjunktionen mit Konjunktiv:

para que, antes que (bevor), sin que, en caso que (falls), como si (als ob)

2. Konjunktionen mit Indikativ (wenn die Handlung des Satzes in der Gegenwart oder in der Vergangenheit liegt) oder Konjunktiv (wenn die Handlung des Satzes in der Zukunft liegt):

cuando (s.L. 21), de manera que (so daß), de modo que (so daß), hasta que, aunque

3. Konjunktion "si" (s.L. 21, 22, 23).

E

In einem Jahr fahren fünf Studenten unserer Gruppe nach Kuba, wo sie ein Jahr lang ihre Kenntnisse erweitern können. Bevor sie losfahren, werden die Lehrer mit ihnen über ein Studienprogramm diskutieren.
Wenn sie sorgfältig arbeiten, werden sie viel lernen. Wenn sie zurückkommen, werden sie viel zu erzählen haben. Wenn es möglich wäre, würden wir alle nach Kuba fahren. Seit 9 Monaten studieren wir Spanisch. Wenn wir alle Prüfungen hinter uns haben,

arbeiten wir als Dolmetscher, wo unser Land uns braucht. Mein Freund möchte mit einem jungen Kubaner korrespondieren, der sich für moderne Literatur und Musik interessiert. Es ist ein junger Mann von 22 Jahren, der Deutsch, Russisch und Englisch spricht. Ich bitte Sie, seine Adresse einem Ihrer Studenten zu geben, der eine dieser Sprachen kann.

Wann kommen Sie nach Berlin? Schreiben Sie uns bald, damit wir Zimmer bestellen können.

25.3. Repaso

1. Por la tarde, los participantes del curso de verano suelen reunirse en grupos para perfeccionar sus conocimientos de la lengua castellana.

Hoy, cada uno del grupo debe hacer un discurso breve en español explicando las ideas principales de la conferencia y la discusión sobre Chile:
   — la situación política del continente latinoamericano (décadas del 50, 60, 70)
   — el establecimiento del gobierno de la Unidad Popular
   — las medidas revolucionarias de la UP
   — los actos dirigidos contra la UP
   — el presidente Salvador Allende
   — el balance del golpe militar
   — la situación del pueblo chileno hoy día

a) Haga Ud. este discurso como si estuviera en esa reunión.

b) Compongan Uds. diálogos en grupos de dos o tres estudiantes acerca de los puntos de vista mencionados.

2. Componga Ud. un diálogo con otro estudiante hablando sobre:
   — los chilenos que viven actualmente en la R.D.A.
   — los dirigentes de la UP que continúan luchando por un Chile democrático
   — la situación política del continente latinoamericano (década del 80)

3. Hable Ud. de algún encuentro que haya tenido Ud. con un extranjero de habla española.

25.4. La biografía de Salvador Allende Gossens

Salvador Allende Gossens nació en Valparaíso, el 26 de junio de 1908. En 1918 su familia se traslada a Iquique, centro salitrero y del poderoso movimiento obrero que surgió en ella. En 1922 la familia regresa a Valparaíso. Ya por entonces, a temprana edad, Allende conoce gran parte de Chile y de sus problemas sociales.

En 1926 ingresa en la Escuela de Medicina y se destaca como activista en las luchas sociales: profesor de la Escuela Nocturna para Obreros, presidente del Centro de Estudiantes de Medicina, vice-presidente de la Federación de Estudiantes, líder de la huelga del pensionado universitario, que le cuesta la expulsión temporal de ese centro de estudios, etc. En 1932 recibe el título de médico cirujano. El 19 de abril de 1933 participa en la fundación del Partido Socialista. Ejecuta la función de subsecretario general hasta 1942. En 1937 es elegido diputado por Quillote y Valparaíso.

En 1939 Salvador Allende contrae matrimonio con doña Hortensia Bussi, egresada de Historia y Geografía, de la Universidad de Chile. Del matrimonio nacieron tres hijas: Carmen Paz, Beatriz y María Isabel.

En 1945 Allende es elegido senador y, en 1949 presidente del Colegio Médico (cargo que desempeña hasta 1963). En 1952 es nominado por primera vez candidato a la Presidencia de la República por el Partido Socialista, en 1958 por segunda vez, por el "Frente de Acción Popular", integrado por los partidos Comunista, Socialistas y Democráticos. Se pronuncia en favor de la nacionalización de las riquezas básicas, una profunda reforma agraria y administrativa y defiende la conquista de una plena independencia económica y la redistribución de la renta nacional en beneficio de los trabajadores. Al acercarse las elecciones de 1964 el FRAP presentó de nuevo como candidato presidencial a Salvador Allende, quien, sin embargo, fue derrotado por tercera vez.

Durante el gobierno demócrata-cristiano de Frei (1964—1970) Allende se convirtió en el líder de la oposición. Fue elegido presidente del Senado con los votos de todos los partidos del FRAP.

En enero de 1970 los partidos populares lo nominan candidato a la Presidencia en representación de todas las fuerzas políticas de la "Unidad Popular", coalición integrada por el Partido Comunista, el Partido Radical, el Partido Socialista, el Partido Social-Demócrata, la Acción Popular Independiente, el Movimiento de Acción Popular Unitaria y la Izquierda Cristiana.

En esa ocasión Salvador Allende ganó las elecciones por un margen de 39.000 votos sobre el candidato conservador y, contando con el respaldo del pueblo chileno, fue proclamado Presidente de la República de Chile. El 3 de noviembre de 1970 asumió el poder.

Como Presidente de la República de Chile Salvador Allende luchó enérgica y consecuentemente por la independencia política y económica y por el progreso social de su país. Su gobierno estableció relaciones diplomáticas con los países socialistas, nacionalizó las industrias básicas, entregó la tierra de los latifundistas a los labradores y pequeños campesinos y dio leche a todos los niños chilenos.

Pero en 1973 las fuerzas contrarrevolucionarias junto con las fuerzas reaccionarias del ejército, de la marina, de la aviación y carabineros impidieron el desarrollo de ese movimiento democrático y anti-imperialista.

Atacaron el 11 de septiembre la Moneda, palacio presidencial en Santiago de Chile, asesinaron a Salvador Allende y a muchos de sus compañeros y establecieron una dictadura militar.

1. ¿Cuándo y dónde nació Salvador Allende?
2. ¿Qué estudios comenzó Allende?
3. ¿Qué título recibió en 1932?
4. ¿Cómo se destacó el estudiante Allende en las luchas sociales?
5. ¿Cuándo fue nominado Allende por primera vez candidato a la Presidencia?
6. ¿En favor de qué se pronunció Allende?
7. ¿Qué quiere decir FRAP?
8. ¿Qué quiere decir Unidad Popular?

9. ¿Cuándo y cómo ganó Allende las elecciones presidenciales?
10. ¿Qué sabe Ud. de las actividades políticas del gobierno de Allende?
11. ¿Qué sabe Ud. de la vida del pueblo chileno durante el gobierno de Allende?
12. ¿Cómo murió Salvador Allende?
13. ¿Puede Ud. decir algo de las actividades actuales de la Unidad Popular, respectivamente de sus representantes?
14. ¿Qué sabe Ud. de la familia de Salvador Allende?

Lección de repaso 5

El gran libertador

No es extraño que por toda la América del Sur hayan dado a plazas, a hoteles, a teatros y a la moneda nacional de dos países el nombre de Bolívar.

Un ferrocarril antiguo, en Venezuela, y una carretera moderna, en Colombia y el Ecuador, llevan su nombre. Se ve la estatua del héroe en los sellos y en los billetes de banco de Venezuela.

Los que estudian la geografía de los países de América del Sur se enteran de que éste es el nombre de un país (Bolivia), de una provincia del Ecuador y de un estado de Venezuela cuya capital se llama también ciudad Bolívar. En Colombia hay un departamento y tres poblaciones de este nombre; en el Ecuador hay un puerto Bolívar, en Lima, capital del Perú, hay una plaza Bolívar y, además, un gran hotel Bolívar. En la Argentina hay muchas estatuas del Libertador y en Quito, capital del Ecuador, el cine más grande se llama Bolívar.

Pues, ¿quién fue este Simón Bolívar, cuyo nombre todavía se usa tanto, más de ciento cincuenta años después de su muerte en 1830?

Simón Bolívar fue el libertador de seis países que entonces eran posesiones coloniales de España. Durante casi trescientos años estas posesiones enviaron oro y tesoros a los reyes españoles que pedían más y más.

Simón Bolívar nació en 1783 en Caracas, capital de Venezuela. Estudió en Europa y se casó muy joven con una muchacha que murió poco tiempo después. Bolívar no volvió a casarse más y para olvidar su tristeza hacía viajes de un país a otro, hasta a los Estados Unidos.

Fue a México también, y es muy curioso que se haya conservado exactamente como estaba entonces el cuarto donde durmió Bolívar. Lo conservaron así para que fuera reliquia del hombre que más tarde se hizo tan famoso.

Al fin, decidió Bolívar lo que quería hacer. Juró que no descansaría hasta que hubiese libertado de España a su Patria. Y desde aquel momento empezó a luchar por conseguir esta libertad.

Para hacerlo, cruzó los Andes con sus soldados, lo que se creía imposible. Dos veces tuvo que huir de los españoles, pero cada vez volvió a combatir contra ellos.

Simón Bolívar libertó a seis países del yugo de España, pero su fama no depende sólo de eso.

Pensaba unir a los países liberados con la Argentina y Chile en una gran federación de estados independientes — sudamericanos. Pero no pudo realizar este sueño porque los Estados Unidos de América del Norte e Inglaterra no querían que lo hiciera.

Todavía hoy el mundo entero respeta el nombre del gran luchador por la libertad e independencia de los pueblos de América Latina.

E

Ich glaube (glaubte), daß Frau Sánchez diesen Artikel kennt; daß sie regelmäßig die „Granma" liest; daß sie sehr gut Deutsch kann; daß sie diese Sprache in einer Abendschule gelernt hat; daß sie in die DDR kommt; daß sie sich mit ihren Kollegen in Verbindung setzen wird.

Ich glaube nicht (glaubte nicht), daß Frau Sánchez Russisch kann; daß sie Übersetzungen macht; daß sie diesen Artikel übersetzt hat; daß sie mal in der DDR gewesen ist; daß sie im Winter kommt; daß sie alle bedeutenden Städte besuchen kann.

Ich bezweifele (bezweifelte), daß die ausländischen Gäste Weimar kennen; daß sie alle Deutsch verstehen; daß sie den Film über die Sehenswürdigkeiten schon gesehen haben; daß sie mal in Potsdam gewesen sind; daß sie länger als zwei Wochen bleiben können; daß sie den Aufenthalt in unserem Land vergessen.

Ich bin sicher (war sicher), daß sie sich für Kunst interessieren; daß sie viele Museen besuchen wollen; daß sie viel gelesen haben; daß sie sich über das kulturelle Leben der DDR informiert haben; daß sie viele Fragen stellen werden; daß sie um Auskünfte über die kulturelle Entwicklung unseres Landes bitten.

Ich glaube nicht (glaubte nicht), daß Frau Sánchez mal in der DDR gewesen ist. Es kann sein (konnte sein), daß sie bald kommt. Ich glaube (glaubte), daß die ausländischen Gäste einen Dolmetscher brauchen. Ich bin sicher (war sicher), daß sie viele Fragen stellen. Ich bezweifele (bezweifelte), daß sie alle Deutsch können. Es kann sein (konnte sein), daß einige von ihnen es an der Universität gelernt haben.

E

1. Gestern hat mich ein tschechischer Freund angerufen, um mir zu sagen, daß einige seiner Kollegen den Wunsch haben, die Stadt Weimar zu besuchen. Er bat mich, daß ich Zimmer bestelle. Wenn mein Freund mich früher benachrichtigt hätte, hätte ich Zimmer in einem Hotel bestellt. Vielleicht können die tschechischen Kollegen in Erfurt schlafen. Sobald ich es weiß, rufe ich sie an.

2. Angel schrieb mir vor einer Woche, daß Lucía krank ist und daß sie sich sehr schlecht fühlt. Ich fürchte, daß sie uns nicht besuchen kann. Wenn ich ihre Adresse wüßte, würde ich ihr schreiben. Ich hoffe, daß es ihr bald besser gehe.

3. Haben Sie sich am Sonnabend auf dem Fest gut amüsiert? Haben Sie viele Freunde getroffen? Ich bin den ganzen Tag zu Hause geblieben, um eine dringende Arbeit zu Ende zu bringen. Was machen Sie nächsten Sonntag? Können Sie Ihren Kollegen besuchen? Rufen Sie ihn an! Bitten Sie ihn, daß er in die Universität kommt!

4. Sind Sie (Plural) zum ersten Mal in der DDR? Wie lange können Sie bleiben? Haben Sie schon die Sehenswürdigkeiten Leipzigs besucht? Was haben Sie am Sonntag gemacht? Sind Sie in die Oper gegangen? Wann kommen Sie in unsere Stadt? Schreiben Sie uns bald! Wir werden Zimmer bestellen.

5. Wieviele Seiten hast du gestern übersetzt? Konntest du deine Arbeit beenden? Brauchst du ein gutes Wörterbuch? Wann wirst du Herrn Domínguez die Übersetzung bringen? Tu mir einen Gefallen! Bring mir deine kubanischen Schallplatten! Komm zu mir! Ich warte auf dich.

6. Seid ihr aus Barcelona? Wo wohnt ihr? Seid ihr mal in Sevilla gewesen? Wo werdet ihr nach dem Studium arbeiten? Wir sind Sprachstudenten. Seit eineinhalbem Jahr lernen wir Spanisch. Wir sind nie in Spanien gewesen.

Lección veintiséis

26.1.   Leyendo el "Granma" (1): El pescador cubano

Si la clase obrera cubana fue tradicionalmente explotada, si toda la masa de trabajadores de Cuba fue durante siglos oprimida, si los obreros del país se vieron siempre
al borde de la muerte o de la desesperación, el sector de los pescadores es el que más
se ajusta a esta imagen.

Decir pescador era decir muerto-de-hambre, analfabeto; era decir condiciones infra-
humanas, piso de tierra, lugares insalubres. Hasta 1959 las condiciones de vida y de
trabajo del pescador cubano se conservaron en un estado anacrónico. Sólo con el
advenimiento de la Revolución fueron definitivamente transformadas.

Los trabajadores de la pesca constataron la importancia de su labor y contemplaron
con alegría los cambios y las perspectivas que se abrían para el hombre que trabaja
en el mar.

El pescador tuvo que empezar por adquirir el dominio de las nuevas embarcaciones
y los equipos que ahora estaban a su disposición. Además, los pescadores se organizaron como cooperativa. Más tarde fueron construídas modernas ciudades pesqueras compuestas de casas con todas las facilidades, así como policlínica integral,
clínica dental, centro comercial, salón de belleza, centro escolar, aulas de superación,
etc. Se instalaron, además, modernos combinados en los que no sólo se pesca sino
se procesa el camarón y las otras especies. Pescar no es ya un oficio maldito, sino una
forma más de ganarse la vida con todas las oportunidades.

1. ¿De qué sector informa este artículo del "Granma"?
2. ¿Qué significaba ser pescador antes de la revolución?
3. ¿Qué constataron los pescadores cubanos después de la revolución?
4. ¿Qué tuvieron que aprender los pescadores?
5. ¿Cómo organizaron los pescadores su trabajo?
6. ¿Cómo cambiaron las condiciones de vida de los pescadores?
7. ¿Cómo cambiaron las condiciones de trabajo de los pescadores?
8. ¿Qué significa ser pescador?

26.2.   Recorrido por La Habana

La señora Romero y la señora Sommer:

R — Estamos ahora al pie del Castillo de la Punta. Desde aquí se abre la vista más
hermosa al puerto y a los rascacielos de La Habana.

S — ¡Qué vista más maravillosa! El verde intenso del mar y el azul del cielo ofrecen
un contraste hermoso con la blancura de la metrópoli. La Habana es hermosísima y romántica.

R — Sí. La ciudad ha sido alabada por muchos poetas y cantores. Especialmente a la bahía del puerto natural le han sido dedicadas muchas frases entusiastas.

S — Me lo imagino. Desde aquí se ve muy bien la curva de la costa.

R — Forma la Caleta de San Lázaro y está bordeada por el Malecón, la arteria costera más bella y rápida de La Habana.

S — ¿Se extiende el Malecón a lo largo de toda la costa?

R — No. Comienza en la Boca de la Chorrera, es decir, va desde la embocadura del río Almendares, hasta el Castillo de la Punta donde estamos.

S — ¿Cómo se llama aquel castillo al otro lado de la bahía?

R — Es el Castillo del Morro. Éste y aquél son fortalezas antiguas. Fueron construidas en el siglo XVI. Las construyeron los españoles a la entrada de la bahía para proteger el puerto y la ciudad contra los piratas.

S — Las dos fortalezas están muy bien conservadas. Parece que han sido restauradas.

R — Sí. Las torres y las murallas se restauraron hace pocos años. Ambas fortalezas fueron transformadas en atracciones turísticas siguiendo fielmente el original.

S — ¿Cómo se atraviesa este pequeño estrecho de la entrada de la bahía habanera? ¿Hay que tomar esas barcas pequeñísimas que están cruzando por el puerto o seguir por las avenidas costeras?

R — Para llegar al otro lado de la bahía fue construido un túnel submarino. Pero se permite solamente el paso de vehículos.

S — Y ahora, ¿qué planes tenemos?

R — Vamos a continuar nuestra excursión por esa calle con la alameda que viene a desembocar casi en el Castillo de la Punta. Ésa es nuestra próxima meta: el Paseo del Prado, una avenida típicamente habanera que quisiera enseñarle a Ud. Ahí verá el contraste de las construcciones centenarias con los edificios de arquitectura moderna.

S — Pues, ¡en marcha! Debo reconocer que sabía muy poco sobre La Habana. Gracias a Ud. ya aventajo mucho a mis compañeros en conocimientos sobre esta ciudad.

1. ¿Dónde están las dos señoras?
2. ¿Qué vista se les ofrece a las dos señoras?
3. ¿Qué cuenta la señora Romero del Malecón?
4. ¿Cuántos castillos protegían La Habana y cómo se llaman?
5. ¿Por qué fueron construidos los dos castillos?
6. ¿Cómo son utilizados hoy día los dos castillos?
7. ¿Cómo se puede ir de un lado al otro de la bahía habanera?
8. ¿Por qué prefiere la señora Romero el Paseo del Prado para continuar la excursión?
9. ¿Qué opina la señora Sommer de sus conocimientos sobre La Habana?

26.A. Gebrauch des Partizips Perfekt (El empleo del participio pasado)

1. in den zusammengesetzten Zeitformen unveränderlich
2. als Adjektiv veränderlich
3. als Adjektiv zur Verkürzung von Relativsätzen veränderlich:
   ciudades pesqueras compuestas de casas con todas las facilidades = Fischerstädte,
   die aus Häusern mit allem Komfort bestehen
4. in absoluter Konstruktion (Partizipialsatz mit eigenem Subjekt) zur Verkürzung
   von Temporalsätzen (Schriftsprache) veränderlich:
   terminada la guerra = nachdem der Krieg beendet war, nach Ende des Krieges

E

Ich habe an einem Treffen teilgenommen, das von einigen chilenischen Studenten
veranstaltet wurde.
Ich habe einen interessanten Artikel übersetzt, der von einer kubanischen Zeitschrift
veröffentlicht wurde.
Ich habe ein Interview gelesen, das von einem berühmten Schauspieler gegeben
wurde.
Ich habe einen interessanten Film gesehen, der von einer Gruppe lateinamerikanischer
Studenten in der Sowjetunion gedreht wurde.
Ich habe einige Wörterbücher gekauft, die von einem kubanischen Verlag heraus-
gegeben wurden.
Ich habe einige portugiesische Bücher gelesen, die von einem Professor unserer
Universität übersetzt wurden.
Ich habe einige Filme gesehen, die von lateinamerikanischen Intellektuellen gedreht
wurden.
Ich habe einige Fotos angesehen, die einer meiner Kollegen in Havanna aufgenommen
hat.

26.B. Passiv (La voz passiva)

"ser" + Partizip Perfekt (Zustandspassiv mit "estar"), der Handlungsträger wird
durch die Präposition "por" angeschlossen:
La ciudad ha sido alabada por muchos poetas y cantores. Ambas fortalezas fueron
transformadas en atracciones turísticas. Las dos fortalezas están muy bien conservadas.

E   Todos los años muchos turistas visitan La Habana.
      → Todos los años La Habana es visitada por muchos turistas.

Todos los años muchos turistas visitan La Habana.
Guías expertos atienden a los turistas.
La oficina de turismo arregla las formalidades.
Cristóbal Colón descubrió a América.
Alejandro de Humboldt exploró gran parte de América Latina.
Guillermo de Humboldt fundó la universidad de Berlín.

Los trabajadores cubanos han obtenido grandes éxitos.
Los jóvenes han resuelto muchos problemas.
Los campesinos han llevado a cabo la Reforma Agraria.
El hombre transformará la naturaleza.
Los cosmonautas conquistarán el universo.
Los científicos explorarán los planetas.

E

Alljährlich besuchen Millionen von Touristen die Hauptstadt der DDR. Sie werden von den Berlinern gut betreut. Frau Gonzales kommt nächste Woche an. Sie ist vom Direktor des Reisebüros eingeladen worden.
Die meisten historischen Gebäude des Berliner Zentrums wurden im 18. und 19. Jahrhundert gebaut. Die Berliner Universität wurde 1810 von Wilhelm von Humboldt gegründet. In den letzten Jahren sind viele Neubauten entstanden.

26.C.   Unpersönliche Form statt Passiv

Wird der Handlungsträger nicht genannt, übernimmt häufig die unpersönliche Form ("se" + 3. Person Singular oder Plural) die Funktion des Passivs:
Se instalaron modernos combinados.   Es wurden moderne Kombinate gebildet.

E

In der DDR werden Maschinen von hoher Qualität produziert. Im Bezirk Rostock werden Schiffe gebaut. Industrieerzeugnisse der DDR werden in viele Länder exportiert. Alljährlich werden in Leipzig 2 Messen durchgeführt. Die Gäste werden gut betreut. Im vorigen Jahr wurden Verträge von großer Bedeutung abgeschlossen.

26.D.   Sammelzahlen (Los números colectivos)

decenas de	(einige -zig)
docenas de	Dutzende
cientos/centenares de	Hunderte
miles/millares de	Tausende
decenas de miles/millares de	Zehntausende
cientos/centenares de miles/millares de	Hunderttausende
millones de	Millionen
mil millones de	Milliarden

E

Dutzende Souvenirs, Hunderte Schallplatten, Tausende Bücher, Zehntausende junge Leute, Hunderttausende Touristen, Millionen Menschen, Milliarden Pesos

---

26.3. Repaso

1. Después del recorrido por la capital cubana la señora Sommer está en casa de la familia Romero. Charla con el señor Romero dándole un relato detallado de lo que ha visto de La Habana.
Dé Ud. ese relato como si fuera la señora Sommer.

2. Más tarde, los Romero quieren saber mucho de Berlín, capital de la R.D.A. Hacen preguntas; la señora Sommer las contesta.
Hablan de:
— la situación geográfica de Berlín
— la ciudad (403 km²)
— los habitantes (1,14 millones)
— los barrios (9)
— el tráfico
— la importancia política, económica y cultural
— los lugares de interés turístico
— las avenidas y plazas conocidas
— la frontera estatal R.D.A. — Berlín-Oeste
Compongan Uds. diálogos en grupos de dos o tres estudiantes.

3. a) Prepare Ud. un discurso breve sobre la ciudad o la aldea en que vive.
   b) Luego, los otros estudiantes de idiomas pueden hacerle preguntas sobre este discurso y Ud. las contesta.

26.4. La República de Cuba (1): Situación geográfica, población y estructura administrativa. La Habana.

La Habana es la capital de Cuba. Cuenta con un millón y medio de habitantes, que viven en los rascacielos del centro moderno, en los edificios coloniales de La Habana Vieja, o en las viviendas modernas de los barrios satélites que surgen en número cada vez mayor por las zonas periféricas.

La Habana tiene una importancia extraordinaria para todo el país. Allí tienen su sede el gobierno revolucionario, los ministerios, los órganos estatales, el partido comunista de Cuba, las organizaciones de masas, etc. Allí se produce un porcentaje importante de la renta nacional que viene del sector industrial. Allí está la puerta al extranjero, el centro del transporte marítimo, que para todo el país isleño tiene una importancia decisiva en el desarrollo de la economía nacional ya que representa la única y principal arteria que asegura sus comunicaciones comerciales con el mundo.

La zona de La Habana Metropolitana se divide en distritos y éstos en seccionales. Los seis distritos son los siguientes:
Centro Habana, Plaza de la Revolución, Marianao, Boyeros, 10 de Octubre y Guanabacoa.

El país está dividido en 14 provincias, que tienen una población de más de 7 millones de habitantes.

La República de Cuba es el primer país socialista del continente americano. Se encuentra situada sobre una gran plataforma submarina a la entrada del golfo de

México y está bañada, al norte, por el océano Atlántico, y, al sur, por el mar de las Antillas o mar Caribe.

Las tierras vecinas de Cuba son Jamaica, al sur, a 140 km de distancia, separada por el estrecho de Colón, y Haití, al este, que dista solamente 77 km, separado por el paso de los Vientos.

Los vecinos continentales más importantes de Cuba son, al norte, a una distancia de 180 km, los Estados Unidos de América del Norte, separados por el estrecho de Florida, y, al oeste, los Estados Unidos Mejicanos, separados por el canal de Yucatán, que tiene 210 km de ancho.

1. *¿ Cuántos habitantes tiene la capital cubana?*
2. *¿ Cuál es la importancia de La Habana?*
3. *¿ En qué territorios se divide la zona de Habana Metropolitana?*
4. *¿ Cuántas provincias tiene Cuba?*
5. *¿ Cuántos habitantes tiene la República de Cuba?*
6. *¿ Dónde se encuentra situada la isla de Cuba?*
7. *¿ Cuáles son los vecinos de Cuba?*

Lección veintisiete

27.1. Leyendo el "Granma" (2): Leche para La Habana

Las brigadas del DESA, el organismo que centraliza el desarrollo de edificaciones sociales y agropecuarias, están construyendo actualmente 100 vaquerías. Según el programa de este organismo, dentro de dos años estarán terminadas, incluyendo las otras que hoy se levantan, 400 vaquerías, que formarán el llamado "anillo lechero" de La Habana. Se calcula que, cuando estén terminadas y funcionando las 400 vaquerías, éstas podrán abastecer de leche en forma satisfactoria no sólo a La Habana.

Ahora estas vaquerías están llenas de carpinteros, albañiles, cerrajeros, obreros de las brigadas, trajinando, levantando paredes, montando piezas, tratando de lograr su objetivo de que 115.200 vacas, dentro de dos años, puedan ofrecer su leche a la capital. — Todos los brigadistas están empeñados en el cumplimiento de su meta. Acordaron aumentar la jornada de trabajo diaria a 10 horas y, muy a menudo, por la noche las luces iluminan las obras, pues muchos continúan trabajando.

Los trabajadores de estas obras saben que el trabajo efectivo es el único camino para triunfar en la batalla económica en que está enfrascada Cuba. Por eso siguen luchando por el incremento de la productividad del trabajo, por el mejoramiento de la calidad de la producción, por la reducción de los costos, por el cumplimiento y sobrecumplimiento de los planes de producción, desarrollando la emulación, elevando la calidad del trabajo y fortaleciendo la disciplina laboral.

1. ¿Qué tareas tienen las brigadas del DESA?
2. ¿En qué trabajan las brigadas del DESA actualmente?
3. ¿Qué quiere decir "anillo lechero" de La Habana?
4. ¿Qué conciencia tienen los brigadistas?
5. ¿Qué quieren alcanzar los brigadistas en el trabajo?
6. ¿Cuáles son algunos de los recursos para mejorar el trabajo?

27.2. En casa de la señora Romero (2): Exámenes y lenguas

La señora Sommer y Alejandro, hijo de los Romero:
S — Alejandro, Ud. parece cansado. ¿Se ha acostado tarde?
A — Sí, ya casi estaba amaneciendo. Ud. sabe, los exámenes.
S — Comprendo muy bien. Yo no he olvidado mis estudios. ¿Qué está Ud. haciendo ahora?
A — Me estoy preparando para la tesis de grado que me toca defender.
S — Siga escribiendo. No voy a molestarlo más.
A — Ud. no me molesta, señora. Ya estoy terminando para hoy.

S — ¿Puedo preguntarle algo? Estoy leyendo el "Granma". Aquí hay una abreviatura que no conozco. ¿Qué quiere decir CTC?

A — Es la Central de Trabajadores de Cuba, el sindicato. Siendo tan estudiosa y leyendo el diario todos los días, Ud. llegará dentro de poco a dominar nuestra lengua por completo.

S — Se puede aprender más fácilmente una lengua extranjera hablando y leyendo y, por eso, estando en Cuba, yo no quiero perder ninguna ocasión para hacerlo.

A — ¿Sabe Ud. que mi tío lleva ya seis meses estudiando el alemán?

S — Sí, me lo dijo su madre. Más tarde conocí a su tío también.

A — La lengua alemana es bastante difícil, ¿verdad?

S — Creo que sí. Pero, preguntando se llega a Roma y estudiando con un poco de constancia se puede aprender cualquier idioma.

A — Para aprender bien el alemán no hay nada mejor que pasar una temporada en la R.D.A.

S — Sí. Habiendo terminado cursos intensivos de idioma, los extranjeros que trabajan algún tiempo en la R.D.A. pronto llegan a hablar el alemán correctamente y muy a menudo sin el menor acento.

A — Con esas perspectivas Ud. me está animando a visitar la R.D.A. Bueno. ¿Puedo ofrecerle algo? Tenemos aún fresas con nata en la nevera.

S — Pues, andando. Ya se me está haciendo agua la boca.

1. ¿Por qué parece cansado Alejandro?
2. ¿Qué está haciendo Alejandro ahora?
3. ¿Qué quiere saber la señora Sommer de Alejandro?
4. ¿Qué piensa Alejandro de la señora Sommer?
5. ¿Cómo perfecciona la señora Sommer sus conocimientos de lengua?
6. ¿Qué dicho popular cita la señora Sommer?
7. ¿Por qué cita ese dicho?
8. ¿Cómo se puede aprender muy rápidamente una lengua extranjera?
9. ¿Qué propone Alejandro al fin del diálogo?

27.A. Das Gerundium (El gerundio)

1. regelmäßige Formen

trabajar — trabajando
comer — comiendo
escribir — escribiendo

Beachte intervokalisches und anlautendes „y":

leer — leyendo
traer — trayendo
oír — oyendo
construir — construyendo (ebenso alle Verben auf -uir)
ir — yendo

2. vokaländernde Formen

pedir	— pidiendo (ebenso alle Verben der vokaländernden Klasse)
sentir	— sintiendo (ebenso alle Verben der diphthongierenden und vokaländernden Klasse)
decir	— diciendo
venir	— viniendo
dormir	— durmiendo
morir	— muriendo
poder	— pudiendo

3. zusammengesetzte Formen:

habiendo trabajado, comido, vivido, etc.

27.B.   Die Verlaufsform (La forma durativa)

estar + Gerundium
Estoy trabajando.
Ich arbeite gerade.

seguir/continuar + Gerundium
Sigo aprendiendo el inglés.
Ich lerne weiter Englisch.

ir + Gerundium
Voy perfeccionándome en ruso.
Ich vervollkommne mich immer mehr in Russisch.

venir + Gerundium
Vengo estudiando la gramática española.
Ich studiere seit einiger Zeit die spanische Grammatik.

pasar + Gerundium
Paso las mañanas asistiendo a cursos.
Ich verbringe die Vormittage damit, an Vorlesungen teilzunehmen.

E   ¡Conteste a las preguntas!

1. ¿Qué está Ud. haciendo?
2. ¿Qué están haciendo los huéspedes?
visitar el centro de la ciudad, hacer preguntas al guía, pedir informaciones, informarse sobre la historia de la ciudad, sacar fotos, ir de compras, decir sus deseos, escoger regalos para su familia
3. ¿Qué desarrollo va tomando su ciudad?
convertirse en una ciudad moderna, atraer a más y más turistas, recibir a huéspedes del mundo entero
4. ¿Cómo va a pasar su compañero la noche?
citarse con sus amigos, ir a bailar, bailar mucho, divertirse mucho, hacer mil tonterías
5. ¿Cómo va Ud. a pasar la tarde?, ¿la noche?

6. ¿Cómo pasó Ud. el fin de semana?
las vacaciones?
el Primero de Mayo?
su cumpleaños?

27.C. Gebrauch des Gerundiums zur Verkürzung von Nebensätzen

1. Modalsätze

Trabajando de intérprete me he perfeccionado en francés.

E   hacer ejercicios / estudiar la gramática francesa
      → Haciendo ejercicios he estudiado la gramática francesa.

hacer ejercicios / estudiar la gramática francesa
leer libros y revistas / aprender muchas palabras
discutir con jóvenes franceses / comprender sus problemas
dar paseos por la ciudad / descubrir cosas interesantes
practicar deportes / conservar su salud

2. Temporalsätze

Entrando en la sala, saludé a mis compañeros.
= Cuando entré en la sala, saludé a mis compañeros.
= Al entrar en la sala, saludé a mis compañeros.

E   salir de casa / ver al compañero Sánchez
      → Cuando salí de casa, vi al compañero Sánchez.
      → Al salir de casa, vi al compañero Sánchez.
      → Saliendo de casa, vi al compañero Sánchez.

salir de casa / ver al compañero Sánchez
mirar las fotos del compañero Sánchez / pensar en las vacaciones
llegar a la universidad / despedirse del compañero
entrar en la sala / saludar a los compañeros de estudio
despedirse del profesor / agradecerle su ayuda

3. Kausalsätze

Teniendo mucho que hacer, me quedé en casa.
= Como tenía mucho que hacer, me quedé en casa.

E   estar libre / hacer una excursión a Potsdam
      → Como estaba libre, hice una excursión a Potsdam.
      → Estando libre, hice una excursión a Potsdam.

estar libre / hacer una excursión a Potsdam
tener tiempo / ir a ver al amigo
no poder asistir al curso / disculparse con el profesor
sentirse mal / acostarse temprano
haber descansado mucho / sentirse mejor

4. Konditionalsätze

Esperando el bus, Ud. perderá su tiempo.
= Si Ud. espera el bus, perderá su tiempo.

E   tomar un taxi / ganar media hora
          → Si Ud. toma un taxi, ganará media hora.
          → Tomando un taxi, Ud. ganará media hora.

tomar un taxi / ganar media hora
seguir siempre derecho / llegar a la plaza Marx-Engels-Platz
pasar por la avenida Unter den Linden / encontrar a muchos estudiantes
ir a la plaza Marx-Engels-Platz / pasar por delante de la universidad
pasearse por las orillas del Spree / ver a algunos pescadores

Beachten Sie: Das Gerundium bezieht sich auf das Subjekt des Satzes.
Nach den Verben der Wahrnehmung (ver, mirar, oír, sentir, observar, contemplar,
distinguir usw.) und der Darstellung (describir, representar usw.) kann es sich auch
auf das Objekt des Satzes beziehen:
Vi a mi amigo bajando del autobús.
= Ich sah meinen Freund, als er aus dem Bus stieg.
aber:
Bajando del autobús, vi a mi amigo.
= Als ich aus dem Bus stieg, sah ich meinen Freund.

E

1. Da ich viel zu tun hatte, blieb ich gestern zu Hause. Da ich wußte, daß meine
Kollegin auf mich wartet, rief ich sie telefonisch an.
Da ich nicht an der Versammlung teilnehmen konnte, entschuldigte ich mich beim
Chef.
Da ich gehört hatte, daß Herr Gonzales gegen neun Uhr ankommt, ging ich zum
Bahnhof.
Da wir sehr müde waren, gingen wir früh schlafen.
2. Wir haben ausländische Touristen durch das Land begleitet und dabei interessante
Dinge gesehen. Wir haben gedolmetscht und uns dadurch in Englisch vervollkomm-
net. Wir haben mit ausländischen Studenten diskutiert und viel dabei gelernt. Wir
haben viel gelesen und so unsere Kenntnisse vertieft. Wir haben viele Übungen gemacht und dadurch gut die Grammatik studiert.
3. Wir lernen weiter Spanisch. Jetzt bereiten wir uns gerade auf eine Prüfung vor.
Wenn wir zusammen arbeiten, können wir gute Ergebnisse erzielen.
4. Die Beziehungen zwischen den lateinamerikanischen Ländern und der DDR
werden allmählich immer enger. Alljährlich besuchen Zehntausende lateinamerika-
nische Touristen Berlin. Voriges Wochenende haben wir eine Gruppe kubanischer
Jugendlicher betreut. Am Sonnabend haben wir einen Stadtbummel gemacht. Beim
Rundgang durchs Stadtzentrum haben wir interessante Dinge gesehen. Da die Gäste
Geschenke für ihre Verwandten und Freunde kaufen wollten, sind wir in das große
Warenhaus gegangen. Den Sonntag haben wir mit einem Besuch der Potsdamer
Schlösser und einem Spaziergang durch den Park von Sanssouci verbracht. Da

---

schönes Wetter war, konnten wir Aufnahmen machen. Als wir nach Berlin zurückkehrten, war es schon spät, und ein Vertreter der kubanischen Botschaft wartete schon auf uns. Da wir viel gelaufen waren, waren wir sehr müde. Die kubanischen Gäste verabschiedeten sich mit den Worten von uns, daß ihnen der Aufenthalt in Berlin und Potsdam sehr gefallen hat.

27.3.   Repaso

1. El jefe del grupo de trabajo lingüístico pidió a la señora Sommer que preparase un resumen breve del "Granma" del sábado pasado acerca de los artículos que se refieren a problemas del interior del país. La señora Sommer se decide por tres artículos:
– uno sobre el pescador cubano
– otro sobre el llamado anillo lechero para La Habana
– el tercero sobre la importancia de la capital cubana
Prepare Ud. también este resumen.

2. Componga Ud. un diálogo con otro estudiante basándose en los puntos de vista siguientes:
– la importancia del "Granma"
– la conciencia política y social de los cubanos
– las medidas revolucionarias del gobierno cubano después del triunfo de la revolución
– los objetivos políticos y económicos de Cuba
– la posición política de Cuba en el terreno internacional
– las relaciones entre la República de Cuba y la R.D.A.

3. La señora Sommer habla por primera vez con otro cubano, vecino de la familia Romero, quien quiere saber mucho. Ella le explica:
– el motivo de su viaje a Cuba
– los objetivos del curso de verano
– el plan de trabajo
– el programa de excursiones
– los problemas que hay (clima, lengua, comidas, costumbres)
– la amabilidad de los cubanos
– sus impresiones personales de Cuba
a) Explique Ud. todo eso como si fuera la señora Sommer.
b) Componga Ud. un diálogo con otro estudiante sobre este tema.

27.4.   La República de Cuba (2): Territorio, relieve, clima

Muy a menudo cuando se habla de Cuba se dice que es una sola isla. Éste es un error muy difundido. Cuba es algo más que una isla: es un archipiélago, es decir, un conjunto de islas, donde además de la isla central de Cuba propiamente dicha, hay más de 1600 cayos, isletas e islas, distribuidos en cuatro cadenas más o menos largas que forman una muralla natural al borde de la plataforma insular.

Las más pequeñas de esas tierras tienen 1 km² de superficie, aproximadamente, mientras que la mayoría vacila entre 5,6 y 382,8 km². Entre ellas se levanta también la rica Isla de Pinos con sus 2.199 km², la segunda isla del archipiélago cubano. La extensión total de los cayos, isletas e islas que rodean a Cuba se eleva a 3.716 km², mientras que la isla central cuenta con 107.206 km². Desde Punta Maisí, que es la parte más oriental, hasta Cabo de San Antonio, que es el punto más occidental, la isla de Cuba tiene un largo de 1.200 km, mientras que su mayor anchura mide 191 km y su parte más estrecha solamente 31 km.

Cuba tiene más de 200 ríos. No son importantes. Tienen una longitud desde 17 hasta 172 km, y muchos de ellos dejan de correr en la época de la seca. El Cauto es el río más importante por ser el río más extenso de todos.

Las más altas montañas de Cuba son: el Pico Real del Turquino (1.973 m), el Pico Cuba (1.810 m), el Pico Suecia (1.734 m), la Sierra Cristal (1.231 m) y la Gran Piedra (1.250 m). Las montañas están cubiertas de bosques y, muy a menudo, son inclementes al hombre.

Cuba goza de un clima excepcionalmente favorable: subtropical en la mayor parte de su territorio, sin temperaturas bajas ni tampoco muy altas, debido a los factores climáticos de la influencia del clima continental cercano al que se suman los beneficiosos efectos de la influencia del mar.

La temperatura media anual de Cuba es de 25,4 grados centígrados. En cuanto a la distribución de las lluvias podemos identificar dos estaciones del año en Cuba: la seca y la lluviosa. La primera se extiende desde noviembre hasta abril, mientras que la lluviosa va desde mayo hasta octubre inclusive. El promedio de la lluvia anualmente es de 1.368 milímetros. Por eso, la atmósfera es bastante húmeda. En el centro de la isla la humedad relativa es del 79%. El mes más lluvioso es el de junio, el mes más seco el de diciembre.

Por la irregularidad de la lluvia, que cae copiosamente en un período corto y se desliza rápidamente hacia el mar, surgen en el período seco por la ausencia de agua grandes problemas que afectan los cultivos, la producción industrial e, incluso, el consumo de la población.

1. *¿Qué error se comete a menudo al hablar de Cuba?*
2. *¿Qué extensión alcanzan los cayos, isletas e islas que forman el archipiélago cubano?*
3. *¿Qué sabe Ud. de la extensión del territorio de la isla central?*
4. *¿Qué importancia tienen los ríos de Cuba?*
5. *¿Cuáles son las montañas más altas de Cuba?*
6. *¿Qué se debe saber del clima de Cuba?*
7. *¿Qué causa la irregularidad de la lluvia?*

Lección veintiocho

28.1.   En un combinado textil

El director y los participantes del curso de verano:

D — Señoras y señores: Antes de comenzar nuestro recorrido los invito a mirar aquí el modelo de los proyectos.

P — Ésta es una construcción realmente impresionante.

D — Hemos aprendido a construir fábricas y a desarrollar la base para industrializar nuestro país.

P — Cuba aspira a desarrollar una industria propia. ¿Cuáles constituyen los sectores prioritarios?

D — En la actualidad se prevé crear una industria ligera propia y agrandar en forma masiva la industria de construcción.

P — ¿Cuántos metros cuadrados va a tener todo el combinado bajo techo?

D — Proyectamos alcanzar una superficie superior a 300.000 m².

P — ¿Será éste el combinado textil más grande de Cuba?

D — Actualmente, sí. Pero tendremos que construir unas cuantas fábricas textiles más para satisfacer la demanda del país y poder exportar también los tejidos.

P — ¿Es más difícil echar andar una planta como ésta que construirla?

D — No, lo más difícil es mantenerla.

P — ¿Es posible saber cuántos obreros emplea el combinado?

D — Un total de 3.700, de los cuales unos 2.900 son mujeres.

P — Hace poco tiempo Fidel visitó este combinado textil. ¿Cuál fue el objetivo de su visita?

D — Su objetivo fue analizar con los obreros y dirigentes la posibilidad de acelerar la construcción y el montaje de las fábricas y adelantar en tres meses la puesta en marcha de la capacidad total.

P — ¿Qué estrategia se trazó después?

D — Se estableció el doble turno, y se pasó a trabajar día y noche. Además hay que destacar que toda la población de los alrededores ha hecho suya la edificación del combinado textil: cada noche y cada fin de semana se movilizan cientos y hasta miles de hombres y mujeres para dar su aporte a las obras.

P — ¿Podría Ud. decirnos algo de las condiciones de vida y de trabajo de los obreros?

D — Si quieren saber cómo trabajan y viven los obreros de aquí, sería mejor hablar con ellos mismos. Vengan, por favor. Voy a presentarles a la compañera Roberta González de Caballero, veterana textilera, que podrá contarles muchas cosas interesantes.

1. ¿ De qué cosa se están informando los participantes del curso de verano?
2. ¿ Cuáles son los sectores industriales que Cuba desarrolla en primer lugar?
3. ¿ Cuántos m² bajo techo tendrá el combinado visitado?

4. ¿Por qué tendrán que construir los cubanos otros combinados textiles?
5. ¿Cuántos obreros trabajan en este combinado?
6. ¿Cuál fue el objetivo de la visita de Fidel?
7. ¿Qué estrategia se trazó después de la visita de Fidel?
8. ¿Qué cosa destaca el director en especial?
9. ¿Por qué presenta el director a los participantes del curso de verano una de las trabajadoras del combinado?

28.2.   Conversación con una obrera textil

Los participantes del curso de verano y la señora González:

P — ¿Tendría Ud. la amabilidad de respondernos algunas preguntas?
G — Con mucho gusto. Voy a responder sobre lo que pueda. Pero les ruego que no fumen. Aquí está prohibido fumar. Bueno, a ver las preguntas.
P — Nos interesa conocer sus condiciones de trabajo. ¿Cuánto tiempo dura la jornada de trabajo? ¿Y trabaja Ud. en turnos?
G — Trabajamos aquí 8 horas al día y rotamos en dos turnos. Nuestra semana laboral es de 5 días.
P — ¿En qué consiste su trabajo?
G — En vigilar y arreglar estas máquinas.
P — Me extraña no ver muchas trabajadoras en esta sala.
G — Aquí todo el trabajo está mecanizado y automatizado.
P — ¿Cuántos años trabaja Ud. en la industria textilera?
G — Más de 20 años. Comencé como obrera auxiliar.
P — Desearía saber qué oficio estudió Ud.
G — Ahora soy tejedora calificada de oficio. Después de la victoria de la revolución me decidí a capacitarme, como lo hicieron sin tardar muchos cubanos. Era sumamente importante hacerlo en aquellos tiempos. Traten de comprender lo que significaba el bloqueo imperialista para Cuba: fuimos obligados a aprender a dominar los procesos industriales y era preciso armonizar las preferencias personales con las necesidades de toda la sociedad. La revolución nos enseñó a ser nuestros propios patrones. Por eso resolví asistir a cursos dirigidos, es decir, por correspondencia.
P — ¿Cuánto tiempo ha tardado Ud. en llegar a ser tejedora?
G — 4 años. Después de obtener mi calificación, empecé a trabajar en esta planta.
P — ¿Piensa Ud. seguir perfeccionándose?
G — Sí. Me propongo cursar estudios de ingeniería textil.
P — Pienso en el elevado porcentaje de mujeres que trabajan en este centro laboral. ¿Cómo contribuye el combinado a mejorar las condiciones laborales de ellas?
G — Para facilitar la vida y el trabajo de las obreras hay cinco círculos infantiles y ocho casas cuna. Además, el combinado planea construir un centro de descanso para niños y otro campamento vacacional.
P — ¿Qué se hace para proveer de viviendas a los obreros?
G — Es el problema más serio que tenemos. Pero, gracias a las actividades de las minibrigadas y gracias al apoyo estatal el combinado logró construir, el año pasado, nuevos apartamentos para más de 200 obreros.

P — ¿Cómo está organizado el descanso de los obreros?

G — El combinado pone a nuestra disposición anualmente de mil a 1.250 plazas gratuitas y con rebaja en sanatorios o casas de descanso. Las vacaciones anuales ascienden a unas 4 semanas.

P — Bueno. Nos alegramos mucho de haber tenido la oportunidad de hablar con Ud. Muchas gracias.

G — De nada, compañeros. Encantada de haberlos conocido. ¡Qué les vaya bien!

1. *¿Con quién están hablando los participantes del curso de verano?*
2. *¿Por qué quieren hablar los participantes del curso de verano con una obrera textil?*
3. *¿Cómo está organizado el trabajo de la señora González?*
4. *¿En qué consiste el trabajo de la señora González?*
5. *¿Cómo llegó a ser tejedora calificada la señora González?*
6. *¿Por qué se decidió a capacitarse la señora González?*
7. *¿Qué se propone la señora González para los años que vienen?*
8. *¿Cómo contribuye el combinado textil a mejorar las condiciones laborales de las obreras?*
9. *¿Qué hace el combinado para proveer de viviendas a los obreros?*
10. *¿Cómo está organizado el descanso en este combinado textil?*

28.A. Der adverbiale Infinitiv (El infinitivo adverbial)

al + Infinitiv

Al entrar en la sala, saludé a mis compañeros.
= Cuando entré en la sala, saludé a mis compañeros.
= Entrando en la sala, saludé a mis compañeros.

antes de + Infinitiv

Antes de salir de la universidad, me despedí de mis compañeros.

después de + Infinitiv

Después de prepararme para los cursos, salí de casa.

hasta + Infinitiv

Me quedé en casa hasta terminar mi trabajo.

para + Infinitiv / a fin de + Infinitiv

Llamé a mi amigo para invitarlo.

sin + Infinitiv

Aprendí el checo sin asistir a cursos.

por + Infinitiv

Por estar muy cansado, me acosté temprano.
= Como estaba muy cansado, me acosté temprano.
= Estando muy cansado, me acosté temprano.

E

Als ich aufwachte, sah ich, daß schönes Wetter ist. Als ich zur Haltestelle kam, traf ich meine Kollegen. Als ich in den Hörsaal ging, grüßte ich den Lehrer. Als ich mich von meinen Kollegen verabschiedete, sagte ich ihnen, sie sollten mich am Abend anrufen.

Bevor ich in den Bus stieg, kaufte ich eine Zeitung. Bevor ich mich an die Arbeit setzte, rauchte ich eine Zigarette. Bevor ich die Übersetzung mit der Maschine abschrieb, las ich sie meinen Kollegen vor. Bevor ich nach Hause ging, ging ich einkaufen.

Nachdem ich Abendbrot gegessen hatte, arbeitete ich weiter. Nachdem ich die Arbeit beendet hatte, sah ich fern. Nachdem ich ferngesehen hatte, legte ich mich hin. Nachdem ich mich hingelegt hatte, las ich etwas.

Da ich viel zu tun hatte, arbeitete ich den ganzen Tag. Da ich Hilfe brauchte, rief ich meinen Kollegen an. Da ich viel gearbeitet hatte, mußte ich früh schlafen gehen. Da ich sehr müde war, schlief ich bis 9 Uhr.

28.B. Der Infinitivanschluß (El infinitivo subordinado)

1. Anschluß **ohne Präposition**

nach Modalverben:
deber, tener que, querer, poder, saber, soler

nach Verben der Wahrnehmung:
sentir, ver, mirar, oír, escuchar

nach Verben des Sagens und Denkens:
decir, pensar, decidir, proponer, esperar, recomendar, prometer, creer, reconocer, recordar, constatar, declarar, olvidar, dudar

nach Verben des Wünschens und Wollens:
desear, querer, permitir, prohibir, preferir, pedir, rogar

nach unpersönlichen Wendungen:
es necesario, es importante, es posible, es imposible, es fácil, es difícil, hace falta, gusta, conviene

2. Anschluß mit **"de"**
nach Verben:
alegrarse, cesar, dejar, cuidarse, tratar

nach Adjektiven:
alegre, capaz, libre, contento, cierto, seguro, digno, encargado, orgulloso

nach den meisten Substantiven:
u. a. amabilidad, dificultad, objetivo, ocasión, oportunidad, posibilidad, orden, suerte, ganas, tendencia

---

3. Anschluß mit **"a"**

acostumbrarse, aprender, ayudar, comenzar, empezar, contribuir, decidirse, enseñar,

4. Anschluß mit anderen Präpositionen

por: esforzarse, luchar, preocuparse, hacer esfuerzos
para: listo, servir
en: tardar, convenir

E

Gewöhnlich verbringe ich das Wochenende mit Freunden und Studienkollegen. Vorigen Sonntag, als ich sah, daß schönes Wetter ist, rief ich einen meiner Kollegen an, um ihn zu fragen, ob er Lust hat, einen Ausflug zu machen. Er sagte mir, daß er viel zu tun hat und daß er, bevor er weggehen kann, einen Artikel aus der „Granma" übersetzen muß. Er versprach mir, zu mir zu kommen, sobald er seine Arbeit beendet hat. Als er kam, war kein schönes Wetter mehr und es sah nach Regen aus. Wir entschlossen uns, ins Kino zu gehen. Als wir losgingen, begann es zu regnen. Wir liefen schnell zur Bushaltestelle. Nachdem wir über 20 Minuten gewartet hatten, beschlossen wir, ein Taxi zu nehmen. Es war nicht leicht, Karten zu bekommen. Die Vorstellung war vor acht Uhr zu Ende. Es hatte aufgehört zu regnen. Mein Kollege lud mich zum Abendbrot ein. Nach dem Abendbrot gingen wir zu einem anderen Kollegen. Er war nicht zu Hause. Seine Frau sagte uns, daß er gerade weggegangen ist und daß er erst in einer Stunde zurückkommt.

28.C.   Neutrales "lo"

Lo más difícil es mantener una planta como ésta.
"Lo" substantiviert Adjektive, Partizipien, Possessivpronomen und Numerale.

E

Das Interessanteste dieses Berichts ist das informative Material, das er enthält.
Das erste, was ich bei der Übersetzung eines wissenschaftlichen Artikels tue, ist, mich über die Probleme zu informieren, die er behandelt. Das letzte ist es, die Übersetzung Satz für Satz mit dem Originaltext zu vergleichen. Das Gute dieser Methode ist ihre Genauigkeit.

28.3.   Repaso

1. Después de haber leído el programa del recorrido por Cuba, los participantes del curso de verano quieren informarse mejor sobre ese país. Por eso, preguntan a los acompañantes cubanos quienes contestan a las preguntas con mucho gusto.
La conversación se refiere a lo siguiente:
— la situación geográfica del país
— los vecinos políticos
— la superficie
— el carácter del territorio
— los ríos

— las montañas
— el clima (estaciones, temperatura, tiempo que hace)
— los problemas climáticos
— las grandes ciudades
Compongan Uds. diálogos en grupos de dos o tres estudiantes.

2. Mañana, los participantes del curso de verano van al campo para pasar un día en una cooperativa de producción agrícola. Hoy, por eso, la señora Sommer va al cuarto de la camarera del piso del hotel "Habana Libre" donde está alojada, para recoger unas blusas que le dijeron que estarían listas para esta tarde.
— la señora Sommer pide sus blusas
— la camarera dice que no están listas
— la señora Sommer se enfada
— la camarera le explica por qué las blusas no están listas
— la señora Sommer pide enérgicamente que se le traigan las blusas en seguida
— las dos mujeres llegan a un acuerdo
— se despiden amablemente
Componga Ud. un diálogo con otro estudiante.

3. Haga Ud. una descripción de un hotel que conoce y hable Ud. de:
— el lugar en que se encuentra
— la categoría
— las comodidades
— las habitaciones
— el número de habitaciones
— el precio de la habitación
— el restaurante (café)
— las comidas (horas, menús)
— la comida (en general)
— las tiendas
— el servicio (la atención)

28.4. La República de Cuba (3): El desarrollo económico

En casi todas las provincias de Cuba el cultivo más importante es el de la caña de azúcar. El azúcar es para la economía cubana la producción que más pesa y la principal fuente de riquezas. Por todas partes se alzan los centros de acopio y en ellos las grandes naves y las inconfundibles chimeneas de las fábricas de azúcar, los centrales, que esparcen sus humos y sus ruidos por la comarca durante todo el tiempo, que dura la zafra.
Antes, en los cortes se oía el chas chas incansable de los machetes ágiles de los cortadores que peleaban duro con las cañas. La revolución heredó del régimen capitalista un sistema de corte totalmente manual y primitivo que no había variado a lo largo de cuatro siglos. De ahí viene la imagen del machetero. Hoy día, los instrumentos tradicionales, los machetes, por lo general, se están sustituyendo más y más por las máquinas, las combinadas de grandes proporciones que ejecutan en escala creciente el rudo trabajo manual de los macheteros y que contribuyen decisivamente a la elevación constante de la productividad del trabajo.

Antes de la revolución, Cuba era un país agrícola sin industria. Después de la victoria de la revolución se inició la industrialización del país comenzando por mecanizar el sector azucarero.

En la actualidad Cuba se viene transformando a ritmo creciente en un país agro-industrial. La mecanización de la agricultura cañera y la tecnificación de su industria llevaron implícito en Cuba un desarrollo industrial general: una industria química, por ejemplo, para los fertilizantes y herbicidas que demanda la tecnificación; una industria de máquinas-herramientas, para la industria química; una industria siderúrgica, para la industria de máquinas-herramientas y para la industria química; una industria de materiales de construcción, para la industria siderúrgica, para la industria de máquinas-herramientas y para la industria química; una industria energética, para la industria de materiales de construcción, para la siderurgia, para las máquinas-herramientas, para la química. Esto implica barcos — industria naval — para importar y exportar; transporte terrestre — industria automotriz — para distribuir la materia prima y el producto elaborado; cemento y acero para las vías férreas; locomotoras, cemento y asfalto para las carreteras, camiones, etc.

El complejo industrial que requiere la maquinaria agrícola está sobrentendido. Pero hay que pensar entonces en presas, irrigación, canales, bombas hidráulicas, es decir, más acero, más cemento, más energía, más combustible, más transporte ... ad infinitum.

Y todo eso realizando al mismo tiempo las demandas que exige una sociedad socialista en su conjunto: construcción de viviendas, bienes de consumo, educación pública, salud pública, asistencia social, vida cultural, descanso.

1. ¿Qué importancia tiene el azúcar para Cuba?
2. ¿Qué es la "zafra"?
3. ¿Qué instalaciones técnicas trabajan día y noche durante la zafra?
4. ¿Qué diferencias existen entre los cortes de antes y los de hoy?
5. ¿Qué desarrollo se puede constatar en Cuba en el sector de la economía nacional?
6. ¿Por qué fue necesario el desarrollo industrial general en Cuba?
7. ¿Qué industrias fueron desarrolladas?
8. ¿Qué cosa producen las industrias mencionadas?
9. ¿Qué otras necesidades plantea una sociedad socialista en su conjunto?

Lección veintinueve

29.1. Escuela al campo

Los participantes del curso de verano y el alumnado de un instituto preuniversitario:

P — ¿Cómo realizan Uds. el trabajo productivo al cual se han referido?

A — Nuestro Pré cuya matrícula es de unos dos mil alumnos, organiza cuatro campamentos en los que trabajamos para la zafra tabacalera.

P — ¿Les gusta realizar ese trabajo?

A — Hay que confesar que no resulta fácil, pero quien participa aguanta todas las penurias.

P — ¿Qué hacen los alumnos a quienes no se les permite realizar esfuerzos físicos?

A — Son los que trabajan con las estadísticas del campamento o forman el pelotón de mantenimiento que se encarga de la limpieza o la cocina.

P — ¿Cuál creen Uds. que sea el objetivo de la Escuela al campo?

A — Es hacer este trabajo tan necesario. La mano de obra es escasa en el campo. Realizamos un trabajo sin el cual el tabaco se perdería, lo que significaría una gran pérdida económica.

P — ¿Cómo se desarrolla el día en el campo?

A — Nos levantamos a las seis. Después del aseo personal y el desayuno nos formamos agrupados en las diferentes brigadas de trabajo en que nos hemos organizado.

P — ¿A qué está destinada esta formación?

A — A dar a conocer cómo se desarrollarán las tareas del día y para informar del estado en que se encuentra la emulación, para polemizar sobre quiénes fueron los que más trabajaron, etc.

P — ¿Y después parten para el trabajo?

A — Sí. Algunos recolectan en el campo las hojas del tabaco, los otros se ocupan de almacenarlas en las casas de tabaco.

P — ¿Trabajan diariamente, de lunes a sábado?

A — Sí, ocho horas diarias, hasta las cinco de la tarde. Tenemos que cumplir una norma que representa el 88 por ciento de la que se le asigna a un obrero habitual.

P — ¿La norma es la misma para todos?

A — Hay que distinguir entre las escuelas primarias cuyo alumnado no tiene la obligación de ir a trabajar al campo, ni a otros lugares en los cuales se necesita mano de obra, y las escuelas secundarias e institutos preuniversitarios como el nuestro.
En el caso de los alumnos de las escuelas secundarias básicas, la norma es del 70 por ciento en relación a la de los obreros agrícolas.

P — ¿Uds. logran cumplir el plan?

A — Casi siempre.

173

P — ¿Y qué hacen cuando se acaba el período de trabajo productivo?

A — Tenemos una semana de vacaciones y después se reanudan las clases.

P — Les agradecemos la amabilidad con que han respondido a nuestras preguntas.

1. *¿Cómo se realiza en Cuba el trabajo productivo del alumnado?*
2. *¿Qué hacen los alumnos a quienes no se les permite realizar esfuerzos físicos?*
3. *¿Por qué van al campo los alumnos cubanos para trabajar en la zafra tabacalera?*
4. *¿Cómo se desarrolla el día en el campo?*
5. *¿Cuántas horas tienen que trabajar los alumnos por día y por semana?*
6. *¿Cuál es su norma?*
7. *¿Qué se hace después del período de trabajo productivo?*

29.2. Encuentro con el director del preuniversitario

Los participantes del curso de verano y el director:

P — Tenemos aquí una "Bohemia". Nos la dio uno de los guías al saber el punto de destino de nuestra excursión de hoy. Mírela. Es una edición en la cual, bajo el título "De la Cuba de ayer", se ha publicado una foto donde se ve a un joven "artista ambulante" tocando y cantando para los pasajeros de un ómnibus. El guía dijo que era Ud. ¿Es así?

D — Sí. Conozco esta foto. Es un amargo recuerdo de aquel trágico instante de mi vida en que pasaba con el cepillo o la guitarra entre los pasajeros del ómnibus para ganar algunos centavos con que ayudar a los míos.

P — ¿Cuántos años tenía Ud. entonces?

D — Tendría yo aquí unos 10 años. Quizás menos, no recuerdo bien.

P — ¿Era numerosa la familia para la cual Ud. tenía que ganar dinero?

D — Éramos nueve hermanos y el trabajo del padre no daba abasto para alimentarnos. El padre salía tempranito a la calle y trabajaba en lo que se presentase. Recuerdo que a veces regresaba casi al anochecer con sólo un peso en el bolsillo. ¡Qué época aquélla!

P — ¿Qué edad tenía Ud. al triunfar la revolución?

D — Recuerdo que tenía catorce años.

P — ¿Y qué hizo Ud. después del triunfo de la revolución?

D — Participé en la lucha contra bandidos en las montañas.

P — ¿Cómo llegó a ser educador y profesor?

D — En 1962 fui llamado a trabajar como reeducador de presos contrarrevolucionarios en la Isla de Pinos. Cuando se produjo la necesidad de maestros decidí incorporarme a las labores de educación, trabajando como profesor en varias escuelas de la provincia.

P — ¿Cómo se siente en su función de educador?

D — Me siento a las mil maravillas. Me gusta el trabajo y creo que lo que hago es útil para el desarrollo de la revolución.

P — ¿Qué actividades realiza Ud. en sus ratos libres?

D — Me dedico a la música. Toco la guitarra y me encanta la música popular. En aquellos años de esa fotografía cantaba por necesidad. Hoy, en la tranquilidad de mi hogar, dentro de una revolucíon triunfante que echó fuera de Cuba el hambre y la miseria, canto por placer.

P — ¿Hay una etapa en su vida que considera de un valor extraordinario?

D — Sí. Tenía 12 años de edad y trabajaba en el taller de mecánica de mi primo quien pertenecía al movimiento 26 de Julio. En aquel taller se efectuaban reuniones. En muchas ocasiones se me encomendaba la tarea de transportar en mi cajón de limpiabotas dinamita y armas.

P — Se trata, pues, de una etapa cuyo valor fue decisivo para su conciencia.

D — Pienso que sí, puesto que conocía a casi todos los revolucionarios.

P — ¿Milita Ud. en las filas del Partido Comunista de Cuba?

D — Ya muchos años. Soy militante desde 1971.

P — ¿Qué ha sido de sus hermanos?

D — Los ocho están incorporados al proceso revolucionario. Mi satisfacción en este aspecto no tiene límites.

P — ¿Y la vida de sus padres?

D — Mis padres murieron muy jóvenes. Si ellos vivieran, todo esto les parecería un sueño. Nunca pensaron que de aquel cuartucho en que vivíamos, lleno de limitaciones, colmado de miserias, salieran hombres y mujeres quienes hoy son maestros, dirigentes y militantes de la revolución.

1. *¿Por qué es interesante esta "Bohemia" para los participantes del curso de verano y también para el director del preuniversitario?*
2. *¿De qué familia viene el director?*
3. *¿Por qué tenían que trabajar padre e hijos?*
4. *¿Cómo trató de ganar algunos centavos el director siendo joven?*
5. *¿Qué hizo el director después del triunfo de la revolución?*
6. *¿Cómo se siente en su función de profesor?*
7. *¿Qué actividades realiza en sus ratos libres?*
8. *¿Qué etapa de su vida tiene un valor extraordinario para él?*
9. *¿Qué ha sido de los hermanos y de los padres del director?*
10. *¿Cómo evalúa el director la Cuba de ayer y la de hoy?*

29.A. Die Relativpronomen (Los pronombres relativos)

que

auf Personen und Sachen bezogen
auch nach einsilbigen Präpositionen a, con, de, en, tras gebraucht

E   Le presento un compañero ... Es de Leipzig.
     → Le presento un compañero que es de Leipzig.

Le presento un compañero ...
Es de Leipzig. Estudia historia. Habla muy bien el español. Ha pasado un año en Cuba. Está preparando su tesis. Lo conozco desde hace cinco años.
Aquí tiene Ud. unas novelas ...

---

ciento setenta y cinco

Interesan sobre todo a la juventud. Han obtenido mucho éxito. Han sido traducidas a muchos idiomas. Las he leído con gran interés. Las voy a mandar a mis amigos cubanos.

quien, quienes

auf Personen bezogen
vor allem nach Präpositionen gebraucht

E

Le presento un compañero ...
Lo conozco desde hace dos años. Le doy lecciones de alemán. Trabajo a menudo con él. Preparo ejercicios para él. Recibo revistas y libros cubanos de él.

Le presento unos compañeros ...
Los ayudo en su trabajo. Hago muchas traducciones para ellos. Aprendo mucho de ellos. Suelo pasar mis vacaciones con ellos.

el cual, la cual, los cuales, las cuales, lo cual

(auch el que, la que, los que, las que, lo que)

auf Personen und Sachen bezogen
vor allem nach Präpositionen gebraucht

E

Le presento un compañero ...
Lo conozco desde hace dos años. Le doy lecciones de alemán. Trabajo a menudo con él. Preparo ejercicios para él. Recibo revistas y libros cubanos de él.

Le presento unos compañeros ...
Los ayudo en su trabajo. Hago muchas traducciones para ellos. Aprendo mucho de ellos. Suelo pasar mis vacaciones con ellos.

Aquí tiene Ud. una novela ...
Se ha discutido mucho sobre ella. En ella se describe la vida de los jóvenes en el campo. El autor ha obtenido un premio por ella. Se han publicado extractos de ella en muchas revistas extranjeras.

Aquí tiene Ud. unas pinturas ...
Se ha pagado mucho dinero por ellas. Se ha escrito mucho sobre ellas. Entre ellas hay obras de artistas famosos. Muchas de ellas han sido expuestas en Dresde.

cuyo, cuya, cuyos, cuyas

auf Personen und Sachen bezogen
auch nach Präpositionen gebraucht
richten sich in Genus und Numerus nach dem folgenden Substantiv

E

Le presento un compañero ...
Su hermano está estudiando en La Habana. Su mujer sabe muy bien el ruso. Sus padres viven en Leipzig. Sus profesoras de español son chilenas.

Aquí tiene Ud. una biblioteca . . .
Sus libros son muy preciosos. Sus colecciones gozan de fama mundial. Su director es un profesor conocido. En sus salas de lectura se pueden leer libros del mundo entero.

E

1. Der junge Kubaner, den ich vor vierzehn Tagen betreut habe, interessiert sich sehr für Literatur. Nachdem er sein Studium beendet hat, wird er als Lehrer arbeiten. Er erzählte mir von einigen kubanischen Romanen, an deren genaue Titel ich mich nicht mehr erinnere. Er versprach mir, sie mir zu schicken. Wir diskutierten über die Stücke Brechts, von denen er einige in Havanna gesehen hat. Wir sahen uns „Mutter Courage" an, das meines Erachtens das beste Stück dieses Autors ist.

2. Die Berliner Theater sind in der ganzen Welt bekannt. Jeden Monat veranstalten sie Diskussionen, an denen Autoren, Künstler und Vertreter aller Schichten der Bevölkerung teilnehmen.

3. Berlin ist auch eine Kunststadt. Wenn man die „Linden" entlanggeht, kommt man zum Marx-Engels-Platz, in dessen Nähe sich viele Museen befinden, deren Sammlungen sehr wertvoll sind.

4. Schreiben Sie mir die Titel der Bücher aus der DDR, die Sie für Ihre Arbeit brauchen! Ich werde Ihnen gleich einen Roman schicken, der vor zwei Jahren veröffentlicht wurde und über den man bei uns viel diskutiert hat. Es würde mich interessieren zu erfahren, was Sie von ihm halten. Ich glaube, er wird im nächsten Jahr ins Spanische übersetzt. Der Autor des Romans, der in Leipzig lebt, erhielt im vergangenen Jahr einen Preis.

29.3.   Repaso

1. Los participantes del curso de verano acaban de visitar una fábrica nueva. Ahora, todos están en el restaurante de la fábrica donde se les ofrece una cena a la cubana. Cada uno de los extranjeros está sentado al lado de un cubano. Pronto se desarrollan conversaciones animadas. Hablan de:
— el desarrollo económico de Cuba (agricultura, industria)
— la formación y educación de los jóvenes y adultos
— los rebeldes cubanos y la lucha por la liberación
— la fábrica nueva
— las condiciones de trabajo y de vida de los trabajadores
— la contribución de los países socialistas a la edificación del socialismo en Cuba (ayuda material, formación de obreros calificados, capacitación técnica)
Compongan Uds. diálogos en grupos de dos o tres estudiantes.

2. a) Hable Ud. sobre su lugar de trabajo o de estudio.
   b) Luego, un estudiante pregunta; los otros responden.

Empleen Uds. los puntos de vista siguientes:

lugar de trabajo		lugar de estudio
	edificio	
	secciones	
	compañeros	
maestros		profesores
trabajo		estudios
	ingreso	
condiciones de trabajo		condiciones de estudio
	condiciones de vida	
turnos		trabajo manual
	actividades durante el tiempo libre	
	vacaciones	
	facilidades	
	dificultades	
capacitación		exámenes
	futuro personal	

3. Hable Ud. de su vida diaria como trabajador o empleado o estudiante.

29.4.   La República de Cuba (3): El Estado

El Estado cubano es un Estado socialista de obreros y campesinos, organizado sobre la base del centralismo democrático y garantizando la incorporación de las masas trabajadoras a la actividad estatal.

El objetivo fundamental que tiene el aparato estatal cubano es la construcción del socialismo, para lo cual ha de realizar un conjunto de tareas de vital importancia, como: organizar la producción y realizar la planificación y el control de la misma; aumentar el bienestar material del pueblo; dirigir el desarrollo cultural y la educación socialista del pueblo; perfeccionar y elevar constantemente la capacidad defensiva del país; desarrollar una política exterior basada en los principios del internacionalismo proletario.

Para concretizar estas tareas, el partido comunista y el gobierno de Cuba dedican todos sus esfuerzos al desarrollo y constante perfeccionamiento del aparato estatal y del sistema de dirección de la economía.

La organización política de la sociedad cubana se basa en la concepción y los principios marxista-leninistas acerca de la dictadura del proletariado, la cual se fundamenta en la alianza de la clase obrera con el campesinado trabajador y los demás trabajadores manuales e intelectuales, bajo la hegemonía de dicha clase y la dirección de su destacamento de vanguardia organizado en el partido comunista de Cuba.

Al partido comunista de Cuba le corresponde ser la fuerza dirigente superior de la sociedad y del Estado cubano, organizar y orientar los esfuerzos comunes por el logro de la construcción del socialismo y por el avance hacia el comunismo.

El partido comunista de Cuba tiene la responsabilidad de jugar el papel de vanguardia organizada de la clase obrera cubana que, a través de su historia, junto al resto del pueblo trabajador, ha dado muchas pruebas de creciente madurez política, conciencia clasista, solidez ideológica y capacidad combativa, agrupando a los mejores hijos e hijas del pueblo, seleccionados entre los trabajadores más conscientes y destacados.

1. *¿Qué tipo de Estado tiene Cuba?*
2. *¿Cuál es el objetivo fundamental del Estado cubano?*
3. *¿Qué conjunto de tareas tiene que realizar el Estado cubano?*
4. *¿A qué cosa dedica todos sus esfuerzos el Estado cubano para concretizar las tareas mencionadas?*
5. *¿En qué se fundamenta la organización política de la sociedad cubana?*
6. *¿Qué papel juega el partido comunista de Cuba?*
7. *¿Por qué juega el partido comunista de Cuba un papel decisivo?*

Lección treinta

30.1. Recorrido por Cuba (1)

Muy buenos días, señores participantes del curso de verano de la universidad de La Habana. Permítanme darles la bienvenida en nombre de la Empresa de Turismo Nacional e Internacional CUBATUR. Encantada de conocerlos. Haremos un recorrido por los lugares más bellos de nuestro país entre La Habana y Santiago de Cuba. Al volante está sentado José Vitier, yo me llamo Gladys Ofelia Sánchez y tengo el gusto de ser su guía ...

Este lugar frente al cual nos encontramos representa un pedazo de nuestra historia. Exactamente aquí, a orillas del Carenas, fue fundada la villa de San Cristóbal de La Habana. Tomó su nombre en homenaje al descubridor de Cuba, almirante Cristóbal Colón.

Ahora están contemplando dos de las fortalezas más antiguas de la isla, el castillo de los 3 Reyes del Morro y San Salvador de la Punta, construidas casi simultáneamente en 1589. Vamos a atravesar el túnel de la Bahía. Tiene un kilómetro de largo y 20 metros de profundidad.

Ahora, a la izquierda, a la salida del túnel, se levanta La Habana del Este. Este amplio barrio de altos y modernos edificios se realizó en los primeros años de la revolución. Casi inmediatamente veremos el barrio de Alamar ... Alamar es el primer plan de microbrigadas que funcionó en Cuba. Fue el resultado concreto de una idea lanzada al pueblo por el primer ministro Fidel Castro, como solución inmediata al problema de la vivienda.

Aquí en Alamar, tenemos una moderna escuela secundaria básica, un moderno edificio para una escuela primaria, tres círculos infantiles, una planta de yoghurt, una heladería y otras instalaciones más, como ese supermercado, que ven allí. Frente a él, pueden ver estos edificios recién construidos listos ya para ser habitados. Todos cuentan con servicio de gas colectivo y se entregan completamente amueblados ...

Bienvenidos a Matanzas. Esta ciudad fue fundada en el año 1693. Lleva su nombre debido al exterminio de la población indígena en la época de la conquista. No quedó ni un solo superviviente. Frente a nosotros el antiguo cuartel Goicuría. Esta fortaleza militar de la soldadesca del antiguo régimen, fue asaltada en 1956 por un grupo de valientes revolucionarios. Hoy es un cuartel convertido es escuela y lleva el nombre de Mártires del Goicuría.

Aquí, a la izquierda, la ancha y profunda bahía matancera. Está dividida por dos grandes ríos, el San Juan y el Yumurí. En esta provincia funcionan 3 de los más importantes centros turísticos de Cuba: Playa Girón, donde el imperialismo sufrió la primera derrota militar en América, Varadero y Las Cuevas de Bellamar.

Estas cuevas, descubiertas el siglo pasado, son únicas. En los 2 mil 950 metros de recorrido subterráneo Uds. podrán ver las más caprichosas formas moldeadas por la naturaleza. Después de visitar las cuevas vamos a partir rumbo a Varadero ...

1. ¿Cómo comienza la guía el recorrido por Cuba?
2. ¿Con qué palabras recuerda la guía la historia de La Habana?
3. ¿Cuáles son las fortalezas más antiguas de Cuba?
4. ¿Qué dimensiones tiene el túnel de la bahía de La Habana?
5. ¿Por qué es conocido el barrio de La Habana del Este?
6. ¿Qué idea fue realizada en el barrio de Alamar?
7. ¿Qué cosa muestra la guía a los participantes del recorrido en Alamar?
8. ¿Cuál es la primera ciudad visitada fuera de La Habana?
9. ¿De dónde tiene Matanzas su nombre?
10. ¿Qué quiere decir "cuartel" y qué importancia tenía y tiene el cuartel Goicuría?
11. ¿Por qué visitarán los participantes del recorrido las Cuevas de Bellamar?

30.2. Recorrido por Cuba (2)

Ya estamos en Varadero. Situado a 132 km de La Habana, en la península de Hicacos de la costa norte matancera, ésta es la playa más linda del mundo. Varadero cuenta con varios planes para el turismo nacional e internacional. Los hoteles y planes de alojamiento garantizan al visitante una cálida acogida en todos los meses.
Esta noche la pasaremos en el hotel Oasis. Uds. tienen la tarde de hoy y la mañana próxima libres. A las 13 y 30 nos veremos en el vestíbulo para almorzar. Después partiremos rumbo a Cienfuegos. . . .
Llegamos a Cienfuegos, la linda ciudad del mar, fundada en 1819. Cienfuegos se encuentra a 337 km de La Habana. Es una ciudad llena de preciosas obras arquitectónicas. Además de hermosa, Cienfuegos es una ciudad altamente industrializada. Aquí radica la terminal de exportación de azúcar más grande del mundo. Aquí hay una gran termoeléctrica, una modernísima planta de fertilizantes y se construyen otras instalaciones fabriles. Ahora estamos pasando por el Paseo del Prado. Es el más largo del país y se hizo imitando al de La Habana.
Esa construcción que está a la izquierda, es la Escuela Formadora de Maestros y frente a nosotros ya el famoso hotel Jagua. . . .
Señores Pasajeros, ésta es Santiago de Cuba, ciudad de jubilosos carnavales, ciudad rebelde ayer, hospitalaria hoy, heroica siempre. Situada a 967 km de La Habana es en todos los órdenes la segunda ciudad importante de la isla. Fue fundada en 1514 en la desembocadura del río El Cobre.
Santiago guarda valiosos tesoros, como p.e. la Fortaleza del Morro, construida en 1643, arrasada en 1662 y posteriormente reconstruida. Es uno de los lugares de más atracción para los visitantes por la hermosa vista panorámica que se observa desde allí.
A nuestra izquierda, el edificio central de la universidad de Oriente. Acá, al otro lado, podrán ver en unos instantes el parque Céspedes, el más céntrico y concurrido de la ciudad. Frente a Uds. la Catedral de Santiago, que se comenzó a construir en 1528.
A nuestra derecha, el hotel Casa Grande, donde permaneceremos la noche de hoy viernes y la del sábado. Desde el momento en que nos alojemos tienen todo el tiempo libre hasta mañana que haremos un recorrido por diferentes lugares históricos.

Anotaciones del diario de viaje de la señora Sommer: El sábado a las 8 y 30 de la mañana salimos en nuestro autocar hacia la granjita Siboney, sitio donde se congregó un grupo de jóvenes en el més de julio de 1953, para de allí salir a asaltar el cuartel Moncada.

26 monumentos hay por el camino. Aproximadamente cada 300 metros se erige una sencilla y original construcción, siempre de forma diferente a la anterior, donde pueden leerse los nombres de los héroes y su ocupación; Jesús: albañil, Mario: médico, Raúl: poeta, Pedro: cervecero.

Ahora la granja es un museo. Una amable guía nos esperaba a la entrada. Nos contó cómo Abel Santamaría alquiló el local y cómo preparó las condiciones en la zona. Allí estaban las fotos de la época, los uniformes ensangrentados.

A este momento de emoción le siguió otro: la visita al Moncada. Los agujeros en la pared atestiguan las huellas del combate. Dentro, un panorama histórico explica la necesidad final de la insurrección.

Luego fuimos al cementerio Santa Ifigenia. La tumba de José Martí hizo recordar los versos del héroe nacional y apóstol de la nación cubana:

"Yo quiero cuando me muera
sin Patria pero sin amo
tener en mi losa un ramo
de flores y una bandera".

Allí estaban las flores y la bandera.

1. ¿ Qué relata la guía sobre Varadero?
2. ¿ Qué informaciones reciben los pasajeros para su estancia en Varadero?
3. ¿ Cuál es la importancia de Cienfuegos?
4. ¿ Cuáles de los lugares de interés de Cienfuegos menciona la guía?
5. ¿ Cómo describe la guía Santiago de Cuba?
6. ¿ Cuáles de los lugares de interés de Santiago de Cuba menciona la guía?
7. ¿ Qué informaciones reciben los pasajeros para su estancia en Santiago de Cuba?
8. ¿ Adónde van todos a la mañana siguiente?
9. ¿ Qué importancia tiene la granjita Siboney?
10. ¿ Qué momentos de emoción hay por el camino a la granjita?
11. ¿ Por qué es importante el Moncada para todos los cubanos?
12. ¿ Quién es José Martí?
13. ¿ Qué quiere decir José Martí a través de los versos mencionados?

30.A.   Übersetzung von „können", „mögen", „sollen", „müssen", „dürfen", „lassen"

können

Möglichkeit: poder
Fähigkeit: saber

E

Sie können mir spanisch schreiben; ich habe diese Sprache an der Universität gelernt.

In unserer Bibliothek gibt es viele Bücher und Zeitschriften aus Kuba. Wir können sie für einen Monat ausleihen.

Vor 1959 konnten die meisten kubanischen Bauern nicht schreiben und lesen. Sie konnten nicht zur Schule gehen. Als die Revolution siegte, wurde alles anders. Es wurden viele Schulen gebaut und viele Lehrer ausgebildet, damit alle Kinder lernen können. Viele Kubaner können in anderen sozialistischen Ländern studieren.

Meine kubanischen Freunde können sehr gut Deutsch. Jorge kann Gitarre spielen.

mögen

gustar, preferir, tener ganas
Vermutung: Verb im Futur (Bezug: Gegenwart)
oder im Konditional (Bezug: Vergangenheit)

E

Ich mag keine Liebesromane. Ich mag lieber historische Romane. In unserer Bibliothek mag es 25000 Bücher ausländischer Autoren geben. Ich mochte 8 Jahre alt sein, als ich zum ersten Mal in einer großen Bibliothek war. Heute mag ich nicht arbeiten, es ist zu warm. Ich weiß nicht genau, wie spät es ist. Es mag 2 oder $^1/_2$ 3 Uhr sein.

sollen

Aufforderung: Verb im Imperativ, decir + Konjunktiv
Verpflichtung: deber, haber de
Frage nach der Entscheidung des Angeredeten: querer que
in indirekten Fragesätzen, die vom Verb „wissen" abhängen, unübersetzt
Bedingung: Bedingungssatz I oder II

E

Soll ich Ihnen Bücher aus der DDR schicken?
Dieser Roman soll sehr interessant sein.
Sollten Sie am Sonntagabend freihaben, können wir ins Theater gehen. Sollten Sie nicht mit mir kommen können, gebe ich die Karte einem meiner Kollegen. Er hat mir gesagt, ich soll ihn anrufen. Ich weiß nicht, was ich ihm sagen soll. Das Stück soll in Paris viel Erfolg gehabt haben.

Soll ich diesen Artikel übersetzen? Ich weiß nicht, wie ich die Überschrift übersetzen soll. Ich sollte Herrn Domínguez um Rat fragen.

Gern wäre ich nach Leipzig zur Messe gefahren, aber ich wußte nicht, wo ich übernachten sollte. Ich hätte ein Zimmer bestellen sollen.

müssen

äußerer Zwang:	tener que
moralische Verpflichtung:	deber
unpersönliche Ausdrucksweise:	hay que, estar por + Infinitiv
Vermutung:	deber de, Verb im Futur

E

Diese Formulare müssen ausgefüllt werden.

Wir müssen losgehen, es muß schon 8 Uhr sein.

Kerstin ist nicht gekommen, sie muß wohl krank sein. Wir müssen sie besuchen.

Wir müssen ein Taxi nehmen.

lassen

veranlassen: hacer, mandar
zulassen: dejar, permitir
unterlassen: dejar de
nachlassen: cesar de
lassen = möglich sein: poder

E

Seit einigen Tagen ist Jörg krank. Wir können ihn nicht zu seinen Freunden fahren lassen, weil der Arzt es nicht erlaubt. Der Arzt hat ihm geraten, daß er im Bett bleibt und das Rauchen und Trinken läßt. Es läßt sich nicht sagen, wann er gesund wird.

Vor 14 Tagen ließ uns der Spanischlehrer einen Artikel vom Spanischen ins Deutsche übersetzen. Die Überschrift ließ sich nicht übersetzen; wir mußten sie spanisch lassen. Bei diesem Wetter kann man nicht ausgehen, der Regen läßt nicht nach.

30.B.   Übersetzung von „werden"

fortschreitende, langsame Veränderung: convertirse
Beruf: hacerse, querer ser
Erreichung eines Zustandes: llegar a ser
Wetter: empezar
Jahreszeiten: llegar
+ mit "ser" verbundene Adjektive: hacerse, volverse
+ mit "estar" verbundene Adjektive: ponerse

E

In den letzten Jahren ist Berlin zu einer modernen Stadt geworden. Wir wollen Dolmetscher werden. Meine Freundin will Lehrerin werden. Jens wäre gern Schriftsteller geworden, doch es war nicht möglich. Ich weiß nicht, was aus ihm geworden wäre, wenn seine Lehrer ihm nicht geholfen hätten. Er wird ein guter Dolmetscher werden. Es wird warm. Es wird allmählich Sommer. Ich muß meinen Brief beenden. Es ist spät geworden. Meine Freunde, die auf mich warten, werden sicher ungeduldig.

30.3.   Repaso

1. Después de haber hecho el recorrido por Cuba los participantes del curso de verano celebran una fiesta porque su estancia en Cuba toca a su fin. Durante esa

reunión de despedida se hacen muchísimos discursos breves y se desarrollan conversaciones animadas que se refieren a:
— Cuba como Estado socialista
— la R.D.A. como país hermano de Cuba
— la comparación de los sistemas sociales de los dos Estados
— las impresiones que han recogido los extranjeros (los cubanos)
— los lugares de interés turístico visitados
— la acogida amable por todos los cubanos
— la importancia de los cursos de verano
— las señas
— la tristeza de la partida
— la colaboración, la paz y el progreso.
Compongan Uds. diálogos en grupos de dos o tres estudiantes tratando los temas mencionados.

2. Pasado mañana, la señora Sommer volverá a la R.D.A. Mañana, los Romero le darán una cena de despedida. Hoy discuten sobre:
— el lugar
— el menú
— los refrescos
— un regalo para su huésped
— un taxi para que la señora Sommer vuelva bien al hotel
Compongan Uds. diálogos en grupos de dos o tres estudiantes.

3. El curso de verano termina. La señora Sommer se despide con unas pocas palabras hablando de:
— los conocimientos lingüísticos y geográficos adquiridos durante su estancia
— los buenos (o los malos) ratos pasados
— cómo lo ha pasado
— los souvenirs (recuerdos, regalos)
— sus compañeros (profesores, guías)
— su deseo de mantener el contacto
— sus deseos para el futuro personal de los compañeros cubanos (los Romero)
— su reconocimiento
Despídase Ud. como si fuera la señora Sommer.

4. Ud. está en casa de un amigo (compañero). Descríbale Ud. los detalles de un viaje (un recorrido, una excursión) interesante que haya hecho alguna vez.
a) Ud. y su compañero se tratan de "usted";
b) Ud. y su amigo se tratan de "tú".

30.4.   El origen de la nación cubana

En la segunda década del siglo XVI, las fuerzas colonialistas establecieron en Cuba, como en el resto del Caribe y el litoral brasileño, una economía de plantaciones agrícolas con fines comerciales.
Esto era para los mercados de los países colonizadores que exigían un empleo masivo de fuerza de trabajo. Y puesto que la población autóctona estaba por desaparecer

bajo los efectos de la brutal y despiadada esquilmación a la que fue sometida, África debía convertirse en la fuente sustitutiva. Comenzó el comercio esclavista.

Entre 1666 y 1776 fueron importados a América alrededor de tres millones de esclavos.

El primer cargamento de africanos llegó a Cuba en 1517, y alrededor de 1525 se inició en firme la "importación" de fuerza de trabajo africana. El mayor ingreso de esclavos en Cuba coincidió con el apogeo de la industria azucarera. Hasta 1880, cerca de un millón de africanos fueron introducidos a Cuba. Ellos sustentaron de sol a sol las riquezas de los colonos españoles y de los explotadores criollos.

Ellos aportaron con sus costumbres, sus cantos, bailes y ritmos, la mitad de las células culturales de la nacionalidad en formación, dieron lo suyo, decisivo, en esa gran síntesis que fue la mulatización.

Mientras el criollismo blanco se debatía en contradicciones cada vez más insalvables con los poderes coloniales de España, las masas de origen africano pugnaban por liberarse de las pesadas coyundas que las ataban doblemente. Miles de aquellos hombres murieron no sólo bajo el látigo de la explotación, sino también escenificando desesperadas rebeliones contra los opresores.

Pero lo que de veras vino a fundir a todos los componentes étnicos y culturales en una indisoluble identidad nacional fue la guerra emancipadora iniciada en 1868 por Carlos Manuel de Céspedes, que en singular ejemplo dio la libertad a sus esclavos y los incorporó de igual a igual en la insurgencia libertaria. Al final de la guerra el colonialismo español tenía que acceder a la libertad de los esclavos y, en 1882, suprimir la esclavitud.

Con la gesta iniciada en 1868 arrancaba la verdadera historia Patria cubana, nacía la tradición de lucha revolucionaria del pueblo cubano, en el que hoy no hay blanquitos, ni negritos, sino cubanos.

El heroismo de aquellos tiempos plantó una bandera que pasaría de una generación a otra; echó una simiente ideológica que atravesó más sustanciosa y enriquecida por la guerra de 1895 y por las múltiples batallas anti-imperialistas en la república neocolonial, hasta plasmar en la victoriosa revolución del 1ro de enero de 1959.

1. ¿Qué desarrollo se puede constatar en la segunda década del siglo XVI en el Caribe y el litoral brasileño?
2. ¿Qué cosa exigía este establecimiento de plantaciones agrícolas?
3. ¿Por qué comenzó el comercio esclavista?
4. ¿Qué cantidad de esclavos fue importada a América, en general, y a Cuba, en particular?
5. ¿Qué quiere decir "mulatización"?
6. ¿Qué papel jugaban las masas de origen africano y el criollismo blanco en Cuba?
7. ¿Qué acontecimiento vino a crear la identidad nacional cubana?
8. ¿Cuándo terminó la esclavitud en Cuba?
9. ¿Qué tradición fundó el heroismo de la guerra emancipadora cubana del siglo pasado?
10. ¿Cuáles son algunas de las fechas más importantes de la trayectoria revolucionaria del pueblo cubano?

Vocabulario de los diálogos

vocabulario	Wortschatz, Wörterverzeichnis

1.1.

lección una	Lektion 1
en el aeropuerto	auf dem Flughafen
Miguel y Carmen	Miguel und Carmen
un amigo y una amiga	ein Freund und eine Freundin
¡hola, Carmen!	hallo, Carmen!
¿cómo estás?	wie geht es dir?
estar	sein, sich befinden
bien, gracias, ¿y tú?	danke, gut, und dir?
muy bien	sehr gut
¿cómo está la familia?	wie geht es der Familie?
todos bien	allen (geht es) gut
¿estás esperando un avión?	wartest du auf ein Flugzeug?
esperar	warten, erwarten
sí, el avión de París	ja, das Flugzeug aus Paris
el instituto espera a una señora	das Institut erwartet eine Dame
ella participa en un congreso	sie nimmt an einem Kongreß teil
participar	teilnehmen
¿de dónde?	von wo? woher?
no, de la R.D.A.	nein, aus der DDR
de la República Democrática Alemana	aus der Deutschen Demokratischen Republik
de Berlín	von Berlin, aus Berlin, ab Berlin
viaja a Madrid vía Paris	sie reist nach Madrid über Paris
viajar	reisen
de Berlín a Madrid	von Berlin nach (bis) Madrid
¿por qué estás aquí?	warum bist du hier?
porque viajo al extranjero	weil ich ins Ausland reise
al	Verschmelzung von a + el
¿adónde viajas?	wohin reist du?
¡qué bien!	wie schön!
para la Argentina	nach Argentinien
¿viajas pronto?	reist du bald?
estoy de prisa	ich bin in Eile
el avión ya espera	das Flugzeug wartet schon
pues, adiós	dann — tschüß!
hasta pronto	bis bald

1.2.

un compañero y una compañera	ein Kollege und eine Kollegin
buenos días	guten Tag (am Vormittag)
a sus órdenes	zu Ihrer Verfügung

orden *m* (maskulinum: männliches Wort)	Ordnung
orden *f* (femininum: weibliches Wort)	Befehl, Auftrag
su	sein(e), ihr(e)
mucho gusto	sehr erfreut
mucho (-a)	viel
gusto	Gefallen, Vergnügen, Geschmack
bienvenido (-a) a España	willkommen in Spanien
¿cómo está **usted**? (Abk.: Ud., Vd.)	wie geht es Ihnen?
encantado (-a) de estar aquí	ich freue mich, (es freut mich), hier zu sein
encantado	sehr erfreut
¿**qué tal** el **viaje**?	wie war die Reise?
¿qué?	was?
excelente	wunderbar, ausgezeichnet
rápido y muy **cómodo**	schnell und sehr bequem
¿y la **atención**?	und der Service?
atención *f*	Aufmerksamkeit
también muy buena	auch sehr gut
estoy muy **contenta**	ich bin sehr zufrieden
¿cómo están **los compañeros**?	wie geht es den Kollegen?
¿dónde **tiene** Ud. el **equipaje**?	wo haben Sie das Gepäck?
tener	haben, besitzen
el equipaje está **allí**	das Gepäck ist da (dort)
tengo **dos maletas**	ich habe 2 Koffer
ya tenemos las maletas	wir haben die Koffer schon
¿está Ud. **lista**, señora?	sind Sie soweit?
listo	bereit, fertig
tengo todo	ich habe alles
¿**tomamos** un **taxi**?	nehmen wir ein Taxi?
tomar	nehmen
no tomamos taxi	wir nehmen kein Taxi, wir fahren nicht mit dem Taxi
un **coche** de la **universidad**	ein Wagen der Universität
estupendo, señor Marcos	wunderbar, Herr Marcos
Ud. **habla** bien el **español**	Sie sprechen gut Spanisch
hablar	sprechen
pero sólo algunas palabras	aber nur ein paar Worte
alguno (-a)	(irgend)ein(e)
algunos (-as)	irgendwelche, einige, etliche, ein paar
por aquí, por favor	hier entlang, bitte
por	durch, für
favor *m*	Gefallen, Gunst, Freundlichkeit
con mucho gusto	sehr gern
con	mit

2.1.

camino al coche	auf dem Weg zum Auto
¿de qué **ciudad** (*f*) es Ud.?	aus welcher Stadt sind Sie?
ser	sein
soy **madrileño**	ich bin Madrider, ich bin aus Madrid
¿dónde **trabaja** Ud.?	wo arbeiten Sie?

ciento ochenta y ocho

trabajar	arbeiten
¿en qué trabaja Ud.?	was tun Sie?
¿cuál es su **profesión** (*f*)?	welches ist Ihr Beruf?
mi profesión es ...	mein Beruf ist ..., ich bin ...
soy **profesor** de **castellano**	ich bin Spanischlehrer
profesor *m*	Lehrer, Professor
¿es **interesante** trabajar aquí?	ist es interessant, hier zu arbeiten?
estoy **satisfecho**	ich bin zufrieden
tengo **tareas** interesantes	ich habe interessante Aufgaben
tenemos buenos **estudiantes**	wir haben gute Studenten
todos **estudian** bien	alle studieren gut
estudiar	studieren, lernen, erlernen
¿**cuántos** compañeros tiene Ud.?	wieviele Kollegen haben Sie?
en **nuestro** instituto	in unserem Institut
somos **nueve**	wir sind 9
seis **docentes** *m*	6 Lehrer, Dozenten
tres **asistentes** *m*	3 Assistenten
¿cuál es el **número** de estudiantes?	wie groß ist die Zahl der Studenten?
más de **diez mil**	mehr als 10000
un **poco**	etwas, ein wenig
en una **escuela nocturna**	in einer Abendschule
ya tenemos **intérprete** *m*	da haben wir ja einen Dolmetscher
todavía no hablo bien	ich spreche noch nicht gut
¿habla **otra lengua extranjera**?	sprechen Sie noch eine andere Fremd- sprache?
¿habla Ud. **inglés/francés**?	sprechen Sie Englisch/Französisch?
yo estudio español	ich lerne Spanisch
yo **perfecciono**	ich vervollkommne
perfeccionar	vervollkommnen, erweitern
mis **conocimientos** de **ruso**	meine Russischkenntnisse
una universidad **popular**	eine Volkshochschule
¿es **difícil** el ruso?	ist Russisch schwer?
no es **fácil**	es ist nicht leicht
estudiamos con **cintas**	wir lernen mit Tonbändern
con cintas y **discos**	mit Bändern und Schallplatten
es **necesario** para el **trabajo**	es ist für die Arbeit notwendig
para el trabajo **profesional**	für die berufliche Arbeit
hoy en día	heutzutage
hoy	heute
los idiomas son **importantes**	die Fremdsprachen sind wichtig
importante	wichtig, bedeutend
ahora, mi **maestro** es Ud.	jetzt sind Sie mein Lehrer
maestro	Lehrer, Meister, Lehrmeister
¡**cuidado**!	Vorsicht!, Achtung!

2.2.

delante del coche	vor dem Wagen
del	Verschmelzung von de + el
éste es nuestro **auto**	das ist unser Auto

es un **modelo** SEAT	es ist ein SEAT(-modell)
¿**importa** España los SEAT?	importiert Spanien die SEATs?
importar	importieren, einführen
las **fábricas** de Turín	die Turiner Fabriken
fabrican los SEAT en nuestro **país**	sie bauen die SEATs in unserem Land
fabricar	bauen, herstellen, fabrizieren
¿son **caros** los **automóviles**?	sind die Autos teuer?
autos de **fabricación** española	Autos spanischer Produktion
fabricación *f*	Herstellung, Fabrikation
hay de todo	es gibt alles
los SEAT son muy **populares**	die SEAT sind sehr beliebt
popular	populär
son **baratos**	sie sind billig
el SEAT no es **grande**	der SEAT ist nicht groß
el SEAT es **seguro**	der SEAT ist sicher, der SEAT ist zuver- lässig
es para **cinco** personas	er ist für 5 Personen
¿**gasta** mucha **gasolina**?	verbraucht er viel Benzin?
gastar	verbrauchen, ausgeben
¿cuál es el **consumo medio**?	wie hoch ist der durchschnittliche Ver- brauch?
de **siete** a **ocho litros**	7 bis 8 Liter
medio litro	ein halber Liter
un litro y medio	anderthalb Liter
¿adónde **vamos** ahora?	wohin fahren wir jetzt?
ir	fahren, gehen
al **hotel** "**Internacional**"	zum Hotel „International"
internacional	international
en el **centro**	im Zentrum
¿está **lejos** de . . .?	liegt es weit entfernt von . . .?
la "**Puerta del Sol**"	das „Sonnentor": (Platz in Madrid)
sol *m*	Sonne
está **cerca** de	es befindet sich nahe bei
cerca de esa **plaza**	in der Nähe dieses Platzes
¿dónde **coloca** Ud. la **cartera**?	wo legen Sie die Aktentasche hin?
colocar	legen, stellen, unterbringen
en el **maletero**	im Kofferraum

3.1.

¿cuánto **tardamos**?	wie lange brauchen wir? wie lange dauert es?
desde el aeropuerto hasta	vom Flugplatz bis
no tardamos mucho **tiempo**	wir brauchen nicht viel Zeit, wir brauchen nicht lange
unos **veinte minutos**	ungefähr 20 Minuten
veinticinco minutos	25 Minuten
Barajas está a **trece kilómetros**	Barajas liegt 13 km entfernt
¡qué **tráfico** tiene Madrid!	was für einen Verkehr hat Madrid!
¡qué **cantidad** (*f*) de coches!	was für eine Menge Autos!

¡cuántos **autobuses** y **camiones** (*m*)!	wie viele Busse und LKWs!
la **circulación** es **intensa**	der Verkehr ist dicht
siempre muy intensa	immer sehr dicht, sehr stark
¿hay muchos **accidentes**?	gibt es viel Unfälle?
en los **diarios** leemos	in den Zeitungen lesen wir
leer	lesen, vorlesen
noticias de accidentes	Nachrichten über Unfälle
creo que	ich glaube, daß
creer	glauben, denken, vermuten
muchos no **viven** aquí	viele leben nicht hier
vivir	leben, wohnen
Ud. tiene **razón**	Sie haben recht
razón *f*	Vernunft, Verstand
los **alquileres** son caros	die Mieten sind teuer
demasiado caros	zu teuer
por eso	deshalb
muchos viven en los **alrededores**	viele leben in der Umgebung
los **habitantes** de los **suburbios**	die Vorstadtbewohner
los medios de **transporte** *m*	die Transportmittel
tren *m*, **metro**, bus *m*	Zug, U-Bahn, Bus
no **comprendo**	ich verstehe nicht
comprender	verstehen, begreifen
hay **tantos** coches aquí	es gibt so viele Autos hier
hay que	man muß, es ist nötig
tener en **cuenta**	in Betracht ziehen, berücksichtigen
cuenta	Rechnung, Betrag
medios de transporte **públicos**	öffentliche Verkehrsmittel
los medios no **bastan**	die Mittel reichen nicht
¿no hay **tranvías** (*m*)?	gibt es keine Straßenbahnen?
ya no hay tranvías	es gibt keine Straßenbahnen mehr
¿**cuándo** vamos a hablar de ...?	wann werden wir über ... reden?
nuestro **programa** oficial	unser offizielles Programm
ya son las **once**	es ist schon 11 Uhr
Ud. toma su **habitación**	Sie beziehen Ihr Zimmer
habitación *f*	Zimmer, Wohnung
después vamos a **comer**	dann gehen wir essen
después	dann, danach, darauf
¿a qué **hora**?	wann? um welche Zeit?
hora	Stunde, Zeit, Uhrzeit
¿a qué hora es el **almuerzo**?	wann gibt es das Mittagessen?
entre las **doce** del día	zwischen 12 Uhr mittags
y las dos de la **tarde**	und 2 Uhr nachmittags
tarde *f*	Nachmittag
tengo gran **curiosidad** (por)	ich bin sehr neugierig (auf)
curiosidad *f*	Neugier, Wißbegier
probar los **platos**	die Gerichte kosten, die Speisen versuchen
platos **nacionales**	Nationalgerichte
que son muy **condimentados**	die sehr scharf, sehr gewürzt sind
no importa	das macht nichts
voy a comer seguramente	ich werde sicherlich essen
con gran **apetito**	mit großem Appetit

¿en qué **barrio** vive Ud.?	in welchem Stadtviertel wohnen Sie?
¿está satisfecho de su **vivienda**?	sind Sie mit Ihrer Wohnung zufrieden?
¿vive en un barrio **tranquilo**?	wohnen Sie in einem ruhigen Viertel?
¿es **numerosa** su familia?	ist Ihre Familie groß?
numeroso	zahlreich
perdón *m*	Verzeihung!
soy muy **curiosa**	ich bin sehr neugierig
de ningún modo	durchaus nicht, keineswegs
ninguno (-a)	kein(e)
modo	Art und Weise
mi **mujer** *f*	meine Frau
nuestros tres **hijos**	unsere 3 Kinder
hijo	Sohn
hijos	Söhne, Kinder
¿ **me permite** Ud. **fumar?**	darf ich rauchen?
me	mir
permitir	erlauben, gestatten
¿es Ud. muy **fumador** (*m*)?	sind Sie ein starker Raucher?
	rauchen Sie viel?
veinte **cigarrillos** diarios	20 Zigaretten täglich
tengo una **pregunta**	ich habe eine Frage
¿hay algún **quiosco de souvenirs** (*m*)?	gibt es einen Andenkenkiosk (hier)?
¿por qué **pregunta** Ud.?	warum fragen Sie?
¿**necesita** Ud. alguna cosa?	brauchen Sie etwas?
necesito **tarjetas postales**	ich brauche Postkarten
cuando estoy en el extranjero	wenn ich im Ausland bin
escribo mucho	ich schreibe viel
escribir	schreiben
en la **recepción** del hotel	am Hotelempfang
mi **marido**	mein Mann
espera **recibir** noticias	er hofft, Nachrichten zu bekommen
recibir	bekommen, erhalten, empfangen
antes de mi **vuelta**	vor meiner Rückkehr
en la calle donde estamos	in der Straße, wo wir uns befinden
la **Librería** de España	die Spanische Buchhandlung
hay tarjetas **ilustradas**	es gibt Ansichtskarten
tarjetas en **colores**	farbige Ansichtskarten
color *m*	Farbe
de todas las **atracciones**	von allen Sehenswürdigkeiten
ahí está	da ist sie! dort ist sie!
gracias por la **información**	danke für die Information, für die Auskunft
no hay de qué	keine Ursache! gern geschehen!
¿**bajamos** delante del hotel?	steigen wir vor dem Hotel aus?
voy a **aparcar** el coche	ich werde den Wagen parken
en el **aparcamiento**	auf dem Parkplatz
¿vamos a **discutir**?	werden wir gleich sprechen?
discutir	diskutieren
s obre el programa	über das Programm

después del almuerzo	nach dem Mittagessen
voy a **contestar** (a)	ich werde gleich antworten (auf)
contesto (a) sus preguntas	ich beantworte Ihre Fragen
hay que **arreglar**	wir müssen regeln
arreglar las **formalidades**	die Formalitäten erledigen

4.1.

¿es Ud. el **recepcionista**?	sind Sie der Empfangssekretär?
¿qué **desea** Ud.?	was wünschen Sie?
tengo una habitación **reservada**	ich habe ein reserviertes Zimmer
a nombre de	auf den Namen
un **momento**	einen Augenblick
voy a **ver**	ich werde gleich (nach)sehen
¿cómo se **llama** Ud.?	wie heißen Sie?
aquí tiene mi **pasaporte** *m*	hier haben Sie meinen Paß
aquí está su **reservación** *f*	hier ist Ihre Reservierung
me **alegro** mucho	ich freue mich sehr
alegrarse (de)	sich freuen (über)
¿qué clase de habitación es?	was für ein Zimmer ist es?
clase *f*	Art, Klasse
una habitación **individual**	ein Einzelzimmer
una habitación de una **cama**	ein Einbettzimmer
se **trata de** una calle **lateral**	es handelt sich um eine Nebenstraße
en el **quinto** piso	im 5. Stock
el número **sesenta** y uno	die Nummer 61
aquí hay una **anotación**	hier ist eine Notiz
el número **setenta** y siete	die Nummer 77
¿cuál es el **precio**?	wie ist der Preis? was kostet es?
ochocientas cincuenta pesetas	850 Peseten
peseta	spanische Währungseinheit
por día	täglich, pro Tag
el **servicio** está **incluido**	die Bedienung ist einbegriffen
el **desayuno** está incluido	das Frühstück ist einbegriffen
es muy **conveniente**	das ist sehr günstig
¿**quisiera** ver la habitación?	möchten Sie das Zimmer sehen?
¿quisiera **decidirse** después?	möchten Sie sich dann entscheiden?
si se queda con la habitación	ob Sie das Zimmer nehmen
las habitaciones son **confortables**	die Zimmer sind komfortabel
desde luego	selbstverständlich, natürlich
¿cuánto tiempo va a quedarse?	wie lange werden Sie bleiben?
más de una **semana**	länger als eine Woche
aquí tiene la **hoja reglamentaria**	hier haben Sie das Anmeldeformular
hoja	Blatt
para **inscribirse**	um sich einzuschreiben, um sich einzutragen
un **prospecto** para **informarse**	ein Prospekt, um sich zu informieren
¿hay que **llenar** el **formulario**?	muß das Formular ausgefüllt werden?
en seguida aquí	gleich hier, sofort hier
tenga la **bondad**	bitte, seien Sie so freundlich

bondad *f*	Güte
aquí tiene Ud. un **bolígrafo**	hier haben Sie einen Kugelschreiber
me estoy **ensuciando**	ich mache mich schmutzig
allí hay un **lavabo**	dort ist ein Waschraum
para **lavarse** las **manos**	um sich die Hände zu waschen
entonces, hasta luego	tschüß dann!, bis später!, auf Wiedersehen!
luego	dann, nachher
nos vemos a la una	wir sehen uns um 1 Uhr
aquí **mismo** en el vestíbulo	gleich hier in der Halle
mismo	gleich, selbst, selber

4.2.

después de llenar el formulario	nach dem Ausfüllen des Formulars
¿qué otra cosa tengo que **hacer**?	was muß ich noch tun?
nada, eso es todo	nichts, das ist alles
aquí tiene Ud. su **llave** *f*	hier haben Sie Ihren Schlüssel
al **marcharse**	wenn Sie weggehen, beim Weggehen
haga Ud. el favor de	bitte
dejar la llave aquí	den Schlüssel hierlassen
¿se **ocupan** de mis maletas?	kümmern Sie sich um meine Koffer?
el **mozo** del hotel	der Hoteldiener
va a **subir** el equipaje	er wird das Gepäck hinaufbringen
¿hay **peluquería** aquí?	gibt es hier einen Friseursalon?
camino a los **ascensores**	auf dem Weg zu den Fahrstühlen
las **tiendas se hallan** allí	die Läden befinden sich dort, die Läden liegen dort
antes de subir	vor dem Hinaufgehen, bevor ich hinaufgehe
quisiera **comprar postales** *f*	ich möchte Karten kaufen
haga el favor de **mirar** aquí	schauen Sie bitte hierher
¡qué hermosas **fotos** en colores!	was für schöne Farbaufnahmen!
el centro **comercial**	das Geschäftsviertel
decidirse (por)	sich entscheiden (für)
los **lugares atractivos**	die Sehenswürdigkeiten
lugar *m*	Ort, Platz, Stelle
atractivo	anziehend, attraktiv
así es	so ist es
sin exagerar	ohne zu übertreiben
tarjetas con **vistas** de Madrid	Karten mit Ansichten von Madrid
3 tarjetas a 15 pesetas	3 Karten zu 15 Peseten
cuarenta y cinco pesetas	45 Peseten
necesito también **sellos**	ich brauche auch Briefmarken
mandar las tarjetas a la R.D.A.	die Karten in die DDR schicken
son otras **treinta** pesetas	das sind nochmal 30 Peseten
por los tres sellos aéreos	für die 3 Luftpostmarken
un **billete** de **cien** pesetas	ein 100-Peseten-Schein
25 pesetas de vuelta	25 Peseten zurück
vuelta (in Spanien)	Wechselgeld, herausgegebenes Geld
vuelto (in Lateinamerika)	Wechselgeld, herausgegebenes Geld

¿desea Ud. **algo** más?	wünchen Sie noch etwas?
además de tener sellos	außer Briefmarken
además de	außer, neben
a la derecha	rechts

5.1.

¡qué **sorpresa**!	was für eine Überraschung!
¡qué **casualidad**! *f*	was für ein Zufall!
me alegro de verte	ich freue mich, dich zu sehen
y a **ti**, ¿cómo te va?	und wie geht es *dir*?
¿cómo **le** va a ella?	wie geht es *ihr*?
soy **huésped** (*m*) de la universidad	ich bin Gast der Universität
estoy **reservando** habitaciones	ich bestelle gerade Zimmer
tenemos **invitados**	wir haben Gäste
van a estar con **nosotros**	sie werden bei uns sein, sie werden uns besuchen
saludos de mi **parte**	bestelle bitte Grüße von mir
parte *f*	Teil, Anteil, Stück, Seite
¿no deseas **visitarnos**?	hast du nicht Lust, uns zu besuchen?
te **invito**	ich lade dich ein
gracias por tu **invitación** *f*	danke für deine Einladung
la **acepto** con gusto	ich nehme sie gern an
¿vas a estar **libre**?	wirst du frei sein? wirst du frei haben?
no es **posible** visitaros	es ist nicht möglich, euch zu besuchen
voy a estar **ocupada**	ich werde beschäftigt sein
¿y mañana?	und morgen?
a eso de las cinco	ungefähr um 5 Uhr, gegen 5 Uhr
por la noche	abends, am Abend
a las siete menos cuarto	$^3/_4$ sieben, Viertel vor 7
el número de **teléfono**	die Telefonnummer
¿**puedes dár**melo?	kannst du sie mir geben?
poder	können
dar	geben
te lo voy a **anotar**	ich werde sie dir aufschreiben
te anoto mi **dirección** *f*	ich schreibe dir meine Adresse auf
te **indico** el camino	ich zeige dir den Weg
ya las tengo	ich habe sie schon
es mediodía *m*	es ist Mittag
me espera un **cliente**	ein Kunde wartet auf mich
mis **recuerdos** a todos	grüße bitte alle von mir
recuerdo	Gruß, Erinnerung
me alegra la **idea**	mich freut der Gedanke
idea	Idee, Vorstellung, Gedanke
dentro de poco	in Kürze, bald
dentro de	in, innerhalb von (Zeit: nach Ablauf von)
te las vamos a **enseñar**	wir werden sie dir zeigen

5.2.

la **camarera**	die Zimmerfrau
ésta es su habitación	das ist Ihr Zimmer
¿le **gusta**?	gefällt es Ihnen?
es **bastante** grande	es ist ziemlich groß
es **clara** y está bien **amueblada**	es ist hell und gut eingerichtet
amueblar	mit Möbeln ausstatten, möblieren
de primera **categoría**	erstklassig
categoría	Kategorie, Rang
ya lo veo	ich sehe es (schon)
aire acondicionado	Klimaanlage
aire *m*	Luft
radio y **televisión** *f*	Radio und Fernsehen
radio *f*	Radio
(radio *m*	Radius, Umkreis)
todas las **comodidades**	alle Bequemlichkeiten
voy a **pasar** aquí	ich werde hier verbringen
unos días **agradables**	ein paar angenehme Tage
una **estancia** agradable	ein angenehmer Aufenthalt
¿dónde está el **timbre**?	wo ist die Klingel?
para llamarla a Ud.	um Sie zu rufen
a la izquierda	links
la puerta de **entrada**	die Eingangstür
tres **botones** (*m*) y **símbolos**	3 Knöpfe und Symbole (Zeichen)
el camarero del piso	der Etagenkellner
¿hay **papel** (*m*) de **carta**?	gibt es Briefpapier?
sobre la **mesa**	auf dem Tisch
no los necesito	ich brauche sie nicht
¿**debo** ayudarla, señora?	soll ich Ihnen helfen?
meter la **ropa** en el **armario**	die Wäsche in den Schrank legen
meter	(hinein)setzen, -stellen, -legen, -stecken, -tun
otra **almohada tal vez**	noch ein Kissen vielleicht
voy a **explicárselo**	ich werde es Ihnen erklären
si no necesita nada más	falls Sie nichts weiter brauchen
¿me permite **retirar**me?	erlauben Sie, daß ich mich zurückziehe?
tengo todo lo necesario	ich habe alles Nötige
gracias por la **amabilidad**	danke für die Liebenswürdigkeit
de nada	keine Ursache, gern geschehen

6.1.

soy **aprendiz**(a) *m* (*f*)	ich bin Lehrling
¡**adelante**!	herein!
la puerta no está **cerrada**	die Tür ist nicht zu
cerrado	verschlossen, abgeschlossen
Ud. **acaba de tocar el timbre**	Sie haben soeben geläutet
señorita	Fräulein
soy **ayudante**	ich bin Gehilfe
ayudante *m* (*f*)	Gehilfe, Assistent, Adjutant

tengo una **blusa sucia**	ich habe eine schmutzige Bluse
¿cómo la mando a lavar?	wie schicke ich sie zum Waschen?
la **llevo** ahora mismo	ich nehme sie gleich mit
la camarera la **plancha**	die Zimmerfrau bügelt sie
en un solo día	in einem Tag
solo	einzig, allein, einzeln
necesito algunas **perchas**	ich brauche ein paar Kleiderbügel
otra **toalla** y **jabón** *m*	noch ein Handtuch und Seife
voy a **buscárselo**	ich werde es Ihnen gleich holen
¿a qué hora son las **comidas**?	wann sind die Mahlzeiten?
el desayuno de ocho a diez	das Frühstück von 8 bis 10
la comida de una a tres	das Mittagessen von 1 bis 3
la **cena** de siete a nueve	das Abendessen von 7 bis 9
¿dónde está el **comedor**?	wo ist der Speisesaal?
el comedor para **desayunar**	das Frühstückszimmer
desayunar(se)	frühstücken
el comedorcito de desayuno	der kleine Frühstücksraum
el comedor está **abajo**	der Speiseraum ist unten
junto al restaurante	neben dem Restaurant
tomar el desayuno	frühstücken
voy a **avisar** al camarero	ich benachrichtige den Kellner
avisar	Bescheid geben, informieren, melden
tengo que **levantarme temprano**	ich muß früh aufstehen
haga el favor de **despertarme**	wecken Sie mich bitte
despertar por teléfono	telefonisch wecken
a las siete en punto	pünktlich um 7
de eso se **encarga**	damit befaßt sich
la central **telefónica**	die Telefonzentrale
si tiene algún **deseo**	wenn Sie irgendeinen Wunsch haben
tenga, para Ud.	nehmen Sie, für Sie, bitte

6.2.

una **llamada** telefónica	ein Telefongespräch
la **embajada** de la R.D.A.	die Botschaft der DDR
hoy no está presente	heute ist er nicht da
está de viaje	er ist unterwegs, er ist verreist
¿quién es su **suplente**? *m*	wer ist sein Stellvertreter?
ella lo está **reemplazando**	sie vertritt ihn
¿cuál de los dos es el **encargado**?	wer von beiden ist der Verantwortliche?
el **viajero** en misión oficial	der Dienstreisende
ella está **ausente**	sie ist nicht da, sie ist abwesend
¡qué **lástima**!	schade!
voy a dejar un **recado**	ich werde eine Nachricht hinterlassen
¿quisiera anotarlo?	wollen Sie sie aufschreiben?
voy a **entregárselo**	ich werde sie ihr (über)geben
sírvase anotar	notieren Sie bitte
voy a **deletrear**	ich buchstabiere
correcto	richtig, korrekt, fehlerfrei
tengo la **intención** (de)	ich habe die Absicht (zu)

anuncia su visita	sie kündigt ihren Besuch an
unos 30 minutos	ungefähr 30 Minuten
el **cobrador** indica la **parada**	der Schaffner kündigt die Haltestelle an
hasta la vista	auf Wiedersehen!

7.1.

no **vale** la **pena**	das ist nicht die Mühe wert, es ist nicht der Rede wert
valer	wert sein, gelten
Ud. está buscando algo	Sie suchen etwas
está en la mesita	er liegt auf dem Tischchen
al lado de las **revistas**	neben den Zeitschriften
lado	Seite
¿me **excusa**, señora Sommer?	entschuldigen Sie bitte, Frau Sommer
vengo con **retraso**	ich komme verspätet, mit Verspätung
venir	kommen
sé que	ich weiß, daß
saber	wissen, können
si Ud. **quiere**	wenn Sie wollen
querer	wollen
¿ **de acuerdo**?	einverstanden?
la cocina tiene buena **reputación**	die Küche hat einen guten Ruf
la **gastronomía** es de primera	die Gastronomie ist erstklassig
sírvase pasar adelante	gehen Sie bitte voraus (voran)
es una lástima	es ist schade!
delante de la **sala**	vor dem Saal
delante hay una **terraza**	davor ist eine Terrasse
¿qué terraza más **bonita**!	was für eine Terrasse!
estoy **disfrutando de** la vista	ich genieße die Aussicht
disfrutar (de)	genießen, sich erfreuen (an), ausnutzen
estoy **gozando de** la cocina española	ich genieße die spanische Küche
sin **duda**	ohne Zweifel, zweifelsohne
no sé dónde **poner**	ich weiß nicht, wo ich hintun soll
poner	setzen, stellen, legen
mi **sombrero** y mi **abrigo**	meinen Hut und meinen Mantel
los dejo en el **guardarropa**	ich gebe sie an der Garderobe ab
dejar	zurücklassen, dalassen, hinterlegen
naturalmente	natürlich, aber ja
hay tiempo **de sobra**	wir haben sehr viel Zeit
de sobra	im Überfluß, übergenug

7.2.

aquí tiene Ud. el **menú**	hier haben Sie die Speisekarte
menú *m*	Speisekarte, Menü, Gedeck, Speisenfolge
quisiera comer a la **lista**	ich möchte nach der Karte essen
lista	Liste, Speisekarte
a ver lo que hay	mal sehen, was es gibt

¿qué hay como menú del día?	was gibt es als Tagesgedeck?
sopa de tomate (*m*)	Tomatensuppe
bistec (*m*) de ternera	Kalbssteak
patatas fritas	Pommes frites, Bratkartoffeln
fruta variada	gemischtes Obst
variado	verschieden, mannigfaltig
¿qué le parece?	was meinen Sie?
parecer	scheinen
¿quiere ordenar?	wollen Sie bestellen?
una comida típica española	ein typisch spanisches Gericht
no sé qué escoger	ich weiß nicht, was ich auswählen soll
¿me pasa la lista (de platos)?	geben Sie mir die Speisekarte?
sin diccionario	ohne Wörterbuch
uná lista tan larga	eine so lange Speisekarte
ya está	da haben wir's schon!
le propongo	ich schlage Ihnen vor
de entrada	als Vorspeise
sopa de gambas	Garnelensuppe
paella a la valenciana	Paella auf valencianische Art
paella	ein spanisches Reisgericht
de postre *m*	als Nachtisch
ensalada de fruta	Obstsalat
helado de vainilla con crema	Vanilleeis mit Sahne
café (*m*) y coñac (*m*) o licor (*m*)	Kaffee und Kognak oder Likör
su propuesta me gusta	Ihr Vorschlag gefällt mir
se puede decir también	man kann auch sagen
langostino	Languste
¿qué bebida desea Ud.?	was wollen Sie trinken?
bebida	Getränk
vino, cerveza	Wein, Bier
jugo de fruta	Fruchtsaft
agua mineral	Mineralwasser
¿qué quisiera tomar?	was möchten Sie trinken?
vino tinto con la paella	Rotwein zur Paella
detrás de Ud.	hinter Ihnen
paciencia, señor Marcos	Geduld, Herr Marcos
voy a dar unas palmadas	ich werde in die Hände klatschen
palmadas *pl*	Händeklatschen

8.1.

hablando de comidas	Gespräch über das Essen
¡ajá!	richtig so! nur zu!
le interesan nuestras costumbres	unsere Gewohnheiten interessieren Sie
las costumbres gastronómicas	die Eßgewohnheiten
muchísimo	sehr, außerordentlich
tengo interés (*m*) (por)	ich habe Interesse (an), ich interessiere mich (für)

deseo **familiarizarme** con	ich möchte mich vertraut machen mit
a mediodía	am Mittag
solamente por **respetar**	nur, um zu respektieren, um Rücksicht zu nehmen (auf)
el modo de **almorzar**	die Art und Weise, mittag zu essen
no hace falta	das ist nicht nötig
falta	Fehler, Mangel
comer a la española	auf spanische Art essen
en general	im allgemeinen
por ejemplo	zum Beispiel
un poco de fruta	etwas Obst
a veces	manchmal
de vez en cuando	hin und wieder, manchmal
tomamos una sopa	wir essen eine Suppe
antes de **salir** de casa	vor dem Weggehen
mucho menos **aún**	noch viel weniger
una o dos tostadas	ein oder zwei Scheiben Toast
bebemos una **naranjada**	wir trinken einen Apfelsinensaft
sólo un café solo	nur einen Kaffee schwarz
no tengo mucha **hambre**	ich habe keinen großen Hunger
yo **tampoco**	ich auch nicht
¿**oye** Ud. la **música**?	hören Sie die Musik?
oír	hören
es muy **alegre**, ¿**verdad**?	sie ist sehr lustig, nicht wahr?
verdad *f*	Wahrheit
¡qué **ritmo**! ¿eh?	was für ein Rhythmus, nicht wahr?
el **pianista** sabe tocar	der Pianist kann spielen
tocar	spielen, berühren, anfassen
el **tango argentino**	der argentinische Tango
como Ud. quiera	wie Sie wollen
¿me **disculpa** unos minutos?	entschuldigen Sie mich für ein paar Minuten?
tengo que dar una llamada	ich muß telefonieren
no tiene por qué **apresurarse**	Sie brauchen sich nicht zu beeilen
aquí no **me aburro**	hier langweile ich mich nicht

8.2.

bacalao a la **vizcaína**	Stockfisch auf bizcaische Art
¿nos **trae** la lista de platos?	bringen Sie uns die Speisekarte?
traer	(her)bringen, (her)tragen
la lista de vinos	die Weinkarte
¿puede **recomendar**nos algo?	können Sie uns etwas empfehlen?
quisiéramos comer algo típico	wir möchten etwas Landestypisches essen
no sabemos tanto español como	wir verstehen nicht soviel Spanisch
para **orientarnos** (por)	um uns zurechtzufinden (auf, in)
¿de qué **región** (*f*) es?	aus welcher Gegend stammt er? aus welcher Gegend ist er (denn)?
es **original** de Bilbao	er stammt aus Bilbao
original	ursprünglich, original

original *m*	Original
en el **golfo** de Vizcaya	am Golf von Biskaya
¿hay que **andarse** con cuidado?	muß man vorsichtig sein?
andar(se)	gehen, fahren
en el **interior** del país	im Inneren des Landes
no tenemos **ganas** (de)	wir haben keine Lust (zu)
gana	Verlangen, Lust
caer enfermo	krank werden
caer	fallen
no hay nada que **temer**	es gibt nichts zu (be)fürchten
por avión	mit dem Flugzeug
no cabe duda	zweifellos
caber	fassen, hineinpassen, Platz haben
su **explicación** (*f*) nos **tranquiliza**	Ihre Erklärung beruhigt uns
¿quisieran tomar una sopa?	wollen Sie eine Suppe?
sopa de **cangrejo**	Krebssuppe
ensalada de **mariscos**	Seemuschelsalat
un **manchego**	ein Käse aus der Mancha
es de primera **calidad**	er ist erstklassig, vorzüglich
calidad *f*	Qualität
a menudo	oft
una **botella** de vino	eine Flasche Wein
una **garrafa** de limonada	eine Karaffe Zitronenlimonade
limonada para las **niñas**	Limonade für die Mädchen
niño	Kind, kleiner Junge
por supuesto	selbstverständlich, natürlich, sofort

9.1.

un **joven matrimonio**	ein junges Ehepaar
¿a quién **haces señas**?	wem winkst du?
seña	Zeichen, Wink
una vendedora de **flores** (*f*)	eine Blumenverkäuferin
quisiera comprar un **ramillete**	ich möchte einen Strauß kaufen
eres muy **atento**	du bist sehr aufmerksam
es **encantador** de tu parte	das ist bezaubernd von dir
¿te gusta este ramillete?	gefällt dir dieser Strauß?
estas **rosas** están bonitas	diese Rosen sind hübsch
¿y ésas?	und die da?
empiezan a marchitarse	sie fangen zu welken an
¿éstas tres te gustan?	gefallen dir die 3 hier?
son **tuyas, querida**	es sind deine, Liebling, sie gehören dir
te quiero tanto	ich liebe dich (so) sehr
el **aperitivo**	der Aperitif
a tu salud	zum Wohl, Prost!
salud *f*	Gesundheit
aquí tienes **aceitunas**	hier hast du Oliven
esto **abre** el apetito	das macht Appetit
abrir	öffnen, aufmachen

¿qué tal te parece . . .?	was hältst du von . . .?
ese aperitivo de **ayer**	der Aperitif von gestern
es mejor que ése de ayer	er ist besser als der von gestern
voy a anotar esta **marca**	ich werde diese Marke aufschreiben
no es **mío**	er gehört mir nicht, es ist nicht meiner
no sé de quién es	ich weiß nicht, wem er gehört
el **aroma** de los platos	der Duft der Speisen
se me hace agua la **boca**	das Wasser läuft mir im Mund zusammen

9.2.

¿quieres probar estas **manzanas?**	möchtest du diese Äpfel kosten?
están **realmente deliciosas**	sie sind wirklich köstlich
real	wirklich, tatsächlich, wahrhaft
estoy satisfecho	ich bin satt
¿tienes ganas de dar un paseíto?	hast du Lust, einen kleinen Spaziergang zu machen?
como quieras	wie du willst
de **paso**	unterwegs, nebenbei, im Vorbeigehen
¿me pasas mi **bolso?**	gibst du mir meine Tasche? (meinen Beutel?)
te voy a **mostrar** mi lista	ich werde dir meine Liste zeigen
suelo anotarlo todo	ich pflege alles zu notieren, gewöhnlich notiere ich alles
piensas en todo	du denkst an alles
¿la **guardas** en tu cartera?	steckst du sie in deine Brieftasche?
guardar	aufbewahren, bewahren, hüten
¿ya?	nicht wahr?
las compras de esta tarde	die Einkäufe heute nachmittag
de **veras**	wirklich
esa lista **contiene**	die Liste da enthält
sólo unas **bagatelas**	nur ein paar Kleinigkeiten
hay que ser **millonario**	man muß Millionär sein
eso **significa** que	das bedeutet, das heißt, daß
primero	zuerst
ofrecer el oro y el **moro**	„das Gold und den Mauren anbieten": das Blaue vom Himmel versprechen
por **amor** (*m*) a la **paz**	„aus Liebe zum Frieden": um des lieben Friedens willen!
vamos a dar **aquel** paseo	wir werden den Spaziergang machen
aquel, aquella	der da, die da, jene(r, -s)
aquel **bendito** paseo	den verdammten Spaziergang
bendito	gesegnet
eres muy **simpático**	du bist sehr sympathisch
qué bien sabes **lisonjear**	wie gut kannst du doch schmeicheln!
¿qué pasa **allá** en la calle?	was passiert dort auf der Straße?
en aquella **esquina**	an der Ecke da
al lado del **estanco**	neben dem Tabakladen

¡ **Dios** mío!	mein Gott!
se **paran** muchos coches	viele Wagen bleiben stehen, halten an
en el **cruce**	an der Kreuzung
también se **detiene** la gente	auch die Leute bleiben stehen
¡qué **horror**!	wie schrecklich!
horror *m*	Schrecken, Entsetzen
está llegando la **policía**	die Polizei kommt
suenan las **sirenas**	die Sirenen heulen
sonar	(er)klingen, (er)tönen
quisiéramos pagar	wir möchten zahlen
pagar la cuenta	die Rechnung (be)zahlen

10.1.

el **clima** de Madrid	das Madrider Klima
¿está Ud. **aburrida, señora?**	langweilen Sie sich?
aburrido	langweilig
estoy esperando tanto **rato**	ich warte schon so lange
rato	Weile, Augenblick
en absoluto	durchaus nicht, absolut nicht
hace buen tiempo	es ist schönes Wetter
un cielo sin **nubes**	ein wolkenloser Himmel
nube *f*	Wolke
el clima es **sano y seco**	das Klima ist gesund und trocken
llueve poco	es regnet wenig
Madrid debe el clima (a)	Madrid verdankt das Klima
Madrid goza de **privilegios**	Madrid genießt Vorrechte
cercano a la Sierra	nahe bei der Sierra
¿puede Ud. **repetir?**	können Sie wiederholen?
la Sierra se halla al **noroeste**	die Sierra liegt im Nordwesten
es una región **ideal**	es ist eine ideale Gegend
para **deportes** (*m*) de invierno	für den Wintersport
¿qué altitud **alcanzan** las montañas?	welche Höhe erreichen die Berge?
alcanzan su **culminación** (*f*)	sie erreichen ihre höchste Erhebung
el pico **mide** 2.000 metros	der Gipfel mißt 2000 Meter
me **equivoco**	ich irre mich
tiene 2.000 metros de alto	er ist 2000 Meter hoch
la Sierra **sirve** de barrera	die Sierra dient als Barriere
contra los **vientos**	gegen die Winde
veranos calurosos	heiße Sommer
la Sierra **corrige** el clima	die Sierra reguliert das Klima
corregir	korrigieren
¿hay **diferencias** de **temperatura?**	gibt es Temperaturunterschiede?
las temperaturas **varían** mucho	die Temperaturen schwanken sehr
variar	verschieden sein, variieren
las **estaciones del año**	die Jahreszeiten
hace mucho **calor**	es ist sehr heiß
calor *m*	Wärme, Hitze
hace 35 **grados**	es sind 35 Grad

35 grados sobre **cero**	35 Grad über Null
en invierno hace frío	im Winter ist es kalt
frío	Kälte
la **primavera** y el otoño	der Frühling und der Herbst
ahora **nos despedimos**	wir verabschieden uns jetzt
tengo un poco de **sueño**	ich bin etwas müde
sueño	Schlaf, Traum
voy a **dormir** un rato	ich werde ein bißchen schlafen
para **descansar**	um auszuruhen
perfectamente	gut, einverstanden
voy a **pedir** la cuenta	ich werde gleich die Rechnung verlangen, ich werde gleich bezahlen
pedir	(er)bitten, verlangen, fordern, bestellen
dormir la **siesta**	Mittagsschlaf halten
¿qué hora **prefiere** Ud.?	welche Zeit paßt Ihnen am besten?
preferir	vorziehen, (gern, lieber) mögen
para volver a vernos	um uns wiederzusehen
por la tarde	nachmittags, am Nachmittag
en la **perfumería**	in der Parfümerie
puedo **conducirla**	ich kann Sie hinbringen, hinführen

10.2.

¿en qué puedo servirla, señora?	womit kann ich Ihnen dienen? was wünschen Sie?
una crema para **cutis** seco	eine Creme für trockene Haut
¿quiere una marca **especial**?	wollen Sie eine spezielle Marke?
no **conozco** las marcas	ich kenne die Marken nicht
ésta **protege** el cutis	diese schützt die Haut
a la **perfección**	vollkommen, ausgezeichnet, perfekt
perfección *f*	Vollendung, Vollkommenheit, Perfektion
tiene un **perfume** muy fuerte	(die Creme) riecht stark
perfume *m*	Duft, Geruch, Parfüm
unas **gotas** de perfume	ein paar Tropfen Parfüm
reducen la **transpiración**	sie reduzieren die Transpiration
reducir	vermindern, herabsetzen
las cremas **perfumadas**	die parfümierten Cremes
¿cuánto cuesta?	was kostet sie?
aquí tiene nuestra **colección**	hier haben Sie unsere Kollektion
haga el favor de **elegir**	wählen Sie bitte aus
a su gusto	nach (Ihrem) Belieben, wie es Ihnen beliebt, ganz nach Ihrem Geschmack
¿me permite Ud. **traducir**?	darf ich übersetzen?
las **indicaciones** de la **cajita**	die Angaben auf dem Schächtelchen
indicación *f*	Angabe, Aufschrift, Hinweis
le **ofrezco** un librito	ich gebe Ihnen ein Büchlein
ofrecer	anbieten
incluye todos los artículos	es enthält alle Artikel
incluir	einschließen

¿qué **produce** esta casa?	was stellt diese Firma her?
pañuelos de papel	Papiertaschentücher
una **pastilla** de jabón	ein Stück Seife
diez **paquetes**, por favor	10 Päckchen, bitte
paquete *m*	Päckchen, Paket
todo vale 425 pesetas	das macht zusammen 425 Peseten
425 pesetas en total	425 Peseten insgesamt
575 pesetas de vuelta	575 Peseten zurück
le **agradecemos** su visita	wir danken Ihnen für Ihren Besuch

11.1.

una palabra **desconocida**	ein unbekanntes Wort
buenas tardes	guten Tag (am Nachmittag)
lamento la **tardanza**	ich bedaure die Verspätung
uno **se siente** muy bien	man fühlt sich sehr wohl
¿quiere Ud. tomar **asiento**?	wollen Sie Platz nehmen?
la **butaca** en el bar	der Sessel in der Bar
el consumo de café **crece**	der Kaffeeverbrauch steigt
crecer	wachsen, (an)steigen
de año en año	von Jahr zu Jahr
tenemos que gastar **divisas**	wir müssen Devisen ausgeben
para **satisfacer** la **demanda**	um den Bedarf zu befriedigen
demanda	Nachfrage, Forderung, Bedarf
los precios **aumentan**	die Preise steigen
aumentar	erhöhen, anwachsen
es **terrible**	es ist schrecklich
hay precios **fijos**	es gibt feste Preise, es gibt Festpreise
los artículos de consumo	die Konsumgüter
el Estado **garantiza** los precios	der Staat garantiert die Preise
los garantiza **subvencionándo**los	er garantiert sie durch Subventionen
subvencionar	subventionieren
es una **facilidad**	das ist eine Unterstützung
facilidad *f*	Leichtigkeit, Gefälligkeit, Entgegenkommen
¿qué quiere decir . . .?	was heißt . . .?
consultar el diccionario	im Wörterbuch nachschlagen, nachsehen
consultar	konsultieren, befragen, zu Rate ziehen
se **venden géneros estancados**	man verkauft monopolisierte Waren
género	Gattung, Art, Ware
sigo sin comprender nada	ich verstehe immer noch nichts
seguir	folgen, fortfahren, weiter tun
artículos estancados son los que ...	monopolisierte Waren sind solche, ... die
artículos **monopolizados**	monopolisierte Waren, Erzeugnisse
como **monopolio** del Estado	als Staatsmonopol
sellos de **correos**	Briefmarken
correos *pl*	Post
pipas y puros	Pfeifen und Zigarren
cajas de **cerillas**	Streichholzschachteln
le voy a informar	ich werde Sie gleich informieren
quisiera saber más detalles	ich möchte weitere Einzelheiten wissen

11.2.

¿cuáles son los **objetivos**?	welches sind die Ziele?
las **tendencias** del **desarrollo social**	die Tendenzen der gesellschaftlichen Entwicklung
los diferentes **regímenes**	die verschiedenen Gesellschaftsformen
régimen *m* / regímenes	
quisiera conocer en especial	ich möchte insbesondere kennenlernen
los aspectos **teóricos y prácticos**	die theoretischen und praktischen Aspekte
delegados de muchos países	Delegierte aus vielen Ländern
el año **pasado**	das vergangene Jahr, im vergangenen Jahr
se esperan **participantes** (*m*) de	man erwartet Teilnehmer aus
de la **Unión Soviética**	aus der Sowjetunion
cuentan que	man erzählt sich, daß
varios **grupos** de estudiantes	verschiedene Studentengruppen
se interesan por la **filosofía**	sie interessieren sich für Philosophie
la filosofía **marxista-leninista**	die marxistisch-leninistische Philosophie
lo más importante es que	das Wichtigste ist, daß
solucionar adecuadamente	angemessen lösen
los **problemas** más **urgentes**	die dringendsten Probleme
¿dónde tiene lugar el congreso?	wo findet der Kongreß statt?
la "Torre de Madrid"	der Madrider Turm: bekanntes Hochhaus in Madrid
¿qué **sesiones** (*f*) hay?	was für Sitzungen gibt es?
una o dos **conferencias**	ein oder zwei Vorträge
conferencia	Konferenz, Vortrag, Beratung
los grupos **celebran sus sesiones**	die Gruppen halten ihre Sitzungen ab, die Gruppen tagen
celebrar	durchführen, vollziehen, feiern
¿vamos a dar una vuelta?	werden wir eine Rundfahrt (einen Rundgang) machen?
claro que sí	natürlich, aber ja
el programa es **voluminoso**	das Programm ist umfangreich
tan voluminoso como	so umfangreich wie
está **programado** un **recorrido**	es ist eine Rundfahrt, ein Rundgang geplant
un recorrido por la ciudad	eine Stadtrundfahrt
una **corrida** de toros	ein Stierkampf
una **excursión**	eine Exkursion, ein Ausflug
hacerse una idea más clara	sich eine deutlichere Vorstellung machen
los **próximos** días	die nächsten Tage
voy a **captar** impresiones nuevas	ich werde neue Eindrücke erhalten
captar	auffangen, anziehen, fesseln
más impresiones que nunca	mehr Eindrücke als je zuvor

12.1.

¿cómo **telefonear** en España?	wie telefoniert man in Spanien?
¿cómo se **usa** el teléfono público?	wie benutzt man den öffentlichen Fernsprecher?

un **abonado** madrileño	ein Madrider Teilnehmer
descuelgue el **auricular**	nehmen Sie den Hörer ab
meta un duro en el aparato	stecken Sie einen Duro in den Apparat
duro	spanische Währungseinheit: Münze zu 5 Peseten
marque el número del abonado	wählen Sie die Nummer des Teilnehmers
marcar	bezeichnen, kennzeichnen, markieren
Ud. habla tan de prisa	sie sprechen so schnell
hable más despacio	sprechen Sie langsamer
repítamelo una vez más	wiederholen Sie mir das nochmal
dispense Ud.	entschuldigen Sie
introduzca un duro	stecken Sie einen Duro hinein
al oír el **tono**	wenn Sie das Freizeichen hören
tono	Ton, Rufzeichen
¿eso es una **moneda**?	ist das eine Münze?
perdone Ud.	verzeihen Sie
lo **molesto** con tantas preguntas	ich belästige Sie mit soviel Fragen
no es ninguna **molestia**	das ist überhaupt keine Belästigung
estoy a su **disposición** (*f*)	ich stehe zu Ihrer Verfügung
no lo **entretengo** más	ich halte Sie nicht weiter auf
entretener	auf-, hinhalten, unterhalten
mañana por la mañana	morgen früh, morgen vormittag
no **se preocupe**	machen Sie sich keine Sorgen
se lo voy a **devolver**	ich werde ihn Ihnen gleich wiedergeben, zurückgeben
no tiene por qué	bitte, nichts zu danken

12.2.

el **despacho** de servicios	das Servicebüro
cámbieme este billete	wechseln Sie mir diesen Schein
mire, por favor	schauen Sie bitte (her)
encargar una **conferencia**	ein Telefongespräch anmelden
una conferencia **local**	ein Ortsgespräch
¿adónde debo **dirigirme**?	wohin muß ich mich wenden?
la **cabina** está allí	die Kabine, die Telefonzelle ist dort
espere un **momentito**	warten Sie einen kleinen Augenblick
póngame al habla con	verbinden Sie mich mit
no **cuelgue**, por favor	legen Sie bitte nicht auf
colgar	aufhängen, anhängen
hable más alto	sprechen Sie lauter
hable más **lentamente**	sprechen Sie langsamer
el aparato tiene una **avería**	der Apparat hat eine Störung
¿se venden aquí **planos**?	werden hier Stadtpläne verkauft?
páseme un **ejemplar**	geben Sie mir ein Exemplar
está colgado en la **pared**	er hängt an der Wand
¿cuánto le debo?	was bin ich Ihnen schuldig?
quédese con el vuelto	behalten Sie den Rest
servidor (*m*) de usted	Ihr ergebener Diener

13.1.

date prisa	beeil dich
alguien quiere subir	jemand möchte hinauffahren
dame otra **bombilla**	gib mir noch eine Glühbirne
la segunda está **defectuosa**	die zweite ist kaputt
mírala **acá**	schau sie dir hier an
hazme el favor	bitte, tu mir den Gefallen
coge las bombillas	nimm die Glühbirnen
coger	fassen, ergreifen
cállate	halt den Mund
callar(se)	schweigen, verschweigen
no soy menos **inteligente** que tú	ich bin nicht dümmer als du
inteligente	klug, intelligent
estate **quieto**	sei friedlich, ruhig, still
no **te enfades conmigo**	sei mir nicht böse
enfadarse	sich ärgern, böse werden
conmigo	mit mir
conoces tu **oficio**	du verstehst deinen Beruf
las bombillas están cambiadas	die Glühbirnen sind ausgewechselt
enciende la luz	mach das Licht an
encender	anzünden
el **interruptor** no **funciona**	der Schalter funktioniert nicht
¿tienes un **destornillador**?	hast du einen Schraubenzieher?
déjate de **tonterías**	laß die Dummheiten
tontería	Unfug, Albernheit, Spaß
no estamos bien preparados	wir sind nicht gut genug ausgebildet
para **reparar** nosotros mismos	um selbst zu reparieren
ponte al habla con el maestro	ruf den Meister an
ven acá	komm (hier)her
baja de la **escalera**	komm von der Leiter runter
despacio se va lejos	immer mit der Ruhe, wer langsam geht, kommt auch zum Ziel, Eile mit Weile
avisamos al maestro más tarde	wir benachrichtigen den Meister später
sobre gustos y colores no han escrito los **doctores**	über Geschmack läßt sich streiten
doctor *m*	Doktor, Gelehrter

13.2.

alguien está **golpeando** a la puerta	jemand klopft an die Tür
¡por Dios!	um Gottes Willen!
abrid, **muchachos**	macht auf, Jungs
soy yo, **Don** Pascual	Ich bin es, Don Pascual
Don *m*	Anrede vor männlichen Vornamen
vamos a abrir **inmediatamente**	wir machen sofort auf
estamos **encima de** la escalera	wir stehen auf der Leiter
aquí estáis, **por fin**	da seid ihr ja endlich
fin *m*	Ende, Schluß, Abschluß
el **alumbrado** no funciona	die Beleuchtung funktioniert nicht
en efecto	wirklich, tatsächlich

afortunadamente	glücklicherweise
buscad uno en la caja	sucht einen in der Kiste
las **piezas de recambio**	die Ersatzteile
la caja de **herramientas**	die Werkzeugkiste, der Werkzeugkasten
no os paréis	haltet euch nicht auf, trödelt nicht
primeramente	zuerst
hay que **destornillar**	es muß abgeschraubt werden
esta **plancha**	diese Metallplatte hier
detrás están los **fusibles**	dahinter liegen die Sicherungen
así se **evitan cortocircuitos**	so vermeidet man Kurzschlüsse
trabajad **cuidadosamente**	arbeitet sorgfältig
exactamente en el mismo lugar	genau an dieselbe Stelle
hay que **atornillar** bien	es müssen fest angeschraubt werden
estos **alambres**	diese Drähte
como Ud. ordena	wie Sie anordnen, wie Sie (es) wollen
ordenar	befehlen, anordnen, verordnen, verfügen
todo está en orden	alles ist in Ordnung
se puede **apagar** la luz	man kann das Licht ausmachen
apagar	löschen, auslöschen
marchaos a casa	geht nach Hause

14.1.

ojalá pueda Ud. indicarme	hoffentlich können Sie mir zeigen
prefiero **ir a pie**	ich gehe lieber zu Fuß
pie *m*	Fuß
la Calle de la **Cruz**	(die „Kreuzstraße")
vaya Ud. derecho	gehen Sie geradeaus
la **carrera** de San Jerónimo	(die „Heiliger-Hieronymus-Allee")
tuerza (**torcer**) a la izquierda	biegen Sie links ab, wenden Sie sich nach links!
siga hasta la Puerta del Sol	gehen Sie weiter bis zur Puerta del Sol
es lástima que no tenga tiempo	es ist schade, daß ich keine Zeit habe
el camino es **corto**	der Weg ist kurz
¿cómo se llama esta calle **ancha**?	wie heißt diese breite Straße?
corre hasta la Plaza de España	sie führt bis zur Plaza de España
allí hay un hermoso **parque**	dort gibt es einen schönen Park
deje la Gran Vía	verlassen Sie die Gran Vía
continúe subiendo la Calle de Alcalá	gehen Sie (weiter) die Calle de Alcalá hinauf
continuar	fortsetzen, fortfahren
allí hay una hermosa **fuente**	da gibt es einen schönen Springbrunnen
cruce la plaza	überqueren Sie den Platz
siga en la misma dirección	gehen Sie in derselben Richtung weiter

14.2.

no creo que tenga **inconvenientes**	ich glaube nicht, daß Sie Schwierigkeiten haben werden
inconveniente *m*	Unannehmlichkeit, Hindernis, Schwierigkeit

por camino	unterwegs
gracias a su **ayuda**	dank Ihrer Hilfe
me oriento sin **dificultad** *f*	ich finde mich ohne Schwierigkeit zurecht
en **caso** contrario	andernfalls
caso	Fall
conviene (que)	es ist nötig, man muß
diríjase a un **guardia**	wenden Sie sich an einen Polizisten
¡ **caramba** !	zum Teufel! zum Donnerwetter!
es un problema **tremendo**	es ist ein großes Problem
tremendo	riesig, fürchterlich, schrecklich
sin **interrupción** *f*	ohne Unterbrechung, unaufhörlich
siga **recto** hasta	gehen Sie geradeaus bis
un paso para **peatones** *m*	ein Fußgängerschutzweg
¡ **puf** !	pfui!
el escape	der Auspuff
está **contaminando** todo el aire	er verschmutzt die ganze Luft
la **contaminación** del aire	die Luftverschmutzung
aumenta más y más	sie nimmt immer mehr zu
menos mal	glücklicherweise
para **respirar** el aire puro	um saubere Luft zu atmen
hay que salir de Madrid	man muß aus Madrid raus(fahren), man muß Madrid verlassen
a la **campaña**	aufs Land
¿dónde se **recrean** Uds.?	wo erholen Sie sich?
en el Parque del **Retiro**	(im „Park der Zurückgezogenheit, der Einsamkeit")
allí hay un pequeño **lago**	dort gibt es einen kleinen See
un lago **artificial** con **botes**	ein künstlicher See mit Booten
bote *m*	Boot, Kahn
acompáñeme un rato	begleiten Sie mich (doch) ein Stück
como no	warum nicht
llámeme Emilia	nennen Sie mich Emilia

15.1.

el coche que viene a buscarnos	der Wagen, der uns abholt
así que tenemos tiempo	so daß wir (noch) Zeit haben, deshalb haben wir Zeit
hablé por teléfono con	ich telefonierte mit
con un **conocido** mío	mit einem meiner Bekannten
por último	schließlich
resolví dar un paseo	ich beschloß, einen Spaziergang zu machen
por ese camino	auf diesem Weg
una joven me indicó el camino	ein junges Mädchen zeigte mir den Weg
los españoles son **complacientes**	die Spanier sind gefällig
complacientes y **serviciales**	gefällig und entgegenkommend
ésa es la **caballerosidad** española	das ist die spanische Höflichkeit
es un **rasgo** simpático	das ist ein sympathischer Charakterzug
finalmente	schließlich, endlich
aceptó encantada	sie nahm freudig an

juntas fuimos a la Gran Vía	zusammen gingen wir zur Gran Vía
¿no quedó Ud. muy cansada?	waren Sie nicht sehr müde?
no sentí la más mínima **fatiga**	ich spürte nicht die geringste Müdigkeit
es un buen **descanso**	das ist eine gute Erholung
descanso	Erholung, Entspannung, Ruhe
miré la televisión	ich sah fern
me acosté bastante temprano	ich legte mich ziemlich zeitig hin, ich ging ziemlich zeitig schlafen

15.2.

una **función** de cine	eine Filmvorstellung
anoche estuve en casa	gestern abend war ich zu Hause
cerca de las ocho	gegen 8 Uhr
felizmente **conseguimos** entradas	glücklicherweise bekamen wir Eintrittskarten
las funciones **comienzan** tarde	die Vorstellungen beginnen spät
¿qué **película echaron?**	welcher Film wurde gezeigt?
echar	werfen, schleudern, eingießen; aufführen, spielen (Film)
vimos el **noticiario**	wir sahen die Wochenschau
el noticiario más **reciente**	die neueste Wochenschau
reciente	jüngst, kürzlich, aktuell
después, un **documental**	danach einen Kulturfilm
un documental interesantísimo	ein äußerst interessanter Kulturfilm
por fin	schließlich
la **acción** se **desarrolla** en Italia	die Handlung spielt in Italien
desarrollar(se)	(sich) entwickeln
la primera **guerra** mundial	der 1. Weltkrieg
los **protagonistas** son	die Hauptpersonen sind
un **periodista** norteamericano	ein nordamerikanischer Journalist
una **enfermera** inglesa	eine englische Krankenschwester
es una película **anti-bélica**	es ist ein Antikriegsfilm
conozco el **film**	ich kenne den Film
es la **filmación** de una **novela**	es ist die Verfilmung eines Romans
el **título** español es	der spanische Titel heißt
adiós a las **armas**	Abschied von den Waffen
la novela me **impresionó** mucho	der Roman beeindruckte mich sehr
la leí hace unos años	ich las ihn vor einigen Jahren
los **actores**	die Darsteller, die Schauspieler
interpretaron bien sus papeles	sie spielten ihre Rollen gut
quedamos muy impresionados	wir waren sehr beeindruckt

16.1.

un **encuentro**	ein Treffen, eine Begegnung
ese **folleto** es para Ud.	diese Broschüre ist für Sie
¡qué **voz** más simpática!	was für eine sympathische Stimme!
¿hubo mucho que hacer?	gab es viel zu tun?
bastante	genug, ziemlich viel

211   *doscientos once*

figúrate mi sorpresa	stell dir meine Überraschung vor
bien entrada la tarde	am späten (am fortgeschrittenen) Nach-mittag
el **director** del instituto	der Institutsdirektor
recibir a la **delegación**	die Delegation empfangen
cayó enfermo **de repente**	er wurde plötzlich krank
el **acto** de **inauguración**	die Eröffnungsveranstaltung
acto *m*	Akt, Handlung, öffentliche Feierlichkeit
inauguración *f*	Eröffnung, Einweihung
fui a darles la bienvenida	ich fuhr los, sie zu begrüßen
tardé mucho en llegar	ich brauchte lange, bis ich ankam
pero llegué a tiempo	ich traf aber rechtzeitig ein
llegaron a la hora **precisa**	sie kamen pünktlich
preciso	genau, pünktlich
les di los **documentos** necesarios	ich gab ihnen die nötigen Unterlagen
no pude **localizar** a **nadie**	ich konnte niemanden erreichen
localizar	lokalisieren, ausfindig machen

16.2.

me encargué de nuestro huésped	ich kümmerte mich um unseren Gast
nuestro huésped **húngaro**	unser ungarischer Gast
tienes **suerte** *f*	du hast Glück
después pasé a atender	ich betreute dann
pasar a + *Inf.*	dazu übergehen, etwas (anderes) zu tun
es **imposible**	das ist unmöglich
según mi **opinión** *f*	meiner Meinung nach
posee una **sólida** formación	sie kann viel, sie hat eine gute Ausbildung
sólido	solide, fest, gut
tiene **talento** para muchas cosas	sie ist sehr begabt, sie ist sehr vielseitig
talento	Talent, Begabung
además es **ambiciosa**	außerdem ist sie ehrgeizig
a propósito	was ich noch sagen wollte
no me siento nada bien	ich fühle mich überhaupt nicht wohl
mi mujer trajo a dos amigas	meine Frau brachte 2 Freundinnen mit
fuimos todos a la **taberna**	wir gingen alle in die Gaststätte
taberna	Taverne, Kneipe
se pusieron a **charlar**	sie fingen an zu erzählen, zu plaudern
ponerse a + *Inf.*	beginnen zu, sich anschicken zu
con unos **vecinos**	mit einigen Nachbarn
el mozo trajo un buen vino	der Kellner brachte einen guten Wein
una botella **tras** otra	eine Flasche nach der anderen
anduvimos muy alegres	wir wurden sehr ausgelassen
no nos fuimos sino a la una	wir gingen erst um 1 Uhr weg
a la una de la **madrugada**	um 1 Uhr nachts
madrugada	Morgendämmerung
tengo **dolor** de **cabeza**	ich habe Kopfschmerzen
tengo dolores **bárbaros**	ich habe furchtbare Schmerzen
bárbaro	barbarisch, grausam
no hay mal que cien años **dure**	es geht alles vorüber
durar	(an)dauern
vámonos que ya es hora	dann wollen wir mal los, es ist Zeit

17.1.

pasa, pasa, por favor	komm bitte herein
los **semáforos** estaban en rojo	die Ampeln waren rot
tuvimos que tomar una **desviación**	wir mußten eine Umleitung fahren
¡cuánto me alegro!	wie ich mich freue!
¡ay!	oh!
¡qué flores más **maravillosas**!	was für wunderbare Blumen!
me gustan mucho los **claveles**	ich mag Nelken sehr
¿dónde hay un **florero**?	wo ist eine Blumenvase?
pasemos a la sala	wir wollen hinüber ins Wohnzimmer gehen
tenían otro **compromiso**	sie hatten noch eine Verabredung
¿qué tal fue el **vuelo**?	wie war der Flug?
¿te gusta viajar en avión?	fliegst du gern?
para **recorrer** esa **distancia**	um diese Entfernung zurückzulegen
el cielo estaba **profundamente** azul	der Himmel war tiefblau
¿quieres un jugo de **piñas**?	möchtest du einen Ananassaft?
me muero de **sed** *f*	ich komme um vor Durst
en septiembre u octubre	im September oder Oktober
u = o (vor einem mit o oder ho beginnenden Wort)	oder

17.2.

días **inolvidables**	unvergeßliche Tage
cuando estabas por subir	als du gerade nach oben gehen wolltest
¿lo **reconociste**?	erkanntest du ihn wieder?
al instante	augenblicklich
instante *m*	Augenblick
es el mismo de antes	er ist derselbe wie früher, er sieht genauso wie früher aus
nos acordamos mucho (de)	wir erinnern uns oft (an)
los días del **festival**	die Festivaltage
fueron días **incomparables**	es waren unvergleichliche Tage
¿**recuerdas** todavía ...?	erinnerst du dich noch an ...?
¡cómo que no!	und ob!
yo andaba **desesperada**	ich verzweifelte langsam
andar + *Part*.	dabei sein zu, darüber sein zu
buscaste tu **alojamiento**	du suchtest deine Unterkunft
era para volverse **loca**	es war zum Verrücktwerden
en eso **apareciste** tú	da erschienst auf einmal du
hablaste un español perfecto	du sprachst ein ausgezeichnetes Spanisch
eras una **guía** excelente	du warst eine ausgezeichnete Führerin
¿te acuerdas de la reunión **final**?	erinnerst du dich (noch) an die Abschlußveranstaltung?
era de noche	es war nachts
una **inmensa muchedumbre**	eine ungeheure Menschenmenge
una muchedumbre estaba reunida	viele Menschen waren versammelt
muchos **reflectores**	viele Scheinwerfer
iluminaban los edificios	sie beleuchteten die Gebäude
desde la **tribuna**	von der Tribüne her

fue muy **impresionante**	es war sehr eindrucksvoll
¡cómo me **dolían** los pies!	wie taten mir die Füße weh!
me costaba estar de pie	ich konnte mich kaum noch auf den Beinen halten, ich konnte kaum noch stehen, es kostete mich Mühe zu stehen
un piso pequeño	eine kleine Wohnung
éste me parece **espacioso**	diese hier kommt mir groß vor
espacioso	geräumig, groß, weit
sin contar la cocina	ohne die Küche mitzuzählen
contar	zählen, rechnen, berechnen
en un barrio **periférico**	in einem Vorort
¿trabajas ahora de **azafata**?	arbeitest du jetzt als Stewardeß?
soy entre azafata y **telefonista**	ich bin halb Hosteß, halb Telefonistin
hace poco leí que	kürzlich las ich, daß
junto con otras muchachas	zusammen mit anderen Mädchen
tengo que **responder** a preguntas	ich muß auf Fragen antworten, ich muß Fragen beantworten
¿puedes **imaginarte** eso?	kannst du dir das vorstellen?

18.1.

todo está resuelto	alles ist erledigt, fertig
resuelto (resolver)	entschieden, beschlossen
¿lo habéis pasado bien?	habt ihr euch gut unterhalten?
hemos charlado de esto y **aquello**	wir haben über alles Mögliche gesprochen
fuera de eso	außerdem
fuera de	außer, außerhalb von
para ver lo **demás**	um weiteres, um noch mehr anzusehen
lo demás	das übrige
la **alocución inaugural**	die Eröffnungsansprache
la alocución ha sido **breve**	die Ansprache war kurz
el primer **discurso**	der erste Vortrag, die erste Rede
el discurso ha sido **informativo**	der Vortrag war informativ
¿habéis recibido materiales? *m*	habt ihr Unterlagen bekommen?
por escrito	schriftlich
la **versión** española	die spanische Version, die spanische Übersetzung
es un buen **método**	es ist eine gute Methode
los conocimientos **lingüísticos**	die Sprachkenntnisse
quería **regalarte** un librito	ich wollte dir ein kleines Buch schenken
muchas gracias **de antemano**	vielen Dank im voraus
¿dónde he puesto mis **gafas**?	wo habe ich nur meine Brille hingelegt?
por fortuna	glücklicherweise
fortuna	Glück
no se ha **roto** nada	nichts ist kaputtgegangen
romper	zerbrechen, zerschlagen

18.2.

en el **salón**	im Wohnzimmer
Annett **cursa** el **cuarto** grado	Annett besucht die 4. Klasse

un **campamento** de **pioneros**	ein Pionierlager
su **cumpleaños**	ihr Geburtstag
a mediados de julio	Mitte Juli
es una señorita hecha y derecha	sie ist schon eine richtige junge Dame
ha **cumplido** 18 años	sie ist 18 Jahre alt geworden
a fines del mes pasado	Ende des vergangenen Monats
aprobó el **examen**	sie bestand das Examen
el examen de **bachillerato**	die Abiturprüfung
¡cómo pasa el tiempo!	wie doch die Zeit vergeht!
¿qué quiere ser?	was will sie werden?
quiere estudiar **ingeniería civil**	sie möchte Ingenieur werden
ingeniería civil	Ingenieurwesen
la formación de la mujer	die Ausbildung der Frau
experimentar una **transformación**	eine Wandlung erfahren
una transformación **radical**	eine radikale Umwandlung
la clase **preuniversitaria**	die Abiturklasse
la escuela preuniversitaria	die (erweiterte) Oberschule
un **plantel** de formación técnica	eine Einrichtung der Berufsausbildung
una escuela **superior**	eine Hochschule
¿hay exámenes de **ingreso**?	gibt es Aufnahmeprüfungen?
¿va a recibir una **beca**?	wird sie ein Stipendium bekommen?
los estudiantes universitarios	die Hochschulstudenten
los de escuelas técnicas	die (Studenten) der Fachschulen
los estudios son **gratuitos**	das Studium ist kostenlos
reciben formación **politécnica**	sie erhalten eine polytechnische Ausbildung
a través de la **enseñanza** politécnica	durch den polytechnischen Unterricht
adquieren conocimientos **elementales**	sie erwerben Grundkenntnisse
conocimientos elementales técnicos	technische Grundkenntnisse
realizan trabajo **productivo**	sie leisten produktive Arbeit
realizar	verwirklichen, ausführen
aprendió un oficio	sie hat eine Berufsausbildung
Katrin **obtuvo** el **certificado**	Katrin erhielt das Zeugnis
el certificado de obrera **especialista**	das Facharbeiterzeugnis
una obrera especialista en **hormigón** *m*	eine Betonfacharbeiterin
conseguir un **puesto** de aprendiz	eine Lehrstelle erhalten
puesto	Posten, Stelle, Anstellung
seguirse **capacitando**	sich weiterbilden

19.1.

hemos ido de vacaciones	wir sind in die Ferien gefahren
estábamos resueltos	wir hatten beschlossen, wir waren entschlossen
visitar la famosa **feria**	die berühmte Messe besuchen
en esta **temporada**	zu dieser Jahreszeit
la oficina de turismo	das Reisebüro
nos enteramos	wir erfuhren
enterarse (de)	sich informieren (über), sich unterrichten, sich Kenntnis verschaffen
a precios **razonables**	zu vernünftigen Preisen
todos los viajes estaban **agotados**	alle Reisen waren ausverkauft

al otro día	am nächsten Tag
nos llamó para comunicarnos	sie rief uns an, um uns mitzuteilen
reservar un **apartamento**	ein Appartement reservieren (buchen)
otro cliente la había **anulado**	ein anderer Kunde hatte es abbestellt
no hemos viajado sin **contratiempos**	wir sind nicht ohne Zwischenfälle gereist
después de dejarlo todo arreglado	nachdem alles geregelt war
el día de la partida	der Abreisetag
allí nos dimos cuenta	dort stellten wir fest
en el **escritorio**	im Schreibtisch
como Manuela había **supuesto**	wie Manuela vermutet hatte
entretanto yo estaba sentada	inzwischen saß ich
en la sala de **espera**	im Wartesaal
espera	Erwartung
comenzaba a ponerme **nerviosa**	ich fing an, nervös zu werden
el **expreso** nocturno	der Nachtschnellzug
el tren **automotor**	der Triebwagenzug
circulan por las vías principales	sie verkehren auf den Hauptstrecken
la **red** de **ferrocarriles** (*m pl*)	das Eisenbahnnetz
"Renfe" es la **abreviatura**	„Renfe" ist die Abkürzung

19.2.

aunque había tenido ganas	obwohl ich Lust gehabt hatte
la Semana Santa	die heilige Woche, die Karwoche, die Osterwoche
una fiesta llena de **alegría**	ein Fest voller Freude
ya lo creo	und ob!
hay un **desfile**	es gibt einen Umzug
un desfile de **carretelas**	ein Umzug mit Kutschen
recorren las avenidas	sie fahren durch die Alleen
muestran **preciosos vestidos**	sie zeigen kostbare Kleider
miles de **guirnaldas**	Tausende von Girlanden
música y **baile** *m*	Musik und Tanz
las **faldas** de las **bailadoras**	die Röcke der Tänzerinnen
se bailan **sevillanas**	man tanzt Sevillanas
se oyen las **castañuelas**	man hört die Kastagnetten
se oyen las **canciones**	man hört die Lieder
¿qué construcciones son éstas?	was sind das für Bauten hier?
tienen una forma **extraña**	sie haben eine seltsame Form
son **pabellones** ligeros	es sind leichte Pavillons
típico de la feria sevillana	typisch für die Sevillaner Messe
se llaman "casetas"	sie heißen „Casetas"
las fiestas de las que hablas	die Festlichkeiten, von denen du sprichst
un **mercado** de ganado	ein Viehmarkt
la feria propiamente dicha	die eigentliche Messe
la protagonista de esa ópera	die Heldin dieser Oper
paseamos por el puerto **fluvial**	wir gingen im Flußhafen spazieren
visitamos la **célebre catedral**	wir besichtigten die berühmte Kathedrale
la iglesia más **bella** de España	die schönste Kirche Spaniens
allí descansan los restos **mortales** (de)	dort ruhen die sterblichen Überreste (von)
la ciudad es **fantástica**	die Stadt ist phantastisch

20.1.

los **taxistas** están en huelga	die Taxifahrer streiken
el **presidente** de la reunión	der Versammlungsleiter
presidente *m*	Präsident, Vorsitzender
propongo que hagamos una **pausa**	ich schlage vor, daß wir eine Pause einlegen
siento mucho	ich bedaure sehr
sentir	bedauern, leid tun
¿qué le ha **ocurrido**?	was ist Ihnen passiert?
ocurrir	passieren, geschehen, sich ereignen
el recepcionista me **aconsejó**	der Empfangssekretär riet mir
el taxista paró	der Taxifahrer hielt an
algunos no cumplen el **llamamiento**	einige folgen dem Aufruf nicht
no permitieron que prosiguiéramos	sie erlaubten nicht, daß wir fortsetzten
los **huelguistas** tienen **comprensión** *f*	die Streikenden haben Verständnis
los **rompehuelgas** no tienen comprensión	die Streikbrecher haben kein Verständnis
no **simpatizo** con ellos	ich sympathisiere nicht mit ihnen
no **me solidarizo** con ellos	ich erkläre mich nicht mit ihnen solidarisch
me **señalaron** la próxima estación	sie zeigten mir den Weg zur nächsten Station
señalar	bezeichnen, anzeigen, weisen (Weg)
¿qué **exigen** los taxistas?	was fordern die Taxifahrer?
me dieron un **volante**	sie gaben mir ein Flugblatt
una huelga de **prevención**	ein Warnstreik
prevención *f*	Warnung, Vorbeugung
para **acentuar** las **reivindicaciones**	um die Forderungen zu unterstreichen
satisfacer la reivindicación	die Forderung erfüllen
las condiciones objetivas	die objektiven Bedingungen
los españoles están cansados de que	die Spanier haben es satt, daß
los precios suben tanto	die Preise steigen so sehr
sin que suban los salarios	ohne daß die Löhne steigen
las acciones **huelguísticas**	die Streikaktionen
en cuanto a su **informe** *m*	was Ihren Bericht, Ihren Vortrag anbetrifft
quisiera que lo presentara ahora	ich möchte gern, daß Sie ihn jetzt halten

20.2.

el congreso trabaja	der Kongreß tagt
la política **exterior**	die Außenpolitik
les ruego que presten atención a	beachten Sie bitte
las propuestas **relativas a** la distensión	die die Entspannung betreffenden Vorschläge
relativo a	bezüglich, hinsichtlich, betreffs
hecho por la **comunidad**	von der Gemeinschaft gemacht
el **aporte** a la discusión	der Diskussionsbeitrag
¿a qué propuestas **se refiere**?	auf welche Vorschläge beziehen Sie sich?
la **Declaración** de Moscú	die Moskauer Deklaration
la declaración **adoptada** por	die von, die durch ... angenommene (beschlossene) Deklaration
los Estados miembros	die Mitgliedsstaaten

217

el **Tratado** de Varsovia	der Warschauer Vertrag
¿puede decir algo del **contenido**?	können Sie etwas über den Inhalt sagen?
los países **signatarios**	die Unterzeichnerländer
llamaban a todos	sie riefen alle auf
los hombres de buena **voluntad**	die Menschen guten Willens
en el mundo **entero**	auf der ganzen Welt
llamaban a que **se uniesen**	sie riefen auf, sich zu vereinigen
unirse	sich verbünden, sich zusammenschließen
... que **redoblasen** sus **esfuerzos**	... ihre Anstrengungen zu verdoppeln
en **pro del** progreso	für den Fortschritt
... que luchasen **efectivamente**	... wirksam zu kämpfen
por todas partes del mundo	überall in der Welt
la acogida dispensada a la declaración	die Aufnahme, die die Deklaration fand
dispensar	bereiten (Empfang)
una acogida **amplia**	eine weltweite Aufnahme
amplio	weit, breit, ausgedehnt
se explica por el hecho de que	sie erklärt sich durch die Tatsache, daß
se presenta un programa **realista**	es wird ein realistisches Programm geboten
las **iniciativas** de nuestra **época**	die Initiativen unserer Epoche
se proponen pasos **concretos**	es werden konkrete Schritte vorgeschlagen
sendas viables	gangbare Wege
para la **solución** de los problemas	für die Lösung der Probleme
los problemas tratados en Moscú	die in Moskau behandelten Probleme
ante todo	vor allem, besonders
las **cuestiones** relativas a	die Fragen hinsichtlich
el **cese** de la carrera **armamentista**	der Stopp des Rüstungswettlaufs, des Wettrüstens
las **cargas** para los pueblos	die Belastungen für die Völker
la **limitación** de los **armamentos**	die Rüstungsbeschränkung
el **desarme**	die Abrüstung
los **datos complementarios**	die zusätzlichen Angaben
se **concede la palabra** a la señora Sommer	Frau Sommer hat jetzt das Wort
conceder la palabra	das Wort erteilen

21.1.

es una lástima que	es ist schade, daß
el congreso toca a su fin	der Kongreß geht seinem Ende entgegen
¿ha estado alguna vez en Cuba?	sind Sie (schon) mal in Kuba gewesen?
la isla de Cuba es hermosísima	Kuba ist sehr schön
ya lo **comprobará** Ud. misma	Sie werden es selbst feststellen
¿cuánto tiempo **permanecerá** Ud.?	wie lange werden Sie bleiben?
quizás permanezca dos semanas	vielleicht bleibe ich 2 Wochen
no deje de ir a la playa	versäumen Sie nicht, an den Strand zu fahren
hay que **aprovechar** los viajes	man muß die Reisen nutzen
aprovechar	benutzen, ausnutzen
admirar los lugares atractivos	die Sehenswürdigkeiten bewundern, sich ansehen
los lugares de interés **turístico**	die Sehenswürdigkeiten

turístico	touristisch
consultemos la guía	schauen wir mal im Stadtführer nach
el **duque** de Medinaceli	der Herzog von Medinaceli
Ud. verá el gran **letrero**	Sie werden die große Aufschrift sehen
no le **anticipo** nada	ich verrate Ihnen nichts
anticipar	vorgreifen, vorwegnehmen
Ud. sabe guardar **secretos**	Sie verstehen es, Geheimnisse zu wahren
según el **boletín meteorológico**	dem Wetterbericht zufolge
la temperatura bajará un poco	die Temperatur wird etwas sinken
pero continuará el buen tiempo	es wird aber weiter schön bleiben
me pondré el sobretodo	ich werde mir den Mantel anziehen
el **traje sastre** bastará	das Kostüm wird genügen
traje *m*	Kleid, Anzug
sastre *m*	Schneider

21.2.

en el centro **organizativo**	im Organisationszentrum
cuando termine la sesión	wenn die Sitzung zu Ende ist
¿dónde está su vecina cubana?	wo ist Ihre kubanische Nachbarin?
pasaré por su habitación	ich werde bei ihr vorbeigehen, ich werde zu ihr gehen, ich werde nach ihr sehen
¿qué hará Ud. pasado mañana?	was machen Sie übermorgen?
acepto **gustosamente** su invitación	ich nehme Ihre Einladung gern an
si le parece bien	wenn es Ihnen recht ist, wenn es Ihnen paßt
la **visita colectiva**	die Führung
colectivo	Gruppen . . ., kollektiv
por desgracia	unglücklicherweise, leider
desgracia	Unglück
¿dónde está mi **libreta de apuntes** *m*?	wo ist mein Notizbuch?
la habrá dejado en su habitación	Sie werden es in Ihrem Zimmer liegengelassen haben
en cuanto haya hablado con ella	sobald ich mit ihr gesprochen habe
tenemos un compromiso más	wir haben noch eine Verabredung
vendré en coche	ich werde mit dem Wagen kommen
no se moleste Ud.	bemühen Sie sich nicht, machen Sie sich keine Umstände

22.1.

quisiera reservar un **pasaje**	ich möchte ein Ticket buchen
lo siento	ich bedaure, es tut mir leid
cierta señorita Aguirre	ein gewisses Fräulein Aguirre
trataría de conseguirme una reservación	sie würde versuchen, mir einen Platz zu besorgen
venga a esta **taquilla**	kommen Sie an diesen Schalter
ella ha **apuntado** algo	sie hat etwas notiert
me gustaría salir el miércoles	ich würde gern am Mittwoch fliegen
el jueves me convendría más	der Donnerstag würde mir besser passen

espere hasta que venga mi **colega**   warten Sie, bis meine Kollegin kommt
la pondré en la lista de espera   ich setze Sie auf die Warteliste
escala en Lisboa   Zwischenlandung in Lissabon
déjeme sus señas, por favor   lassen Sie mir bitte Ihre Anschrift hier
aquí tiene mi tarjeta de visita   hier haben Sie meine Visitenkarte
estoy **alojada** en el "Internacional"   ich wohne im Hotel „International"
alojar   unterbringen, einquartieren
la **confirmación** de vuelo   die OK-Buchung
confirmación *f*   Bestätigung
¿podría Ud. volver mañana?   könnten Sie morgen wiederkommen?
¿qué bus **hace el trayecto a** . . .?   welcher Bus fährt nach, fährt zu . . .?
trayecto   Strecke, Weg
la **ruta** del viaje   die Reiseroute

22.2.

una **entrevista**   ein Interview
permítame presentarme   gestatten Sie, daß ich mich vorstelle
¿qué **opina** Ud. de . . .?   wie beurteilen Sie . . .?
opinar (de)   meinen, glauben, halten (von)
el panorama político   die politische Landschaft
en resumen   zusammengefaßt, kurz
resumen *m*   kurze Zusammenfassung
años bastante **positivos**   ziemlich positive Jahre
a pesar de los problemas   trotz aller Probleme
los problemas que se produjeron   die Probleme, die es gab
producirse   auftauchen, auftreten,
    erscheinen, sich ereignen, vorkommen

¿se podría **profundizar** el proceso?   könnte man den Prozeß vertiefen?
la solución estaría en realizar   die Lösung läge in der Verwirklichung
en la **totalidad**   in der Gesamtheit
explique la **posición** política   erläutern Sie die politische Position
la **consolidación** de la paz   die Festigung des Friedens
la **continuación** de la distensión   die Weiterführung der Entspannung
continuación *f*   Fortsetzung, Fortführung
entendimiento y **colaboración** *f*   Verständigung und Zusammenarbeit
desearía que Ud. **resumiera**   ich möchte gern, daß Sie zusammenfassen
las **exigencias** fundamentales   die grundlegenden Forderungen
son de interés **vital**   sie sind von lebenswichtigem Interesse
diga a nuestros **lectores**   sagen Sie unseren Lesern
unas palabras **acerca de**   ein paar Worte über
las actividades futuras   die künftigen Aktivitäten
en el **terreno** internacional   auf internationalem Gebiet
la R.D.A. **intensificará** la integración   die DDR wird die Integration intensivieren
la colaboración **multifacética**   die vielfältige Zusammenarbeit
la **no-ingerencia**   die Nichteinmischung
en los **asuntos internos**   in die inneren Angelegenheiten
¿qué consideraría como tarea fundamental?   was würden Sie als Hauptaufgabe ansehen?
los **preparativos** materiales   die materiellen Vorbereitungen
que se **mantenga** la paz   möge der Frieden erhalten bleiben

23.1.

la **salida** de la señora Sommer	Frau Sommers Abreise
habríamos perdido el avión	wir hätten das Flugzeug verpaßt
en medio de aquel **caos**	mitten in dem chaotischen Verkehr da
¿dónde puedo **registrar** mi equipaje?	wo kann ich mein Gepäck aufgeben?
registrar	registrieren, eintragen
¿dónde puedo entregarlo?	wo kann ich es abgeben?
ahí **enfrente** está la taquilla	da gegenüber ist der Schalter
aquí se **revisa** el pasaporte	hier wird der Paß kontrolliert
allí se **controla** el equipaje	dort wird das Gepäck kontrolliert
¿tiene Ud. algo que declarar?	haben Sie etwas zu verzollen?
no llevo más que cosas personales	ich habe nur persönliche Sachen
llevar	bei sich tragen, mit sich führen
y unos recuerdos	und einige Souvenirs
el **exceso de equipaje**	das Übergepäck
exceso	Übermaß
voy a pesar las maletas	ich werde gleich die Koffer wiegen
la bolsa puede llevársela	die Tasche (den Beutel) können Sie mitnehmen
no tendrá que pagar **sobrepeso**	Sie brauchen kein Übergewicht zu bezahlen
ahí está el **control** de **aduana**	da ist die Zollkontrolle
le quedo muy agradecida (por)	ich bin Ihnen sehr dankbar (für)
por lo bien que me ha **acogido**	für alles, was Sie mir erwiesen haben
acoger	empfangen, aufnehmen, entgegenbringen
ha sido un **placer**	es ist (mir) ein Vergnügen gewesen
gracias por la **hospitalidad**	danke für die Gastfreundschaft
gracias por el **regalo**	danke für das Geschenk
el **botijo** me recordará	der Krug wird mich erinnern (an)
la estancia ha sido de mi **agrado**	der Aufenthalt hat mir gefallen
agrado	Gefallen, Wohlgefallen
algún día nos volveremos a ver	eines Tages werden wir uns wiedersehen
atención, atención	Achtung, Achtung!
éste es el primer **aviso**	das ist der erste Aufruf
rogamos pasar a la puerta Nº 8	Sie werden gebeten, sich zum Zugang Nummer 8 zu begeben

23.2.

bienvenidos a **bordo**	willkommen an Bord
damas y caballeros	meine Damen und Herren
les habla la azafata **en jefe**	zu Ihnen spricht die Chefstewardeß
jefe *m*	Chef
en breve **despegaremos**	in Kürze starten wir
con destino a La Habana	nach Havanna
destino	Ziel, Bestimmungsort
sírvanse **abrocharse** los cinturones	schnallen Sie sich bitte an
abrochar	zuknöpfen, zuschnüren
durante el **despegue**	während des Starts
está **prohibido** fumar	das Rauchen ist untersagt
prohibir	verbieten
a última hora	in letzter Minute

¿Ud. es **habanera**?	sind Sie aus Havanna?
habanero	Einwohner von Havanna
en el extremo **oriente**	im äußersten Osten
desde el **triunfo** de la **revolución**	seit dem Sieg der Revolution
las primeras **fundaciones**	die ersten Gründungen
una ciudad rica en **tradiciones** *f*	eine traditionsreiche Stadt
a principios de	Anfang . . ., am Anfang
nos trasladamos a Santiago	wir zogen nach Santiago
trasladarse	umziehen, sich an einen anderen Ort begeben
el **ataque** al **cuartel** Moncada	der Angriff auf die Moncada-Kaserne
los pocos **sobrevivientes**	die wenigen Überlebenden
fue **gravemente herido**	er wurde schwer verletzt
un **fiel** amigo suyo	einer seiner treuen Freunde
ha sobrevivido	er hat überlebt
una ciudad escolar	eine Schulstadt
les habla el **capitán**	hier spricht der Kapitän
estamos **volando** a una altura de	wir fliegen in einer Höhe von
el vuelo sigue su curso normal	der Flug verläuft normal
aterrizaremos a las 16	wir werden um 16 Uhr landen

24.1.

perdone que **me** haya **adelantado**	entschuldigen Sie, daß ich früher komme
los **abuelos** no andan bien	den Großeltern geht es nicht gut
ahora se cuidarán mucho	sie werden sich jetzt sehr schonen
cuidarse	sich pflegen, sich in acht nehmen, auf die Gesundheit achten
qué **se mejoren** pronto	gute Besserung
mejorar(se)	(ver)bessern, gesund werden
es alemana de la R.D.A.	sie ist eine Deutsche aus der DDR
mi **gentil acompañante** *f*/*m*	meine nette Begleiterin
¿qué hacemos esta noche?	was machen wir heute abend, heute nacht?
vamos a ver el nuevo **show**	wir werden uns die neue Show ansehen
bajo las **estrellas**	unter den Sternen
¿qué le parece ese **cabaret**?	was meinen Sie zu diesem Kabarett?
¿has dicho que vendrás?	hast du gesagt, daß du kommen wirst?
¿no crees que hará falta más tiempo?	glaubst du nicht, daß wir mehr Zeit brauchen werden?
¿cómo has logrado sacar entradas?	wie ist es dir gelungen, Karten zu bekommen, zu erstehen?
a la hora exacta	pünktlich
¡chao!	tschüß!
vendría a vernos sin tardar	er würde sofort zu uns kommen
quiere aprovechar la **oportunidad**	er will die Gelegenheit nutzen
para **pulir** sus conocimientos	um seine Kenntnisse aufzubessern
pulir	verfeinern, verbessern, glätten
lleva ya varios meses estudiando alemán	er lernt schon ein paar Monate (lang) Deutsch
llevar	(Zeit) zubringen, verbringen
llevar algún tiempo + *Ger.*	seit einiger Zeit etwas tun

estoy buscando un libro técnico	ich suche ein Fachbuch
la campaña **alfabetizadora**	die Alphabetisierungskampagne
un interés cada vez mayor	ein immer stärkeres Interesse
¿qué quiere decir este **refrán**?	was bedeutet dieses Sprichwort?
lo **intentaremos** más tarde	wir werden es später versuchen
¿conoce Ud. esa **editorial**?	kennen Sie diesen Verlag?
me gusta la **cultura** cubana	mir sagt die kubanische Kultur zu
mire los **diversos volúmenes**	schauen Sie sich die verschiedenen Bände an
esas **publicaciones** cumplen una función	diese Veröffentlichungen erfüllen eine Funktion
los países más **atrasados**	die rückständigsten Länder
en el terreno de la **instrucción**	auf dem Gebiet der Bildung
la población era **analfabeta**	die Bevölkerung konnte nicht lesen und schreiben
recogimos una **amarga herencia**	wir übernahmen eine bittere Erbschaft
la campaña de **alfabetización** f	die Alphabetisierungskampagne
el **analfabetismo** disminuyó a	das Analphabetentum sank auf
oí decir que los **alfabetizadores**	ich hörte, daß die Alphabetisatoren
mi marido también **alfabetizó**	mein Mann lehrte auch das Lesen und Schreiben
¿**mantiene** todavía relaciones?	unterhält er noch Beziehungen, hat er noch Verbindungen?
hace cierto tiempo	vor einiger Zeit
los cursos de **seguimiento**	die Folgekurse, die Aufbaukurse
algunos se **superan** profesionalmente	einige bilden sich beruflich weiter, qualifizieren sich
en una escuela **vespertina**	in einer Abendschule
una escuela de la **cooperativa**	eine Schule der Genossenschaft
es otra forma de **capacitación** f	es ist eine andere Weiterbildungsart, eine andere Form der Qualifizierung
la batalla del **sexto** grado	das Ringen um die (Erreichung der) 6. Klasse
el **nono** grado	die 9. Klasse
otras oportunidades de **superación** f	andere Weiterbildungsmöglichkeiten, andere Möglichkeiten der Qualifizierung
tienen por objeto	sie haben zum Ziel
capacitar el mayor número posible	die größtmögliche Anzahl weiterzubilden, zu qualifizieren
el mayor número posible de cubanos	soviel Kubaner wie möglich

25.1.

hay que partir de	man muß ausgehen von
partir (para)	abreisen, aufbrechen, losfahren (nach)
al **finalizar** la **década** del 50	am Ende der 50er Jahre
finalizar	beenden
década	Jahrzehnt, Dekade, Zeitraum von 10 Tagen oder 10 Jahren

la **victoria** de la revolución	der Sieg der Revolution
significar la peor derrota	die schlimmste Niederlage bedeuten
el **imperialismo** en el continente	der Imperialismus auf dem (amerikanischen) Kontinent
ahora bien	nun
la **instalación** del gobierno	die Einsetzung der Regierung
la instalación de la Unidad Popular	die Errichtung der Unidad Popular
fue sin duda otra victoria	es war zweifellos ein weiterer Sieg
el **surgimiento** de un régimen popular	die Entstehung einer Volksherrschaft
cambió en realidad	(sie) änderte in der Tat
la UP había **definido**	die UP hatte definiert
antioligárquico	gegen die Oligarchie gerichtet, antioligarchisch
el **restablecimiento** de relaciones (con)	die Wiederaufnahme von Beziehungen (mit)
restablecimiento	Wiederherstellung, Wiedererrichtung
la política interna	die Innenpolitik
la **nacionalización** del cobre	die Verstaatlichung des Kupfers
el **metal** rojo	das rote Metall
los **consorcios** extranjeros	die ausländischen Konzerne
el imperialismo trató de **impedir**	der Imperialismus versuchte zu verhindern
el presidente **asumió su cargo**	der Präsident trat sein Amt an
asumir	aufnehmen, zu sich nehmen
cargo	Amt, Posten
hacer todo lo posible para **derrocar**	alles unternehmen, um zu vernichten, zu stürzen
el triunfo **electoral**	der Wahlsieg
los **aliados** internos	die Verbündeten im Inland
el **sabotaje** económico	die Wirtschaftssabotage
la **obstrucción** parlamentaria	die parlamentarische Obstruktion
el **bloqueo** económico	die Wirtschaftsblockade
disimulado o abierto	verschleiert oder offen
disimular	verheimlichen, verschleiern, verbergen
la **provocación** de la **intervención**	die Provozierung der Intervention
al **nacionalizarse** el cobre	bei der Verstaatlichung des Kupfers
nacionalizar	nationalisieren, verstaatlichen
la agresión **imperialista**	die imperialistische Aggression
el **mecanismo** de la nacionalización	der Mechanismus der Nationalisierung
poner en peligro	gefährden, in Gefahr bringen
Uds. comprenden la **magnitud**	Sie verstehen die Bedeutung, die Tragweite
la **conspiración** aumentó	die Konspiration nahm zu
el **crimen** político también	das politische Verbrechen auch
con **sucesivas** huelgas	mit ununterbrochenen Streiks, mit einem Streik nach dem anderen
sucesivo	aufeinanderfolgend
huelgas **empresariales**	Unternehmerstreiks
se **procuró paralizar** el país	man war darauf aus, das Land zu lähmen
procurar	darauf bedacht sein, sich Mühe geben, betreiben, fördern
en todas las acciones se **detecta**	bei allen Aktionen entdeckt man
la participación **directa**	die direkte Beteiligung

todas las acciones estaban **enfiladas a**	alle Aktionen waren gerichtet auf
enfilar	aneinanderreihen, auffädeln
provocar la intervención militar	die militärische Intervention provozieren
el **golpe** se inició el	der Staatsstreich begann am
golpe *m*	Putsch, Schlag

25.2.

el **orador** habló bien	der Redner sprach gut
¿cuál es el **balance** de aquello?	welches ist die diesbezügliche Bilanz?
veinte mil muertos	20000 Tote
cuarenta mil **presos**	40000 Gefangene
la central única	die einheitliche Zentrale, die Einheits-
	zentrale
la Central Única de Trabajadores	chilenischer Gewerkschaftsbund (1953 bis
	1973)
la CUT **disuelta (disolver)**	die CUT aufgelöst
los partidos de izquierda	die Linksparteien
izquierda	die Linke
despedida **masiva**	umfangreiche Kündigungen, Entlassungen
por el **delito**	wegen des Delikts
aparecer como **sospechoso**	als verdächtig erscheinen
por la misma razón	aus dem gleichen Grund
el golpe militar	der Militärputsch
el golpe más **represivo**	der repressivste Putsch
represivo	unterdrückend, hemmend
se produjo **justamente** en	er ereignete sich gerade in
el pueblo con mayor grado de	das Volk mit dem höchsten Maß an
la UP contribuyó a elevar	die UP trug zur Erhöhung bei
la **combatividad** de los trabajadores	die Kampfbereitschaft der Arbeiter
se puede **afirmar** que	man kann sagen, daß
afirmar	behaupten, versichern, bestätigen
la UP es la única fuerza	die UP ist die einzige Kraft
ha **incrementado** su **respaldo**	sie hat ihren Rückhalt verstärkt
incrementar	zunehmen, anwachsen, verstärken
ejercer el poder político	die politische Macht ausüben
Allende contó siempre con	Allende verfügte immer über
el respaldo **mayoritario**	die Unterstützung durch die Mehrheit
mayoritario	Mehrheits. . .
las **elecciones** parlamentarias	die Parlamentswahlen
el 44 por ciento de los **sufragios**	44 Prozent der Stimmen
ésta es una de las **causas**	das ist einer der Gründe, eine der Ur-
	sachen
por ello	daher
derribar el gobierno	die Regierung stürzen
recorrer a los militares	Zuflucht nehmen zu den Militärs
los militares **golpistas**	die Putschistenmilitärs
¿cómo **valora** Ud . . .?	wie beurteilen Sie . . .?
el ejemplo combatiente	das kämpferische Beispiel
la **personalidad** del presidente	die Persönlichkeit des Präsidenten

tenía **consecuencia** revolucionaria	er besaß revolutionäre Konsequenz
contacto con las **masas**	Verbindung mit den Massen
tenacidad (*f*) y **coraje** (*m*)	Standhaftigkeit und Mut
el **conductor** del proceso	der Führer des Prozesses
quien mejor **representa**	welcher am besten verkörpert
representar	darstellen, repräsentieren, vertreten, vorstellen
quien mejor **simboliza**	der am besten symbolisiert
su enorme **prestigio**	sein großes Ansehen
mucha gente **sostiene**	viele Leute behaupten
sostener	aufrechterhalten, unterstützen
transita de una población a otra	er zieht von einem Ort zum anderen
transitar	(durch)wandern, reisen, gehen, fahren
su **memoria** sigue siendo **impulso**	sein Andenken bleibt weiterhin ein Ansporn
a pesar de ello	trotzdem
el frente antifascista	die antifaschistische Front
agrupar a todos los que	alle diejenigen umfassen, die
estar dispuesto (a)	bereit sein (zu)
el pueblo chileno vencerá	das chilenische Volk wird siegen

26.1.

el **pescador** cubano	der kubanische Fischer
la clase obrera fue **oprimida**	die Arbeiterklasse wurde unterdrückt
al **borde** de la **desesperación**	am Rand der Verzweiflung
el sector que más **se ajusta a**	der Bereich, der am meisten entspricht
ajustar (a)	anpassen (an)
ajustarse (a)	sich richten (nach), Übereinstimmung finden (mit)
muerto-de-hambre *m*	Hungerleider
analfabeto	Analphabet
condiciones **infrahumanas**	menschenunwürdige Verhältnisse
lugares **insalubres**	ungesunde Wohnorte
en un estado **anacrónico**	in einem vorsintflutlichen, anachronistischen Zustand
el **advenimiento** de la revolución	der Sieg der Revolution
advenimiento	Ankunft, Regierungs-, Machtübernahme
definitivamente transformado	endgültig umgewandelt
los trabajadores de la pesca	die Fischereiarbeiter
tuvo que empezar por	er mußte zuerst
adquirir el **dominio**	beherrschen lernen
dominio	Beherrschung, Herrschaft
las **embarcaciones** y **equipos**	die Schiffe und Ausrüstungen
las ciudades **pesqueras**	die Fischerstädte
con todas las facilidades	mit allen Erleichterungen, mit allem Komfort
una policlínica **integral**	eine vollständige, eine komplette Poliklinik
una **clínica** dental	eine Zahnklinik
un **salón** de **belleza**	ein Kosmetiksalon
belleza	Schönheit

aulas de superación	Räume für die Qualifizierung
aula	Schulzimmer, Hörsaal
se **instalaron combinados**	es wurden Kombinate gebildet
instalar	einrichten, aufstellen, installieren
se **pesca** y se **procesa**	man fischt und verarbeitet
el **camarón** y otras **especies**	die (kleine) Garnele und andere Arten
un oficio **maldito**	eine verfluchte Tätigkeit, ein elender Beruf
ganarse la vida	den Lebensunterhalt verdienen
con todas las oportunidades	mit allen (sich bietenden) Möglichkeiten

26.2.

el Castillo de la Punta	das Punta-Kastell
castillo	Burg, Kastell, Zitadelle
desde aquí se abre	von hier bietet sich
los **rascacielos** de La Habana	die Wolkenkratzer Havannas
el rascacielos	der Wolkenkratzer
el verde del mar	das Grün des Meeres
el azul del cielo	das Blau des Himmels
la **blancura** de la **metrópoli**	das Weiß der Großstadt, der Hauptstadt
La Habana es **romántica**	Havanna ist romantisch
la ciudad ha sido **alabada** (por)	die Stadt ist gelobt worden (von, durch)
muchos poetas y **cantores** m	viele Dichter und Sänger
la **bahía** del puerto natural	die Bucht des Naturhafens
dedicar muchas frases **entusiastas**	viele begeisterte Worte widmen
la **curva** de la costa	die Kurve, die die Küste beschreibt
está **bordeada** por el Malecón	sie wird durch den Malecón begrenzt
el Malecón	Uferstraße in Havanna
la **arteria costera**	die Küstenstraße
arteria	Straße, Weg; Arterie, Ader
la boca de la Chorrera	die Mündung der Chorrera
la **embocadura** del Almendares	die Mündung des Almendares
fortalezas antiguas	ehemalige Festungen
contra los **piratas**	gegen die Piraten
han sido **restauradas**	sie wurden restauriert
ambas fortalezas	beide Festungen
siguiendo fielmente el original	originalgetreu
¿cómo se atraviesa el **estrecho**?	wie überquert man die Meerenge?
!a bahía habanera	die Bucht von Havanna
esas barcas pequeñísimas	die winzigen Boote da
están cruzando por el puerto	sie fahren durch den Hafen
cruzar	kreuzen
seguir por las avenidas costeras	die Küstenstraßen entlangfahren
un **túnel submarino**	ein Unterseetunnel
se permite el paso de vehículos	Durchfahrt für Fahrzeuge erlaubt
¿qué planes tenemos?	was für Pläne haben wir, was machen wir jetzt?
la **alameda** que viene a desembocar	die (Pappel-) Allee, die dort einmündet
las construcciones **centenarias**	die jahrhundertealten Bauten
centenario	hundertjährig
¡ **en marcha** !	los!

marcha	Marsch, Gang
debo reconocer que	ich muß gestehen, daß
reconocer	bekennen, anerkennen
ya **aventajo** mucho	ich übertreffe bei weitem
aventajar (en)	im Vorteil sein, übertreffen (an)

27.1.

el **organismo** que **centraliza**	das Organ, welches zentralisiert
el desarrollo **agropecuario**	die land- und viehwirtschaftliche Entwicklung
cien **vaquerías**	100 Kuhställe
las otras que se levantan	die anderen, die gebaut werden
levantar	(er)bauen, errichten
el llamado "**anillo lechero**"	der sogenannte „Milchring"
cuando estén funcionando	wenn sie in Betrieb sein werden
podrán **abastecer de** leche	sie werden mit Milch versorgen können
en forma **satisfactoria**	zufriedenstellend, genügend
carpinteros y **albañiles** m	Tischler und Maurer
el **cerrajero** de la brigada	der Brigadeschlosser
trajinan y levantan paredes	sie tragen, befördern Material und errichten Wände
montan piezas	sie montieren Teile
115.000 **vacas**	115000 Kühe
todos los **brigadistas**	alle Brigademitglieder
están **empeñados** en	sie sind eifrig (da)bei
empeñarse (en)	bestehen (auf), beharren (auf)
el **cumplimiento** de la meta	die Erreichung des Ziels
cumplimiento	Erfüllung
luces iluminan las **obras**	Lampen erhellen die Baustelle
obra	Bau, Werk, Kunstwerk, Arbeit
obras	Bauvorhaben, Bauten, Baustelle
triunfar en la batalla económica	in der Wirtschaftsschlacht siegen
en que está **enfrascada** Cuba	in der sich Kuba befindet
estar enfrascado (en)	verwickelt, vertieft sein (in)
el **incremento** de la **productividad**	die Erhöhung der Produktivität
el **mejoramiento** de la calidad	die Verbesserung der Qualität
la **reducción** de los **costos**	die Reduzierung der Kosten, die Kostensenkung
el sobrecumplimiento del plan	die Übererfüllung des Plans
desarrollar la **emulación**	den Wettbewerb entwickeln
fortalecer la **disciplina laboral**	die Arbeitsdisziplin erhöhen
fortalecer	stärken, verstärken

27.2.

ya estaba **amaneciendo**	es wurde schon Tag
preparo la **tesis de grado**	ich bereite die Abschlußarbeit vor
me toca defenderlo	ich muß sie verteidigen
ya estoy terminando	ich mache gerade Schluß

es el **sindicato** de Cuba	das ist die Gewerkschaft Kubas
Ud. es tan **estudioso**	Sie sind so fleißig
Ud. llegará a **dominar**	Sie werden beherrschen
dominar por completo	vollständig können, ganz und gar beherrschen
mi **tío** lleva ya seis meses	mein Onkel bringt schon 6 Monate damit zu
un poco de **constancia**	etwas Ausdauer, Beharrlichkeit
se puede aprender cualquier lengua	man kann jede (beliebige) Sprache erlernen
cursos **intensivos** de idioma	Intensivsprachkurse
sin el menor **acento**	ohne den geringsten Akzent
Ud. me está **animando** (a)	Sie machen mir Lust (zu)
animar (a)	ermuntern, Lust machen, animieren (zu)
tenemos aún **fresas**	wir haben noch Erdbeeren
fresas con **nata**	Erdbeeren mit Schlagsahne
ve a la **nevera**	geh zum Kühlschrank (Eisschrank)
pues, andando	dann, los!

28.1.

en un combinado textil	in einem Textilkombinat
para **industrializar** el país	um das Land zu industrialisieren
Cuba **aspira a** desarrollar	Kuba ist bestrebt, zu entwickeln
aspirar (a)	streben, trachten (nach)
los sectores **prioritarios**	die vorrangigen Sektoren
se **prevé** crear	man sieht die Schaffung vor
una industria ligera propia	eine eigene Leichtindustrie
agrandar en forma masiva	umfangreich erweitern, vergrößern
mil metros cuadrados bajo **techo**	1 000 m² überdachte Fläche
techo	Dach
proyectamos una superficie de	wir planen eine Fläche von
unas cuantas fábricas más	noch ein paar Fabriken
exportar los **tejidos**	die Gewebe exportieren
¿es difícil echar andar?	ist es schwierig, in Gang zu setzen?
una **planta** como ésta	ein Werk wie dieses
planta	Betrieb, Anlage, Werk
es más difícil mantenerla	es ist schwerer, es in Gang zu halten
¿cuántos obreros **emplea** el combinado?	wieviel Arbeiter beschäftigt das Kombinat?
un total de 3.700	insgesamt 3 700
total *m*	Gesamtmenge, Gesamtheit
de los cuales	darunter, davon
acelerar el **montaje**	den Bau beschleunigen
montaje *m*	Montage, Bau, Aufbau
adelantar en tres meses	um drei Monate vorziehen
adelantar	vorrücken, beschleunigen
la puesta en marcha	die Inbetriebnahme
la **capacidad** total	die Gesamtkapazität
¿qué **estrategia** se trazó?	welche Maßnahmen wurden ergriffen?
estrategia	Strategie
se **estableció** el doble **turno**	es wurde die 2. Schicht eingerichtet

establecer	festsetzen, aufstellen, einrichten
además hay que destacar	außerdem muß hervorgehoben werden
la población ha hecho suya	die Bevölkerung hat zu ihrer Sache gemacht
la **edificación** del combinado	der Aufbau des Kombinats
dar su aporte a las obras	seinen Beitrag bei den Bauarbeiten leisten
les presento una **veterana** textilera	ich stelle Ihnen eine bewährte Textilarbeiterin vor
veterano	Veteran

28.2.

respondo sobre lo que pueda	ich beantworte, was ich kann
¿trabaja Ud. en turnos?	arbeiten Sie Schicht?
trabajamos 8 horas al día	wir arbeiten 8 Stunden täglich
rotamos en dos turnos	wir arbeiten in zwei Schichten
rotar	rotieren, drehen
¿en qué **consiste** su trabajo?	worin besteht Ihre Arbeit?
en **vigilar** las máquinas	in der Überwachung der Maschinen
vigilar	überwachen, beaufsichtigen
me **extraña** no ver	ich wundere mich darüber, daß ich nicht sehe
extrañar	in Erstaunen setzen, befremden
el trabajo está **mecanizado**	die Arbeit ist mechanisiert
el proceso está **automatizado**	der Prozeß ist automatisiert
comencé como obrera **auxiliar**	ich begann als Hilfsarbeiterin
soy **tejedora calificada**	ich bin ausgebildete Weberin
calificado	qualifiziert, Fach. . .
era **sumamente** importante	es war äußerst wichtig
era preciso **armonizar**	es war nötig, in Übereinstimmung zu bringen
las **preferencias** personales	die persönlichen Interessen
preferencia	Vorzug, Vorliebe
las **necesidades** de la sociedad	die Bedürfnisse der Gesellschaft
necesidad *f*	Notwendigkeit, Bedürfnis
la revolución nos enseñó	die Revolution lehrte uns
asistir a cursos dirigidos	ein Fernstudium machen
asistir a cursos **por correspondencia**	ein Fernstudium machen
correspondencia	Briefwechsel, Korrespondenz
llegar a ser	werden
obtener una **calificación**	eine Qualifikation erwerben
me propongo cursar estudios	ich beabsichtige zu studieren
proponerse	beabsichtigen, sich vornehmen
pienso en el elevado porcentaje	ich denke an den hohen Anteil
en este centro laboral	in dieser Arbeitsstätte
para **facilitar** la vida	um das Leben zu erleichtern
hay **círculos infantiles**	es gibt Kindergärten
infantil	Kinder. . ., kindlich
hay **casas cuna**	es gibt Kinderkrippen
cuna	Wiege

el combinado **planea** construir	das Kombinat plant den Bau
un campamento **vacacional**	ein Ferienlager
para **proveer de** viviendas a los obreros	um die Arbeiter mit Wohnraum zu versorgen
el problema más **serio**	das ernsteste Problem
las actividades de las **minibrigadas**	die Arbeit der Kleinbrigaden
nuevos apartamentos	Neubauwohnungen
una plaza con **rebaja**	ein Platz mit Preisnachlaß
sanatorio o casa de descanso	Sanatorium oder Erholungsheim
las vacaciones **ascienden a**	die Ferien belaufen sich auf

29.1.

el instituto preuniversitario	die erweiterte Oberschule, die EOS
el **alumnado** del preuniversitario	alle Schüler der erweiterten Oberschule, die Schülerschaft der EOS
la **matrícula** es de dos mil	die Schülerzahl beträgt 2000
la zafra **tabacalera**	die Tabakernte
hay que **confesar** que	ich muß gestehen, daß
confesar	bekennen, gestehen
el trabajo no resulta fácil	die Arbeit erweist sich als nicht leicht, die Arbeit ist nicht leicht
aguantar las **penurias**	die Beschwerlichkeiten ertragen
penuria	Mühe, Erschwernis, Mangel
realizar esfuerzos **físicos**	körperliche Arbeit leisten
trabajar con las **estadísticas**	in der Statistik arbeiten
formar el **pelotón**	den Zug, die Mannschaft bilden
el pelotón de **mantenimiento**	der Innendienst
se encarga de la **limpieza**	er befaßt sich mit der Reinigung
la mano de obra	die Arbeitskräfte
el tabaco se perdería	der Tabak würde verderben
una **pérdida** económica	ein wirtschaftlicher Verlust
¿cómo se desarrolla el día?	wie gestaltet sich der Tag?
después del **aseo personal**	nach der Morgentoilette
nos formamos agrupados	wir formieren uns gruppenweise
¿a qué está **destinada** esta formación?	wozu dient diese Formierung?
destinar	bestimmen
dar a conocer	bekanntgeben
informar del estado	den Stand bekanntgeben
informar	anzeigen, melden
polemizar (sobre)	reden, diskutieren (über)
después partimos para el trabajo	dann fahren, dann gehen wir zur Arbeit
algunos **recolectan** en el campo	einige ernten auf dem Feld
las hojas del tabaco	die Tabakblätter
otros se ocupan de **almacenar**las	andere beschäftigen sich damit, sie einzulagern
tenemos que cumplir una **norma**	wir müssen eine Norm erfüllen
representa el 88 por ciento	sie beträgt 88%
que se le **asigna** a un obrero	die man einem Arbeiter zuweist
asignar	zuweisen, zuteilen, anweisen

un obrero habitual	ein Arbeiter, der eine Arbeit ständig verrichtet
la escuela primaria	Grundschule
primario	primär
tener la obligación (de)	die Verpflichtung, die Pflicht haben (zu)
la escuela secundaria	die Oberschule
secundario	sekundär
los obreros agrícolas	die Landarbeiter
cuando se acaba el trabajo	wenn die Arbeit zu Ende geht
se reanudan las clases	der Unterricht beginnt wieder
reanudar	wieder aufnehmen, wieder anknüpfen, fortsetzen
responder a nuestras preguntas	auf unsere Fragen antworten, unsere Fragen beantworten

29.2.

bajo el título	unter der Überschrift
es una edición nueva	das ist eine Neuausgabe
un artista ambulante	ein umherziehender Künstler
los pasajeros de un ómnibus	die Passagiere, die Fahrgäste eines Omnibusses
un trágico instante de mi vida	ein tragischer Zeitpunkt meines Lebens
pasaba con el cepillo	ich zog mit der (Schuhputz-) Bürste herum
para ganar algunos centavos	um ein paar Centavos zu verdienen
centavo	kubanische Währungseinheit (100 C = 1 Peso)
éramos nueve hermanos	wir waren 9 Geschwister
el trabajo no daba abasto	die Arbeit brachte nicht genug
abasto	Proviant, Unterhalt
para alimentarnos	um uns zu ernähren
el padre salía tempranito	der Vater ging sehr zeitig weg
salía a la calle	er ging auf die Straße
lo que se presenta	was sich bietet
casi al anochecer	fast bei Einbruch der Dunkelheit
sólo un peso en el bolsillo	nur ein Peso in der Tasche
peso	kubanische Währungseinheit
la lucha contra bandidos	der Kampf gegen Banditen
¿cómo llegó a ser educador m?	wie wurden Sie Erzieher?
fui llamado a trabajar como	ich wurde beordert, als . . . zu arbeiten
trabajar como reeducador m	als Umerzieher arbeiten
decidí incorporarme (a)	ich beschloß, mich zu beteiligen (an)
incorporarse (a)	sich eingliedern, sich einreihen, eintreten (in), sich anschließen (an)
a las mil maravillas	wunderbar, herrlich
maravilla	Wunder
lo que hago es útil	was ich mache, ist nützlich, nützt
me encanta la música popular	mir gefällt die Volksmusik sehr
encantar	bezaubern, entzücken
la tranquilidad de mi hogar m	die Ruhe meines Heims

doscientos treinta y dos

dentro de una revolución **triunfante** — inmitten einer siegreichen Revolution
la revolución echó fuera de Cuba — die Revolution vertrieb aus Kuba
una **etapa** de la vida — ein Lebensabschnitt
de un **valor** extraordinario — von außerordentlichem Wert
el taller de mi primo — die Werkstatt meines Vetters
allí se **efectuaban** reuniones — dort fanden Zusammenkünfte statt
efectuar — durchführen, ausführen, verwirklichen
efectuarse — stattfinden, zustande kommen
se me **encomendó la tarea** — man beauftragte mich mit der Aufgabe
encomendar — anvertrauen, übertragen
transportar dinamita y armas — Dynamit und Waffen transportieren
el cajón de limpiabotas — der Schuhputzkasten
puesto que conocía a los revolucionarios — da (weil) ich die Revolutionäre kannte
milito en las **filas** del partido — ich kämpfe in den Reihen der Partei, ich bin Parteimitglied

soy **militante** (*m/f*) del partido desde — ich bin Parteimitglied seit
en este aspecto — in dieser Hinsicht
mi **satisfacción** no tiene **límites** — meine Genugtuung ist grenzenlos
satisfacción *f* — Genugtuung, Zufriedenheit, Freude
límite *m* — Grenze
les parecería un sueño — es würde ihnen wie ein Traum erscheinen, wie ein Traum vorkommen

el cuartucho en que vivíamos — die elende Behausung, in der wir lebten
colmado de miserias — voller Elend
colmar (de) — anfüllen (mit)
salen hombres y mujeres — es gehen Männer und Frauen hervor

30.1.

la **empresa** de turismo — das Reiseunternehmen
al volante está sentado — am Steuer sitzt
yo soy su guía — ich bin Ihr(e) Reiseleiter(in)
un **pedazo** de nuestra historia — ein Stück unserer Geschichte
la **villa** de La Habana — das Städtchen Havanna
tomó su nombre — es bekam seinen Namen
en homenaje a (de) — zu Ehren von
homenaje *m* — Ehrung, Ehre
construido casi **simultáneamente** — fast gleichzeitig erbaut
20 metros de **profundidad** — 20 Meter tief
profundidad *f* — Tiefe
a la salida del túnel — an der Tunnelausfahrt
este amplio barrio — dieses weiträumige Stadtviertel
se realizó en los primeros años — es wurde in den ersten Jahren fertiggestellt, gebaut

casi inmediatamente veremos — fast unmittelbar darauf sehen wir
el primer plan de microbrigadas — das erste Projekt der Kleinbrigaden
que funcionó en Cuba — das in Kuba existierte
una idea **lanzada** al pueblo — eine dem Volk vorgetragene Idee
lanzar — werfen, schleudern
lanzar una idea — eine Idee in Umlauf bringen
el primer **ministro** — der Premierminister
como solución inmediata — als Sofortlösung

inmediato	sofortig, unmittelbar
una planta de **yoghurt** *m*	eine Joghurtfabrik
una **heladería**	eine Eisfabrik
edificios recién construidos	kürzlich fertiggestellte Gebäude
listo para ser **habitado**	bezugsfertig
habitar	wohnen, bewohnen
con servicio de **gas** colectivo	mit Stadtgasversorgung
lleva el nombre debido a	sie trägt den Namen wegen
el **exterminio** de la población indígena	die Ausrottung der Eingeborenen
no quedó ni un solo **superviviente**	es gab auch nicht einen einzigen Überlebenden
la **soldadesca** del antiguo régimen	die Soldateska des ehemaligen Regimes
la fortaleza militar fue **asaltada**	die Militärfestung wurde gestürmt
un grupo de **valientes** revolucionarios	eine Gruppe kühner, tapferer, mutiger Revolutionäre
un cuartel convertido en escuela	eine in eine Schule umgewandelte Kaserne
los **mártires** de Goicuría	die Märtyrer von Goicuría
la ancha bahía **matancera**	die weite Bucht von Matanzas
está dividida por	sie wird geteilt durch
los centros turísticos	die Touristenzentren
sufrir una derrota	eine Niederlage erleiden
las **cuevas** de Bellamar	die Höhlen von Bellamar
el recorrido **subterráneo**	die unterirdische Strecke
las más **caprichosas** formas	die kapriziösesten Formen
moldeado por la naturaleza	von der Natur gestaltet
moldear	gestalten, formen, modellieren
vamos a partir **rumbo** a ...	wir werden nach ... fahren
rumbo	Fahrtrichtung, Kurs

30.2.

la costa norte matancera	die Nordküste von Matanzas
la playa más **linda** del mundo	der hübscheste Strand der Welt
los planes de alojamiento	die Beherbergungsstätten
garantizar una **cálida** acogida	eine angenehme Aufnahme garantieren
cálido	warm, heiß, angenehm
obras **arquitectónicas**	architektonische Kunstwerke
aquí **radica** la **terminal**	hier befindet sich die Endstation
aquí hay una **termoeléctrica**	hier gibt es ein Wärmekraftwerk
una modernísima planta	ein hochmodernes Werk
otras instalaciones **fabriles**	weitere Fabrikanlagen
estamos pasando por	wir fahren gerade durch
se hizo **imitando** a	er entstand in Nachahmung
imitar	nachahmen, imitieren
la escuela **formadora** de maestros	Lehrerbildungsanstalt
la ciudad de **jubilosos carnavales**	die Stadt der fröhlichen, der rauschenden Karnevals
ciudad rebelde ayer	gestern eine Rebellenstadt
ciudad **hospitalaria** hoy	heute eine gastfreundliche Stadt
en todos los órdenes	auf allen Gebieten
la desembocadura del río	die Mündung des Flusses
Santiago guarda **valiosos** tesoros	Santiago bewahrt, besitzt kostbare Schätze

la fortaleza fue **arrasada**	die Festung wurde geschleift
arrasar	dem Erdboden gleichmachen, einebnen, niederreißen
fue **posteriormente** reconstruida	sie wurde später wieder aufgebaut
la hermosa vista panorámica	das schöne Panorama
que se observa desde allí	das man von dort aus sieht
el parque más **concurrido**	der am meisten besuchte Park
a nuestra derecha	zu unserer Rechten
desde el momento en que nos alojemos	wenn wir unsere Unterkunft bezogen haben
hasta mañana que haremos	bis morgen, wo wir unternehmen werden
anotaciones del diario	Tagebuchnotizen, -aufzeichnungen
salimos en ómnibus hacia	wir fuhren mit dem Bus zu, nach
hacia la **granjita** Siboney	hin zum kleinen Landgut Siboney
un **sitio** donde se **congregó**	ein Ort, wo sich versammelte
sitio	Ort, Platz, Stelle
para de allí salir a asaltar	um von dort zum Angriff aufzubrechen
cada 300 metros **se erige**	alle 300 Meter steht
erigirse	sich erheben, emporragen
una **sencilla** construcción	ein schlichtes, einfaches Bauwerk
una original construcción	ein originelles Bauwerk
de forma diferente a la **anterior**	anders als das vorherige
la **ocupación** de estos hombres	die Tätigkeit, der Beruf dieser Männer
albañil *m*, médico, **cervecero**	Maurer, Arzt, Brauer
la granja es un museo	das Landgut ist ein Museum
Abel **alquiló** el local	Abel pachtete das Gut
local *m*	Ort, Platz, Stelle
preparó las condiciones en la zona	er schuf die Voraussetzungen auf dem Terrain
allí estaban los uniformes	da waren die Uniformen
los uniformes **ensangrentados**	die mit Blut befleckten Uniformen
el momento de **emoción**	der Augenblick der Ergriffenheit
emoción *f*	Emotion, Bewegung, Rührung
los **agujeros** en la pared	die Löcher in der Wand
atestiguaban las **huellas** del combate	sie zeigten die Spuren des Kampfes
atestiguar	bezeugen
dentro, un panorama histórico	drinnen, eine historische Darstellung
la necesidad final	die endgültige Notwendigkeit
la necesidad de la **insurrección**	die Notwendigkeit des Aufstandes, der Erhebung
luego fuimos al **cementerio**	dann gingen wir zum Friedhof
la santa Ifigenia	die heilige Iphigenie
la **tumba** de José Martí	das Grab(mal) von José Martí
hizo recordar los **versos**	es ließ an die Verse denken, es rief die Verse ins Gedächtnis
hacer recordar	erinnern (an)
el **apóstol** de la nación cubana	der „Apostel", der Held der kubanischen Nation
pero sin amo	jedoch ohne Herrn, ohne Gebieter
tener en la **losa**	auf dem Grab haben
losa	Steinplatte, Grabstein
flores y una **bandera**	Blumen und eine Fahne

Apéndice

Indikativ

Präsens			*Imperfekt*		*Einfaches Perfekt*		*Futur*
1.	2.	3.	1.	2. 3.	1.	2. 3.	1. 2. 3.
-o	-o	-o	-aba	-ía	-é	-í	*Inf.* + -é
-as	-es	-es	-abas	-ías	-aste	-iste	-ás
-a	-e	-e	-aba	-ía	-ó	-ió	-á
-amos	-emos	-imos	-ábamos	-íamos	-amos	-imos	-emos
-áis	-éis	-ís	-abais	-íais	-asteis	-isteis	-éis
-an	-en	-en	-aban	-ían	-aron	-ieron	-án

Konjunktiv

Präsens		*Imperfekt I*		*Imperfekt II*	
1.	2. 3.	1.	2. 3.	1.	2. 3.
-e	-a	-ase	-iese	-ara	-iera
-es	-as	-ases	-ieses	-aras	-ieras
-e	-a	-ase	-iese	-ara	-iera
-emos	-amos	-ásemos	-iésemos	-áramos	-iéramos
-éis	-áis	-aseis	-ieseis	-arais	-ierais
-en	-an	-asen	-iesen	-aran	-ieran

Konditional	*Imperativ*			*Gerundium*	
1. 2. 3.	1.	2.	3.	1.	2. 3.
Inf. + -ía				-ando	-iendo
-ías	-a	-e	-e		
-ía				*Partizip*	
-íamos	-ad	-ed	-id	1.	2. 3.
-íais				-ado	-ido
-ían					

Klassenverben

Übersicht über die Besonderheiten der Klassenverben

e → ie	o → ue	e → i	e → {ie / i}	c → zc	u → uy
cerrar	contar	pedir	sentir	conocer traducir	huir

Präsens Indikativ

cierro	cuento	pido	siento	conozco	huyo
cierras	cuentas	pides	sientes	conoces	huyes

cierra	cuenta	pide	siente	conoce	huye
cerramos	contamos	pedimos	sentimos	conocemos	huimos
cerráis	contáis	pedís	sentís	conocéis	huís
cierran	cuentan	piden	sienten	conocen	huyen

Präsens Konjunktiv

cierre	cuente	pida	sienta	conozca	huya
cierres	cuentes	pidas	sientas	conozcas	huyas
cierre	cuente	pida	sienta	conozca	huya
cerremos	contemos	pidamos	sintamos	conozcamos	huyamos
cerréis	contéis	pidáis	sintáis	conozcáis	huyáis
cierren	cuenten	pidan	sientan	conozcan	huyan

Einfaches Perfekt

(regelmäßig)		pedí	sentí	traduje	huí
		pediste	sentiste	tradujiste	huiste
		pidió	sintió	tradujo	huyó
		pedimos	sentimos	tradujimos	huimos
		pedisteis	sentisteis	tradujisteis	huisteis
		pidieron	sintieron	tradujeron	huyeron

Imperativ

cierra	cuenta	pide	siente	(regelmäßig)	huye

Gerundium

(regelmäßig)		pidiendo	sintiendo	(regelmäßig)	huyendo

Alphabetisches Verzeichnis der unregelmäßigen Verben[1]

Infinitiv	Präsens Indikativ	Präsens Konjunktiv	Einfaches Perfekt	Futur
andar	ando,	ande,	anduve,	andaré,
gehen	andas	andes	anduviste	andarás
caber	quepo,	quepa,	cupe,	cabré,
fassen	cabes	quepas	cupiste	cabrás
caer	caigo,	caiga,	caí, caíste,	caeré,
fallen	caes	caigas	cayó	caerás
dar	doy,	dé,	di, diste	daré,
geben	das	des	dio	darás

---

[1] Für die Zeiten, bei denen nur die 1. Pers. Sing. unregelmäßig ist und bei denen, die den unregelmäßigen Stamm der 1.Pers. Sing. in allen Personen behalten, ist nur die 1. und 2.Person Sing. angegeben.

Für die Zeiten, bei denen einzelne Personen unregelmäßig sind, wurden alle Personen angegeben. Das Imperfekt des Konjunktivs ist nicht angegeben, da die Formen immer aus der 3. Person Pl. des einfachen Perfekts abzuleiten sind.

decir	digo, dices,	diga,	dije, dijiste,	diré,	*Imper.* di
sagen	dice, decimos,	digas	dijo, dijimos,	dirás	*Ger.* diciendo
	decís, dicen		dijisteis,		*Part.* dicho
			dijeron		
estar	estoy,	esté,	estuve,	estaré,	
sein	estás	estés	estuviste	estarás	
haber	he, has, ha,	haya,	hube,	habré,	
haben	hemos, habéis,	hayas	hubiste	habrás	
	han				
hacer	hago,	haga,	hice,	haré,	*Imper.* haz
machen	haces	hagas	hiciste, hizo	harás	*Part.* hecho
ir	voy,	vaya,	fui, fuiste,	iré,	*Imperf.* iba
gehen	vas	vayas	fue	irás	*Imper.* ve
					Ger. yendo
oír	oigo, oyes,	oiga,	oí, oíste,	oiré,	*Ger.* oyendo
hören	oye, oímos,	oigas	oyó	oirás	
	oís, oyen				
poder	puedo,	pueda,	pude,	podré,	*Ger.* pudiendo
können	podemos	podamos	pudiste	podrás	
poner	pongo,	ponga,	puse,	pondré,	*Imper.* pon
setzen,	pones	pongas	pusiste	pondrás	*Part.* puesto
stellen,					
legen					
querer	quiero,	quiera,	quise,	querré,	
wollen	queremos	queramos	quisiste	querrás	
saber	sé,	sepa,	supe,	sabré,	
wissen	sabes	sepas	supiste	sabrás	
salir	salgo,	salga,	salí,	saldré,	*Imper.* sal
ausgehen	sales	salgas	saliste	saldrás	
ser	soy, eres, es,	sea,	fui, fuiste,	seré,	*Imperf.* era
sein	somos, sois,	seas	fue	serás	*Imper.* sé
	son				
tener	tengo, tienes,	tenga,	tuve,	tendré,	*Imper.* ten
haben	tiene, tenemos,	tengas	tuviste	tendrás	
	tenéis, tienen				
traer	traigo,	traiga,	traje,	traeré,	
bringen	traes	traigas	trajiste	traerás	
valer	valgo,	valga,	valí,	valdré,	*Imper.* val
gelten	vales	valgas	valiste	valdrás	
venir	vengo, vienes,	venga,	vine,	vendré,	*Imper.* ven
kommen	viene, venimos,	vengas	viniste	vendrás	*Ger.* viniendo
	venís, vienen				
ver	veo,	vea,	vi,	veré,	*Part.* visto
sehen	ves	veas	viste	verás	

Orthographische Veränderungen bei der Konjugation

Bei den Verben auf -*car*, -*gar*, -*zar* wird vor *e* der Endung das *c* zu *qu*, das *g* zu *gu*, das *z* zu *c*.

        tocar: toqué, tocaste, tocó usw.

        llegar: llegué, llegaste, llegó usw.

        alcanzar: alcancé, alcanzaste, alcanzó usw.

Bei den Verben auf *-cer, -cir, -ger, -gir* wird vor *a, o* der Endung das *c* zu *z*, das *g* zu *j*.

>vencer: venzo, vences, vence usw.

>dirigir: dirijo, diriges, dirige usw.

Bei den Verben auf *-guir* und *-quir* wird *gu* bzw. *qu* vor *a, o* zu *g* und *c*.

>distinguir: distingo, distingues, distingue usw.

>delinquir: delinco, delinques, delinque usw.

Endet das Verb auf *-aer, -eer, -oer*, so wird das unbetonte *i* der Endung vor Vokal zu *y*

>caer: caí, caíste, cayó, caímos, caísteis, cayeron

>leer: leí, leíste, leyó, leímos, leísteis, leyeron

Akzentschreibung

1. Die Wörter, die auf Vokal, *n* oder *s* enden, werden auf der vorletzten Silbe betont.

2. Die Wörter, die auf Konsonant (außer n oder s) enden, sind endbetont.

3. Folgt ein Wort diesen Regeln nicht, so muß die Betonung durch einen Akzent (´) gekennzeichnet werden.

4. Bei folgenden gleichlautenden Wortpaaren gebraucht man den Akzent, um sie voneinander zu unterscheiden:

él	er	*el*	der	*más*	mehr	*mas*	aber
mí	mich	*mi*	mein	*dé*	ich gäbe	*de*	von
tú	du	*tu*	dein	*sé*	ich weiß	*se*	sich
sí	ja, sich	*si*	wenn	*aún*	noch	*aun*	sogar

5. Die Pronomen *que, quien, cual* ‚welcher‘, *cuyo* ‚dessen‘, die Konjunktion *como* ‚wie‘ sowie *cuando* ‚wann‘, *cuanto* ‚wieviel‘ und *donde* ‚wo‘ erhalten den Akzent, wenn sie im Frage- oder Ausrufesatz stehen.

6. Bei Großbuchstaben kann auf die Akzentsetzung verzichtet werden.

Orthographische Veränderungen bei der Pluralbildung

Bei den Substantiven und Adjektiven auf *-z* und auf *-x* verwandelt man vor der Pluralendung *-es* den Endkonsonanten in *c*. Bei den Wörtern, die im Singular auf *-c* enden, verwandelt man diesen Konsonanten vor *-es* in *qu*.

Singular		*Plural*
el lápiz	der Bleistift	los lápices
la voz	die Stimme	las voces
el fénix	der Phönix	los fénices
el frac	der Frack	los fraques
feliz	glücklich	felices

Silbentrennung

Ein Konsonant sowie *ch, ll, rr* zwischen zwei Vokalen bilden mit dem folgenden Vokal eine Silbe:

>ma-ri-ne-ro, mu-cha-cho, ca-lle, ca-rre-ra

Bei einer Gruppe von zwei Konsonanten gehört der erste zur vorhergehenden und der zweite zur folgenden Silbe; wenn aber der zweite Konsonant ein *l* oder *r* ist, wird auch der erste Konsonant zur zweiten Silbe gezogen. Man beachte, daß das *s* nie eine Silbe mit dem folgenden Konsonanten bildet:

ban-co, es-po-sa, dis-ci-pli-na, co-bre, Ma-drid, si-glo, is-la, lis-to

Bei drei Konsonanten gehört nur der letzte zur folgenden Silbe. Ist aber der letzte Konsonant *l* oder *r*, so zieht er auch den zweiten Konsonanten mit sich zur folgenden Silbe:

cons-tar, im-pli-car, im-pre-sio-nar

Bei vier Konsonanten, deren zweiter meistens ein *s* ist, gehören die beiden ersten zur vorangehenden, die beiden letzten zur folgenden Silbe:

cons-truc-ción, ins-tru-men-to

Diphthonge sind untrennbar:

es-tu-dio, nue-vo, sui-zo

Vocabulario alfabético

Die Zahlen verweisen auf das erste Vorkommen des betreffenden Wortes bzw. einer neuen Bedeutung (Lektionszahl; G = Grammatikteil der betreffenden Lektion, R = Wiederholungslektion).

ALEMÁN – ESPAÑOL

Abk.	Abkürzung	*Komp.*	Komparativ
a/c	alguna cosa	*Konj.*	Konjunktiv
adj.	adjektivisch	*kub.*	kubanisch
Adj.	Adjektiv	*m*	maskulinum
alg.	alguien	*Part*	Partizip
adv.	adverbial	*pl*	Plural
Adv.	Adverb	*s*	Singular
bzw.	beziehungsweise	*sp.*	spanisch
conj.	Konjunktion	*subst.*	substantivisch
f	femininum	*u.*	und
Ger.	Gerundium	*unr.*	unregelmäßig
Ind.	Indikativ	*usw.*	und so weiter
Inf.	Infinitiv	*V*	Verb

ab (Ort) de (1.1.), desde (3.1.); (Zeit) de (3.4.), desde (3.4.), a partir de (4.4.)

Abend (nach Einbruch der Dunkelheit) noche *f* (7.4.), (vor Einbruch der Dunkelheit) tarde *f* (3.1.); ∼ **werden** anochecer (29.2.); **am** ∼ por la noche (5.1.), bzw. por la tarde; **gestern** ∼ anoche (15.2.); **heute** ∼ esta noche (24.1.), bzw. esta tarde

Abend... nocturno (2.1.), vespertino (24.2.)

Abendbrot cena (R 3)

Abendessen cena (6.1.)

abendlich vespertino (24.2.)

abends en la noche (7.4.), por la noche (5.1.), *bzw.* por la tarde

Abendschule escuela nocturna (2.1.), escuela vespertina (24.2.)

aber pero (1.2.)

Abfahrt partida (19.1.), salida (23.1.)

abfliegen salir en avión (G 12)

abfließen (Gewässer) deslizarse (27.4.)

Abgeordneter diputado (25.4.); **zum** ∼**n wählen** elegir diputado (25.4.)

abgespannt (müde) cansado (G 16)

abhängen von depender de (8.4.)

Abitur bachillerato (18.2.)

Abiturklasse clase preuniversitaria (18.2.)

Abkürzung abreviatura (19.1.)

ablassen (von einer Sache) dejar(se) de a/c (13.1.)

abnehmen (Telefonhörer) descolgar (12.1.)

Abordnung delegación *f* (16.1.), diputación *f* (12.4.)

Abreise partida (19.1.), salida (23.1.)

abreisen (nach) partir (para) (25.1.)

Abrüstung desarme *m* (20.2.)

abschaffen suprimir (30.4.)

Abschied despedida (22.4.)

abschließen (Geschäft, Handel) concluir (G 26), (Vertrag) contraer (25.4.), (unterzeichnen) firmar (G 26), (beenden) terminar (8.1.)

Abschluß (Politik, Tagungsschluß) clausura (22.4.) (Ende) fin *m* (13.2.)

Abschlußarbeit (wissenschaftliche) tesis (*f*) de grado (27.2.)

Abschlußveranstaltung (feierliche) acto de clausura (22.4.); reunión (*f*) final (17.2.)

Abschnitt etapa (29.2.)

abschrauben destornillar (13.2.)

abschreiben copiar (G 28); **mit der Maschine** ∼ copiar a máquina (G 28)

Absicht intención *f* (6.2.), (Ziel) objetivo (11.2.), objeto (24.2.)

absolut absoluto (10.1.)

Absolvent egresado (25.4.)

Abteilung (Militär) destacamento (17.4.), sección *f* (17.4.)

abwesend ausente (6.2.)

Abwesenheit ausencia (27.4.)
acht ocho (2.2.)
achten (ehren) respetar (20.4.)
Achtung atención f (23.1.)
achtzehn dieciocho (G 3)
Ader arteria (26.4.)
Adjektiv adjetivo (G 1)
Admiral almirante m (R 4)
Adresse dirección f (5.1.), señas pl (22.1)
Adverb adverbio (G 6)
adverbial adverbial (G 4)
Adverbialsatz oración (f) adverbial (G 25)
afrikanisch africano (30.4.)
Afrikaner africano (30.4.)
Agentur agencia (6.4.)
Aggression agresión f (15.4.)
Agrar... agrario (25.4.)
ähnlich semejante (G 23)
Akt acto (16.1.)
Akte acta (20.4.)
Aktentasche cartera (2.2.)
Aktion acción f (20.1.)
aktiv activo (16.4.)
aktivieren activar (24.4.)
Aktivist activista m (25.4.)
Aktivität actividad f (18.4.)
aktuell actual (G 13)
Akzent acento (27.2.)
Albanier albanés m (15.4.)
Albernheit tontería (13.1.)
alkoholisch alcohólico (G 13)
alle todos (1.1.)
Allee alameda (26.2.), avenida (4.4.), carrera (14.1.)
allein solo (6.1.)
alles todo (1.2.)
allgemein adj. general (3.4.); **im -en** adv. en general (8.1.), por lo general (3.4.)
Allianz alianza (20.4.)
alljährlich cada año (R 4), todos los años (R 4)
allmählich ir + Ger. (24.4.), poco a poco (G 27)
Alphabet alfabeto (G 6)
alphabetisch alfabético (−)
alphabetisieren alfabetizar (24.2.)
Alphabetisierung alfabetización f (24.2.)
Alphabetisierungs... alfabetizador (24.2.)
als adv. como (7.2.), conj. (zeitlich) cuando (R 2), (vor Zahlen) de (2.1.), (vor V nach Adj. oder Adv.) de lo que (19.B.), (nach Komp.) que (7.4.)
also pues (1.1.)
alt (altertümlich, ehemalig) antiguo (4.4.); viejo (6.4.)
Alter edad f (3.4.)
älter (Personen) mayor (3.4.)
Alternative alternativa (G 10)

altertümlich antiguo (4.4.)
ambulant ambulante (29.2.)
amerikanisch americano (26.4.)
Ampel semáforo (17.1.)
Amt (Posten) cargo (25.1.); **das ∼ antreten** asumir el cargo (25.1.)
amtlich oficial (1.4.)
amüsieren (sich) divertir(se) (R 3); **sich gut ∼** pasarlo bien (18.1.)
an (Ort) a (19.4.), en (1.1.)
anachronistisch anacrónico (26.1.)
Analphabet analfabeto (26.1.)
Analphabeten... analfabeto (24.2.)
Analphabetentum analfabetismo (24.2.)
analysieren analizar (G 25)
Ananas piña (17.1.)
Anbau cultivo (14.4.)
anbauen cultivar (11.4.)
anbieten brindar (21.4.), ofrecer (9.2.)
andauern (weiter) continuar (21.1.)
Andenken (Gedenken) memoria (25.2.), (Gegenstand) recuerdo (23.1.), (Erinnerungsstück) souvenir m (3.2.)
anderer otro (2.1.), (ein anderer) otro (2.1.)
ändern cambiar (25.1.)
anders werden cambiar (G 30)
aneinanderreihen enfilar (25.1.)
Anerkennung reconocimiento (22.4.)
Anfang principio (17.4.); **am ∼** a principios de (23.2.)
Anfang... a principios de (23.2.)
anfangen (zu) comenzar (a) (15.2.), empezar (a) (9.1.), ponerse a + Inf. (16.2.)
anfangs al principio (17.4.)
anfassen (berühren) tocar (6.1.)
anführen (befehligen) encabezar (24.4.), (erwähnen) mencionar (20.2.)
Anführer comandante m (17.4.)
anfüllen (mit) colmar (de) (29.2.)
Angabe (Hinweis) indicación f (10.2.)
angeben (weisen) indicar (5.1.)
Angelegenheit asunto (22.2.)
angemessen adecuado (11.2.)
angenehm agradable (5.2.)
angesehen (verehrt) distinguido (19.4.)
Angestellter empleado (R 1)
Angler pescador m (de caña) (G 27)
angreifen (stürmen) asaltar (30.1.), (feindlich) atacar (25.4.)
Angriff ataque m (23.2.)
anhalten parar(se) (9.2.)
Anhang apéndice m (−)
animieren animar (27.2.)
ankommen llegar (1.4.); **zu Hause −** llegar a casa (G 5)
ankündigen anunciar (6.2.)

Ankunft (Antritt einer Würde) advenimiento (26.1.), (glückliche) bienvenida (16.1.); llegada (1.4.)
Anlage (Industrie) planta (28.1.)
Anlaß motivo (16.4.)
anläßlich con motivo de (16.4.)
anmachen (Licht) encender (13.1.)
Anmeldeformular hoja reglamentaria (4.1.)
Anmerkung anotación f (4.1.), nota (18.4.)
annehmbar conveniente (4.1.)
annehmen (empfangen) aceptar (5.1.), (gutheißen und Namen) adoptar (20.2.)
annullieren anular (19.1.)
anordnen ordenar (13.1.)
anpassen an ajustar a (26.1.)
Anruf (Telefon) llamada (6.2.)
anrufen (Telefon) dar una llamada (8.1.), llamar por teléfono (G 5), ponerse al habla con (12.2.)
anschließen: sich ∼ (an) (eintreten) incorporarse (a) (29.2.), (summieren) sumarse (a) (27.4.)
anschnallen (sich) abrochar(se) el cinturón (23.2.)
anschrauben atornillar (13.2.)
Anschrift dirección f (5.1.), señas pl (22.1.)
ansehen mirar (4.2.)
Ansehen (Ruf) fama (R 5), reputación f (7.1.), (Geltung) prestigio (25.2.)
Ansicht vista (4.2.), (vista) panorámica (30.2.)
Ansichts... ilustrado (3.2.)
Ansichtskarte tarjeta ilustrada (3.2.)
Ansporn impulso (25.2.)
Ansprache alocución f (18.1.), discurso (18.1.)
Anstellung empleo (19.4.), (Posten) puesto (18.2.)
Anstieg (Zuwachs) incremento (27.1.)
anstoßen (auf) brindar (por) (22.4.)
anstrengen: sich ∼ esforzarse (G 28)
Anstrengung esfuerzo (20.2.)
Anteil parte f (5.1.)
Antifaschist antifascista m (17.4.)
antifaschistisch antifascista (25.2.)
antiimperialistisch antiimperialista (20.4.)
Antikriegs... anti-bélico (15.2.)
Anthologie antología (8.4.)
antreiben (anspornen) impulsar (15.4.)
antworten (auf) contestar (a) (3.2.), responder (a) (17.2.)
anvertrauen encomendar (29.2.)
anwachsen incrementar (25.2.)
Anwachsen incremento (27.1.)
Anwalt abogado (23.4.)
anwenden aplicar (20.4.)
Anwendung uso (−)
anwesend presente (6.2.); ∼ sein (teilnehmen (an)) asistir (a) (18.4.)
Anwesenheit presencia (R 4)
Anzahl número (2.1.)

anzeigen indicar (14.1.), informar (29.1.) señalar (20.1.)
anziehen (Magnet, Aufmerksamkeit) atraer (10.4.), (Aufmerksamkeit) captar (11.2.); sich ∼ (Kleidung) ponerse a/c (21.1.)
anziehend atractivo (4.2.)
Anziehung atracción f (5.4.)
Anzug traje m (21.1.)
anzünden encender (13.1.)
Aperitif aperitivo (9.1.)
Apfel manzana (9.2.)
Apfelsine naranja (11.4.)
Apfelsinenlimonade naranjada (8.1.)
Apostel apóstol m (30.2.)
Apparat aparato (4.4.)
Appartement apartamento (19.1.)
Appetit apetito (3.1.)
Aprikose albaricoque m (14.4.)
April abril m (R 3)
Arbeit (körperlich harte) faena (8.4.), (Mühe) labor f (16.4.); (allgemein) trabajo (2.1.); sich an die ∼ setzen comenzar el trabajo (G 28), ponerse al trabajo (G 28), ponerse a trabajar (G 28)
arbeiten trabajar (2.1.); ∼ (als) trabajar (de, como) (R 2); als Dolmetscher ∼ trabajar de intérprete (G 25)
Arbeiter obrero (3.4.), trabajador m (5.4.)
Arbeiter... obrero (12.4.)
Arbeits... laboral (27.1.)
arbeitsam laborioso (11.4.)
Arbeitsgemeinschaft círculo de interés (G 20)
Arbeitskräfte (Wirtschaft) mano (f) de obra (29.1.)
Arbeitsloser desempleado (6.4.)
Arbeitsstätte centro laboral (28.2.)
Arbeitstag jornada (18.4.)
Arbeitszeit (tägliche) jornada de trabajo (18.4.)
Arbeitszimmer estudio (3.4.)
Archipel archipiélago (27.4.)
architektonisch arquitectónico (30.2.)
Architektur arquitectura (2.4.)
Argentinier argentino (15.4.)
argentinisch argentino (8.1.)
ärgern: sich ∼ (über) enfadarse (con alg., de a/c) (13.1.)
arm pobre (24.4.)
Armut pobreza (6.4.)
Art (Gattung) clase f (4.1.), especie f (26.1.), género (11.1.), (Art und Weise) manera (7.4.), modo (3.2.)
Artikel (Grammatik) artículo (G 1), (Ware) artículo (6.4.), género (11.1.), producto (4.4.)
Arzt médico (3.4.)
Asphalt asfalto (28.4.)
Assistent asistente m (2.1.)
astronomisch astronómico (4.4.)

asturisch astúrico (9.4.)
Atlantik atlántico (12.4.)
atlantisch atlántico (9.4.)
atmen respirar (14.2.)
Atmosphäre atmósfera (16.4.)
Attraktion atracción *f* (11.2.)
attraktiv atractivo (4.2.)
auch también (1.2.); ~ nicht ni (30.1.), tampoco
(8.1.)
auf (Ort: wohin?) a (4.1.), (Ort: wo?) en (1.1.),
sobre (5.2.)
Aufbau construcción *f* (29.4.), edificación *f*
(28.1.), montaje *m* (28.1.)
aufbauen construir (20.4.)
aufbewahren guardar (9.2.)
aufbrechen (um zu) (losgehen) salir (a + *Inf.*)
(30.2.)
aufeinanderfolgend sucesivo (25.1.)
Aufenthalt estancia (5.2.)
auffallen (hervortreten) destacar(se) (4.4.)
auffangen captar (11.2.)
Aufgabe deber *m* (R 1), tarea (2.1.)
aufhalten (hinhalten) entretener (12.1.)
aufhängen colgar (12.2.)
aufhören (zu) cesar (de) (15.4.), (ablassen) dejar
(de) (27.4.)
auflegen (Telefonhörer) colgar (12.2.)
auflösen disolver (25.2.)
aufmerksam atento (9.1.)
Aufmerksamkeit atención *f* (6.4.); ~ schenken
prestar atención (20.2.); die ~ auf sich lenken
captar la atención (–), llamar la atención
(6.4.)
Aufnahme (Empfang) acogida (1.4.), (Foto)
foto *f* (4.2.) (in eine Gesellschaft, die Armee
usw.) incorporación *f* (a) (29.4.), (Eintritt)
ingreso (18.2.); ~n machen tomar fotos
(R 3), sacar fotos (G 27)
aufnehmen (Gast) acoger (23.1.)
aufrechterhalten mantener (24.4.)
Aufrechterhaltung mantenimiento (29.1.)
Aufruf (Benachrichtigung) aviso (23.1.), llamamiento (20.1.)
aufrufen llamar (20.2.)
Aufruhr rebeldía (18.4.), sublevación *f* (15.4.)
aufrührerisch rebelde (30.2.)
Aufrüstung armamento (20.2.)
Aufschrift (Hinweis) indicación *f* (10.2.); inscripción *f* (R 1), (Firmenschild) letrero (21.1.)
Aufschwung incremento (13.4.)
Aufstand insurgencia (30.4.), insurrección *f*
(30.2.), (Empörung) rebelión *f* (30.4.)
aufstehen (vom Bett) levantarse (6.1.)
aufteilen (sich) dividir(se) (26.4.)
Aufteilung división *f* (12.4.)
Auftrag orden *f* (1.2.)
auftreten producirse (22.2.)

aufwachen despertarse (G 9)
aufwerfen (Frage, Problem) plantear (un problema) (16.4.)
Auge ojo (R 3)
Augenblick instante *m* (17.2.), momento (4.1.),
(kurzer Zeitraum) rato (10.1.)
August agosto (R 3)
aus de (1.1.)
ausarbeiten elaborar (28.4.)
ausbeuten explotar (23.4.)
Ausbeuter explotador *m* (30.4.)
Ausbeutung explotación *f* (30.4.)
ausbilden formar (G 30)
Ausbildung formación *f* (18.2.), instrucción *f*
(24.2.)
Ausbildungs... formador (30.2.)
Ausdauer constancia (27.2.)
ausdehnen ampliar (20.4.); (sich) ~ extender(se)
(9.4.)
Ausdehnung extensión *f* (12.4.)
ausdrücken expresar (22.4.)
Ausfahrt salida (3.1.)
Ausflug excursión *f* (11.2.)
Ausfuhr exportación *f* (11.4.)
ausführen (Arbeit) efectuar (29.2.), ejecutar
(28.4.), (Waren) exportar (13.4.)
ausfüllen llenar (4.1.)
Ausgabe (Buchwesen) edición *f* (29.2.)
Ausgang salida (3.1.)
ausgeben gastar (2.2.)
ausgedehnt amplio (20.2.), extenso (9.4.)
ausgehen (weggehen) salir (G 16)
ausgezeichnet excelente (1.2.)
aushändigen entregar (6.2.)
Auskunft información *f* (3.2.), informe *m* (R 5);
um Auskünfte bitten pedir informaciones, *bzw.*
informes (R 5)
Ausland extranjero (1.1.)
Ausländer extranjero (10.4.)
ausländisch extranjero (2.1.)
ausmachen (löschen) apagar (13.2.)
Ausmaß dimensión *f* (30.1.)
Ausnahme excepción *f* (23.4.)
ausnutzen disfrutar (de) (7.1.)
Auspuff escape *m* (14.2.)
ausreichen (um zu) dar abasto (para) (29.2.)
Ausrottung exterminio (30.1.)
ausruhen: sich ~ descansar (10.1.), recrearse
(14.2.)
Ausrüstung equipo (26.1.)
Aussaugen esquilmación *f* (30.4.)
ausschließlich exclusivo (14.4.)
Ausschluß expulsión *f* (25.4)
Ausschuß (Kommission) junta (15.4.)
aussehen (scheinen) parecer (7.2.); es sieht nach
Regen aus parece que va a llover (G 28)

Außen... exterior (20.2.)
außer (neben) además de (5.4.), además de +
  Inf. (4.2.), (außerhalb) fuera de (18.1.), (aus-
  genommen) a excepción de (23.4.)
außerdem además (3.4.), fuera de eso (18.1.)
außergewöhnlich excepcional (27.4.)
außerhalb (von) fuera (de) (18.1.)
außerordentlich extraordinario (13.4.)
äußerst sumamente (28.2.); ～er extremo (11.4.),
  sumo (28.2.)
Aussicht (Perspektive) perspectiva (18.2.), (Sicht,
  Ansicht) vista (7.1.)
Ausnutzung aprovechamiento (14.4.)
Ausrüstung (maschinelle) maquinaria (4.4.)
aussprechen (sich) (für) pronunciar(se) (en favor
  de) (25.4.)
aussteigen bajar (3.2.)
ausstellen exponer (G 7)
Ausstellung exposición *f* (G 15)
ausstreuen esparcir (28.4.)
Austausch (Technik) recambio (13.2.)
austauschen cambiar (16.4.)
ausüben ejercer (20.4.), ejecutar (25.4.), (Amt)
  desempeñar (25.4.), (in der Praxis) practicar
  (G 18)
ausverkauft agotado (19.1.)
auswählen elegir (10.2.), escoger (7.2.), (eine
  Auslese treffen) seleccionar (29.4.)
auswandern emigrar (24.4.)
Auswechs(e)lung (Technik) recambio (13.2.)
ausweiten extender (20.4.)
Auszug (Buchwesen) extracto (G 29)
Auto auto (2.2.), coche *m* (1.2.); mit dem ～
  en coche G 8
Autobus autobús *m* (3.1.)
automatisieren automatizar (28.2.)
Automobil automóvil *m* (2.2.)
Automobil... automotor, automotriz (28.4.)
Autor autor *m* (15.2.)
Azteke azteca *m* (23.4.)

Bad baño (3.4.)
baden (im Freien) bañar(se), (in der Wanne)
  tomar un baño (G 19)
Badezimmer cuarto de baño (3.4.)
Bagatelle bagatela (9.2.)
Bahn (Flug, Wurf, Geschoß) trayectoria (30.4.)
Bahnhof estación *f* (G 7)
bald (in kurzer Zeit) *adv.* en breve (23.2.), dentro
  de poco (5.1.); pronto (1.1.)
Balkon balcón *m* (3.4.)
baltisch báltico (G 16)
Banane plátano (14.4.)
Band cinta (2.1.), (Buchwesen) volumen *m*
  (24.2.)
Bandit bandido (29.2.)

Bank banco (R 2)
Bar bar *m* (6.4.)
Baracke barraca (19.4.)
barbarisch bárbaro (16.2.)
Barock... barroco (21.4.)
Barriere barrera (9.4.)
basieren basar (13.4.)
Basis base *f* (8.4.)
Basis... básico (13.4.)
Baske vasco (11.4.)
baskisch vasco (2.4.)
Bataillon batallón *m* (17.4.)
Bau construcción *f* (2.4.), edificación *f* (21.4.),
  obra (27.1.)
bauen construir (G 10), fabricar (2.2.), (errich-
  ten) levantar (27.1.)
Bauer campesino (8.4.)
Bauernschaft campesinado (29.4.)
Baum árbol *m* (11.4.)
Baustelle obra (s) (27.1.)
Bauten construcciones *f pl* (19.2.), obras *pl*
  (27.1.)
Bauvorhaben obra(s) (27.1.)
Bauwerk construcción *f* (2.4.), edificación *f*
  (21.4.)
Bauxit bauxita *m* (13.4.)
beachten prestar atención (20.2.)
beantworten contestar (3.2.)
beaufsichtigen vigilar (28.2.)
beauftragen encargar (12.2.), encomendar (29.2.)
bedauern (beklagen) lamentar (11.1.); sentir
  (20.1.)
Bedauern lástima (7.1.)
bedecken cubrir (15.4.)
bedeuten significar (9.2.)
bedeutend importante (2.1.), sustancioso (30.4.)
Bedeutung importancia (5.4.)
Bedienung servicio (4.1.)
Bedingung condición *f* (10.4.)
Bedingungs... (Grammatik) condicional (G 21)
Bedürfnis necesidad *f* (28.2.)
beeilen: sich ～ apresurarse (8.1.), darse prisa
  (13.1.)
beeindrucken impresionar (15.2.)
beeindruckend impresionante (17.2.)
beeindruckt sein quedar impresionado (23.1.)
beeinflussen influir (G 10)
beenden acabar (29.1.), finalizar (25.1.), llevar
  a cabo (G 26), terminar (8.1.)
Befehl orden *f* (1.2.)
befehlen mandar (R 4), ordenar (13.1.)
befinden: sich ～ encontrarse (20.4.), (gelegen
  sein) encontrarse situado (26.4.); estar (1.1.),
  (liegen) estar situado (2.4.); hallarse (4.2.),
  quedar (2.4.), (bleiben) quedarse (4.1.)
befindlich situado (2.4.)
beflecken (mit Blut) ensangrentar (30.2.)

befolgen: Ratschläge ~ seguir consejos (G 20)

befördern (Waren, Material) trajinar (27.1.), transportar (29.2.)

befragen consultar (11.1.)

befreien liberar (20.4.), libertar (R 5)

Befreier libertador *m* (R 5)

Befreiung liberación *f* (20.4.)

Befreiungs... emancipador (30.4.)

befremden extrañar (28.2.)

befriedigen satisfacer (11.1.)

befriedigend satisfactorio (27.1.)

befürchten temer (8.2.)

Begabung talento (16.2.)

begeben: sich ~ **(nach)** ir (a) (2.2.)

Begegnung encuentro (16.1.)

begehen (Fehler, Irrtum, Verbrechen) cometer (27.4.)

begeistert entusiasta (26.2.)

Begeisterung entusiasmo (R 4)

Beginn: zu ~ **von** a principios de (24.4.)

beginnen (zu) comenzar (a) (15.2.), empezar (a) (9.1.), (einleiten) iniciar (16.4.); (übergehen zu) pasar a (16.2.); ponerse a (16.2.)

begleiten acompañar (14.2.)

Begleiter acompañante *m* (24.1.)

begnügen: sich ~ **(mit)** contentarse (con) (11.4.)

begreifen comprender (3.1.)

begrenzen bordear (26.2.)

Begrenzung limitación *f* (20.2.)

begrüßen dar la bienvenida (16.1.), saludar (1.4.)

behalten quedarse (con) (4.1.)

behandeln (bearbeiten) procesar (26.1.); tratar (20.2.)

behaupten (nachdrücklich versichern) afirmar (25.2.), (aufrechterhalten) sostener (25.2.)

beherrschen dominar (27.2.)

Beherrschung dominio (26.1.)

bei (in der Nähe von) cerca de (2.2.), (im Hause von) en casa de (5.1.), (Ort) junto (a) (6.1.); ~ **sich** consigo (6.1.)

beide ambos (26.2.)

beim ... al + *Inf.* (4.2.)

Beispiel ejemplo (2.4.); **zum** ~ por ejemplo (8.1.)

Beistand asistencia (28.4.)

beisteuern aportar (30.4.)

Beitrag (Mitwirkung) aportación *f* (15.4.), aporte *m* (20.2.); contribución *f* (20.4.); **seinen** ~ **leisten** dar su aporte (28.1.), prestar su aporte (20.4.)

beitragen aportar (30.4.); ~ **(zu)** contribuir (a) (G 10)

bekannt (als) conocido (por) (9.4.)

bekannt machen presentar (6.4.), dar a conocer (29.1.)

Bekannter conocido (15.1.)

bekanntgeben dar a conocer (29.1.), informar (29.1.)

bekennen confesar (29.1.)

beklagen lamentar (11.1.)

bekommen (durch eigenes Zutun) conseguir (15.2.), lograr (24.4.), obtener (18.2.) (ohne eigenes Zutun) recibir (3.2.)

belästigen molestar (12.1.)

Belästigung molestia (12.1.)

belaufen: sich ~ **(auf)** ascender (a) (28.2.), elevarse (a) (12.4.)

beleuchten (festlich) iluminar (17.2.)

Beleuchtung alumbrado (13.2.)

beliebig: jeder ~**e** (una persona) cualquiera (8.4.); **jede** ~**e Sprache** cualquier idioma (27.2.)

beliebt (bei der Bevölkerung) popular (2.2.) (bevorzugt) preferido (5.4.); **wie es Ihnen** ~ a su gusto (10.2.)

bemerken (feststellen) darse cuenta (19.1.), (beobachten) observar (6.4.)

bemühen: sich ~ esforzarse (G 28), esmerarse (22.4.)

benachbart vecino (26.4.)

benachrichtigen avisar (6.1.), informar (R 5)

Benachrichtigung aviso (23.1.)

Benennung denominación *f* (17.4.)

benötigen necesitar (3.2.), (erfordern) requerir (28.4.), (Zeit) tardar (3.1.)

benutzen usar (12.1.), (verwerten) utilizar (26.2.)

Benutzung uso (–)

Benzin gasolina (2.2.)

beobachten observar (6.4.)

bequem cómodo (1.2.)

Bequemlichkeit comodidad *f* (5.2.)

berechnen calcular (23.4.)

Bereich sector *m* (5.4.)

bereichern enriquecer (30.4.)

bereit listo (1.2.); ~ **sein (zu)** estar dispuesto (a) (25.2.)

bereiten (Empfang) dispensar (20.2.)

bereitwillig gustoso (21.2.)

Berg montaña (9.4.), monte *m* (9.4.)

Bergarbeiter... minero (18.4.)

bergig montañoso (9.4.)

Bergmann minero (18.4.)

Bergwerk mina (11.4.)

Bericht (amtlich) boletín *m* (21.1.), (Rechenschaft) informe *m* (20.1.), (Erzählung) relato (R 4); ~ **erstatten** presentar un informe (20.1.)

berichten relatar (30.2.)

Berliner berlinés *m* (G 26)

berücksichtigen tener en cuenta (3.1.)

Beruf (gelernter) oficio (13.1.); profesión *f* (2.1.)

beruflich profesional (2.1.)

Berufs ... profesional (2.1.)

Berufsausbildung formación técnica (18.2.), instrucción *f* profesional (–)
beruhen auf fundamentar en (20.4.)
beruhigen calmar (23.4.), tranquilizar (8.2.)
berühmt célebre (19.2.), famoso (8.4.)
berühren (betreffen) afectar (27.4.), (anfassen) tocar (6.1.)
besagt dicho (29.4.)
Besatzung tripulación *f* (23.4.)
beschäftigen (anstellen) emplear (28.1.); ocupar (5.1.); **sich ~ (mit)** (Besorgung übernehmen) encargarse (de) (6.1.), ocuparse (de) (G 4)
Beschäftigung ocupación *f* (30.2.), (Beruf, Arbeit) oficio (13.1.)
bescheiden modesto (4.4.)
beschleunigen (sich) acelerar(se) (13.4.)
beschließen (einstimmig) acordar (16.4.), (beenden) concluir (G 12), (entscheiden) decidir (R 3), resolver (15.1.)
Beschränkung limitación *f* (20.2.)
beschreiben describir (8.4.)
Beschreibung descripción *f* (6.4.)
Beschwerlichkeit penuria (29.1.)
besetzt ocupado (7.1.)
besichtigen visitar (19.2.)
besiegen vencer (18.4.)
Besitz posesión *f* (R 5)
Besitz... (Grammatik) posesivo (G 2)
besitzanzeigend (Grammatik) posesivo (G 2)
besitzen poseer (14.4.), tener (1.2.)
Besitzer (Herr) patrón *m* (18.4.); propietario (14.4.)
besonder *adj.* especial (10.2.), particular (15.4.)
besonders *adv.* (im besonderen) en particular (15.4.)
Besonnenheit cuidado (2.1.)
besprechen debatir (30.4.) (beraten) discutir (3.2.); hablar de (sobre) (G 1)
besser mejor (6.4.)
bessern mejorar (24.1.)
beständig constante (28.4.)
Bestandteil componente *m* (30.4.), (chemischer) ingrediente *m* (8.4.), (wesentlicher) parte (*f*) integrante (20.4.)
bestätigen confirmar (R 4)
Bestätigung confirmación *f* (22.1.)
bester mejor (6.4.)
bestehen auf empeñarse en (27.1.), (beharrlich) estar empeñado en (27.1.)
bestehen aus (zusammengesetzt sein) componerse de (7.4.) (ausmachen) consistir en (28.2.), (sich zusammensetzen) constar de (17.4.); **die Prüfung(en) gut ~** pasar bien los exámenes (G 20)
bestellen ordenar (7.2.), (Ware) pedir (10.1.), (reservieren) reservar (4.1.), (reservieren lassen) hacer reservar (G 30)

bestimmen destinar (29.1.)
bestimmt (Grammatik) determinado (G 23)
Bestimmungsort destino (23.2.)
Besuch visita (6.2.)
besuchen (Vorlesung, Kurs) cursar (18.2.), (häufig) frecuentar (G 30), (freundschaftlich) ir a ver (G 14), venir a ver (G 8), hacer una vísita (21.2.), (offiziell) visitar (5.1.), (Versammlung) asistir (a) (18.4.); **die Schule ~** frecuentar la escuela (G 30); **eine Schule ~** ir a una escuela (3.4.)
Besucher visitante *m* (22.4.)
besucht (stark) concurrido (30.2.)
Beteiligung participación *f* (25.1.)
Beton hormigón *m* (18.2.)
betonen acentuar (20.1.), (hervorheben) destacar (28.1.)
betrachten (halten für) considerar (R 3), (sinnend) contemplar (16.4.)
beträchtlich considerable (13.4.)
betreffen (berühren) afectar (27.4.)
betreffs acerca de (22.2.), en cuanto a (8.4.), relativo a (20.2.), respecto a (8.4.)
betreiben (in Gang halten) mantener (28.1.), (Geschäft, Angelegenheit) procurar (25.1.)
betreuen atender (G 9)
Betreuer guía *m* (30.1.)
Betrieb (Werk) planta (28.1.)
betrunken borracho (R 2)
Bett cama (4.1.); **im ~ bleiben** guardar cama (G 30); **ins (zu) ~ gehen** ir a cama (R 1)
Bettler mendigo (6.4.)
beurteilen (einschätzen) evaluar (29.2.), (bewerten) valorar (25.2.)
Beutel bolsa (23.1.), bolso (9.2.)
Bevölkerung población *f* (11.4.)
bevor antes de + *Inf.* (4.2.), antes (de) que + *Konj.* (G 25)
bevorzugt preferido (5.4.)
bewaffnet armado (15.4.)
bewahren (aufbewahren, erhalten) conservar (G 13), guardar (9.2.)
Bewässerung irrigación *f* (28.4.)
Beweggrund motivo (16.4.)
Bewegung movimiento (6.4.)
Beweis prueba (29.4.)
bewerkstelligen efectuar (29.2.)
bewerten valorar (25.2.)
bewirken (hervorrufen) provocar (10.4.)
bewohnen habitar (30.1.)
bewölkt cubierto (10.4.)
bewundern admirar (21.1.)
Bewunderung admiración *f* (R 4)
bewußt consciente (24.4.)
Bewußtsein conciencia (15.4.)
bezahlen pagar (4.2.)
bezaubern encantar (29.2.)

bezaubernd encantador (9.1.)
Bezeichnung (Benennung) denominación *f* (17.4.)
bezeugen atestiguar (30.2.)
beziehen: sich ~ auf referirse a (20.2.)
Beziehung relación *f* (16.4.); **~en aufnehmen** establecer relaciones (25.4.)
beziehungsweise respectivamente (25.4.)
Bezirk departamento (R 5), distrito (26.4.), provincia (G 26)
bezüglich (in bezug auf) en relación a (21.1.); relativo a (20.2.)
bezugsfertig listo para ser habitado (30.1.)
bezwecken tener por objeto (24.2.)
bezweifeln dudar (R 5)
Bibliothek biblioteca (4.4.)
Bibliothekarin bibliotecaria (G 13)
biegen torcer (14.1.)
Bier cerveza (7.2.)
Bilanz balance *m* (25.2.)
bilateral bilateral (20.4.)
Bild (Gemälde) cuadro (19.4.); imagen *f* (10.4.); (Gemälde) pintura (G 8)
bilden (sein) constituir (15.4.); formar (G 2), (ausmachen) integrar (25.4.); componer (G 24), instalar (G 26)
Bildung (Bilden) formación *f* (G 11), (Erziehung) instrucción *f* (24.2.)
Bildungs... formador (30.2.)
Bildungsstätte plantel *m* (18.2.)
billig barato (2.2.)
binden atar (30.4.)
Biographie biografía (25.4.)
biographisch biográfico (18.4.)
bis a (1.1.), hasta (1.1.); **~ dann** hasta luego (4.1.); **~ (daß)** hasta que + *Konj.* (22.1.)
Biskuit bizcocho (7.4.), galletita (7.4.)
bißchen: ein ~ un poco de (8.1.)
bitte por favor (1.2.), haga Ud. el favor de + *Inf.* (4.2.), sírvase + *Inf.* (6.2.), tenga Ud. la bondad de + *Inf.* (4.1.)
bitten pedir (10.1.), rogar (G 9)
bitter amargo (24.2.)
bizcaisch vizcaíno (8.2.)
Blatt hoja (4.1.)
blau azul (G 6)
Blau azul *m* (26.2.)
Blech (dünne Metallplatte) plancha (13.2.)
Blei plomo (13.4.)
bleiben (bei) quedar(se) (con) (4.1.), (sich nicht verändern) permanecer (21.1.)
Bleistift lápiz *m* (R 2)
Blockade bloqueo (25.1.)
Blume flor *f* (9.1.)
Blumenvase florero (17.1.)
Bluse blusa (6.1.)
Blut sangre *f* (17.4.)

Boden (Erdboden) suelo (14.4.)
Bodenschätze riquezas naturales *pl* (13.4.)
Boot barca (26.2.), bote *m* (14.2.)
Bord bordo (23.2.)
borgen (nehmen) tomar prestado (G 30), (geben) prestar (17.4.)
botanisch botánico (4.4.)
Botschaft (Politik, Gebäude) embajada (6.2.), (Nachricht) recado (6.2.)
Botschafter embajador *m* (G 23)
Bourgeoisie burguesía (24.4.)
brasilianisch brasileño (30.4.)
Brat... frito (7.2.)
Bratkartoffeln patatas fritas (7.2.)
brauchbar utilizable (14.4.)
brauchen (nötig sein) hacer falta (24.1.), (nötig haben) necesitar (3.2.), (Zeit) tardar (3.1.)
braun pardo (6.6.)
breit ancho (14.1.)
Breite ancho (26.4.), (Ausdehnung) anchura (9.4.)
Brennstoff combustible *m* (13.4.)
Brief carta (5.2.)
Briefmarke sello (4.2.)
Briefpapier papel (*m*) de carta (5.2.)
Brieftasche cartera (9.2.)
Briefumschlag sobre *m* (19.4.)
Brigade brigada (15.4.)
Brigademitglied brigadista *m* (27.1.)
Brille gafas *pl* (18.1.)
bringen (begleiten) acompañar (G 13), (führen, geleiten) conducir (G 13), (fortbringen: Sachen, Personen) llevar (G 20) (herbringen: Sachen, Personen) traer (8.2.)
Broschüre folleto (16.1.)
Brot pan *m* (7.4.)
Brötchen panecillo (7.4.)
Brücke puente *m* (21.4.)
Bruder hermano (R 1)
brüderlich fraternal (20.4.)
brutal brutal (30.4.)
Buch libro (R 1)
buchen (Platz) reservar (19.1.)
Buchhandlung librería (3.2.)
Büchlein librito (10.2.)
Buchstabe letra (R 2)
buchstabieren deletrear (6.2.)
Bucht bahía (26.2.)
bügeln planchar (6.1.)
Bulgare búlgaro (15.4.)
Burg castillo (26.2.)
Büro despacho (12.2.), oficina (4.4.)
Bursche mozo (4.2.), muchacho (13.2.)
Bürste cepillo (29.2.)
Bus autocar *m* (G 21), bus *m* (1.4.)
Butter mantequilla (7.4.)

Café café *m* (6.4.)
Chaos caos *m* (23.1.)
chaotisch caótico (19.4.)
Charakter carácter *m* (7.4.)
charakterisieren caracterizar (10.4.)
Charakteristikum característica (10.4.)
Charakterzug rasgo (15.1.)
Chef jefe *m* (23.2.)
Chef... en jefe (23.2.)
Chemie química (13.4.)
chemisch químico (4.4.)
Chilene chileno (G 25)
chilenisch chileno (G 13)
Chirurg cirurjano (25.4.)
Chor : im ∼ a coro (R 2)
christlich cristiano (25.4.)
christlich-demokratisch demócrata-cristiano (25.4.)
Club club *m* (G 13)
Cocktail cocktail *m* (6.4.)
College colegio (25.4.)
Creme crema (10.2.)

da (Grund) como (5.4.), (weil) puesto que (29.2.); ∼ (ja) (weil) ya que (16.2.)
dabei sein zu andar + *Ger.* (17.2.), estar + *Ger.* (1.1.)
Dach techo (28.1.)
dadurch por ello (25.2.)
dagegen en cambio (10.4.)
dahinter detrás (13.2.)
dalassen dejar (7.1.)
damals en aquel tiempo (R 3), entonces (16.4.)
Dame dama (23.2.), señora (1.1.)
damit a fin de (G 28), para que (G 20)
danach después (3.1.)
dank debido a (24.4.), gracias a (14.2.)
Dank (Anerkennung) reconocimiento (22.4.)
dankbar agradecido (23.1.); ∼ sein (für) quedar agradecido (por) (23.1.)
danke gracias (1.1.)
danken agradecer (10.2.); ∼ (für) dar las gracias (por) (16.4.)
dann (darauf) después (3.1.), (alsdann) entonces (4.1.), (nachher) luego (4.1.), (nun, also) pues (1.1.)
darauf después (3.1.)
darstellen representar (25.2.)
Darstellung (vista) panorámica (30.2.)
das el (1.1.), la (1.1.), lo (3.4.), ello (22.2.), eso (4.2.), esto (9.1.), aquello (21.4.), que (3.1.); ∼ (was) el cual (12.4.), la cual (G 29), lo cual (G 29), el que (16.4.), la que (17.4.), lo que (7.2.)
daß que (3.1.)
Daten datos *pl* (20.2.)

Datum fecha (R 3)
Dauer... (Grammatik) durativo (G 27)
dauerhaft duradero (22.4.)
dauern durar (16.2.)
davor (Ort) delante (7.1.)
dazukommen (summieren) sumarse (a) (27.4.)
defekt defectuoso (13.1.)
defensiv defensivo (29.4.)
definieren definir (25.1.)
definitiv definitivo (26.1.)
dein tu (G 2)
deiner (el) tuyo (9.1.)
Deklaration declaración *f* (20.2.)
Delegation delegación *f* (16.1.)
Delegierter delegado (11.2.)
Delikt delito (25.2.)
demographisch demográfico (12.4.)
Demokratie democracia (15.4.)
demokratisch democrático (1.1.)
demonstrativ demonstrativo (G 9)
demütig humilde (18.4.)
denken (an) pensar (en) (9.2.); ∼ (über, von) pensar (de) (15.2.); sich ∼ (sich geistig vorstellen) figurarse (16.1.)
Denkmal monumento (4.4.)
denn pues (5.1.)
der el (1.1.), la (1.1.)
deren cuyo (13.4.)
der(jenige, welcher) el cual (12.4.), la cual (G 29), que (3.1.), el que (16.4.), la que (17.4.), (Personen) quien (23.4.)
deshalb por eso (3.1.)
dessen cuyo (13.4.)
detailliert detallado (23.4.)
deutlich claro (11.2.)
deutsch alemán (1.1.); auf ∼ en alemán (G 5)
Deutscher alemán *m* (15.4.)
Devise divisa (11.1.)
Dezember diciembre *m* (R 3)
Dialog diálogo (G 2)
dich te (G 4), (betont) a ti (5.1.)
dicht denso (–)
Dichte densidad *f* (12.4.)
Dichter poeta *m* (11.4.)
die el (1.1.), la (1.1.), (Plural) los (1.2.), las (1.2.
die(jenige, welche) el cual (12.4.), la cual (G 29), que (3.1.), el que (16.4.), la que (17.4.), (Personen) quien (23.4.)
dienen (als) servir (de) (10.1.)
Diener mozo (4.2.), servidor *m* (12.2.)
Dienst servicio (G 10)
Dienstag martes *m* (G 10); am ∼ el martes (R 3)
diensteifrig servicial (15.1.)
Dienstleistung servicio (30.1.)
Dieseltriebwagen automotor *m* (19.1).
diese(r, ∼s) este (9.1.), esta (5.2.), esto (9.1.), ese (9.1.), esa (2.2.), eso (4.2.)

17 Lehrb. span. Spr.

Diktatur dictadura (15.4.)
Dimension dimensión f (30.1.)
Ding cosa (3.1.)
Diphthongierung diptongación f (G 9)
Diplomarbeit tesis (f) de grado (27.2.)
diplomatisch diplomático (25.4.)
dir te (5.1.), (betont) a ti (5.1.)
direkt directo (25.1.)
Direktor director m (16.1.)
Diskussion discusión f (G 12)
diskutieren (über) discutir (sobre) (3.2.), polemizar (29.1.)
Distrikt distrito (26.4.)
Disziplin disciplina (27.1.)
doch pero (G 11)
Doktor doctor m (13.1.)
Doktorin doctora (G 23)
Dokument documento (16.1.)
Dollar dólar m (24.4.)
dolmetschen hacer de intérprete (G 27), trabajar de intérprete (G 25)
Dolmetscher intérprete m (2.1.); **als $\sim$ arbeiten** trabajar de intérprete (G 25)
Dolmetscherin intérprete f (R 2)
dominikanisch dominicano (2.4.)
Donnerstag jueves m (G 10)
Donnerwetter: zum $\sim$! ¡caramba! (14.2.)
doppelt doble (G 6)
Dorf aldea (R 2), pueblo (18.4.)
dort ahí (3.2.), allá (9.2.), allí (1.2.)
Dozent docente m (2.1.)
Draht alambre m (13.2.)
drehen (Film) rodar (G 9), (um die eigene Achse) rotar (28.2.)
drei tres (2.1.)
dreißig treinta (4.2.)
dreizehn trece (3.1.)
dringend urgente (11.2.)
drinnen dentro (30.2.)
dritter tercer(o) (G 2)
drucken imprimir (G 18)
du tú (1.1.)
Duft aroma m (9.1.), perfume m (10.2.)
duftend perfumado (10.2.)
dulden sufrir (30.1.)
Dummheit tontería (13.1.)
Düngemittel fertilizante m (28.4.)
durch (Ort) por (1.2.), a través de (18.2.)
durchaus nicht de ningún modo (3.2.)
durchfahren pasar (por) (30.2.), recorrer (19.2.), transitar (25.2.)
Durchfahrt paso (26.2.)
durchführen (bewerkstelligen) efectuar (29.2.), llevar a cabo (G 26), (verwirklichen) realizar (G 26)
Durchgang paso (17.4.)
Durchschnitt promedio (27.4.)

Durchschnitts. . . medio (2.2.)
Dürre seca (27.4.)
Durst sed f (17.1.)
Dutzend docena (G 26)
Dynamit dinamita (29.2.)

Ebene llanura (9.4.)
Ecke esquina (9.2.)
effektiv efectivo (20.2.)
Ehe matrimonio (25.4.); **eine $\sim$ eingehen (schließen)** contraer matrimonio (25.4.)
ehemalig antiguo (R 5)
Ehemann marido (3.2.)
Ehepaar matrimonio (9.1.)
eher (früher) antes (G 23)
Ehre honor m (16.4.); **zu $\sim$n von** en homenaje de (a) (30.1.), en honor de (23.4.)
ehrgeizig ambicioso (16.2.)
Ehrung homenaje m (30.1.)
Ei huevo (7.4.)
Eierkuchen tortilla (7.4.)
eigen propio (11.4.)
eigentümlich propio (11.4.)
Eile prisa (1.1.); **in $\sim$ sein** tener prisa (G 1)
eilig: es $\sim$ haben estar de prisa (1.1.), tener prisa (G 1)
ein un (1.1.)
einbegriffen: mit $\sim$ implícito (28.4.)
einberufen convocar (16.4.)
eindringen penetrar (24.4.)
Eindruck impresión f (6.4.)
eindrucksvoll (imposant) imponente (6.4.); impresionante (17.2.)
eine una (1.1.)
einebnen arrasar (30.2.)
einen unir (R 5)
einer uno (R 1)
einfach (schlicht) sencillo (30.2.); simple (G 15)
Einfluß influencia (10.4.)
einflußreich influyente (R 3)
Einfuhr importación f (13.4.)
einführen (Waren) importar (2.2.); introducir (12.1.)
Eingang entrada (5.2.)
eingeboren (einheimisch) indígena (30.1.)
Eingeborener indígena m (23.4.)
Eingeborenen. . . indígena (30.1.)
eingliedern: sich $\sim$ (in) incorporarse (a) (29.2.)
einheimisch indígena (30.1.)
Einheit unidad f (17.4.)
einheitlich único (25.2.), uniforme (10.4.), unitario (25.4.)
Einheits. . . único (25.2.), unitario (25.4.)
einige algunos (1.2.), unos (3.1.)
Einkauf compra (5.4.)

---

einkaufen comprar (4.2.); ~ **gehen** ir de compras (5.4.)

Einkommen renta (25.4.) ingresos *pl*

einladen invitar (5.1.); **zum Essen** ~ invitar a comer (G 22)

Einladung invitación *f* (5.1.)

einleiten iniciar (16.4.)

einmal (irgendwann) alguna vez (21.1.)

einnehmen ocupar (9.4.), (zu sich nehmen) tomar (R 1)

einquartieren (sich) alojar(se) (30.2.)

einreihen: sich ~ **(in)** incorporarse (a) (29.2.)

Einreihung (in) incorporación *f* (a) (29.4.)

einrichten (festsetzen) establecer (28.1.), (installieren) instalar (26.1.)

Einrichtung instalación *f* (28.4.)

eins uno (G 2)

Einsamkeit retiro (14.2.)

einschätzen apreciar (16.4.), (meinen) estimar (22.4.), (beurteilen) evaluar (29.2.), (bewerten) valorar (25.2.)

einschließen incluir (10.2.)

einschließlich *adv.* inclusive (27.4.), incluso (27.4.)

einschreiben (sich) inscribir(se) (4.1.)

Einsetzung instalación *f* (25.1.)

einsteigen subir (G 4)

Einteilung repartición *f* (14.4.)

Eintracht concordia (22.4.)

eintragen registrar (23.1.)

eintreffen llegar (16.1.)

eintreten entrar (6.1.); ~ **(in)** (sich anschließen (an)) incorporarse (a) (29.2.), (Amt, Schule) ingresar (en) (R 3)

Eintritt (als Mitglied) ingreso (18.2.)

Eintrittskarte entrada (15.2.); ~**n kaufen (lösen)** sacar entradas (24.1.)

einverstanden de acuerdo (7.1.); ~ **sein** estar de acuerdo (7.1.)

Einweihung inauguración *f* (16.1.)

Einwohner habitante *m* (3.1.)

Einzel... individual (4.1.)

Einzelheit detalle *m* (2.4.)

einzig solo (6.1.)

einzigartig singular (30.4.), único (21.4.)

Einzug entrada (R 4)

Eis (Speise) helado (7.2.)

Eisen hierro (11.4.)

Eisen... férreo (28.4.)

Eisenbahn ferrocarriles *m pl* (19.1.)

Eisenbahn(strecke) vía férrea (28.4.)

Eisenhütten... siderúrgico (28.4.)

Eisenhüttenindustrie siderurgia (13.4.)

eisern férreo (28.4.)

Eisfabrik heladería (30.1.)

Eisschrank nevera (27.2.)

elektrisch eléctrico (5.4.)

Elektro... eléctrico (5.4.)

elektrotechnisch electrotécnico (4.4.)

elementar elemental (18.2.)

elend miserable (6.4.), (unglücklich) mísero (18.4.)

Elend miseria (18.4.)

elf once (3.1.)

elfter undécimo (17.4.)

Eltern padres *m pl* (3.4.)

Emigrant emigrado (17.4.)

Empfang (eines Gastes) acogida (1.4.); recepción *f* (3.2.)

empfangen (Gast) acoger (23.1.); recibir (3.2.)

Empfangssekretär (Hotelwesen) recepcionista *m* (4.1.)

empfehlen recomendar (8.2.)

empören: sich ~ rebelarse (23.4.)

emporragen alzarse (21.4.), elevarse (9.4.), erigirse (30.2.)

emsig (arbeitsam) laborioso (11.4.)

End... final (17.2.)

Ende cabo (24.4.), (Abschluß) fin *m* (13.2.), (Schluß) final *m* (30.4.); **zu** ~ **bringen** terminar (R 5); **zu** ~ **gehen** acabarse (29.1.)

Ende... a fines de (18.2.)

endgültig definitivo (26.1.), final (30.2.)

endlich *adv.* al fin (R 5), (schließlich) finalmente (15.1.), por fin (13.2.)

Endstation terminal *f* (30.2.)

energetisch energético (28.4.)

Energie energía (13.4.)

Energie... energético (28.4.)

energisch enérgico (24.4.)

eng estrecho (27.4.); ~**er werden** estrecharse (G 27)

Engländer inglés *m* (15.4.)

englisch inglés (2.1.)

enorm enorme (19.4.)

Ensemble conjunto (27.4.)

entdecken descubrir (11.4.), detectar (25.1.)

Entdecker descubridor *m* (R 1)

Entdeckung descubrimiento (R 4)

Entfaltung desenvolvimiento (14.4.)

entfernt sein distar (21.4.)

Entfernung distancia (17.1.)

Entgegenkommen facilidad *f* (11.1.)

entgegenkommend servicial (15.1.)

enthalten contener (9.2.)

entkommen escapar (17.4.)

entlangfahren seguir por (26.2.)

entlanggehen pasar por (G 29)

Entlassung despedida (25.2.)

entleihen pedir prestado (G 30), tomar prestado (G 30)

entscheiden (beschließen) acordar (16.4.), resolver (15.1.); sich ~ **(für)** decidirse (por) (4.1.)

entscheidend decisivo (26.4.)

entschließen: sich ~ **(für)** decidirse (por) (4.1.)

entschlossen sein (zu) estar resuelto (a + *Inf.*) (19.1.) estar decidido (a + *Inf.*) (17.4.)

entschuldigen excusar (7.1.), disculpar (8.1.), dispensar (12.1.); **sich ~ (bei)** disculparse (con) (G 27)

Entsetzen horror *m* (9.2.)

entsetzlich terrible (11.1.)

Entspannung (Ruhe, Erholung) descanso (15.1.), (Politik) distensión *f* (16.4.)

entsprechen corresponder (a) (10.4.)

entstehen (geboren werden) nacer (15.4.), (hervorkommen) surgir (19.4.)

Entstehung surgimiento (25.1.)

Entvölkerung despoblación *f* (12.4.)

entwerfen plantear (16.4.), (Plan) trazar (23.4.)

entwickeln (sich) desarrollar(se) (15.2.)

Entwicklung desarrollo (11.2.)

Epoche época (20.2.)

er él (G 2)

Erachten: meines ~s según mi opinión (*f*) (G 29)

erbauen construir (G 10), (errichten) levantar (27.1.)

Erbe (Erbschaft) herencia (24.2.)

erben heredar (28.4.)

erbitten pedir (10.1.)

erblicken (bemerken) observar (30.2.), (sehen) ver (G 8)

Erbschaft herencia (24.2.)

Erd... terrestre (23.4.)

Erdbeere fresa (27.2.)

Erdboden suelo (14.4.)

Erde tierra (11.4.)

Erdinneres subsuelo (24.4.)

Erdöl petróleo (13.4.)

erdulden sufrir (30.1.)

ereignen: sich ~ (geschehen) ocurrir (20.1.), pasar (9.2.), (auftreten) producirse (22.2.)

Ereignis acontecimiento (15.4.)

erfahren *V.* (sich informieren (über)) enterarse (de) (19.1.), (erleben) experimentar (18.2.), (hören) llegar a saber (23.4.) (wissen) saber (11.1.) *adj.* (sachverständig) experto (G 26)

Erfahrung experiencia (G 18)

Erfolg éxito (16.4.)

erfolgreich exitoso (22.4.)

erforderlich machen llevar implícito (28.4.)

erfordern requerir (28.4.)

erforschen explorar (23.4.)

erfreuen: sich ~ (an) (genießen) disfrutar (de) (7.1.)

erfreut: sehr ~ (Vorstellung) encantado (1.2.), mucho gusto (1.2.)

Erfrischung refresco (6.4.)

erfüllen (vollenden) cumplir (18.2.)

Erfüllung cumplimiento (27.1.)

ergänzend complementario (20.2.)

ergeben: sich ~ (als Folge) resultar (29.1.)

Ergebnis (Wirkung) efecto (13.2.), (Resultat) resultado (10.4.); **gute ~se erzielen** obtener buenos resultados (G 20)

ergreifen (fassen) coger (13.1.)

Ergriffenheit emoción *f* (30.2.)

erhalten (bewahren) conservar (G 13), (unterhalten) mantener (22.2.), (erlangen) obtener (18.2.), (bekommen) recibir (3.2.)

Erhaltung mantenimiento (29.1.)

erheben levantar (22.4.); **sich ~** (emporragen) alzarse (21.4.), elevarse (9.4.), erigirse (30.2.); levantarse (27.4.)

Erhebung (höchste Erhebung, Gipfelpunkt) culminación *f* (10.1.), (Aufstand) insurgencia (30.4.), insurrección *f* (30.2.)

erhöhen (Preis) aumentar (11.1.); elevar (25.2.)

Erhöhung (Steigerung) aumento (12.4.), elevación *f* (28.4.)

erholen: sich ~ descansar (10.1.), recrearse (14.1.)

Erholung (Ruhe, Entspannung) descanso (15.1.)

Erholungsheim casa de descanso (28.2.)

erinnern (sich) (etwas ins Gedächtnis zurückrufen) recordar a/c (17.2.); **sich ~ (an)** (Sache) acordarse (de a/c) (17.2.)

Erinnerung memoria (25.2.), (Andenken) recuerdo (5.1.)

Erkenntnis conocimiento (16.4.)

erklären (aussagen) declarar (16.4.), (erläutern) explicar (5.2.)

Erklärung explicación *f* (8.2.)

erklingen sonar (9.2.)

erkundigen: sich ~ informarse (G 4)

erlangen (bekommen) adquirir (18.2.), conseguir (15.2.), obtener (18.2.)

erlauben permitir (3.2.)

erläutern (erklären) explicar (22.2.)

erledigt resuelto (18.1.), terminado (13.1.)

erleichtern facilitar (28.2.)

Erleichterung facilidades *f pl* (26.1.)

erleiden sufrir (30.1.)

Erlöser salvador *m* (23.4.)

ermorden asesinar (25.4.)

ermuntern animar (27.2.)

ernähren alimentar (29.2.)

ernennen nombrar (G 23); **zum Botschafter ~** nombrar embajador (*m*) (G 23)

erneut de nuevo (25.4.)

ernst serio (28.2.)

Ernte (Zuckerrohr) zafra (28.4.)

ernten recoger (24.2.), recolectar (29.1.)

Eroberer conquistador *m* (23.4.)

erobern conquistar (23.4.)

Eroberung conquista (25.4.)

Eröffnung inauguración *f* (16.1.)

Eröffnungs... inaugural (18.1.)

Eröffnungsveranstaltung (feierliche) acto de inauguración (16.1.)
erörtern debatir (30.4.)
erreichen alcanzar (10.1.), (erlangen) conseguir (G 16), lograr (24.4.), obtener (18.2.)
errichten construir (20.4.), establecer (25.4.), instalar (26.1.), levantar (27.1.)
Errichtung establecimiento (15.4.), instalación *f* (25.1.)
Errungenschaft conquista (25.4.), logro (29.4.)
Ersatz... sustitutivo (30.4.)
Ersatzteil pieza de recambio (13.2.)
erscheinen aparecer (17.2.), (auftreten) producirse (22.2.), (hervorkommen) surgir (16.4.)
erschüttern estremecer (15.4.)
ersetzen sustituir (28.4.)
erst (nicht eher) no ... sino (16.2.) *adv.* solamente (G 28), sólo (G 28)
erstatten (Bericht) presentar (un informe) (20.1.)
Erstaunen: in ~ (ver)setzen extrañar (28.2.)
erster primer(o) (G 2), primo (8.4.)
erstens en primer lugar (8.4.)
erstklassig de primera calidad (8.2.) **~ sein** ser de primera (calidad) (7.1.)
erstrecken: sich ~ estrecharse (9.4.), extenderse (9.4.)
ertönen sonar (9.2.)
ertragen aguantar (29.1.), sufrir (30.1.)
Erwachsener adulto (24.2.)
erwähnen mencionar (8.4.)
erwarten esperar (1.1.)
Erwartung espera (19.1.)
erweitern ampliar (20.4.), (vergrößern) aumentar (24.4.), (ausdehnen) extender (20.4.)
erwerben adquirir (18.2.)
Erz... mineral (13.4.)
erzählen contar (11.2.); **~ (von)** (reden, sprechen (von, über)) hablar (de, sobre) (3.4.), (berichten) (über) relatar (sobre) (30.2.); **viel zu ~ haben** tener mucho que contar (G 25)
Erzählung (Bericht) relato (R 4)
Erzbergbau minería (13.4.)
Erzeuger... productor (14.4.)
Erzeugnis artículo (6.4.), producto (4.4.)
Erzieher educador *m* (29.2.)
Erziehung educación *f* (28.4.)
erzielen: gute Ergebnisse ~ alcanzar (conseguir, lograr, obtener) buenos resultados (G 16)
es ello (22.2.), lo (5.2.)
Eß... gastronómico (8.1.)
essen comer (3.1.); **zu Abend ~** cenar (7.4.); **zu Mittag ~** almorzar (8.1.)
Essen (Frühstück) desayuno (4.1.), (Mittag) almuerzo (3.1.), comida (6.1.), (Vesper) merienda (7.4.), (Abendessen) cena (6.1.) **~ einnehmen** (Frühstück) desayunar(se) (6.1.), tomar el desayuno (R 1), (Mittag) almorzar

(8.1.), tomar el almuerzo (R 4), tomar la comida (6.1.), (Abendessen) cenar (7.4.), tomar la cena (6.1.); **zum ~ einladen** invitar a comer (G 22)
Essig vinagre *m* (8.4.)
Etappe etapa (29.2.)
ethnisch étnico (30.4.)
etliche algunos (1.2.)
etwas algo (4.2.), alguna cosa (3.2.), un poco (2.1.)
euch os (G 4), (betont) a vosotros (–)
euer vuestro (G 2); **eurer** (el) vuestro (G 9)
europäisch europeo (10.4.)
exakt exacto (13.2.)
Examen examen *m* (18.2.)
Exemplar ejemplar *m* (12.2.)
existieren existir (R 1)
Exkursion excursión *f* (11.2.)
Export exportación *f* (11.4.)
exportieren exportar (13.4.)

Fabrik fábrica (2.2.), (Werk) planta (30.1.)
Fabrik... fabril (30.2.)
Fabrikation fabricación *f* (2.2.)
fabrizieren fabricar (2.2.)
Fach... calificado (28.2.), especialista (18.2.), técnico (18.2.)
Facharbeiter obrero calificado (28.2.), obrero especialista (18.2.)
Fachbuch libro técnico (24.2.)
Fachgebiet especialidad *f* (16.4.)
Fachmann especialista *m* (18.2.)
Fachschule escuela técnica (18.2.)
fähig capaz (G 25)
Fähigkeit habilidad *f* (8.4.)
Fahne bandera (30.2.)
fahren conducir (10.1.), ir (2.2.); **mit dem Wagen ~** ir en coche (G 2)
Fahrgast pasajero (29.2.)
Fahrkarte billete *m* (G 12); **eine ~ kaufen (lösen)** sacar un billete (G 12)
Fahrstuhl ascensor *m* (4.2.)
Fahrt (zurückgelegte Strecke) recorrido (11.2.)
Fahrtrichtung rumbo (30.1.)
Fahrzeug vehículo (3.1.)
Faktor factor *m* (27.4.)
Fakultät facultad *f* (3.4.)
Fall caso (14.2.)
fallen (Temperatur) bajar (21.1.), (herunterfallen, hinfallen) caer (8.2.)
falls en caso que + *Konj.* (G 25), si (5.2.)
Familie familia (1.1.)
Familienname apellido (2.4.)
fangen captar (11.2.)
Farbe color *m* (3.2.)
farbig en colores (3.2.)

Faschismus fascismo (17.4.)
faschistisch fascista (15.4.)
fassen (hineinpassen) caber (8.2.), (ergreifen) coger (13.1.)
fast casi (4.4.)
faszinierend fascinante (21.4.)
Februar febrero (R 3)
Fehler falta (8.1.)
fehlerhaft deficiente (22.4.)
Feierlichkeit (öffentliche) acto (16.1.)
feiern celebrar (G 17); **Geburtstag** ~ celebrar (el día de) cumpleaños (G 20)
Feld campo (R 2)
Felsen roca (12.4.)
Felskuppe peñón *m* (12.4.)
Fenster ventana (G 8)
Ferien vacaciones *f pl* (3.4.); ~ **haben** estar de vacaciones (G 14); **in die** ~ **fahren** ir de vacaciones (19.1.)
Ferien... vacacional (28.2.)
Fernkurs curso dirigido (28.2.), curso por correspondencia (28.2.)
fernsehen mirar la televisión (15.1.)
Fernsehen televisión *f* (5.2.)
Fernstudium cursos (estudios) por correspondencia (28.2.)
fertig (bereit) listo (1.2.), (erledigt) terminado (13.1.)
fesseln (Aufmerksamkeit) captar (11.2.)
fest (nicht schwankend) fijo (11.1.); firme (20.4.), (nicht flüssig) sólido (16.2.)
Fest fiesta (G 17); **ein** ~ **feiern** celebrar una fiesta (G 17)
festigen robustecer (20.4.)
Festigkeit solidez *f* (29.4.)
Festigung (Konsolisierung) consolidación *f* (22.2.); (Stärkung) fortalecimiento (20.4.)
Festival festival *m* (17.2.)
Festlichkeit fiesta (G 17)
Festpreis precio fijo (11.1.)
festschrauben atornillar (13.2.)
festsetzen establecer (28.1.)
feststellen comprobar (21.1.), constatar (12.4.), (bemerken) darse cuenta (19.1.)
Festung fortaleza (26.2.)
feucht húmedo (27.4.)
Feuchtigkeit humedad *f* (27.4.)
Fichte pino (27.4.)
Film film *m* (15.2.), película (6.4.); **einen** ~ **spielen** (zeigen) echar una película (15.2.)
Filmindustrie cinematografía (13.4.)
finden (Gesuchtes) encontrar (10.4.); hallar (24.4.)
Finne finlandés *m* (15.4.)
Firma casa (10.2.)
Fisch (gefangen, zubereitet) pescado (7.4.)
fischen pescar (26.1.)

Fischer pescador *m* (26.1.)
Fischer... pesquero (26.1.)
Fischerei pesca (26.1.)
Fischfang pesca (11.4.)
Fischfang... pesquero (26.1.)
Fläche (Oberfläche) superficie *f* (28.1.)
Flasche botella (8.2.)
Fleisch carne *f* (7.4.)
fleißig aplicado (3.4.), (sorgfältig) con esmero (3.4.); estudioso (27.2.), (emsig) laborioso (11.4.)
fliegen (mit dem Flugzeug) tomar el avión (1.4.), viajar en avión (17.1.); volar (23.2.)
fliehen (entkommen) escapar (17.4.); huir (R 5)
fließen correr (9.4.)
fließend corriente (19.4.)
flink ágil (28.4.)
Flotille flotilla (23.4.)
Flug vuelo (17.1.)
Flugblatt folleto (16.1.), volante *m* (20.1.)
Flughafen aeropuerto (1.1.)
Flugwesen aviación *f* (25.4.)
Flugzeug (Maschine) aparato (1.4.); avión *m* (1.1.)
Flur (Gebäude) vestíbulo (3.4.)
Fluß río (4.4.)
Fluß... fluvial (19.2.)
Föderation federación *f* (25.4.)
folgen seguir (26.2.)
folgend siguiente (16.4.)
fordern demandar (28.4.), exigir (20.1.), pedir (10.1.)
Forderung exigencia (22.2.), (Politik) reivindicación *f* (20.1.)
Form forma (G 2)
Formalität formalidad *f* (3.2.)
formen (modellieren) moldear (30.1.), (gestalten) plasmar (30.4.)
formieren (sich) formar(se) (29.1.)
Formierung formación *f* (29.1.)
Formular formulario (4.1.)
Fortschritt progreso (16.4.)
fortschrittlich progresista (15.4.)
fortsetzen continuar (14.1.), proseguir (20.1.), seguir (11.1.)
Fortsetzung continuación *f* (22.2.)
Foto foto *f* (4.2.); ~**s aufnehmen** sacar fotos (G 27), tomar fotos (5.4.); ~**s machen** tomar fotos (G 5)
fotografieren sacar fotos (G 27), tomar fotos (5.4.)
Frage (Problem) cuestión *f* (20.2.); pregunta (3.2.); ~**n stellen** hacer preguntas (G 12)
Frage... (Grammatik) interrogativo (G 6)
fragen preguntar (3.2.)
Franco... franquista (15.4.)
Franzose francés *m* (15.4.)

französisch francés (2.1.)
Frau mujer *f* (3.2.), señora (1.1.)
Fräulein señorita (6.1.)
frei libre (5.1.); ∼ **haben (sein)** estar libre (5.1.)
Freiheit libertad *f* (16.4.)
Freiheits. . . libertario (30.4.)
Freitag viernes *m* (G 10)
Freiwilliger voluntario (17.4.)
Freizeit tiempo libre (R 2)
fremd extranjero (2.1.)
fremdsprachig (en idioma) extranjero (R 2)
Freude alegría (19.2.)
freudig (erfreut) encantado (15.1.)
freuen: sich ∼ (über) alegrarse (de) (5.1.); es freut mich (hier zu sein) encantado (de estar aquí (1.2.)
Freund amigo (1.1.)
Friede paz *f* (9.2.), (Ruhe) tranquilidad *f* (29.2.)
Friedhof cementerio (30.2.)
friedlich pacífico (16.4.), (ruhig) quieto (13.1.)
frisch fresco (7.4.)
Friseursalon peluquería (4.2.)
fröhlich alegre (8.1.), jubiloso (30.2.)
Front frente *m* (25.2.)
Frucht (Obst) fruta (14.4.); fruto (14.4.)
Frucht. . . frutero (14.4.)
fruchtbar fértil (14.4.)
früh (zeitig) temprano (6.1.), (am Morgen) por la mañana (12.1.); **morgen** ∼ mañana por la mañana (12.1.)
früher *adv* (vormals) antes (13.4.); ∼ **kommen** (zeitiger kommen) adelantarse (24.1.)
Frühling primavera (10.1.)
Frühstück desayuno (4.1.)
frühstücken desayunar(se) (6.1.), tomar el desayuno (R 1)
fühlen (sich) sentir(se) (11.1.)
führen conducir (10.1.); ∼ (zu) encaminar (a) (20.4.); **ein gesundes Leben** ∼ llevar una vida sana (G 18)
führend dirigente (29.4.)
Führer conductor *m* (25.2.), dirigente *m* (18.4.); guía *m* (17.2.), líder *m* (25.4.)
füllen llenar (4.1.)
fünf cinco (2.2.)
fünfhundert quinientos (G 6)
fünfter quinto (4.1.)
fünfzehn quince (G 3)
fünfzig cincuenta (4.1.)
Funktion función *f* (24.2.)
funktional funcional (2.4.)
funktionieren funcionar (13.1.)
für (zugunsten von) en favor de (25.4.), en pro de (20.2.), (Zweck) para (2.1.), (Gunst, Interesse) por (1.2.)
furchtbar terrible (11.1.)
fürchten temer (8.2.)

Fuß pie *m* (14.1.)
Fußball fútbol *m* (G 23); ∼ **spielen** jugar al fútbol (G 23)
Fußgänger peatón *m* (14.2.)
Futur (Grammatik) futuro (G 21)

galizisch gallego (2.4.)
Gang (zurückgelegte Strecke) recorrido (11.2.); **in** ∼ **halten** (betreiben) mantener (28.1.); **in** ∼ **setzen** echar andar (28.1.)
gangbar viable (20.2.)
ganz (unversehrt) entero (20.2.); todo (6.4.), (gänzlich, völlig) total (4.2.); ∼ **und gar** plenamente (17.4.), por completo (27.2.)
garantieren garantizar (11.1.)
Garderobe (Kleiderablage) guardarropa *m* (7.1.)
Garnele (kleine) camarón *m* (26.1.), gamba (7.2.), langostino (7.2.)
Garten jardín *m* (4.4.)
Gas gas *m* (30.1.)
Gast huésped *m* (5.1.), invitado (5.1.)
gastfreundlich hospitalario (30.2.)
Gastfreundlichkeit hospitalidad *f* (23.1.)
Gastfreundschaft hospitalidad *f* (23.1.)
Gastronomie gastronomía (7.1.)
gastronomisch gastronómico (8.1.)
Gaststätte restaurante (6.1.), taberna (16.2.)
Gattin esposa (19.4.)
Gattung especie *f* (26.1.), género (11.1.)
Gebäude edificio (2.4.)
geben dar (5.1.), (übergeben) entregar (6.2.); **es gibt** hay (2.2.)
Gebiet región *f* (8.2.), (Bereich) sector *m* (5.4.), terreno (22.2.), (Staatsgebiet) territorio (4.4.); zona (30.2.)
gebieten (befehlen) mandar (R 4)
Gebirge montaña (9.4.)
gebirgig montañoso (9.4.)
Gebirgszug cordillera (9.4.), sierra (9.4.)
geboren werden nacer (15.4.)
gebraten frito (7.2.)
Gebrauch empleo (G 7), uso (−)
gebrauchen (benutzen) usar (12.1.), (verwenden) utilizar (26.2.), emplear (G 29)
Geburtstag (día (*m*) de) cumpleaños *m/s* (18.2.)
Gedanke (Begriff, Vorstellung) idea (5.1.)
Gedeck menú *m* (7.2.)
Geduld paciencia (7.2.)
geeignet indicado (22.4.)
Gefahr peligro (25.1.)
gefährden poner en peligro (25.1.)
gefährlich peligroso (23.4.)
gefallen gustar (5.2.)
Gefallen (Wohlgefallen) agrado (23.1.), (Gunst) favor *m* (1.2.), (Vergnügen) gusto (1.2.)

gefällig (zuvorkommend) complaciente (15.1.), (diensteifrig) servicial (15.1.)

Gefangener preso (25.2.)

Gefängnis cárcel *f* (17.4.)

Gefühl sentimiento (22.4.)

gegen (feindlich) contra (10.1.), (Zeit) a eso de (5.1.), (Richtung) hacia (9.4.)

Gegend comarca (28.4.), región *f* (8.2.)

Gegensatz contraste *m* (11.4.)

gegenseitig (wechselseitig) mutuo (20.4.), recíproco (16.4.)

Gegenstand objeto (G 18)

Gegenteil contrario (10.4.); **im** ~ al contrario (10.4.)

gegenteilig contrario (14.2.)

gegenüber enfrente (de) (23.1.), frente a (15.4.)

Gegenwart actualidad *f* (12.4.), (Anwesenheit) presencia (R 4), (Grammatik) presente *m* (G 1)

gegenwärtig *adj.* actual (G 13), (zeitgenössisch) contemporáneo (16.4.); *adv.* (zur Zeit) en la actualidad (12.4.)

Geheimnis secreto (21.1.)

gehen andar (8.2.), (Weg zurücklegen) caminar (6.4.); ir (2.2.), (laufen) marchar (R 4), (weggehen) irse (G 5), marcharse (4.2.); **zu Fuß** ~ ir a pie (14.1.); **nach Hause** ~ ir a casa (G 4), marcharse a casa (13.2.); **zur Schule** ~ frecuentar la escuela (G 30), ir a la escuela (3.4.); **auf die Straße** ~ salir a la calle (29.2.)

Gehilfe ayudante *m* (6.1.)

gehören ser de (9.1.); ~ **zu** pertenecer a (12.4.)

Geist espíritu *m* (15.4.)

Geistlichkeit clero (14.4.)

gelb amarillo (G 6)

Geld dinero (5.4.)

Geldschein billete *m* (12.2.)

gelegen situado (26.4.)

Gelegenheit ocasión *f* (7.4.), (günstige) oportunidad *f* (24.1.)

gelingen conseguir + *Inf.* (17.4.), lograr + *Inf.* (16.4.)

Gelingen logro (29.4.)

gelten valer (7.1.)

Gemälde cuadro (19.4.), pintura (G 8)

gemäß según (15.4.)

gemäßigt templado (10.4.)

gemeinsam común (29.4.)

Gemeinschaft comunidad *f* (20.2.)

Gemüse hortaliza (14.4.), (Hülsenfrüchte) legumbres *f* (7.4.); verdura(s) (8.4.)

genau (strikt) estricto (20.4.), (exakt) exacto (13.2.), (richtig) justo (25.2.), (scharf bestimmt) preciso (16.1.)

Genauigkeit exactitud *f* (G 28)

Generation generación *f* (30.4.)

genießen disfrutar (de) (7.1.), gozar (de) (7.1.)

Genossenschaft cooperativa (24.2.)

genug bastante (16.1.)

genügen bastar (3.1.); ~ **(um zu)** dar abasto (para) (29.2.)

genügend suficiente (5.4.)

Genugtuung satisfacción *f* (29.2.)

Geographie geografía (25.4.)

geographisch geográfico (4.4.)

Gepäck equipaje *m* (1.2.)

gerade (nicht krumm) recto (14.2.); ~ **etwas tun wollen** estar por + *Inf.* (17.2.)

geradeaus *adv.* (siempre) derecho (14.1.); ~ **gehen** ir derecho (14.1.), seguir derecho (G 27), seguir recto (14.2.)

geräumig espacioso (17.2.)

Gericht (Gang) plato (3.1.)

gerichtet sein auf estar enfilado a (25.1.), ir encaminado a (20.4.)

geringer menor (27.2.)

geringster menor (27.2.); mínimo (15.1.)

gern con gusto (1.2.); ~ **etwas tun** gustar + *Inf.* (R 1)

Gerste cebada (14.4.)

Gerundium (Grammatik) gerundio (G 27)

Gesamtheit conjunto (20.4.), totalidad *f* (22.2.)

Gesamtmenge total *m* (28.1.)

Gesang canto (30.4.)

Geschäft comercio (18.4.), tienda (4.2.)

geschäftlich comercial (30.4.)

Geschäfts... comercial (4.2.)

geschehen ocurrir (20.1.), pasar (9.2.)

Geschenk regalo (23.1.)

Geschichte historia (G 12)

Geschicklichkeit habilidad *f* (8.4.)

geschlossen (zu) cerrado (6.1.)

Geschmack gusto (1.2.)

Geschwister hermanos *pl* (29.2.)

gesegnet bendito (9.2.)

Gesellschaft compañía (1.4.), sociedad *f* (11.4.)

gesellschaftlich social (11.2.)

Gesellschaftsform régimen *m* (11.2.)

Gesichtspunkt aspecto (11.2.), punto de vista (16.4.)

Gespräch (Unterhaltung) conversación *f* (16.2.), (Telefongespräch) llamada (telefónica) (6.2.)

gestalten moldear (30.1.), plasmar (30.4.), trazar (23.4.)

gestatten permitir (3.2.)

gestehen (bekennen) confesar (29.1.)

gestern ayer (9.1.); ~ **abend** anoche (15.2.)

gesund sano (10.1.)

Gesundheit salud *f* (9.1.)

Gesundheitswesen salud pública (28.4.)

geteilt durch (Mathematik) entre (G 6)

Getränk bebida (7.2.)

Getreide cereales *m pl* (14.4.)

gewähren conceder (20.2.), prestar (17.4.)

Gewebe tejido (28.1.)
Gewerkschaft sindicato (27.2.)
gewerkschaftlich sindical (4.4.)
Gewerkschafts... sindical (4.4.)
Gewinn beneficio (24.4.), (Nutzen) pro (20.2.), provecho (14.4.)
gewinnen ganar (25.4.), adquirir (18.2.)
gewiß cierto (22.1.)
gewöhnen : sich ~ an acostumbrarse a (18.4.)
Gewohnheit costumbre *f* (8.1.); die ~ haben zu soler + *Inf*. (9.2.)
Gewohnheits... habitual (29.1.)
gewöhnlich *adj*. habitual (29.1.), *adv*. en general (G 9); ~ etwas tun (gewohnheitsmäßig, etwas zu tun pflegen) soler + *Inf*. (G 9)
gewürzt condimentado (3.1.)
Gießerei(wesen) fundición *f* (13.4.)
gigantisch gigantesco (19.4.)
Gipfel pico (9.4.)
Gipfelpunkt culminación *f* (10.1.)
Girlande guirnalda (19.2.)
Gitarre guitarra (G 23); ~ spielen tocar la guitarra (G 23)
glänzen brillar (22.4.)
glänzend brillante (R 4)
Glas (Trinkglas mit Fuß) copa (22.4.), (Trinkglas ohne Fuß) vaso (7.4.)
Gläschen copita (7.4.)
glauben creer (3.1.)
gleich *adj*. igual (10.4.), *adv*. (sogleich) inmediatamente (G 28), (bald) pronto (1.1.), (sofort) en seguida (4.1.); (das heißt) o sea (12.4.); ~ etwas tun ir a + *Inf*. (3.1.)
gleichförmig uniforme (10.4.)
Gleichheit igualdad *f* (20.4.)
gleichzeitig simultáneo (30.1.)
Glück fortuna (18.1.), suerte *f* (16.2.); zum ~ por fortuna (18.1.)
glücklich feliz (11.4.)
glücklicherweise afortunadamente (13.2.), menos mal (14.2.), por fortuna (18.1.)
Glühbirne bombilla (13.1.)
Gold oro (9.2.)
Golf golfo (8.2.)
gotisch gótico (21.4.)
Gott Dios *m* (9.2.); mein ~! ¡Dios mío! (9.2.); um ~es Willen! ¡por Dios! (13.2.)
Gouverneur gobernador *m* (12.4.)
Grab(mal) tumba (30.2.)
Grabstein losa (30.2.)
Grad grado (10.1.); ~ Celsius grado centígrado (27.4.)
Grammatik gramática (G 14)
grammatisch gramatical (−)
Granatapfel granada (14.4.)
graphisch gráfico (11.4.)
gratis gratuito (18.2.)

grau gris (G 6)
Grenze (Politik) frontera (11.4.); límite *m* (29.2.)
griechisch griego (G 6)
grob (roh) rudo (28.4.)
groß (geräumig) espacioso (17.2.); gran(de) (2.2.)
Großbuchstabe (letra) mayúscula (G 6)
Größe (Ausmaß) dimensión *f* (30.1.)
Großeltern abuelos (24.1.)
Größenverhältnis proporción *f* (28.4.)
größer mayor (7.4.)
Großgrundbesitz latifundio (24.4.)
Großgrundbesitzer latifundista *m* (14.4.)
Großstadt metrópoli *f* (26.2.)
größter máximo (10.4.), sumo (28.2.)
Großvater abuelo (24.1.)
Grube (Bergwerk) mina (11.4.)
grün verde (G 6)
Grün verde *m* (26.2.)
Grund (Ursache) causa (25.2.), razón *f* (25.2.)
Grund... elemental (18.2.)
Grundbesitzer terrateniente *m* (24.4.)
gründen (schaffen) crear (23.4.); fundar (21.4.) sich ~ auf (beruhen) fundamentarse (en) (20.4.)
Gründer fundador *m* (R 1)
Grundlage base *f* (7.4.)
grundlegend fundamental (15.4.)
Grundschule escuela primaria (29.1.)
Grundstoff materia prima (8.4.)
Grundstoffindustrie industria básica (25.4.)
Gründung fundación *f* (23.2.)
Grundzahl número cardinal (G 2)
Gruppe grupo (11.2.)
Gruppen... colectivo (21.2.)
gruppieren agrupar (17.4.)
Gruß (an einen Dritten) recuerdo (5.1.); saludo (5.1.)
grüßen saludar (1.4.)
Gunst favor *m* (1.2.)
günstig (annehmbar) conveniente (4.1.); favorable (10.4.), propicio (24.4.)
Gürtel cinturón *m* (19.4.)
gut *adj*. buen(o) (1.2.) *adv*. bien (1.1.)
Gut (Besitz) bienes *m pl* (13.4.)
Güte bondad *f* (4.1.)

haben (Hilfsverb) haber (G 7), (besitzen) tener (1.2.)
Hafen puerto (3.4.)
Hafen... portuario (11.4.)
Hafer avena (14.4.)
halb medio (2.2.)
Halbinsel península (2.4.)
Halbinsel... peninsular (12.4.)
Hälfte mitad *f* (14.4.)

Halle (Werk, Fabrik) nave *f* (28.4.), (Hotel) vestíbulo (4.1.)

hallo! ¡hola! (1.1.)

halten (halten von, meinen) opinar (de) (22.2.); (anhalten) parar(se) (9.2.), (etwas von jemandem halten) pensar a/c de *alg.* (G 29)

Haltestelle parada (6.2.)

Hand mano *f* (4.1.)

Hand. . . manual (24.4.)

Handel comercio (18.4.)

handeln: sich ∼ **um** tratarse de (4.1.)

Handels. . . comercial (4.2.)

Händler comerciante *m* (24.4.)

Handlung acción *f* (15.2.), acto (16.1.)

Handtasche bolsa (23.1.), bolso (9.2.)

Handtuch toalla (6.1.)

Handwerk artesanía (13.4.)

Handwerker artesano (R 3)

hängen (an) estar colgado (en) (12.2.)

harmonisieren armonizar (28.2.)

hart (unbarmherzig) inclemente (27.4.); duro (8.4.), (rauh) rudo (28.4.)

Härte dureza (18.4.)

häßlich feo (19.4.)

Haumesser machete *m* (28.4.)

Haupt. . . (grundlegend) fundamental (22.2.), (hauptsächlich) principal (5.4.)

Hauptinhalt (Theaterstück, Film, Deklaration usw.) argumento principal (20.2.)

Hauptperson protagonista *m* (f) (15.2.)

hauptsächlich cardinal (G 2), (wesentlich) esencial (21.4.); principal (5.4.)

Hauptdarsteller protagonista *m* (15.2.)

Hauptstadt capital *f* (1.4.), metrópoli *f* (26.2.)

hauptstädtisch metropolitano (26.4.)

Hauptstraße arteria (principal) (26.2.), avenida principal (5.4.)

Haus casa (3.4.), (Heim) hogar *m* (29.2.); nach ∼e a casa (G 4); zu ∼e en casa (3.4.)

Hausfrau ama (de casa) (3.4.)

Haut cutis *m* (10.2.)

Hautcreme crema para el cutis (10.2.)

Havanna La Habana (G 16)

Havanner habanero (23.2.)

Havarie avería (12.2.)

Heer ejército (23.4.)

Heft cuaderno (R 2)

heftig (intensiv) intenso (3.1.); violento (13.4.)

Hegemonie hegemonía (29.4.)

heilig san(to) (14.1.)

Heim (Haus) hogar *m* (29.2.), (Internat) internado (G 16), residencia (G 16)

Heimat patria (2.4.)

heiß cálido (30.2.), caluroso (10.1.)

heißen (sich nennen) llamarse (4.1.); **das heißt** es decir (10.4.), o sea (12.4.); **was heißt . . .?** ¿qué quiere decir . . .? (11.1.)

Held héroe *m* (R 5)

heldenhaft heroico (15.4.)

Heldentat gesta (30.4.)

Heldentum heroismo (30.4.)

helfen ayudar (5.2.)

hell claro (5.2.)

hemmend represivo (25.2.)

herabsetzen reducir (10.2.)

herausgeben publicar (G 26)

herausnehmen sacar (11.4.)

herausragen destacar (4.4.)

herausziehen sacar (11.4.)

herbringen traer (8.2.)

Herbst otoño (10.1.)

herein! ¡adelante! (6.1.)

Herkunft origen *m* (2.4.)

heroisch heroico (15.4.)

Herr (Eigentümer) amo (30.2.); caballero (7.4.), señor *m* (1.2.)

Herrschaft dominación *f* (24.4.), dominio (26.1.), (Gesellschaftsform, Regime) régimen *m* (25.1.)

herrschen dominar (27.2.)

herstellen fabricar (2.2.), producir (10.2.)

Herstellung fabricación *f* (2.2.)

hertragen traer (8.2.)

heruntersteigen bajar (13.1.), descender (G 9)

hervorheben destacar (28.1.)

hervorkommen surgir (16.4.)

hervorragend destacado (15.4.), excelente (1.2.)

hervorrufen (verursachen, bewirken) provocar (10.4.)

herzlich cordial (16.4.)

Herzog duque *m* (21.1.)

heute hoy (2.1.); ∼ **abend** esta noche (*bzw.* esta tarde) (24.1.); ∼ **morgen** esta mañana (G 24); ∼ **nachmittag** esta tarde (9.2.); ∼ **nacht** esta noche (24.1.)

heutzutage hoy día (13.4.), hoy en día (2.1.)

hier aquí (1.1.); ∼ **(her)** acá (13.1.)

Hilfe ayuda (14.2.), (Unterstützung) apoyo (15.4.); ∼ **leisten** prestar ayuda (17.4.); **um** ∼ **bitten** pedir ayuda (G 14)

Hilfs. . . auxiliar (28.2.)

Hilfsquelle recurso (24.4.)

Himmel cielo (6.4.)

hin (zu) hacia (9.4.)

hinaufbringen subir (4.2.)

hinauffahren subir (13.1.)

hinaufgehen subir (5.1.)

hinausgehen (weggehen) salir (de) (8.1.)

hindern impedir (25.1.)

Hindernis (Unannehmlichkeit) inconveniente *m* (14.2.), obstáculo (–)

hineinlegen meter (5.2.)

hineinpassen caber (G 8)

hineinsetzen (etwas) meter (5.2.)

hineinstecken introducir (12.1.), meter (12.1.)

hineinstellen meter(5.2.)

hinführen (zu) (gerichtet sein auf) encaminar (a) (20.4.)

hinlegen: sich ~ (ins Bett) acostarse (15.1.)

hinsetzen: sich ~ sentarse (R 2), (Platz nehmen) tomar asiento (11.1.)

hinsichtlich en cuanto a (8.4.), relativo a (20.2.), respecto a (8.4.)

hinter detrás de (7.2.), tras (16.2.); ~ sich haben (Prüfung) haber pasado el examen (G 21)

hinterlassen dejar (6.2.)

hinuntergehen bajar (G 6), descender (G 9)

Hinweis indicación f (10.2.)

hinweisend (Grammatik) demonstrativo (G 9)

Historiker historiador m (R 4)

historisch histórico (G 4)

Hitze calor m (10.1.)

hoch alto (6.4.), elevado (28.2.)

Hoch... superior (18.2.)

Hochebene altiplanicie f (9.4.)

hochmodern modernísimo (30.2.)

Hochofen alto horno (11.4.)

Hochschul... universitario (18.2.)

Hochschule escuela superior (18.2.), universidad f (1.2.)

höchst sumamente (28.2.); ~er sumo (28.2.)

Höchst... máximo (10.4.)

hoffen esperar (G 14)

hoffentlich ojalá + Konj. (14.1.)

Höhe altitud f (4.4.), alto (10.1.), altura (9.4.)

Höhepunkt apogeo (30.4.)

höher (als) superior (a) (23.4.)

Höhle cueva (30.1.)

holländisch holandés (23.4.)

Hölle infierno (10.4.)

Holz (Bauholz) madera (R 2)

hören (zuhören) escuchar (G 8); oír (8.1.)

Hörsaal aula (26.1.)

Hotel hotel m (2.2.)

hübsch bonito (7.1.), lindo (30.2.)

Huhn pollo (8.4.)

hundert cien(to) (G 4)

Hundert centenar m (G 26), ciento (G 26)

hundertgradig centígrado (27.4.)

hundertjährig centenario (26.2.)

Hundertschaft centuria (17.4.)

Hunger hambre f (8.1.)

Hungerleider muerto-de-hambre m (26.1.)

Hut sombrero (7.1.)

hüten (bewahren) guardar (9.2.)

hydraulisch hidráulico (28.4.)

iberisch ibérico (2.4.)

ich yo (2.1.)

ideal ideal (10.1.)

Idee idea (5.1.)

identifizieren identificar (27.4.)

Identität identidad f (30.4.)

ideologisch ideológico (29.4.)

ihm le (5.1.)

ihn (le) lo (5.1.)

ihr le (5.1.), su (1.2.), vosotros (G 8)

ihrer (el) suyo (G 9)

illustriert ilustrado (3.2.)

imitieren imitar (30.2.)

immer siempre (3.1.); ~ mehr más y más (14.2.); noch ~ nichts verstehen seguir sin comprender (nada) (11.1.)

Imperativ (Grammatik) imperativo (G 12)

Imperfekt (Grammatik) imperfecto (G 17)

Imperialismus imperialismo (25.1.)

imperialistisch imperialista (25.1.)

Import importación f (13.4.)

importieren importar (2.2.)

imposant imponente (6.4.)

Impuls impulso (25.2.)

in (Ort: wohin?) a (1.2.), (Zeit: nach Ablauf von) dentro de (5.1.), (Zeit: im Verlauf von) en (16.4.), (Ort: wo?) en (1.1.)

Inbetriebnahme puesta en marcha (28.1.)

Inder indio (23.4.)

Indianer indio (R 2)

Indio indio (R 2)

indirekt indirecto (G 24)

individuell individual (4.1.)

industrialisieren industrializar (28.1.)

Industrialisierung industrialización f (13.4.)

Industrie industria (4.4.)

Industrie... industrial (4.4.)

industriell industrial (4.4)

Inferno infierno (10.4.)

Infinitiv (Grammatik) infinitivo (G 4)

Information información f (3.2.)

Informationsplan guía m (21.1.)

informativ informativo (18.1.)

informieren informar (11.1.); sich ~ (über) (sich Kenntnis verschaffen) enterarse (de) (19.1.); informarse (de) (4.1.)

Ingenieur ingeniero (R 1)

Ingenieurwesen ingeniería (civil) (18.2.)

Inhalt contenido (20.2.)

Inhaltsverzeichnis índice m (–)

Initiative iniciativa (20.2.)

Inka inca m (23.4.)

inmitten dentro de (29.2.)

Innen... interno (25.1.)

innerer interno (22.2.)

Inneres interior m (8.2.)

innerhalb dentro de (5.1.)

insbesondere en especial (11.2.), en particular (15.4.)

Inschrift inscripción f (R 1)

Insel isla (2.4.)

Insel... insular (12.4.), isleño (26.4.)

Inselchen isleta (27.4.)
insgesamt en total (4.2.)
installieren instalar (26.1.)
Institut instituto (1.1.)
Institution institución *f* (4.4.)
Instrument instrumento (28.4.)
inszenieren escenificar (30.4.)
Integration integración *f* (20.4.)
intellektuell intelectual (29.4.)
Intellektueller intelectual *m* (17.4.)
intelligent inteligente (13.1.)
intensiv (verstärkend) intensivo (27.2.), (heftig) intenso (3.1.)
intensivieren intensificar (22.2.)
interessant interesante (2.1.)
Interesse interés *m* (8.1.); ∼ **haben (an)** tener interés (por) (8.1.); ∼ **zeigen (für)** poner su interés (en) (G 13)
Interessengemeinschaft círculo de interés (G 20)
interessieren interesar (8.1.); **sich** ∼ **(für)** interesarse (por) (G 14), poner su interés (en) (G 13)
intern interno (22.2.)
Internat internado (G 16), pensionado (25.4.), residencia (G 16)
international internacional (2.2.)
Internationale internacional *f* (15.4.)
Internationalismus internacionalismo (15.4.)
Internats(ober)schule pensionado (25.4.)
interpretieren interpretar (15.2.)
interrogativ (Grammatik) interrogativo (G 6)
Intervention intervención *f* (25.1.)
Interview entrevista (22.2.)
investieren invertir (24.4.)
Investition inversión *f* (13.4.)
inzwischen entretanto (18.1.)
Ire irlandés *m* (15.4.)
irgendein(er) algún (alguno) (1.2.)
irgendwann algún día (23.1.)
irgendwer alguien (13.1.)
irren: sich ∼ equivocarse (10.1.)
Irrtum error *m* (27.4.)
Italiener italiano (15.4.)
italienisch italiano (23.4.)

ja sí (1.1.)
Jahr año (3.4.); **letztes** ∼ (vergangenes Jahr) el año pasado (G 24); **ein** ∼ **lang** durante un año (G 25); **von** ∼ **zu** ∼ de año en año (11.1.)
Jahreszeit estación (*f*) del año (10.1.), (Saison) temporada (19.1.)
Jahrhundert siglo (2.4.)
jährlich anual (10.4.)
Jahrzehnt década (25.1.)
Januar enero (R 3)
je(mals) jamás (R 3), nunca (11.2.)

jeder (einzelne) cada (5.4.), (beliebige) todo (6.4.), cualquier(a) (8.4.); **jede beliebige Person; jeder beliebige** (una persona) cualquiera (8.4.); **jede beliebige Sprache** cualquier idioma (27.2.)
jedoch pero (1.2.)
jemand alguien (13.1.)
jene(r, ∼**s)** aquel (9.2.), aquella (9.2.), aquello (18.1.)
jetzt ahora (2.1.), ∼ **etwas tun** estar + *Ger.* (1.1.)
jeweilig respectivo (23.4.)
Joch coyunda (30.4.), yugo (R 5)
Joghurt yoghurt *m* (30.1.)
Journalist periodista *m* (15.2.)
jubilierend jubiloso (30.2.)
Jugend juventud *f* (R 3)
Jugendlicher joven *m* (G 13)
Jugoslawe yugoslavo (15.4.)
Juli julio (15.4.)
jung joven (9.4.)
Junge muchacho (13.2.)
jünger menor (3.4.)
Jungfrau virgen *f* (G 11)
jüngst (kürzlich) *adj.* reciente (15.2.), *adv.* recién (30.1.)
Juni junio (R 3)
Junta junta (15.4.)

Kabarett cabaret *m* (24.1.)
Kabine cabina (12.2.)
Kaffee café *m* (7.2.)
Kahn bote *m* (14.2.)
Kakao cacao (7.4.)
Kalb ternera (7.2.)
Kalbfleisch ternera (7.2.)
kalt frío (8.4.); **es ist** ∼ hace frío (10.1.); **mir ist** ∼ tengo frío (–)
Kälte frío (10.1.)
Kammer cámara (R 1)
Kampagne campaña (24.2.)
Kampf combate *m* (17.4.), lucha (13.4.)
kämpfen combatir (R 5), luchar (15.4.), (aktiv) militar (29.2.); (ringen) pelear (28.4.), (streiten) pugnar (30.4.) (für = por)
Kämpfer combatiente *m* (17.4.), luchador *m* (R 5), (aktiver) militante *m* (29.2.)
kämpferisch combatiente (25.2.), combativo (15.4.)
Kampfgeist combatividad *f* (25.2.)
Kanadier canadiense *m* (15.4.)
Kanal canal *m* (26.4.)
kanarisch canario (14.4.)
Kandidat candidato (25.4.)
kantabrisch cantábrico (9.4.)
Kap cabo (27.4.)
Kapazität capacidad *f* (28.1.)

Kapital capital *m* (13.4.)
Kapitalismus capitalismo (16.4.)
kapitalistisch capitalista (17.4.)
Kapitän capitán *m* (23.2.)
Kapitel capítulo (R 3)
kapriziös caprichoso (30.1.)
kaputt roto (18.1.)
Karaffe garrafa (8.2.)
Karavelle carabela (R 3)
Karibik (mar) Caribe *m* (2.4.)
karibisch caribe (2.4.)
Karneval carnaval *m* (30.2.)
Karte (Fahrkarte) billete *m* (G 12), (Theater-
   karte) entrada (15.2.), billete (de teatro) (R 4),
   (Landkarte) mapa *m* (23.4.), (Postkarte) postal
   f (4.2.), tarjeta (postal) (3.2.), (Stadtplan)
   plano (12.2.), (Visitenkarte) tarjeta (de visitas)
   (22.1.)
Kartoffel patata (7.2.)
Karwoche semana santa (19.2.)
Käse queso (7.4.)
Kaserne cuartel *m* (23.2.)
kassieren (einnehmen) cobrar (18.4.)
Kastagnette castañuela (19.2.)
Kastell castillo (26.2.)
Kasten caja (13.2.), (Truhe) cajón *m* (29.2.)
kastilisch castellano (2.1.)
Katalane catalán *m* (11.4.)
katalanisch catalán (2.4.)
Katalog catálogo (G 8)
Kategorie categoría (5.2.)
Kathedrale catedral *f* (19.2.)
katholisch católico (R 3)
Kauf compra (5.4.)
kaufen comprar (4.2.)
Kaufhaus almacén *m* (4.4.)
Kaufmann comerciante *m* (24.4.)
kein no (1.2.); ~(er) ningún (ninguno) (3.2.)
keineswegs de ningún modo (3.2.)
Kellner camarero (5.2.), mozo (16.2.)
kennen conocer (10.2.); ~lernen conocer (11.2.),
   llegar a conocer (G 14)
Kenntnis conocimiento (2.1.); sich ~ verschaf-
   fen (über) enterarse (de) (19.1.); seine ~se
   erweitern ampliar sus conocimientos (G 25)
Kern núcleo (17.4.)
Kette cadena (27.4.)
Kichererbse garbanzo (8.4.)
Kiefer pino (27.4.)
Kilometer kilómetro (3.1.)
Kind niño (8.2.); ~er hijos *pl* (3.2.), niños *pl*
   (8.2.)
Kinder... infantil (28.2.)
Kindergarten círculo infantil (28.2.)
Kinderkrippe casa cuna (28.2.)
Kindheit niñez *f* (R 3)
kindlich infantil (28.2.)

Kino cine *m* (6.4.)
Kiosk quiosco (3.2.)
Kirche iglesia (4.4.)
Kissen (Kopfkissen) almohada (5.2.)
Kiste caja (13.2.)
klar claro (5.2.)
Klasse clase *f* (4.1.)
Klassen... clasista (29.4.)
klassifiziert clasificado (G 12)
klassisch clásico (G 23)
Klavier piano (G 23); ~ spielen tocar el piano
   (G 23)
Kleid traje *m* (21.1.), vestido (19.2.)
Kleiderbügel percha (6.1.)
Kleidung vestidos (19.2.)
klein pequeño (3.4.)
Kleinbuchstabe (letra) minúscula (G 6)
kleiner menor (3.4.)
Kleinstadt villa (30.1.)
kleinster mínimo (15.1.)
Klerus clero (14.4.)
Klima clima *m* (10.1.)
Klima... climático (10.4.)
Klimaanlage aire acondicionado (5.2.)
klimatisch climático (10.4.)
Klingel timbre *m* (5.2.)
klingeln tocar el timbre (6.1.)
klingen sonar (9.2.)
Klinik clínica (26.1.)
klopfen golpear (13.2.)
Klub club *m* (G 13)
klug inteligente (13.1.)
Knackwurst chorizo (8.4.)
knapp escaso (10.4.)
Kneipe taberna (16.2.)
Knopf botón *m* (5.2.)
Koalition coalición *f* (25.4.)
Koch... culinario (8.4.)
kochen (Speise) guisar (8.4.)
Koexistenz coexistencia (16.4.)
Koffer maleta (1.2.)
Kofferraum maletero (2.2.)
Kognak coñac *m* (7.2.)
Kohle carbón *m* (11.4.)
Kollege compañero (1.2.), colega *m* (22.1.)
Kollektion colección *f* (10.2.)
kollektiv colectivo (21.2.)
Kollektiv... colectivo (21.2.)
kolonial colonial (26.4.)
Kolonialismus colonialismo (24.4.)
kolonialistisch colonialista (30.4.)
Kolonie colonia (12.4.)
kolonisierend colonizador (30.4.)
Kombinat combinado (26.1.)
Kombine combinada (28.4.)
komfortabel confortable (4.1.)

komisch cómico (R 1)
Komitee comité *m* (17.4.)
Komma coma (10.4.)
Kommandant comandante *m* (17.4.)
kommen venir (7.1.); nach Hause ~ llegar a casa (G 5), venir a casa (R 3), volver a casa (R 3)
Kommilitone compañero de estudios (G 16)
Kommission (Ausschuß) junta (25.1.)
Kommunismus comunismo (29.4.)
Kommunist comunista *m* (18.4.)
kommunistisch comunista (12.4.)
komplett completo (13.4.), integral (26.1.)
Komplex complejo (28.4.), conjunto (29.4.)
Komponente componente *m* (30.4.)
Konditional (Grammatik) condicional *m* (G 22)
Konditional... (Grammatik) condicional (G 21)
Konditionalsatz (Grammatik) oración (*f*) condicional (G 21)
Konferenz conferencia (20.4.)
Kongreß congreso (1.1.)
König rey *m* (R 4)
Königin reina (R 4)
königlich real (4.4.)
Königreich reino (4.4.)
Königs... real (4.4.)
Konjunktiv (Grammatik) subjuntivo (G 14)
konkret concreto (20.2.)
können (beherrschen) dominar (27.2.), (Möglichkeit) poder (5.1.), (Fähigkeit) saber (G 7)
konsequent consecuente (25.4.)
Konsequenz consecuencia (25.2.)
konservativ conservador (25.4.)
Konsolidierung consolidación *f* (22.2.)
konstant constante (28.4.)
Konstruktion construcción *f* (2.4.)
konsultieren consultar (11.1.)
Konsum consumo (13.4.)
Konsumgüter artículos de consumo (11.1.), bienes (*m pl*) de consumo (13.4.)
Kontakt contacto (G 12)
konterrevolutionär contrarrevolucionario (25.4.)
Kontinent continente *m* (15.4.)
kontinental continental (10.4.)
Kontinuität continuidad *f* (15.4.)
Kontrast contraste *m* (11.4.)
Kontrolle control *m* (23.1.)
kontrollieren controlar (23.1.), revisar (23.1.)
Konzentrat concentrado (14.4.)
Konzentration concentración *f* (12.4.)
konzentrieren (sich) concentrar(se) (13.4.)
Konzeption concepción *f* (29.4.)
Konzern consorcio (25.1.)
Konzert concierto (G 23)
Kooperation cooperación *f* (20.4.)
Kopf cabeza (16.2.)
Kork corcho (14.4.)
Korkeiche alcornoque *m* (14.4.)

körperlich físico (29.1.)
Körperpflege aseo personal (29.1.)
korrigieren corregir (10.1.)
korrekt correcto (6.2.)
Korrektur corrección *f* (G 13)
Korrespondenz correspondencia (28.2.)
korrespondieren escribirse (G 25)
Kosmetiksalon salón (*m*) de belleza (26.1.)
Kosmonaut cosmonauta *m* (G 26)
kostbar (wertvoll) precioso (19.2.), valioso (30.2.)
kosten (Preis) costar (G 9), (Speisen) probar (3.1.), (wert sein) valer (10.2.)
Kosten costos *pl* (27.1.)
kostenlos gratuito (18.2.)
köstlich delicioso (9.2.)
Kostüm (Damenkleidung) traje sastre *m* (21.1.)
Krach (Lärm) ruido (G 8)
Kraft (Anstrengung) esfuerzo (20.2.), (Stärke) fuerza (15.4.)
kräftig fuerte (7.4.), sustancioso (30.4.)
Kraftwerk central (*f*) eléctrica (−), (Wärmekraftwerk) (central) termoeléctrica (30.2.)
krank enfermo (8.2.), ~ werden caer enfermo (8.2.)
Krankenhaus hospital *m* (19.4.)
Krankenschwester enfermera (15.2.)
Krebs (Meerestier) cangrejo (8.2.), gamba (7.2.)
Kreis círculo (G 20), (Verwaltung) distrito (26.4.)
kreolisch criollo (30.4.)
Kreuz cruz *f* (14.1.)
kreuzen (See, Meer) cruzar (26.2.)
Kreuzung cruce *m* (9.2.); auf der ~ en el cruce (9.2.)
Krieg guerra (15.2.)
Krug (spanischer Trinkkrug mit Henkel und Ausguß) botijo (23.1.)
kubanisch cubano (G 5)
Kubaner cubano (R 1)
Kuchen pastel *m* (7.4.)
Küche cocina (3.4.)
Küchen... culinario (8.4.)
Kugelschreiber bolígrafo (4.1.)
Kuh vaca (27.1.)
Kühlschrank nevera (27.2.)
Kuhstall vaquería (27.1.)
kulinarisch culinario (8.4.)
kultivieren cultivar (11.4.)
Kultur cultura (24.2.)
kulturell cultural (4.4.)
Kulturfilm documental *m* (15.2.)
kümmern: sich ~ (um) cuidarse (de) (18.4.), encargarse (de) (16.2.), ocuparse (de) (4.2.)
Kunde cliente *m* (5.1.)
Kundschaft clientela (5.4.)
kundtun (erklären) declarar (16.4.)
künftig futuro (22.2.)

Kunst arte *m* (8.4.)
Künstler artista *m* (29.2.)
künstlerisch artístico (21.4.)
künstlich artificial (14.2.)
Kunstwerk obra (27.1.)
Kupfer cobre *m* (13.4.)
Kurs curso (3.4.), (Fahrtrichtung) rumbo (30.1.)
Kurve curva (26.2.)
kurz *adj.* (Zeit) breve (18.1.), (Strecke) corto (14.1.), *adv.* (zusammengefaßt) en resumen (22.2.)
Kürze: in ∼ (bald) en breve (23.2.)
kürzlich *adj.* reciente (15.2.), *adv.* (jüngst, gerade) recién (30.1.)
Kurzschluß cortocircuito (13.2.)
Küste costa (9.4.)
Küsten... costero (26.2.)
Küstengebiet litoral *m* (30.4.)
Kutsche carretela (19.2.)

lachen reír (R 2)
laden (beladen) cargar (7.4.)
Laden comercio (18.4.), tienda (4.2.)
Lage situación *f* (9.4.)
Lager campamento (18.2.)
lagern (Ware) almacenar (29.1.)
Lager(statt) (Geologie) yacimiento (24.4.)
lähmen paralizar (25.1.)
Land (Feld, freies Land) campaña (14.2.), (Gegensatz zu Stadt) campo (8.4.), (Politik) país *m* (2.2.), (Gegensatz zu Wasser) tierra (9.4.); auf dem ∼e en el campo (8.4.); zu ∼e terrestre (28.4.)
Land... (ländlich) rural (14.4.), (zu Lande) terrestre (28.4.)
Landarbeiter labrador *m* (24.4.), obrero agrícola (29.1.), peón *m* (24.4.)
landen (Flugwesen) aterrizar (23.2.)
Landes... provincial (12.4.)
Landgut granja (30.2.)
Landkarte mapa *m* (23.4.)
ländlich rural (14.4.)
Landschaft paisaje *m* (11.4.)
Landsmann compatriota *m* (22.4.)
Landstraße carretera (R 5)
Landwirtschaft agricultura (11.4.)
landwirtschaftlich agrícola (8.4.)
lang largo (7.2.); 14 Tage ∼ durante 15 días (G 17)
Länge largo (4.4.), (Geographie) longitud *f* (9.4.)
länger (zeitlich) más tiempo (G 16); ∼ als eine Woche más de una semana (4.1)
längs a lo largo de (4.4.)
langsam *adj.* lento (12.2.), *adv.* despacio (R 2)

langweilen (sich) aburrir(se) (8.1.)
langweilig aburrido (10.1.)
Lärm ruido (G 8)
lassen (zulassen, verlassen, aufgeben) dejar (4.2.), (veranlassen) hacer + *Inf.* (G 21)
Last carga (20.2.)
Lastkraftwagen camión *m* (3.1.)
Latein... latino (R 3)
Lateinamerika América Latina (R 3)
Lateinamerikaner (außer in Brasilien) hispano-americano (7.4.), latinoamericano (G 14)
lateinamerikanisch latinoamericano (15.4.)
lateinisch latino (2.4.)
Lauf (Rennen, Wettlauf) carrera (20.2.), (Verlauf) curso (13.4.)
laufen caminar (6.4.), correr (9.4.), marchar (R 4)
laut alto (12.2.)
läuten (klingeln) tocar el timbre (6.1.)
Lautsprecher altavoz *m* (23.1.)
leben vivir (3.1.)
Leben vida (6.4.)
Lebens... vital (22.2.)
Lebensmittel alimento(s *pl*) (13.4.), comestibles *m pl* (18.4.)
lebenswichtig de importancia vital (29.4.)
lebhaft animado (5.4.)
legen colocar (2.2.), meter (5.2.), poner (7.1.)
Lehranstalt escuela (30.2.)
lehren enseñar (28.2.)
Lehrer maestro (2.1), profesor *m* (2.1.)
Lehrerin maestra (G 2), profesora (G 2)
Lehrfach asignatura (3.4.)
Lehrgang curso (3.4.)
Lehrling aprendiz *m* (6.1.), aprendiza *f* (6.1.)
leicht (mühelos) fácil (2.1.); (nicht von Gewicht) ligero (7.4.)
Leicht... ligero (28.1.)
Leichtigkeit facilidad *f* (11.1.)
Leichtindustrie industria ligera (28.1.)
Leid mal *m* (16.2.)
leiden sufrir (30.1.)
leider por desgracia (21.2.)
leihen (geben) prestar (17.4.), nehmen) pedir prestado (G 30), tomar prestado (G 30)
leiten dirigir (G 25)
leitend dirigente (29.4.)
Leiter (Person) dirigente *m* (18.4.), (Gerät) escalera (13.1.)
Leitung dirección *f* (29.4.)
Lektion lección *f* (1.1.)
Lektüre lectura (G 2)
lenken dirigir (G 25)
Lenkrad (Steuer) volante *m* (30.1.)
lernen aprender (G 3), estudiar (2.1.)
lesen leer (3.1.)

Leser lector *m* (22.2.)
Lesesaal sala de lectura (R 3)
letzter (äußerster) extremo (11.4.); último (13.4.);
  letztes Jahr el año pasado (G 24)
Leucht... luminoso (6.4.)
leuchtend luminoso (6.4.)
Leuchtreklame propaganda luminosa (6.4.)
Leute gente *f* (5.4.)
Licht luz *f* (6.4.)
lieb caro (2.2.), querido (16.4.)
Liebe amor *m* (9.2.)
lieben querer (9.1.)
liebenswürdig amable (1.4.)
Liebenswürdigkeit amabilidad *f* (5.2.)
lieber etwas tun preferir + *Inf.* (13.1.)
Liebling querido (9.1.)
Lied canción *f* (19.2.)
liegen (gelegen sein) encontrarse situado (26.4.),
  estar situado (2.4.), (sich befinden) hallarse
  (4.2.), quedar (2.4.)
liegenlassen dejar (21.2.)
Likör licor *m* (7.2.)
Limonade (Zitronen-) limonada (8.2.), (Apfel-
  sinen-) naranjada (8.1.)
Linie línea (5.4.)
Linke izquierda (25.2.)
links a la izquierda (5.2.)
Liste lista (7.2.)
Liter litro (2.2.)
Literatur literatura (8.4.)
loben alabar (26.2.)
Loch agujero (30.2.)
Lohn salario (18.4.)
Lokal local *m* (6.4.)
lokalisieren localizar (16.1.)
Lokomotive locomotora (28.4.)
los! ¡en marcha! (26.2.)
löschen apagar (13.2.)
lösen resolver (G 26), solucionar (11.2.)
losfahren (von) partir (de) (G 16)
losfliegen partir (salir) en avión (G 12)
losgehen (weggehen) salir (G 30)
Lösung solución *f* (20.2.)
Lotterie lotería (5.4.)
Luft aire *m* (5.2.)
Luft... aéreo (1.4.)
Luftpostbriefmarke sello aéreo (4.2.)
Lust gana (8.2.); ~ haben (zu) tener ganas (de)
  (8.2.)
Luxus lujo (6.4.)

machen hacer (4.2.)
Macht poder *m* (25.2.); die ~ übernehmen asumir el poder (25.4.)
mächtig poderoso (25.4.)
Machtübernahme advenimiento (de) (26.1.)

Mädchen joven *f* (15.1.), muchacha (17.2.)
Madrid... madrileño (6.4.)
Madrider (Einwohner von Madrid) madrileño
  (2.1.)
Mahlzeit comida (6.1.)
Mai mayo (R 3)
Mais maíz *m* (14.4.)
mal (irgendwann) alguna vez (G 18), (Mathe-
  matik) por (G 4)
Mal vez *f* (12.1.)
malerisch pintoresco (11.4.)
man se (2.4.), una (11.1.), uno (14.2.); ~ muß
  hay que (3.1.)
manchmal a veces (8.1.), de vez en cuando (8.1.)
Mandarine mandarina (14.4.)
Mangan(erz) manganeso (13.4.)
Mangel falta (8.1.), penuria (29.1.)
mangels por falta de (23.4.)
Mann hombre *m* (R 3), (junger) joven *m* (G 13)
mannigfaltig variado (7.2.)
Mantel abrigo (7.1.), sobretodo (21.1.)
manuell manual (24.4.)
Marienkirche iglesia de la Virgen (G 11)
Marine marina (25.4.)
maritim marítimo (10.4.)
Marke (Fabrik) marca (9.1.), (Brief) sello (4.2.)
markieren marcar (12.1.)
Markt mercado (19.2.)
Marmelade mermelada (7.4.)
Marsch marcha (26.2.)
marschieren marchar (R 4)
Märtyrer mártir *m* (30.1.)
Marxismus-Leninismus marxismo-leninismo (R 1)
marxistisch-leninistisch marxista-leninista (11.2.)
März marzo (R 3)
Maschine (Flugzeug) aparato (1.4.), (Apparat)
  aparato (4.4.), máquina (G 26)
Maschinen maquinaria (4.4.)
Maschinenbau maquinaria (4.4.), mecánica
  (13.4.)
Maß medida (17.4.)
Masse masa (25.2.)
massiv masivo (25.2.)
Maßnahme medida (17.4.)
Maßstab escala (28.4.)
Matanzer (Einwohner von Matanzas) matan-
  cero (30.1.)
Materialien materiales *m pl* (18.1.)
Materie materia (8.4.)
materiell material (22.2.)
Matrose marinero (23.4.)
Mauer muralla (21.4.)
Maure moro (9.2.)
Maurer albañil *m* (27.1.)
maximal máximo (10.4.)
Mechanik mecánica (13.4.)
mechanisieren mecanizar (28.2.)

Mechanisierung mecanización *f* (28.4.)
Mechanismus mecanismo (25.1.)
Medizin medicina (3.4.)
medizinisch médico (25.4.)
Meer mar *m/f* (2.4.)
Meer... marítimo (10.4.)
Meerenge estrecho (26.2.)
mehr (als) (Zahl) más (de) (2.1.); ∼ ... als más ... que (5.4.); immer ∼ más y más (14.2.)
mehrere (einige) algunos (1.2.), (verschiedene) varios (G 24)
Mehrheit mayoría (6.4.)
Mehrheits... mayoritario (25.2.)
Meile milla (23.4.)
mein mi (2.1.)
meinen (einschätzen) estimar (22.4.), (halten (von)) opinar (de) (22.2.)
meiner (el) mío (9.1.)
Meinung opinión *f* (16.2.)
Meinungsverschiedenheit divergencia (16.4.)
meisten : die ∼ las más (G 11), los más (G 26), la mayor parte (de) (G 26), la mayoría (G 26)
Meister maestro (13.2.)
Melone melón *m* (14.4.)
Menge (meßbare) cantidad *f* (3.1.), (große Anzahl) multitud *f* (24.4.)
Mensch hombre *m* (20.2.)
Menschenmenge muchedumbre *f* (17.2.)
menschenunwürdig infrahumano (26.1.)
Menschheit humanidad *f* (22.4.)
menschlich humano (R 3)
Menü menú *m* (R 2)
merkwürdig curioso (R 5)
Messe feria (19.1.)
messen medir (10.1.)
Metall metal *m* (25.1.)
Metallurgie metalurgía (13.4.)
metallurgisch metalúrgico (R 1)
meteorologisch meteorológico (21.1.)
Meter metro (4.4.)
Methode método (18.1.)
Metropole metrópoli *f* (26.2.)
Mexikaner mejicano (15.4.)
mexikanisch mejicano (R 2), mexicano (26.4.)
mich me (4.1.), (betont) a mí (3.4.)
Miete alquiler *m* (3.1.)
mieten alquilar (30.2.)
Milch leche *f* (7.4.)
Milch... lechero (27.1.)
mild suave (10.4.)
Milieu ambiente *m* (6.4.)
Militär militar *m* (25.2.)
Militär... militar (25.4.)
militärisch militar (15.4.)
Militärputsch golpe (*m*) militar (25.2.)
Milliarde mil millones (G 6)
Millimeter milímetro (27.4.)

Million millón *m* (14.4.)
Millionär millonario (9.2.)
Minderheit minoría (11.4.)
Mineral... mineral (7.2.)
minimal mínimo (10.4.)
Minister ministro (30.1.)
Ministerium ministerio (4.4.)
minus menos (G 3)
Minute minuto (3.1.)
mir me (3.2.), (betont) a mí (3.4.)
Mission misión *f* (1.4.)
mit con (1.2.); ∼ mir conmigo (13.1.); ∼ sich consigo (6.1.)
mitarbeiten colaborar (18.4.)
Mitarbeiter colaborador *m* (22.4.)
mitbringen (auch Personen) traer (G 8)
Mitglied miembro (12.4.), (aktives) militante *m* (29.2.)
Mitgliedsstaat estado miembro (20.2.)
Mitleid lástima (7.1.)
mitnehmen llevar (consigo) (6.1.)
Mittag mediodía *m* (5.1.); zu ∼ a mediodía (8.1.)
Mittagessen almuerzo (3.1.), comida (6.1.); das ∼ einnehmen almorzar (8.1.), tomar el almuerzo (R 4), tomar la comida (6.1.)
mittags a mediodía (8.1.)
Mittagsruhe siesta (10.1.)
Mitte medio (R 4)
Mitte ... (Juli) a mediados de (julio) (18.2.)
mitteilen comunicar (19.1.)
Mittel medio (3.1.), (Hilfsquellen) recursos *pl* (27.1.)
mittlere medio (2.2.)
Mittelalter edad media (21.4.)
mittelländisch mediterráneo (10.4.)
Mittelmeer Mediterráneo (9.4.)
mittels a través de (18.2.)
mitten in dentro de (29.2.), en medio de (R 4)
Mitternacht medianoche *f* (21.4.)
Mittwoch miércoles *m* (G 10)
Mitwirkung (Beitrag) aportación *f* (15.4.), aporte *m* (20.2.); incorporación *f* (29.4.); (bei = a)
mobilisieren movilizar (15.4.)
möblieren amueblar (5.2.)
Modell modelo (2.2.)
modellieren moldear (30.1.)
modern moderno (1.4.)
mögen (Sachen) gustar (G 30), (gern, lieber) preferir (10.1.), (Lust haben) tener ganas (G 30)
möglich posible (5.1.)
möglicherweise (wahrscheinlich) probablemente (R 3), (es kann sein) puede (ser) (G 14), (vielleicht) tal vez (5.2.)
Möglichkeit posibilidad *f* (13.4.)
Monarchie monarquía (12.4.)

18 Lehrb. span. Spr.

Monat mes *m* (10.4.)
monatlich mensual (18.4.)
Monokultur monocultivo (24.4.)
Monopol monopolio (11.1.)
monopolisieren estancar (11.1.), monopolizar (11.1.)
Montag lunes *m* (G 10)
Montage montaje *m* (28.1.)
montieren montar (27.1.)
monumental monumental (21.4.)
moralisch moral (17.4.)
morgen mañana (5.1.); ∼ **früh** mañana por la mañana (12.1.); ∼ **vormittag** mañana por la mañana (12.1.); **heute** ∼ esta mañana (G 24)
Morgen mañana (3.4.); **am** ∼ por la mañana (R 1)
Morgendämmerung madrugada (16.2.)
morgens por la mañana (R 1)
Moskau Moscú *m* (G 19)
Motiv motivo (16.4.)
müde cansado (R 2); ∼ **sein** estar cansado (R 2), tener sueño (10.1.)
Müdigkeit fatiga (15.1.)
Mühe pena (7.1.)
Mund boca (9.1.)
münden (Fluß) desembocar (5.4.)
Mündung boca (26.2.), (Fluß) desembocadura (30.2.), embocadura (26.2.)
Münze moneda (12.1.)
Museum museo (4.4.)
Musik música (8.1.)
müssen (moralische Verpflichtung) deber (5.2.), (Vermutung) deber de (G 30), (unpersönliche Ausdrucksweise) estar por (G 30), (moralischer Zwang) haber de (29.4.) (äußerer Zwang) tener que (3.4.); **man muß...** (es ist nötig) conviene ... (14.2.), hay que ... (3.1.)
Mut coraje *m* (25.2.)
Mutter madre *f* (3.4.)

nach (Ort, Richtung) a (1.1.), con destino a (23.2.), para (1.1.), rumbo a (30.1.), (Vorbild, Richtschnur) según (15.4.), (Zeit) después de (3.2.), tras (16.2.); ∼ **und** ∼ **etwas tun** ir + *Ger.* (24.4.)
nachahmen imitar (30.2.)
Nachbar vecino (16.2.)
nachdem ... después de + *Inf.* (4.2.)
Nachfolge seguimiento (24.2.)
Nachfrage demanda (11.1.)
nachher luego (4.1.)
nachlassen (aufhören zu) cesar de (G 30)
Nachmittag tarde *f* (3.1.); **am** ∼ en la tarde (7.4.), por la tarde (10.1.); **heute** ∼ esta tarde (9.2.)

nachmittags de la tarde (3.1.), en la tarde (7.4.), por la tarde (10.1.)
Nachricht aviso (23.1.), noticia (3.1.), (Botschaft) recado (6.2.)
nachschlagen (konsultieren) consultar (11.1.)
nächster (zeitlich, Reihenfolge) próximo (11.2.)
Nacht noche *f* (3.4.); **bei** ∼ de noche (17.2.); **heute** ∼ esta noche (24.1.)
Nacht... nocturno (6.4.)
Nachtisch postre *m* (7.2.)
nächtlich nocturno (6.4.)
nachts de noche (17.2.)
nahe (bei) (räumlich, in der Nähe von) cerca (de) (2.2.), cercano (a) (10.1.)
Nähe cercanía (G 29), (in der Nähe von) cerca de (2.2.)
nähern: sich ∼ acercarse (R 2)
Nähr(mittel)... alimenticio (13.4.)
Nahrungsmittel alimento(s *pl*) (13.4.), comestibles *m pl* (18.4.)
Nahrung(smittel)... alimenticio (13.4.)
Name nombre *m* (8.4.)
Nation nación *f* (17.4.)
national nacional (3.1.)
nationalisieren nacionalizar (25.1.)
Nationalisierung nacionalización *f* (25.1.)
Nationalität nacionalidad *f* (2.1.)
Natur naturaleza (G 26)
Natur... natural (4.4.)
natürlich *adj.* natural (4.4.), *adv.* (selbstverständlich) desde luego (4.1.), (aber ja!) naturalmente (7.1.), (selbstverständlich) por supuesto (8.2.)
neben (außer) además de (5.4.), además de + *Inf.* (4.2.); junto a (6.1.), al lado de (7.1.)
Neben... lateral (6.2.)
nebenbei de paso (9.2.)
nehmen (ergreifen) coger (13.1.); tomar (1.2.)
nein no (1.1.)
Nelke clavel *m* (17.1.)
nennen llamar (14.2.)
neokolonialistisch neocolonial (30.4.)
nervös nervioso (19.1.)
nett gentil (24.1.), (hübsch) lindo (30.2.)
Netz red *f* (19.1.)
neu nuevo (3.4.)
Neubau edificio nuevo (G 26)
Neugier curiosidad *f* (3.1.)
neugierig curioso (3.2.); ∼ **sein (auf)** estar curioso (por) (+ *Inf.*) (21.4.), tener curiosidad (por) (+ *Inf.*) (3.1.)
neun nueve (2.1.)
neunhundert novecientos (G 6)
neunter nono (24.2.)
neunzehn diecinueve (G 3)
neunzig noventa (G 4)

Neuverteilung redistribución f (25.4.)

nicht no (1.2.); $\sim$ **einmal** ni (30.1.); $\sim$ **nur** ... **sondern auch** no sólo (solamente) ... sino también (8.4.)

Nichteinmischung no-ingerencia (22.2.), no-intervención f (20.4.)

nichtpaktgebunden no-alineado (20.4.)

nichts nada (4.2.)

nie jamás (R 3), nunca (7.4.)

niederknien arrodillarse (R 4)

Niederlage derrota (15.4.)

niederreißen arrasar (30.2.)

niedrig bajo (9.4.)

niemals jamás (R 3), nunca (7.4.)

niemand nadie (16.1.), ninguno (3.2.)

noch aún (8.1.), aun (23.4.), todavía (2.1.); **weder** ... $\sim$ no ... ni ... ni (1.4.)

nochmals otra vez (R 2)

nominieren nominar (25.4.)

Nord... norte (30.2.), septentrional (10.4.)

Nordamerikaner norteamericano (15.4.)

nordamerikanisch norteamericano (15.2.)

Norden norte m (4.4.)

nördlich septentrional (10.4.)

Nordosten noreste m (11.4.)

Nordwesten noroeste m (10.1.)

Norm norma (29.1.)

normal normal (16.4.)

Norweger noruego (15.4.)

notieren anotar (5.1.), apuntar (22.1.)

nötig necesario (2.1.); $\sim$ **sein** (müssen) haber de (29.4.); hacer falta (24.1.), ser preciso (28.2.); **es ist** $\sim$ (man muß) conviene (14.2.), hay que (3.1.); **es ist nicht** $\sim$ no hace falta (8.1.)

nötigen (zwingen) obligar (18.4.)

Notiz (Anmerkung) anotación f (4.1.); apunte m (21.2.), nota (18.4.)

Notizbuch libreta (de apuntes) (21.2.)

notwendig necesario (2.1.)

Notwendigkeit necesidad f (28.2.)

November noviembre m (R 3)

Null cero (10.1.)

Nummer número (4.1.)

nun pues (R 5)

nur no ... sino (24.4.), solamente (8.1.), sólo (1.2.); **nicht** $\sim$ ... **sondern auch** no sólo (solamente) ... sino también (8.4.)

Nutz... cultivable (11.4.), utilizable (14.4.)

nutzbringend beneficioso (27.4.)

nutzen aprovechar (21.1.), utilizar (26.2.)

Nutzen aprovechamiento (14.4.), beneficio (24.4.), pro (20.2.), provecho (14.4.)

nützen ser útil (29.2.)

Nutzland campo cultivable (11.4.)

nützlich beneficioso (27.4.), útil (29.2.)

Nutzung aprovechamiento (14.4.)

ob *conj.* si (4.1.)
  als $\sim$ como si + *Konj.* (G 25)

oben (auf) encima (de) (13.2.)

Oberfläche superficie f (12.4.)

O(berleitungs)bus trolebús m (5.4.)

Oberschule escuela secundaria (29.1.); **erweiterte** $\sim$ escuela preuniversitaria (18.2.), instituto preuniversitario (29.1.)

objektiv objetivo (20.1.)

Observatorium observatorio (4.4.)

Obst fruta (7.2.)

Obst... frutero (14.4.)

Obstruktion obstrucción f (25.1.)

obwohl aunque (19.2.)

oder o (1.4.), (statt o vor o- oder ho-) u (17.1.)
  $\sim$ **auch** o sea (12.4.)

Ofen horno (11.4.)

offen abierto (16.4.)

offenbaren (sich) (sichtbar werden) manifestar(se) (16.4.)

öffentlich público (3.1.)

Öffentlichkeit público (6.4.)

offiziell oficial (1.4.)

öffnen abrir (9.1.)

oft a menudo (8.2.), muchas veces (17.4.)

oh! ¡ay! (17.1.)

ohne sin (7.1.);
  $\sim$ **daß** sin que + *Konj.* (20.1.); $\sim$ **zu** sin + *Inf.* (4.2.)

Ökonomie economía (13.4.)

ökonomisch económico (20.4.)

Oktober octubre m (R 3)

Öl aceite m (8.4.)

Ölbaum olivo (11.4.)

Olive aceituna (9.1.), oliva (14.4.)

Omnibus ómnibus m (29.2.)

Onkel tío (27.2.)

Oper ópera (R 1)

Opfer sacrificio (15.4.)

Opposition oposición f (25.4.)

Ordnung orden m (1.2.)

Ordnungszahl número ordinal (–)

Organ organismo (27.1.), órgano (12.4.)

Organisation organización f (4.4.)

Organisations... organizativo (21.2.)

organisieren organizar (G 12)

Organismus organismo (27.1.)

orientieren (sich) orientar(se) (8.2.)

Orientierung orientación f (20.4.)

original original (8.2.)

Original original m (G 19)

originalgetreu siguiendo fielmente el original (26.2.)

Originaltext original m (G 19), texto original (G 28)

originell original (30.2.)

Ort (Stelle) local *m* (30.2.), (Platz) lugar *m* (4.2.), (Ansiedlung) población *f* (25.2.), (Platz, Stelle) sitio (30.2.)
örtlich local (12.2.)
Ortschaft población *f* (4.4.)
Ortsgespräch (Telefon) conferencia local (12.2.)
Osten este *m* (9.4.), oriente *m* (23.2.)
Österreicher austríaco (15.4.)
Osterwoche semana santa (19.2.)
östlich oriental (27.4.)
Ostsee Mar Báltico (G 16)
Ozean océano (9.4.)

paar: ein ∼ unos (3.1.)
Päckchen paquete *m* (10.2.), paquetito (–)
Paket paquete *m* (10.2.)
Palast palacio (4.4.)
Pampelmuse pomelo (14.4.), toronja (14.4.)
Panorama panorama *m* (21.4.), (Ansicht, Darstellung) (vista) panorámica (30.2.)
Panorama... panorámico (19.4.)
Papier papel *m* (5.2.)
Paprika (Gewürz) pimentón *m* (8.4.)
Parfüm perfume *m* (10.2.)
Parfümerie perfumería (10.1.)
parfümieren perfumar (10.2.)
Park parque *m* (14.1.)
Parkanlagen jardines públicos (G 23), parques *m pl* (G 23)
parken aparcar (3.2.)
Parkplatz aparcamiento (3.2.)
Parlament parlamento (4.4.)
parlamentarisch parlamentario (12.4.)
Partei partido (4.4.)
Partizip (Grammatik) participio (G 26); ∼ Perfekt (Grammatik) participio pasado (G 26)
Paß pasaporte *m* (4.1.)
Passagier pasajero (29.2.)
passend (geeignet) indicado (22.4.)
passieren (sich ereignen) ocurrir (20.1.)
passiv pasivo (16.4.)
Passiv (Grammatik) voz pasiva (G 26)
Pause pausa (20.1.)
Pavillon caseta (19.2.), pabellón *m* (19.2.)
Peitsche látigo (30.4.)
Pelota spielen jugar a la pelota (G 23)
perfekt (vollkommen) perfecto (17.2.)
Perfekt (Grammatik) (zusammengesetztes) perfecto compuesto (G 18), (einfaches) perfecto simple (G 15)
Perfektion perfección *f* (10.2.)
Periode período (27.4.)
Peripherie periferia (12.4.)
Person persona (2.2.)
persönlich personal (G 5)

Persönlichkeit personalidad *f* (25.2.)
Perspektive perspectiva (18.2.)
Pfad senda (20.2.)
Pfarrer (katholischer) cura *m* (23.4.)
Pfeffer (spanischer roter) pimentón *m* (8.4.)
Pfeife pipa (11.1.)
Pfirsich melocotón *m* (14.4.)
pflanzen plantar (30.4.)
Pflaume ciruela (14.4.)
pflegen (die Gewohnheit haben) soler hacer a/c (9.2.); (sich) ∼ cuidar(se) (24.1.)
pfui! ¡puf! (14.2.)
Phantasie fantasía (8.4.)
phantastisch fantástico (19.2.)
Philosophie filosofía (11.2.)
physisch físico (29.1.)
Pianist pianista *m* (8.1.)
Pinie pino (27.4.)
Pionier pionero (18.2.)
Pirat pirata *m* (26.2.)
Plakat cartel *m* (6.4.)
Plan plan *m* (G 25), (Stadtplan, Grundriß, Zeichnung) plano (12.2.)
planen planear (28.2.), (Programm vorbereiten oder aufstellen) programar (11.2.); proyectar (28.1.)
Planet planeta *m* (G 26)
Plantage plantación *f* (30.4.)
Planung planificación *f* (29.4.)
Platin platino (24.4.)
Plattform plataforma (26.4.)
Platz (Sitz) asiento (11.1.), (öffentlicher) plaza (2.2.), (Ort, Stelle) local *m* (30.2.), lugar *m* (4.2.), sitio (30.2.); ∼ nehmen (sich hinsetzen) tomar asiento (11.1.)
plaudern charlar (16.2.)
plötzlich de repente (16.1.)
Plural (Grammatik) plural *m* (G 14)
plus (Mathematik) más (G 3)
Plusquamperfekt pluscuamperfecto (G 19)
pochen golpear (13.2.)
Pokal copa (22.4.)
Pole polaco (15.4.)
polieren pulir (24.1.)
Poliklinik policlínica (3.4.)
Politik política (29.4.)
politisch político (4.4.)
Polizei policía (9.2.)
Polizist guardia *m* (14.2.)
polytechnisch politécnico (18.2.)
populär popular (2.2.)
portugiesisch portugués (11.4.)
Position posición *f* (22.2.)
positiv positivo (22.2.)
Post correos *pl* (11.1.)
Post... postal (3.2.)
Postamt oficina de correos (G 12)

Posten (Anstellung) puesto (18.2.)
Postkarte postal *f* (4.2.), tarjeta postal (3.2.)
prächtig brillante (R 4)
Prämie premio (G 25)
praktisch práctico (11.2.)
praktizieren (ausüben) ejercer (20.4.); practicar (20.4.)
Präsens (Grammatik) presente *m* (G 1)
präsentieren presentar (6.4.)
Präsident presidente *m* (20.1.); zum ~en wählen elegir presidente (G 23)
Präsidentschaft presidencia (25.4.)
Präsidentschafts... presidencial (25.4.)
Praxis práctica (20.4.)
Preis (Geldwert) precio (4.1.), (Prämie) premio (G 25)
Prestige (Ansehen) prestigio (25.2.)
primär primario (29.1.)
primitiv primitivo (28.4.)
Prinzessin princesa (2.4.)
Prinzip principio (20.4.)
Privileg privilegio (10.1.)
pro por (12.4.)
Probe prueba (29.4.)
probieren probar (3.1.)
Problem problema *m* (11.2.)
Produkt producto (4.4.)
Produktion producción *f* (4.4.)
Produktionsmittel medio de producción (13.4.)
produktiv productivo (18.2.)
Produktivität productividad *f* (27.1.)
produzieren producir (10.2.)
Professor profesor *m* (G 12)
Programm programa *m* (13.1.)
programmieren programar (11.2.)
Projekt plan *m* (30.1.), proyecto (R 3)
projektieren proyectar (28.1.)
Proletariat proletariado (29.4.)
proletarisch proletario (15.4.)
Promenade paseo (4.4.)
Pronomen (Grammatik) pronombre *m* (G 5)
Propaganda propaganda (6.4.)
Proportion proporción *f* (28.4.)
proklamieren proclamar (25.4.)
Prospekt prospecto (4.1.)
Prost! ¡a su (tu) salud! (*f*) (9.1.)
Proviant abasto (29.2.)
Provinz provincia (12.4.)
Provinz... provincial (12.4.)
Provinzial... provincial (12.4.)
provinziell provincial (12.4.)
Provokation provocación *f* (25.1.)
provozieren provocar (25.1.)
Prozent porciento (12.4.)
Prozentsatz por centaje *m* (26.4.)
Prozeß proceso (12.4.)

Prüfung examen *m* (18.2.); ~ gut bestehen pasar bien los exámenes (G 20)
Publikation publicación *f* (24.2.)
Pumpe bomba (28.4.)
Punkt punto (5.4.)
pünktlich *adj.* (genau) preciso (16.1.); puntual (21.4.), *adv.* en punto (6.1.), a la hora exacta (24.1.), a la hora precisa (16.1.)
pur puro (7.4.)
Putsch golpe *m* (25.1.)
Putschisten... golpista (25.2.)
putzen (reinigen) limpiar (R 2)
pyrenäisch pirenaico (9.4.)

Quadrat... cuadrado (12.4.)
Qualifikation calificación *f* (28.2.)
qualifizieren (sich) capacitar(se) (24.2.), superar(se) (24.2.)
qualifiziert calificado (28.2.)
Qualifizierung capacitación *f* (24.2.), superación *f* (24.2.)
Qualität calidad *f* (8.2.)
Quecksilber mercurio (13.4.)
Quelle fuente *f* (28.4.)

Rabatt rebaja (28.2.)
radikal radical (18.2.)
Radio radio *f* (5.2.); ~ hören escuchar la radio (R 2)
Radius radio (4.4.)
Rand borde *m* (26.1.)
Rand... periférico (17.2.)
Rang grado (18.2.)
Rat consejo (12.4.), (Ausschuß) junta (15.4.); jemanden um ~ fragen consultar a *alg.* (G 30), pedir consejo a *alg.* (G 30)
raten aconsejar (20.1.)
Ratschlag consejo (G 20)
Rauch humo (28.4.)
rauchen fumar (3.2.)
Raucher fumador *m* (3.2.)
rauh (Witterung, Örtlichkeit) inclemente (27.4.), (hart) rudo (28.4.)
Raum (Zimmer) cuarto (3.4.), (Stätte) local *m* (6.4.), (Saal) sala (7.1.)
Räumlichkeiten locales *m pl* (6.4.)
reagieren reaccionar (25.1.)
reaktionär reaccionario (25.4.)
realisieren realizar (18.2.)
realistisch realista (20.2.)
Rebell (in Kuba: Kämpfer gegen die Diktatur Batistas) rebelde *m* (18.4.)
Rebellen... rebelde (30.2.)
rebellieren rebelar(se) (23.4.)

Rebellion rebelión *f* (30.4.)
rechnen calcular (23.4.), (zählen) contar (17.4.)
Rechnung cuenta (9.2.)
recht (auf der rechten Seite befindlich) derecho (14.1.); ~ haben tener razón (3.1.)
Recht derecho (20.4.)
Rechte derecha (30.2.)
rechts a la derecha (4.2.)
rechtzeitig *adv.* a tiempo (16.1.)
Rede (Ansprache) discurso (18.1.)
reden (über, von) hablar (de, sobre) (3.1.); (diskutieren) polemizar (sobre) (29.1.)
Redensart dicho (10.4.)
Redner orador *m* (25.2.)
reduzieren reducir (10.2.)
Reduzierung reducción *f* (27.1.)
reflexiv (Grammatik) reflexivo (G 4)
Reform reforma (25.4.)
regelmäßig regular (G 12)
regeln arreglar (3.2.)
Regen lluvia (10.4.)
Regierung gobierno (4.4.)
Regierungsantritt advenimiento (de) (26.1.)
Regime régimen *m* (*pl.* regímenes) (28.4.)
Register matrícula (29.1.)
registrieren registrar (23.1.)
regnen llover (10.1.)
regnerisch lluvioso (27.4.)
reich rico (6.4.), ~ an rico en (11.4.)
reichen (geben) pasar (7.2.)
reichhaltig copioso (27.4.)
reichlich abundante (7.4.)
Reichtum riqueza (6.4.)
Reife madurez *f* (29.4.)
Reihe fila (29.2.)
Reihenfolge turno (28.1.)
rein (unvermischt) puro (7.4.)
reinigen limpiar (R 2)
Reinigung limpieza (29.1.)
Reis arroz *m* (8.4.)
Reise viaje *m* (1.2.); auf ~n sein estar de viaje (6.2.)
Reisebüro agencia de viajes (6.4.), oficina de turismo (19.1.)
Reisebus autocar *m* (G 21)
Reiseleiter guía *m* (30.1.)
Reiseleiterin guía *f* (30.1.)
reisen viajar (1.1.)
Reisender viajero (6.2.)
Reklame propaganda (6.4.)
rekonstruieren reconstruir (30.2.)
relativ relativo (27.4.)
Relativ... (Grammatik) relativo (G 25)
Relativsatz oración relativa (G 25)
Relief relieve *m* (9.4.)
Reliquie reliquia (R 5)
Renaissance renacimiento (21.4.)

Rennen carrera (20.2.)
reparieren reparar (13.1.)
Reporter reportero (G 12)
Repräsentant representante *m* (15.4.)
Repräsentation representación *f* (25.4.)
repräsentieren *f* representar (25.2.)
repressiv represivo (25.2.)
Republik república (1.1.)
republikanisch republicano (17.4.)
reservieren reservar (4.1.)
Reservierung reservación *f* (4.1.)
respektieren respetar (8.1.)
Rest resto (8.4.)
Restaurant restaurante *m* (6.1.)
restaurieren restaurar (26.2.)
Resultat resultado (10.4.)
resultieren resultar (29.1.)
Retter salvador *m* (23.4.)
Revolution revolución *f* (23.2.)
revolutionär revolucionario (17.4.)
Revolutionär revolucionario (29.2.)
Rhythmus ritmo (8.1.)
richten: sich ~ (nach) ajustarse (a) (26.1.), (gegen) dirigirse (contra) (15.4.)
richtig correcto (6.2.), (genau) justo (25.2.)
Richtung dirección *f* (14.1.); in ~ con destino a (23.2.)
riesig gigantesco (19.4.), (schrecklich) tremendo (14.2.)
Rind vaca (8.4.)
Rindfleisch carne de vaca (8.4.)
Ring anillo (27.1.)
ringen (kämpfen) pelear (28.4.)
Ritterlichkeit caballerosidad *f* (15.1.)
Rock (der Frau) falda (19.2.)
Roggen centeno (14.4.)
roh (grob) rudo (28.4.)
Rohstoff materia prima (8.4.)
Rolle (Theater) papel *m* (15.2.)
Roman novela (15.2.)
romanisch románico (21.4.)
romantisch romántico (26.2.)
römisch romano (21.4.)
Rose rosa (9.1.)
rösten tostar (7.4.)
rot rojo (G 6), (Wein) tinto (7.2.)
rotieren rotar (28.2.)
Route ruta (22.1.)
Rübe remolacha (14.4.)
Rückhalt (Unterstützung) respaldo (25.2.)
Rückkehr regreso (22.4.), vuelta (3.2.)
rückständig atrasado (24.2.)
Rückzug retiro (24.4.)
Ruf (Ansehen) fama (R 5), reputación *f* (7.1.)
rufen llamar (5.2.)
Rufzeichen (Telefon) tono (12.1.)

Ruhe (Ausruhen) descanso (15.1.), (Gemütsruhe) tranquilidad *f* (29.2.)

ruhig quieto (13.1.), tranquilo (3.2.); ~ **sein** estar(se) quieto (13.1.)

Ruhm gloria (15.4.)

Rumäne rumano (15.4.)

Rundblick panorama *m* (21.4.)

Rundfahrt (Tour) recorrido (11.2.), (in der (Stadt) recorrido por la ciudad (11.2.); vuelta (11.2.); **eine** ~ **unternehmen** dar una vuelta (11.2.)

Rundgang (Spaziergang) paseo (G 27), (Gang) recorrido (11.2.), vuelta (11.2.)

Rundsicht... panorámico (19.4.)

russisch ruso (2.1.)

Rüstung armamento (20.2.)

Rüstungs... armamentista (20.2.)

Rüstungswettlauf carrera armamentista (20.2.)

Saal sala (7.1.)

Sabotage sabotaje *m* (25.1.)

Sache cosa (3.1.)

sachkundig experto (G 26)

Saft (Gemüse-, Obstsaft) jugo (7.2.), (Fruchtsaft) zumo (7.4.)

sagen decir (7.2.)

Sahne crema (7.2.)

Saison temporada (19.1.)

Salat ensalada (7.2.)

Salon salón *m* (26.1.)

Salpeter... salitrero (25.4.)

Salz sal *f* (8.4.)

Samen simiente *f* (30.4.)

Sammlung colección *f* (G 29), (Ensemble) conjunto (27.4.)

Sanatorium sanatorio (28.2.)

Sandwich (belegtes Brot) bocadillo (7.4.)

Sänger cantor *m* (26.2.)

Satellit satélite *m* (19.4.)

satt satisfecho (9.2.)

Satz frase *f* (G 2), (Grammatik) oración *f* (G 21)

sauber (rein) puro (14.2.)

säubern limpiar (R 2)

Sauberkeit limpieza (29.1.)

Schachtel caja (11.1.)

Schächtelchen cajita (10.2.)

schade! ¡qué lástima! (6.2.); **es ist** ~, **daß ...** es lástima que + *Konj.* (14.1.)

schaffen (gründen) crear (23.4.)

Schaffner (Bus, Straßenbahn) cobrador *m* (6.2.)

Schallplatte disco (2.1.)

Schalter (Technik) interruptor *m* (13.1.), (Bahn, Theater, Service) taquilla (22.1.)

scharf (würzig) condimentado (3.1.)

Schatz tesoro (R 5)

schätzen (einschätzen) apreciar (14.4.), estimar (22.4.)

schauen mirar (12.2.)

Schaufenster escaparate *m* (6.4.)

Schauspiel espectáculo (6.4.)

Schauspieler actor *m* (15.2.)

Schein (Geld) billete *m* (4.2.)

scheinen parecer (7.2.)

Scheinwerfer reflector *m* (17.2.)

schenken regalar (18.1.)

Schicht capa (G 29), (Arbeit) turno (28.1.); ~ **arbeiten** rotar en turnos (28.2.), trabajar en turnos (28.2.)

schicken enviar (19.4.), mandar (4.2.); ~, **um etwas zu tun** mandar a + *Inf.* (6.1.)

Schild escudo (R 4)

Schiff barco (13.4.), embarcación *f* (26.1.)

Schiffs... naval (13.4.)

Schiffsladung cargamento (30.4.)

Schinken jamón *m* (7.4.)

Schlacht batalla (15.4.)

Schlaf sueño (10.1.)

schlafen dormir (10.1.); ~ **gehen** acostarse (15.1.) ir a cama (R 1), ir a dormir (2.2. + 10.1.)

Schlafzimmer dormitorio (3.4.)

Schlag golpe *m* (25.1.)

schlagen batir (8.4.), (Gegner) derrotar (25.4.); (pochen) golpear (13.2.)

Schlagsahne nata (27.2.)

schlecht mal(o) (G 2)

schlechter peor (G 11)

schleudern lanzar (30.1.)

schlicht (einfach) sencillo (30.2.)

schließen (ab-, zuschließen) cerrar (9.2.), (Ehe) contraer matrimonio (25.4.)

schließlich al fin (R 5), por fin (15.2.), finalmente (15.1.), (zuletzt) por último (15.1.)

schlimm mal(o) (G 2)

schlimmer peor (G 11)

Schloß (Gebäude) castillo (4.4.)

Schlosser cerrajero (27.1.)

Schluß (Politik: Tagungsschluß) clausura (22.4.) (Ende) fin *m* (13.2.), final *m* (30.4.); ~ **machen** terminar (27.2.)

Schluß... final (17.2.)

Schlüssel llave *f* (4.2.)

schmeicheln lisonjear (9.2.)

schmelzen fundir (30.4.)

Schmerz dolor *m* (16.2.)

schmerzen doler (17.2.)

schmutzig sucio (6.1.); **sich** ~ **machen** ensuciarse (4.1.)

Schneider sastre *m* (21.1.)

schneien nevar (9.4.)

schnell *adj.* rápido (1.2.), (sich geschwind bewegend) veloz (22.4.), *adv.* de prisa (12.1.)

Schnellzug (tren) expreso (19.1.)

Schnitt corte *m* (28.4.)
Schnitter cortador *m* (28.4.), machetero (28.4.)
schon ya (1.1.)
schön bello (19.2.), hermoso (2.4.)
Schönheit belleza (26.1.)
Schokolade chocolate *m* (7.4.)
schonen (sich) cuidar(se) (24.1.)
schöpferisch creador (22.4.)
Schornstein chimenea (28.4.)
Schrank armario (5.2.)
Schraubenzieher destornillador *m* (13.1.)
Schrecken (Entsetzen) horror *m* (9.2.)
schrecklich (groß) tremendo (14.2.); terrible (11.1.); wie ∼! ¡qué horror! (9.2.)
schreiben escribir (3.2.); mit der Maschine ∼ escribir a máquina (G 28)
Schreibtisch escritorio (19.1.)
schreien gritar (5.4.)
schreiten marchar (R 4)
schriftlich *adv.* por escrito (18.1.)
Schriftsteller escritor *m* (R 2)
Schriftstücke papeles *m pl* (G 12)
Schritt paso (9.2.)
Schuhputzer limpiabotas *m s* (5.4.)
Schuhwaren calzado (13.4.)
Schuhwerk calzado (13.4.)
Schul... escolar (23.2.)
Schuld deuda (18.4.)
schulden deber (12.2.)
Schule escuela (2.1.); zur ∼ gehen frecuentar la escuela (G 30), ir a la escuela (3.4.)
Schüler alumno (R 2), escolar *m* (3.4.)
Schülerschaft alumnado (29.1.)
Schulzimmer aula (26.1.)
schützen proteger (10.2.)
Schützengraben trinchera (15.4.)
schwanken vacilar (27.4.)
schwarz negro (G 6)
Schwede sueco (15.4.)
schweigen callar(se) (13.1.)
Schweiß transpiración *f* (10.2.)
Schweizer suizo (15.4.)
schwer (schwierig) difícil (2.1.); (auch Wunde) grave (23.2.), (Gewicht) pesado (13.4.)
Schwerindustrie industria pesada (13.4.)
Schwester hermana (G 7)
schwierig difícil (2.1.)
Schwierigkeit dificultad *f* (14.2.)
Schwimmbad piscina (G 20)
schwimmen nadar (G 18)
schwören jurar (R 5)
sechs seis (2.1.)
sechster sexto (24.2.)
sechzehn dieciséis (G 3)
sechzig sesenta (4.1.)
See lago (14.2.), (Meer) mar *m* (G 16)
Seele alma (18.4.)

Seemann marino (R 3)
Seemuschel marisco (8.2.)
sehen ver (4.1.)
Sehen vista (6.2.)
sehenswürdig curioso (R 5)
Sehenswürdigkeit atracción *f* (3.2.), lugar atractivo (4.2.), lugar de interés turístico (21.1.)
sehr muy (1.1.)
sei es ... sei es sea ... sea (22.4.)
Seife jabón *m* (6.1.)
sein (vorübergehender Zustand, sich befinden) estar (1.1.), (dauernder Zustand) ser (2.1.); noch zu tun ∼ estar por hacer (G 30)
sein su (1.2.)
seiner (el) suyo (G 9)
seit (Zeitpunkt) desde (R 1), (Zeitdauer, -raum, -spanne) desde hace (G 24); ∼ einiger Zeit etwas tun llevar algún tiempo + Ger. (24.1.)
Seite lado (7.1.), (Buch, Heft) página (R 5), (Teil) parte *f* (5.1.)
Seiten... lateral (4.1.)
Sekretär secretario (25.4.)
Sekretärin secretaria (G 12)
Sektion sección *f* (R 1)
Sektor sector *m* (5.4.)
sekundär secundario (29.1.)
selbst mismo (13.1.)
Selbstbedienungsladen autoservicio (19.4.)
selbstverständlich (natürlich) desde luego (4.1.), por supuesto (8.2.)
selten (knapp) escaso (10.4.)
seltsam extraño (19.2.)
Semester semestre *m* (G 17)
Senat senado (12.4.)
Senator senador *m* (25.4.)
senden enviar (19.4.), mandar (4.2.); ∼, um etwas zu tun mandar a + *Inf.* (6.1.)
September septiembre *m* (R 3)
Service servicio (4.1.)
servieren servir (G 13)
Sessel butaca (11.1.)
setzen meter (5.2.), poner (7.1.); sich (hin)∼ sentarse (R 2)
sevillanisch sevillano (19.2.)
sich se (4.1.); bei ∼ consigo (6.1.); zu ∼ nehmen tomar (R 1)
sicher (völlig gewiß, zuverlässig) seguro (2.2.)
sichern asegurar (26.4.)
Sicherheit seguridad *f* (20.2.)
sicherlich seguramente (3.1.)
Sicherung (Elektrizitätstechnik) fusible *m* (13.2.)
Sicht vista (7.1.)
sichtbar werden manifestarse (16.4.)
sie ella (1.1.), ellos (G 2), la (5.1.), las (5.1.), los (5.2.)
Sie usted *s* (*Abk.* Ud. *bzw.* Vd.) (1.2.)

sieben siete (2.2.)
siebenhundert setecientos (G 6)
siebzehn diecisiete (G 3)
siebzig setenta (4.1.)
Siedler colono (30.4.)
Sieg triunfo (23.2.), victoria (25.1.)
siegen triunfar (27.1.), vencer (25.2.)
siegreich triunfante (29.2.), victorioso (30.4.)
Signatar... signatario (20.2.)
Silber plata (13.4.)
singen cantar (11.4.)
Singular (Grammatik) singular *m* (−)
sinken (Temperatur) bajar (21.1.)
Sinn (Sinnesfunktion) sentido (16.4.)
Sirene sirena (9.2.)
Sitte costumbre *f* (8.1.)
Situation situación *f* (9.4.)
Sitz asiento (11.1.), (Residenz) sede *f* (4.4.)
sitzen estar sentado (19.1.)
Sitzplatz asiento (11.1.)
Sitzung sesión *f* (11.2.); eine ∼ abhalten celebrar una sesión (11.2.)
Sklave esclavo (18.4.)
Sklaven... esclavista (30.4.)
Sklaverei esclavitud *f* (30.4.)
so así (4.2.); ∼ daß de manera que (G 25),
   de modo que (G 25); ∼ sehr tanto (3.1.);
   ∼ viel tanto (3.1.); ∼ ... wie tan ... como
   (11.2.)
sobald (als) cuando (G 21), en cuanto (21.2.)
soeben etwas getan haben acabar de + *Inf.* (6.1.)
sofort en seguida (4.1.), inmediatamente (13.2.)
   (unverzüglich) sin tardar (24.1.)
sofortig inmediato (30.1.)
Sofortlösung solución inmediata (30.1.)
sogar hasta (13.4.), (einschließlich) incluso
   (27.4.)
sogenannt llamado (27.1.)
sogleich ahora mismo (6.1.), inmediatamente
   (13.2.)
Sohn hijo (3.4.)
solch tal (22.4.)
Soldat militar *m* (25.2.), soldado (R 5)
Soldateska soldadesca (30.1.)
solidarisieren: sich ∼ solidarizarse (20.1.)
Solidarität solidaridad *f* (15.4.)
solide sólido (16.2.)
sollen (moralische Verpflichtung) deber (5.2.),
   (Aufforderung) decir + *Konj.* (G 14), (Notwendigkeit, Verpflichtung) haber de (G 30),
   (Frage nach der Entscheidung des Angeredeten) querer que (G 30)
Sommer verano (10.1.)
sondern sino (8.4.)
Sonnabend sábado (G 10)
Sonne sol *m* (2.2.); die ∼ scheint hace sol (G 10)
sonnen: sich ∼ tomar el sol (G 17)

sonnig: es ist ∼ hace sol (G 10)
Sonntag domingo (G 10)
Sorgen: sich ∼ machen (um) preocuparse (por,
   en) (12.1.)
Sorgfalt cuidado (2.1.), esmero (3.4.)
sorgfältig *adj.* cuidadoso (13.2.), *adv.* con esmero
   (3.4.)
Souvenir recuerdo (23.1.), souvenir *m* (3.2.)
Souveränität soberanía (20.4.)
Sowjet... soviético (11.2.)
sowjetisch soviético (11.2.)
sowohl ... als auch tanto ... como (6.4.)
sozial social (11.2.)
Sozial... social (28.4.)
sozialdemokratisch social-demócrata (25.4.)
Sozialfürsorge asistencia social (28.4.)
Sozialismus socialismo (16.4.)
Sozialist socialista *m* (18.4.)
sozialistisch socialista (R 1)
Spanier español *m* (1.4.)
spanisch español (G 1)
Spanischlehrer profesor (*m*) de español (G 30)
Spanischunterricht clases (*f pl*) de español (R 4),
   lecciones (*f pl*) de español (R 4)
spät tarde (13.1.); wie ∼ ist es? ¿qué hora es?
   (G 5)
später *adj.* posterior (30.2.), *adv.* más tarde (13.1.)
spazierengehen dar un paseo (9.2.), ir de paseo
   (G 18), pasear(se) (5.4.)
Spaziergang paseo (9.2.), (kleiner); paseíto
   (9.2.), vuelta (11.2.), (durch die Stadt) paseo
   (por la ciudad) (G 19); einen ∼ machen dar un
   paseo (paseíto) (9.2.), dar una vuelta (11.2.)
Spazierweg paseo (4.4.)
Speck tocino (8.4.)
Speise (Essen) comida (R 2)
Speisefolge menú *m* (R 2)
Speisekarte lista de platos (7.2.), menú *m* (7.2.)
Speisezimmer comedor *m* (6.1.)
Spezial... especial (10.2.)
spezialisiert (auf) especialista (en) (18.2.)
Spezialist especialista *m* (18.2.)
speziell especial (10.2.)
spielen (Rolle) desempeñar (24.4.), (Film)
   echar (G 24), (Spiel) jugar (G 9), (Musik)
   tocar (8.1.)
Spielraum margen *m* (25.4.)
Spitze pico (9.4.)
Spitzenzeit hora-pico *f* (19.4.)
Sport deporte *m* (10.1.); ∼ treiben practicar
   deportes (G 18)
Sportler deportista *m* (3.4.)
Sprach... lingüístico (18.1.)
Sprache idioma *m* (1.4.), lengua (2.1.)
sprachlich lingüístico (18.1.)
Sprachstudent estudiante (*m*) de idiomas (R 1)
sprechen (von, über) hablar (1.2.) (de, sobre (G 1))

Sprichwort refrán *m* (24.2.)
Springbrunnen fuente *f* (14.1.)
Spur huella (30.2.)
Staat estado (2.4.)
staatlich estatal (26.4.)
Staats... nacional (R 1)
Staatsform tipo de Estado (29.4.), régimen *m* (28.4.)
Staatsstreich golpe *m* (de Estado) (25.1.)
Stadt ciudad *f* (2.1.), (Kleinstadt) villa (30.1.)
Stadtbummel paseo por la ciudad (G 27)
Städtchen villa (30.1.)
Stadtführer (Informationsplan) guía (21.1.), (Person) guía *m* (17.2.)
städtisch urbano (5.4.)
Stadtrundfahrt recorrido por la ciudad (11.2.), vuelta en bus (R 4)
Stadtrundgang paseo por la ciudad (G 19), recorrido por la ciudad (11.2.)
Stadtviertel barrio (3.2.)
Stahl acero (28.4.)
stammen aus (Herkunfts-, Ursprungsangabe) ser de (8.2.), ser original de (8.2.)
Stand (Zustand) estado (29.1.)
Standhaftigkeit tenacidad *f* (25.2.)
ständig permanente (6.4.)
stark (Kaffee, Wein) cargado (7.4.); fuerte (7.4.)
Stärkung fortalecimiento (20.4.)
Start (Flugwesen) despegue *m* (23.2.)
starten (Flugwesen) despegar (23.2.)
Station estación *f* (3.4.)
Statistik estadística (29.1.)
Stätte local *m* (6.4.)
stattfinden efectuarse (29.2.), tener lugar (11.2.)
Statue estatua (R 1)
Staudamm presa (28.4.)
Steak bistec *m* (7.2.)
stehen estar de pie (17.2.)
stehenbleiben detenerse (9.2.), pararse (9.2.)
steigen (zunehmen) aumentar (11.1.), (Preis, Temperatur usw.) subir (20.1.)
Stein piedra (11.4.)
Steinplatte losa (30.2.)
Stelle (Ort, Stätte) local *m* (30.2.), lugar *m* (8.4.), (Anstellung) puesto (18.2.), (Ort, Platz) sitio (30.2.)
stellen (hinstellen) colocar (2.2.); meter (5.2.), poner (7.1.)
Stellung posición *f* (22.2.)
Stellvertreter suplente *m* (6.2.)
sterben (im Kampf fallen) caer (17.4.), (sein Leben geben) dar su vida (17.4.); morir (R 3)
sterblich mortal (19.2.)
Stern estrella (24.1.); die ~e vom Himmel versprechen ofrecer el oro y el moro (9.2.)
Steuer (Lenkrad) volante *m* (30.1.)

Stewardeß azafata (17.2.)
Stier toro (11.2.)
Stierkampf corrida de toros (11.2.)
Stil estilo (21.4.)
still quieto (13.1.), tranquilo (3.2.); sich ~ verhalten estarse quieto (13.1.)
Stille tranquilidad *f* (29.2.)
Stimme (Wahl) sufragio (25.2.), voto (25.4.); voz *f* (16.1.)
Stipendium beca (18.2.)
Stockfisch bacalao (8.2.)
Stock(werk) piso (3.4.)
Stoff (Material) materia (8.4.)
stolz orgulloso (3.4.)
Stopp cese *m* (20.2.)
stören molestar (12.1.)
Strand playa (10.4.)
Straße (Hauptstraße, Verkehrsader) arteria (26.2.), (in Ortschaften) calle *f* (2.4.), (Weg) vía (6.4.)
Straßenbahn tranvía *m* (3.1.)
Strategie estrategia (28.1.)
Strauß (Blumen) ramillete *m* (9.1.)
streben nach aspirar a (28.1.)
Strecke (Tour, zurückgelegte ~) recorrido (30.1.), (Route) ruta (22.1.), (Weg) trayecto (22.1.), (Entwicklungsweg), Flug, Wurf, Geschoß) trayectoria (30.4.), (Eisenbahn) vía (19.1.)
Streichholz cerilla (11.1.), fósforo (–)
Streik huelga (18.4.)
Streik... huelguístico (20.1.)
Streikbrecher rompehuelga *m* (20.1.)
streiken estar en huelga (20.1.)
Streikender huelguista *m* (20.1.)
streiten (kämpfen) pugnar (30.4.)
streng (genau) estricto (20.4.)
strikt (streng) estricto (20.4.)
Stück (Teil, Anteil) parte *f* (5.1.), (Seife) pastilla (10.2.), (abgeschnittenes, Bruchstück) pedazo (30.1.), (als Mengenangabe) pieza (13.2.), (Theater) pieza de teatro (G 23)
Student estudiante *m* (2.1.)
Studenten... estudiantil (G 23)
Studentenheim casa de estudiantes (G 23), internado de estudiantes (G 23), residencia estudiantil (G 23)
studentisch estudiantil (G 23)
Studienkollege compañero de estudios (G 16)
studieren (Fach) cursar (estudios(de)) (18.2.); estudiar (2.1.)
Studium estudio(s) (G 11); das ~ aufnehmen comenzar el estudio (los estudios) (G 24), (an der Universität) ingresar (en la universidad) (G 24)
Stufe (Grad) grado (18.2.)
Stunde (Zeit) hora (3.1.), (Unterricht) clase *f* (3.4.), lección *f* (R 2)

Sturz (Untergang) derrocamiento (24.4.)
stürzen (Regierung) derribar (25.2.), derrocar (25.1.)
stützen sustentar (30.4.)
Subjekt (Grammatik) sujeto (G 8)
Substantiv (Grammatik) substantivo (G 1)
subtropisch subtropical (27.4.)
subventionieren subvencionar (11.1.)
suchen buscar (7.1.)
Süd... meridional (14.4.)
südamerikanisch sudamericano (R 5)
Süden sur *m* (2.4.)
südlich meridional (14.4.)
Südwesten suroeste *m* (9.4.)
Supermarkt supermercado (19.4.)
Suppe sopa (7.2.); **eine ~ essen** tomar una sopa (8.1.)
süß dulce (7.4.)
Süßigkeit dulce *m* (7.4.)
Symbol símbolo (5.2.)
symbolisieren simbolizar (25.2.)
Sympathie simpatía (15.4.)
sympathisch simpático (9.2.)
sympathisieren simpatizar (20.1.)
Synthese síntesis *f* (30.4.)
System sistema *m* (9.4.)
Szene escena (–)

Tabak tabaco (29.1.)
Tabak... tabacalero (29.1.)
Tabakwaren tabacos *pl* (13.4.)
Tabakwarenladen estanco (9.2.)
Tag día *m* (1.2.); **guten ~** (bis Mittag) buenos días (1.2.), (ab Mittag) buenas tardes (11.1.); **bei ~e** de día (R 4) **von ~ zu ~** de día en día (19.4.); **14 ~e** quince días (G 15)
Tagebuch (Reise- ~) diario (de viaje) (30.2.)
Tagelöhner jornalero (24.4.)
tagen (Tag werden) amanecer (27.2.), (Sitzung, Versammlung abhalten) celebrar una sesión (11.2.), (Kongreß) trabajar (20.2.)
Tagewerk jornada (18.4.)
täglich *adj.* diario (3.2.), *adv.* al día (3.2.), por día (4.1.)
tags de día (R 4)
Tagung sesión *f* (11.2.)
Tal valle *m* (12.4.)
Talent talento (16.2.)
Tango tango (8.1.)
Tanz baile *m* (19.2.)
tanzen bailar (G 17)
Tänzerin bailadora (19.2.)
tapfer valiente (30.1.)
Tasche (Handtasche) bolsa (23.1.), (in Kleidung) bolsillo (29.2.), (Beutel) bolso (9.2.)
Taschentuch pañuelo (10.2.)
Tasse taza (7.4.)

Tätigkeit actividad *f* (11.4.), (Beschäftigung) ocupación *f* (30.2.), (berufliche) oficio (13.1.)
Tatsache hecho (20.2.)
tatsächlich *adj.* real (9.2.), *adv.* en efecto (13.2.)
Tausch cambio (10.4.)
tausend mil (2.1.)
Tausend mil *m* (5.4.), millar *m* (G 26)
Taxi taxi *m* (1.2.)
Taxifahrer taxista *m* (20.1.)
technisch técnico (18.2.)
Technisierung tecnificación *f* (28.4.)
Tee té *m* (7.4.)
Teig pasta (7.4.)
Teil (Anteil) parte *f* (5.1.), (Bruchstück) pedazo (30.1.), (Einzelteil) pieza (13.2.)
teilen (sich) dividir(se) (26.4.)
Teilnahme (Mitwirkung) aportación *f* (15.4.), aporte *m* (20.2.); participación *f* (22.4.)
teilnehmen (an) (Fest, Veranstaltung usw., anwesend sein) asistir (a) (18.4.), participar (en) (1.1.), tomar parte (en) (18.4.)
Teilnehmer (Telefon) abonado (12.1.), (Fest, Veranstaltung usw.) participante *m* (11.2.)
Teilnehmerin participante *f* (18.4.)
Teilung división *f* (12.4.)
Telefon teléfono (5.1.)
Telefon... telefónico (6.1.)
Telefonanruf llamada (6.2.)
Telefongespräch conferencia telefónica (G 12), llamada (telefónica) (6.2.); **ein ~ anmelden** encargar una conferencia (telefónica) (12.2.)
Telefonhörer auricular *m* (12.1.)
telefonieren hablar por teléfono (15.1.), telefon(e)ar (12.1.)
telefonisch *adj.* telefónico (6.1.), *adv.* por teléfono (6.1.)
Telefonist telefonista *m* (17.2.)
Teller plato (G 19)
Temperatur temperatura (10.1.)
temporal (Grammatik) temporal (G 21)
Temporalsatz oración (*f*) temporal (G 21)
Tendenz tendencia (11.2.)
Tennis tenis *m* (G 23) **~ spielen** jugar al tenis (G 23)
Terrain (Gebiet) terreno (22.2.), (Zone) zona (30.2.)
Terrasse terraza (7.1.)
Territorium territorio (4.4.)
teuer caro (2.2.)
Teufel: zum ~! ¡caramba! (14.2.)
Text texto (G 7)
textil textil (11.4.)
Textil... textil (28.1.), textilero (28.1.)
Textilien textiles *m pl* (13.4.)
Theater teatro (4.4.)
Theaterkarte billete (*m*) de teatro (R 4), entrada (15.2.)

Theaterstück pieza de teatro (G 23)

Thema (Inhalt eines Films, Theaterstücks *usw.*) argumento (20.2.); tema *m* (3.1.)

theoretisch teórico (11.2.)

Theorie teoría (18.4.)

These tesis *f* (27.2.)

Ticket pasaje *m* (22.1.)

tief profundo (17.1.)

Tiefe profundidad *f* (30.1.)

Tisch mesa (5.2.) (kleiner) mesita (7.1.)

Tischchen mesita (7.1.)

Tischler carpintero (27.1.)

Titel título (15.2.)

Toastbrot (Röstbrotscheibe) tostada (8.1.)

Tochter hija (3.4.)

Tod muerte *f* (15.4.)

Tomate tomate *m* (7.2.)

Ton tono (12.1.)

tönen sonar (9.2.)

Tor puerta (2.2.)

total total (4.2.)

Toter muerto (25.2.)

Tour (zurückgelegte Strecke) recorrido (11.2.)

Tourismus turismo (11.4.)

Tourist turista *m* (5.4.)

Touristen... turístico (30.1.)

touristisch turístico (21.1.)

Tracht (Kleidung) traje *m* (R 4)

Tradition tradición *f* (23.2.)

traditionell tradicional (19.2.)

tragen (forttragen) llevar (G 20), (mitnehmen, bei sich tragen) llevar (23.1.), (hertragen) traer (8.2.), (Material, Sachen) trajinar (27.1.)

tragisch trágico (29.2.)

Tragweite magnitud *f* (25.1.)

Transport transporte *m* (3.1.)

transportieren transportar (29.2.)

Traum sueño (R 5)

traurig triste (R 2)

Traurigkeit tristeza (R 5)

treffen (antreffen, begegnen) encontrar (R 5); **sich ~** encontrarse (G 9), (zusammenkommen) reunirse (G 17)

Treffen (Begegnung) encuentro (16.1.), (Zusammenkunft) reunión *f* (5.4.)

treiben (Knospen, Wurzeln) echar (30.4.), (Sport) practicar deportes (G 18)

trennen separar (26.4.)

Treppe escalera (13.1.)

treu fiel (23.2.)

Tribüne tribuna (17.2.)

trinken beber (8.1.), tomar (7.2.); **Kaffee ~** tomar café (R 1)

Triumph triunfo (23.2.)

Triumph... triunfal (R 4)

triumphal triunfal (R 4)

trocken seco (10.1.)

Trockenheit seca (27.4.)

Tropen... tropical (24.4.)

Tropfen gota (10.2.)

tropisch tropical (24.4.)

trotz a pesar de (22.2.)

trotzdem a pesar de ello (25.2.), sin embargo (22.4.)

Truhe cajón *m* (29.2.)

Tscheche checo (–)

tschechisch checo (G 22)

tschüß! adiós (1.1.), chao (24.1.), hasta luego (4.1.), hasta pronto (1.1.)

tun hacer (4.2.); **gleich etwas ~** ir a + *Inf.* (3.1.); **weiter etwas ~** seguir + *Ger.* (R 3); **viel zu ~ haben** tener mucho que hacer (R 2)

Tunnel túnel *m* (26.2.)

Tür puerta (2.2.)

Turm torre *f* (R 1)

Typ tipo (29.4.)

typisch típico (7.2.)

Übel mal *m* (16.2.)

über sobre (3.2.)

überall en todas partes (9.4.), por todas partes (14.4.)

überdacht bajo techo (28.1.)

Übereinstimmung acuerdo (7.1.), concordancia (G 24)

Übererfüllung sobrecumplimiento (27.1.)

Überfall agresión *f* (15.4.)

Überfluß: im ~ de sobra (7.1.)

überführen: in die Praxis ~ llevar a la práctica (20.4.)

Übergang paso (14.2.)

übergeben (aushändigen) entregar (6.2.)

übergehen (von ... zu) (Besitzwechsel) pasar (de ... a) (30.4.); **dazu ~, etwas (anderes) zu tun** pasar a + *Inf.* (16.2.)

übergenug de sobra (7.1.)

Übergepäck exceso de equipaje (23.1.)

Übergewicht sobrepeso (23.1.)

Überhang (Spielraum) margen *m* (25.4.)

überleben sobrevivir (23.2.)

Überlebender sobreviviente *m* (23.2.), superviviente *m* (30.1.)

Übermaß exceso (23.1.), (Überschuß) sobra (7.1.)

übermitteln transmitir (19.4.)

übermorgen pasado mañana (21.2.)

übernachten pasar la noche (G 30)

übernehmen (Amt, Macht, Verantwortung) asumir (25.1.), (Besorgung) encargarse (de) (6.1.)

überqueren atravesar (23.4.), cruzar (14.1.)

Überraschung sorpresa (5.1.)

Überrest resto (19.2.)

Überschrift título (G 30)
Überschuß sobra (7.1.)
übersetzen traducir (G 4)
Übersetzung traducción *f* (G 6) (aus = de; in = a), versión *f* (18.1.)
übertragen (Aufgabe) encomendar (29.2.)
übertreffen aventajar (26.2.)
übertreiben exagerar (4.2.)
überwachen vigilar (28.2.)
überzeugen convencer (23.4.)
Überzeugung convicción *f* (16.4.)
übrig : das ∼e lo demás (18.1.)
Übung ejercicio (G 1)
Ufer orilla (4.4.) am ∼ a orillas de (4.4.)
Uhrzeit hora (G 5)
um (Zeit) a (3.1.); ∼ ... herum (Ort) alrededor de (13.4.); ∼ zu a fin de + *Inf.* (G 28), para + *Inf.* (1.4.), por + *Inf.* (8.1.)
Umfang circunferencia (23.4.)
umfangreich voluminoso (11.2.)
umfassen (enthalten) comprender (4.4.)
umformen transformar (24.4.)
umgeben rodear (19.4.)
Umgebung afueras *pl* (11.4.), alrededores *m pl* (3.1.)
Umgestaltung transformación *f* (18.2.)
umherziehend ambulante (29.2.)
umkommen (vor) (sterben) morir(se) (de) (17.1.); vor Durst ∼ morir(se) de sed (17.1.)
Umkreis periferia (12.4.), (Radius) radio (4.4.)
Umleitung desviación *f* (17.1.)
umsetzen : in die Praxis ∼ llevar a la práctica (20.4.)
Umverteilung redistribución *f* (25.4.)
umwandeln (verändern) cambiar (25.1.); convertir (30.1.), transformar (13.4.)
Umwelt ambiente *m* (6.4.)
umziehen (nach) (Ort wechseln) trasladarse (a) (23.2.)
Umzug (Vorbeimarsch, -fahrt) desfile *m* (19.2.)
unabhängig independiente (12.4.)
Unabhängigkeit independencia (16.4.)
Unannehmlichkeit inconveniente *m* (14.2.)
unauflösbar indisoluble (30.4.)
unbarmherzig despiadado (30.4.), (Örtlichkeit, Wetter) inclemente (27.4.)
unbekannt desconocido (11.1.)
unbestimmt indeterminado (G 23)
unbetont átono (G 5)
und y (1.1.), (statt y vor i- oder hi-) e (R 3); ∼ so weiter (usw.) etcétera (etc.) (4.4.)
Uneinigkeit divergencia (16.4.)
unermeßlich inmenso (17.2.)
unermüdlich incansable (22.4.)
Unfall accidente *m* (3.1.)
unfreundlich (Örtlichkeit, Wetter) inclemente (27.4.)

Ungar húngaro (G 19)
ungarisch húngaro (16.2.)
ungeduldig impaciente (G 30)
ungefähr alrededor de (30.4.), aproximadamente (27.4.), cerca de (15.2.), a eso de (5.1.), unos(-as) (6.2.)
ungeheuer enorme (19.4.)
ungerecht injusto (14.4.)
ungesund insalubre (26.1.)
ungleich desigual (10.4.)
Unglück desgracia (21.2.)
unglücklich mísero (18.4.)
unglücklicherweise por desgracia (21.2.)
Uniform uniforme *m* (30.2.)
Union unión *f* (11.1.)
Universität universidad *f* (1.2.)
Universitäts... universitario (2.4.)
Universum universo (G 26)
Unkrautvernichtungsmittel herbicida (28.4.)
unmenschlich inhumano (19.4.)
unmittelbar inmediato (30.1.)
unmöglich imposible (16.2.)
unregelmäßig irregular (G 12)
Unregelmäßigkeit irregularidad *f* (27.4.)
unrettbar insalvable (30.4.)
uns nos (4.1.), (betont) a nosotros (5.1.)
unschätzbar inapreciable (15.4.)
unser nuestro (2.1.)
unserer (el) nuestro (G 9)
unten abajo (6.1.)
unter bajo (6.4.), (Anzahl) entre (R 1)
Unterbrechung interrupción *f* (14.2.)
unterbringen (Gast) alojar (22.1.); colocar (2.2.)
unterdrücken oprimir (26.1.), suprimir (30.4.)
unterdrückend represivo (25.2.)
Unterdrücker opresor *m* (30.4.)
Untergrund (Erdinneres) subsuelo (24.4.)
U(ntergrund-) Bahn metro (3.1.), metropolitáneo (5.4.)
Unterhalt (Versorgung) abasto (29.2.), (Erhaltung) mantenimiento (29.1.)
unterhalten (Gesellschaft) entretener (12.1.), (aufrechterhalten) mantener (24.2.); sich ∼ (reden) conversar (1.4.)
Unterhaltung (Gespräch) conversación *f* (16.2.)
unterirdisch subterráneo (30.1.)
Unterkunft alojamiento (17.2.), (Wohnung) domicilio (19.4.), (ständige) residencia (G 16)
unterlassen dejar de (21.1.)
Unterlegenheit inferioridad *f* (15.4.)
unternehmen emprender (24.4.)
Unternehmen empresa (30.1.)
Unternehmer... empresarial (25.1.)
unterordnen subordinar (G 25)
Unterricht (in) enseñanza (18.2.), clase(s) *f* (de) (3.4.), curso(s) (de) (3.4.), lección *f* (lecciones) (de) (R 2)

unterrichten (lehren) enseñar (28.2.), (informieren) informar (11.1.); **sich ~ über** (sich informieren über) enterarse de (19.1.)
Unterrichtsstunde clase *f* (3.4.), curso (3.4.), lección *f* (R 2)
unterscheiden distinguir (9.4.)
Unterschied diferencia (10.1.)
unterschiedlich diferente (10.4.), distinto (16.4.)
Unterschlupf refugio (19.4.)
Untersee... submarino (26.2.)
unterseeisch submarino (26.2.)
unterstreichen subrayar (20.4.)
unterstützen sustentar (30.4.)
Unterstützung apoyo (15.4.), respaldo (25.2.)
unterwegs de paso (9.2.), en (el) camino (14.2.), por (el) camino (14.2.)
unterwerfen someter (10.4.)
unterzeichnen firmar (G 26)
Unterzeichner... signatario (20.2.)
ununterbrochen *adj.* sucesivo (25.1.), *adv.* sin interrupción (14.2.)
unvergeßlich inolvidable (17.2.)
unvergleichlich incomparable (17.2.)
unverwechselbar inconfundible (28.4.)
unverzüglich sin tardar (24.1.)
unzählig innumerable (5.4.)
Unzufriedenheit descontento (14.4.)
unzugänglich inclemente (27.4.)
Uran uranio (24.4.)
Ureinwohner indígena *m* (23.4.)
Ursache causa (25.2.), (Grund) razón *f* (25.2.); **keine ~** (es macht nichts) no hay de qué (3.2.), de nada (5.2.)
Ursprung origen *m* (2.4.), (Anfang) principio (17.4.)
ursprünglich original (8.2.)
urteilen juzgar (22.4.)

valenzianisch valenciano (7.2.)
Vanille vainilla (27.2.)
variieren variar (10.1.)
Vater padre *m* (3.4.)
Vaterland patria (2.4.)
vaterländisch patrio (30.4.)
verabreden: sich ~ citarse (12.1.)
Verabredung (Verpflichtung) compromiso (17.1.)
verabschieden (sich) despedir(se) (10.1.)
verändern (sich) cambiar (16.4.)
veranlassen hacer + *Inf.* (G 21), (gebieten) mandar (R 4)
veranstalten organizar (G 26)
Veranstaltung (feierliche) acto (16.1.), (gesellschaftliche) reunión *f* (17.2.)
Verantwortlicher encargado (6.2.)
Verantwortung responsabilidad *f* (29.4.)

verarbeiten procesar (26.1.), transformar (24.4.)
Verb (Grammatik) verbo (G 1)
verbessern (Text) corregir (10.1.); mejorar (27.1.), (verfeinern) pulir (24.1.)
Verbesserung mejoramiento (27.1.)
verbieten prohibir (23.2.)
verbinden comunicar (5.4.), (Telefon) poner al habla (con) (12.2.), (in Verbindung setzen (mit)) poner en contacto (con) (G 21), (vereinen) reunir (6.4.), unir (R 5)
Verbindung (Verkehr) comunicación *f* (26.4.), (Kontakt) contacto (G 12), (Beziehung) relación *f* (24.2.); **sich in ~ setzen mit** ponerse en contacto con (G 21), (Telefon) ponerse al habla con (12.2.)
verblühen marchitarse (9.1.)
Verbrauch consumo (2.2)
verbrauchen consumir (14.4.), (Geld, Benzin) gastar (2.2.)
Verbrechen crimen *m* (25.1.)
verbreiten (Nachricht) difundir (27.4.), (ausstreuen) esparcir (28.4.)
verbringen (Zeit) llevar + *Zeitangabe* (24.1.), pasar + *Zeitangabe* (5.2.)
verbünden (sich) unir(se) (20.2.)
Verbündeter aliado (25.1.)
verdächtig sospechoso (25.2.)
verdanken deber (10.1.)
verderben (zugrunde gehen) perderse (29.1.)
verdienen (Geld) ganar (26.1.)
verdoppeln redoblar (20.2.)
verehrt (angesehen) distinguido (19.4.)
vereinen reunir (6.4.), unir (R 5)
vereinigen reunir (6.4.), unir (R 5)
Vereinigung (Sammlung) conjunto (27.4.), (Einreihung (in)) incorporación *f* (a) (29.4.); unión *f* (11.2.)
verfeinern pulir (24.1.)
Verfilmung filmación *f* (15.2.)
verflucht maldito (26.1.)
verfolgen perseguir (25.1.)
verfügen über contar con (25.2.), disponer de (21.4.)
Verfügung disposición *f* (12.1.); **zu Ihrer ~** a sus órdenes (*f*) (1.2.)
vergangen pasado (11.2.)
vergehen (Zeit) pasar (18.2.), transcurrir (22.4.)
vergessen olvidar (7.4.)
Vergleich comparación *f* (G 11)
vergleichen comparar (16.4.)
Vergnügen gusto (1.2.), (Genuß) placer *m* (23.1.)
Vergnügungsstätte local (*m*) de espectáculo(s) (6.4.)
vergrößern agrandar (28.1.), ampliar (20.4.), aumentar (24.4.)
Vergrößerung aumento (13.4.)
verhaften detener (17.4.)

Verhältnisse condiciones *f pl* (26.1.)
verheimlichen disimular (25.1.)
verheiraten (sich) casar(se) (R 5)
verheiratet casado (3.4.)
verhindern evitar (13.2.), impedir (25.1.)
Verhungerter muerto-de-hambre (26.1.)
verkaufen vender (11.1.)
Verkäufer vendedor *m* (5.4.)
Verkäuferin vendedora (9.1.)
Verkehr circulación *f* (3.1.), tráfico (3.1.)
verkehren (Verkehrsmittel) circular (19.1.)
verkleinern disminuir (16.4.)
verkörpern (darstellen) representar (25.2.)
Verlag editorial *f* (24.2.)
verlangen pedir (10.1.)
Verlangen (Lust) gana (8.2.)
Verlängerung prolongación *f* (9.4.)
verlassen (Arbeit, Frau, Pflicht) abandonar (R 3), (weggehen) salir de (14.2.); **das Haus ∼** salir de casa (8.1.)
Verlauf curso (13.4.); **im ∼ von 4 Jahrhunderten** a lo largo de 4 siglos (28.4.)
verlaufen: sich ∼ (Gewässer) deslizarse (27.4.)
Verlaufsform (Grammatik) forma durativa (G 27)
verlieren perder (G 9)
Verlust pérdida (29.1.)
vermehren aumentar (24.4.)
vermeiden evitar (13.2.)
vermieten alquilar (30.2.)
vermindern disminuir (16.4.), (herabsetzen) reducir (10.2.)
Verminderung disminución *f* (18.4.)
vermuten suponer (19.1.)
vernichten derrocar (25.1.)
Vernunft razón *f* (3.1.)
vernünftig razonable (19.1.)
veröffentlichen publicar (G 26)
Veröffentlichung publicación *f* (24.2.)
verpassen: das Flugzeug ∼ perder el avión (23.1.)
verpflichten obligar (18.4.)
Verpflichtung (übernommene) compromiso (17.1.); obligación *f* (29.1.)
Verrat traición *f* (15.4.)
verreist sein estar de viaje (6.2.)
verrichten (ausführen) ejecutar (28.4.)
verringern reducir (10.2.)
verrückt loco (17.2.)
Vers verso (30.2.)
versammeln: sich ∼ (zusammenkommen) congregarse (30.2.); reunirse (G 17)
Versammlung reunión *f* (20.1.)
verschieden (anders) diferente (7.4.), (verschiedenartig) distinto (16.4.), (mannigfaltig) variado (7.2.)
Verschiedenartigkeit variedad *f* (4.4.)
verschiedene (mehrere) diversos (24.2.), varios (9.4.)

verschlimmern agravar (14.4.)
verschmelzen fundir (30.4.)
verschmutzen (Umwelt) contaminar (14.2.)
Verschmutzung (Umwelt) contaminación *f* (14.2.)
verschneit nevado (9.4.)
verschuldet sein estar en deuda (18.4.)
verschwinden desaparecer (19.4.)
Verschwörung conspiración *f* (25.1.)
Version versión *f* (18.1.)
versorgen (mit) abastecer (de) (27.1.), proveer (de) (28.2.)
Versorgung abasto (29.2.)
Verspätung retraso (7.1.), tardanza (11.1.)
versprechen prometer (6.4.)
verstaatlichen nacionalizar (25.1.)
Verstaatlichung nacionalización *f* (25.1.)
Verstand razón *f* (3.1.)
Verständigung concordia (22.4.), entendimiento (22.2.)
verständlich: sich ∼ machen hacerse entender (19.4.)
Verständnis comprensión *f* (20.1.), (Verstehen) entendimiento (22.2.)
verstärken fortalecer (27.1.)
verstärkend intensivo (27.2.)
verstehen (begreifen) comprender (3.1.), (hören) entender (G 9)
versuchen (zu) (beabsichtigen) intentar (24.2.); tratar (de) (6.4.)
verteidigen defender (G 9)
Verteidigung defensa (15.4.)
Verteidigungs... defensivo (29.4.)
verteilen distribuir (G 10)
Verteilung distribución *f* (12.4.), repartición *f* (14.4.)
vertiefen profundizar (22.2.)
Vertrag contrato (G 26), (Politik) tratado (20.2.); **einen ∼ abschließen** concluir un contrato (G 26), (unterzeichnen) firmar un contrato (G 26)
vertraut: sich ∼ machen (mit) familiarizarse (con) (8.1.)
vertreiben (aus) echar (fuera de) (29.2.)
Vertreibung expulsión *f* (25.4.)
vertreten (ersetzen) reemplazar (6.2.); (repräsentieren) representar (25.2.)
Vertreter representante *m* (15.4.)
Vertretung representación *f* (25.4.)
verursachen causar (19.4.), provocar (10.4.)
vervollkommnen perfeccionar (2.1.)
Vervollkommnung perfeccionamiento (29.4.)
vervollständigen completar (G 19)
Verwaltung administración *f* (12.4.)
Verwaltungs... administrativo (4.4.)
verwandeln (sich) convertir(se) (R 3) (in = en), transformar(se) (13.4.) (in, zu = en)
Verwandter pariente *m* (G 27)

verwechseln confundir (23.4.)
verweilen parar(se) (13.2.)
verwenden (nutzen) utilizar (26.2.); emplear (G 29)
verwickeln (in) enfrascar (en) (27.1.)
verwickelt sein in estar enfrascado en (27.1.)
verwirklichen concretizar (29.4.), efectuar (29.2.), realizar (18.2.)
verwunden herir (23.2.)
verzeihen dispensar (12.1.), perdonar (12.1.)
Verzeihung perdón m (3.2.); um ~ bitten pedir perdón (12.1.)
Verzögerung tardanza (11.1.)
verzollen declarar (23.1.)
verzweifelt desesperado (17.2.)
Verzweiflung desesperación f (26.1.)
Vesper merienda (7.4.)
Vestibül vestíbulo (3.4.)
Veteran veterano (28.1.)
Vetter primo (29.2.)
Vieh ganado (14.4.)
Vieh... pecuario (27.1.)
Viehzucht ganadería (11.4.), cría del ganado (14.4.)
viel mucho (1.2.)
vielfach múltiple (30.4.)
vielfältig multifacético (22.2.)
vielleicht probablemente (R 3), quizá(s) (21.1.) tal vez (5.2.)
vier cuatro (G 2)
vierter cuarto (18.2.)
Viertel cuarto (5.1.)
vierzehn catorce (G 3); ~ Tage quince días (G 15)
vierzig cuarenta (4.2.)
Visitenkarte tarjeta de visitas (22.1.)
vital vital (29.4.)
Vizepräsident vicepresidente m (25.4.)
vokalisch vocálico (G 10)
Volk pueblo (R 1)
Volks... popular (2.1.)
Volksbildung educación pública (28.4.)
Volkshochschule universidad (f) popular (2.1.)
volkstümlich popular (2.2.)
voll lleno (5.4.) (von = de (19.2.)), pleno (17.4.)
vollenden acabar (29.1.), (Alter) cumplir (18.2.)
völlig total (4.2.)
vollkommen perfecto (21.4.)
Vollkommenheit perfección f (10.2.)
vollständig adj. (vollzählig) completo (13.4.), (komplett) integral (26.1.), (erhalten) perfecto (21.4.), adv. plenamente (17.4.), por completo (27.2.)
von (Ort) de (1.1.), desde (3.1.); ~ ... an (Zeit) de (3.4.), desde (3.4.); a partir de (4.4.); ~ ... bis (Ort) de ... a (1.1.), desde ... hasta (3.1.), (Zeit) de ... a (3.4.), desde ... hasta (3.4.)

vor (Zeitpunkt) antes de (3.2.), (Ort) delante de (2.2.), (Zeitspanne) hace + Zeitangabe (15.2.); ~ allem ante todo (20.2.), sobre todo (11.4.); ~ allen Dingen ante todo (20.2.); ~ kurzem hace poco (17.2.)
vorangehen (örtlich) pasar adelante (7.1.), (zeitlich) preceder (15.4.)
voraus: im ~ de antemano (18.1.)
vorausgehen (örtlich) pasar adelante (7.1.), (zeitlich) preceder (15.4.)
Voraussetzung (Gegebenheit) condición f (30.2.)
vorbeifahren pasar (5.4.)
vorbeigehen pasar (21.2.)
Vorbeigehen: im ~ de paso (9.2.)
vorbeikommen pasar (24.1.)
vorbereiten preparar (R 2); sich ~ (auf) prepararse (para) (R 2)
Vorbereitung preparación f (8.4.), preparativo (22.2.)
Vorbeugung prevención f (20.1.)
vorbildlich ejemplar (24.4.)
vorgesehen sein (geplant sein) estar programado (11.2.)
vorgestern anteayer (G 15)
vorgreifen (vorwegnehmen) anticipar (21.1.)
Vorhaben proyecto (R 3)
vorherig anterior (30.2.)
Vorherrschaft hegemonía (29.4.)
Vorhut vanguardia (29.4.)
vorig (Zeit) pasado (R 3)
vorkommen (sich ereignen) producirse (22.2.)
Vorkommen (Geologie) yacimiento (24.4.)
vorlesen leer (G 28)
Vorlesung (Universität) clase f (3.4.), curso (3.4.)
Vorliebe preferencia (28.2.)
vormals (früher) antes (13.4.)
Vormarsch avance m (29.4.)
Vormittag mañana (3.4.); am ~ por la mañana (R 3); morgen ~ mañana por la mañana (12.1.)
vormittags por la mañana (R 3)
Vorname (Taufname) nombre m (de pila) (2.4.)
vornehmen: sich ~ proponerse (20.2.)
Vorort suburbio (3.1.)
vorrangig prioritario (28.1.)
Vorratslager centro de acopio (28.4.)
Vorraum vestíbulo (3.4.)
Vorrecht privilegio (10.1.)
vorrücken adelantar (28.1.), avanzar (22.4.)
Vorsatz (Absicht) propósito (16.2.)
Vorschlag propuesta (7.2.)
vorschlagen proponer (7.2.)
vorschriftsmäßig reglamentario (4.1.)
vorsehen prever (28.1.)
Vorsicht cuidado (2.1.)

Vorsitzender presidente *m* (20.1.)
Vorspeise entrada (7.2.)
vorstellen (bekanntmachen, präsentieren) presentar (6.4.), (repräsentieren) representar (25.2.); **sich ~** (Gedanke, Idee) figurarse (16.1.), imaginarse (17.2.), (Person) presentarse (22.2.)
Vorstellung (Schauspiel) espectáculo (6.4.), (Kino, Theater) función *f* (15.2.), (Gedanke, Idee) idea (5.1.)
Vorteil (Nutzen) beneficio (24.4.), provecho (14.4.)
vorteilhaft (nutzbringend) beneficioso (27.4.), (günstig) propicio (24.4.); ventajoso (16.4.)
Vortrag conferencia (11.2.), (Politik, mündlich) informe *m* (20.1.); **einen ~ halten** (Politik) presentar un informe (20.1.)
vortrefflich perfecto (17.2.)
vorwärts adelante (7.1.)
vorwegnehmen anticipar (21.1.)
vorziehen preferir (10.1.)
Vorzug preferencia (28.2.), privilegio (10.1.)

wachsen crecer (11.1.)
wachsend creciente (12.4.)
Wachstum (Zuwachs) incremento (27.1.)
Waffe arma (15.2.)
Wagen coche *m* (1.2.)
Wahl (aus einer Anzahl, Politik) elección *f* (25.2.)
Wahl... electoral (25.1.)
wahr(haftig) verdadero (15.4.)
Wahrheit verdad *f* (8.1.)
wahrnehmen distinguir (9.4.)
wahrscheinlich probable (R 3)
wählen (auswählen) elegir (10.2.), (Telefonnummer) marcar (12.1.); **zum Präsidenten ~** elegir presidente (G 23)
während durante (8.4.), mientras (que) (24.4.)
Wald bosque *m* (11.4.)
Wand pared *f* (12.2.)
Wandel cambio (16.4.)
Wandtafel encerado (R 2)
wann? ¿cuándo? (3.1.), ¿a qué hora? (3.1.)
Ware artículo (6.4.), género (11.1.), producto (4.4.)
Warenhaus almacén *m* (4.4.)
warm cálido (30.2.), caluroso (10.1.); **es ist ~** hace calor (*m*) (10.1.); **mir ist ~** tengo calor (–)
Wärme calor *m* (10.1.)
Warnung prevención *f* (20.1.)
Warteliste lista de espera (8.2.)
warten esperar (1.1.)
Wartesaal sala de espera (19.1.)
warum? ¿por qué? (1.1.)
was? ¿qué? (1.2.); **~ für ein...?** ¿qué...? (1.4.); **~ für ein ...!** (Ausruf) ¡qué ...! (4.2.)

Wäsche ropa (5.2.)
waschen (sich) lavar(se) (4.1.)
Waschraum lavabo (4.1.)
Wasser agua (7.2.)
Wassermelone melón (*m*) de agua (14.4.), sandía (14.4.)
Weberin tejedora (28.2.)
Wechselgeld (Spanien) vuelta (4.2.), (Lateinamerika) vuelto (12.2.)
wechseln cambiar (12.2.)
wecken despertar (6.1.)
weder ... noch no ... ni ... ni (1.4.)
Weg camino (2.1.), (Pfad) senda (20.2.), (Strecke) trayecto (22.1.), (Straße, Strecke) vía (6.4.)
wegen por (25.2.)
weggehen marcharse (4.2.), salir (de) (8.1.), (von zu Hause) ir(se) (de casa) (G 5)
weil por + *Inf.* (G 28), porque (1.1.), puesto que (29.2.)
Weile rato (10.1.)
Wein vino (7.2.)
Weinbau viticultura (14.4.)
Wein(bau)... vinícola (14.4.)
Weinberg viña (11.4.)
Weinkarte lista de vinos (8.2.)
Weinstock vid *f* (11.4.)
Weintraube uva (14.4.)
weisen (Weg) señalar (20.1.)
weiß blanco (G 6)
Weiß blancura (26.2.)
Weißer (Person) blanco (*kub.* blanquito) (30.4.)
weit (geräumig) amplio (20.2.), ancho (14.1.), (ausgedehnt) extenso (9.4.) (entfernt von) lejos de (2.2.)
Weite ancho (26.4.)
weiter etwas tun continuar + *Ger.* (14.1.), ir + *Ger.* (13.4.), seguir + *Ger.* (R 3)
weiterbilden (sich) capacitar(se) (18.2.), superar(se) (24.2.)
Weiterbildung capacitación *f* (24.2.), superación *f* (24.2.)
weiterfahren (nach) continuar (el viaje) (hacia) (23.4.), seguir (el) viaje (a) (19.4.)
weiterführen (fortsetzen) proseguir (15.4.)
weitergeben pasar (30.4.)
weiterreichen pasar (30.4.)
weiterreisen (nach) continuar (el viaje) (hacia) (23.4.), seguir (el) viaje (a) (19.4.)
Weizen trigo (11.4.)
welche(r, ~s) *adj.* (allgemein) ¿qué? (1.4.) (Ausruf) ¡qué! (4.2.), *subst.* (Auswahl) ¿cuál? (2.1.), (als Relativpronomen) (el) (la) que (3.1.), (el) (la) cual (12.4.), (bei Personen) quien (23.4.)
Welt mundo (5.4.)
Welt... mundial (14.4.)
Weltall universo (G 26)

Weltfestspiele festival (*m*) mundial (R 4)
Wende vuelco (16.4.)
wenden: sich ~ an dirigirse a (12.2.)
wenig poco (2.1.)
weniger (Mathematik) menos (G 3)
wenn (Zeit) cuando (3.2.), (sobald (als)) cuando (G 21), en cuanto (21.2.), (Bedingung, falls) si (5.2.)
wer? ¿quién? (2.2.)
werden (Abend werden) anochecer (29.2.), (fortschreitende, langsame Veränderung) convertirse (G 30), (Wetter) empezar (G 30), (Beruf, aus eigener Wahl) hacerse (R 3), (Beruf, werden wollen) querer ser (G 30), (plötzliche Zustandsänderung) hacerse + *Adj*. (mit ser verbunden) (G 30), ponerse + *Adj*. (mit estar verbunden) (13.4.), volverse + *Adj*. (mit estar verbunden) (17.2.), (Jahreszeit) llegar (G 30), (Erreichung eines Zustandes, eines Ziels) (schließlich etwas werden) llegar a ser (28.2.), (Passiv) ser (18.2.)
werfen lanzar (30.1.)
Werft astillero (13.4.)
Werk obra (27.1.), (Fabrik) planta (30.1.)
Werkstatt taller *m* (11.4.)
werktätig trabajador (14.4.)
Werktätiger trabajador *m* (5.4.)
Werkzeug herramienta (13.2.)
Werkzeugmaschine máquina-herramienta (28.4.)
wert: es ist nicht der Rede ~ no vale la pena (7.1.); ~ **sein** valer (7.1.)
wert (verehrt) distinguido (19.4.), (lieb) querido (16.4.)
Wert valor *m* (29.2.)
wertvoll precioso (19.2.), valioso (30.2.)
wesentlich esencial (21.4.), (Bestandteil) integrante (20.4.)
West... occidental (10.4.)
Westen oeste *m* (9.4.)
westlich occidental (10.4.)
Wettbewerb emulación *f* (27.1.)
Wetter tiempo (10.1.); **es ist gutes (schönes)** ~ hace buen tiempo (10.1.); **es ist schlechtes** ~ hace mal tiempo (G 10)
Wetter... meteorológico (21.1.)
Wetterbericht boletín meteorológico (21.1.)
Wettlauf carrera (20.2.)
Wettrüsten carrera armamentista (20.2.)
wichtig importante (2.1.)
widerspiegeln (sich) reflejar(se) (11.4.)
Widerspruch contradicción *f* (30.4.)
Widerstand resistencia (15.4.)
Widerwärtigkeit contratiempo (19.1.)
widmen (sich) dedicar(se) (a) (11.4.)
wie *conj*. como (3.4.), (Frage) ¿cómo? (1.1.), (auf welche Art und Weise?) ¿de qué manera? (20.2.); ~ **geht es?** ¿qué tal? (1.2.) (dir)

¿cómo estás? (1.1.), (Ihnen) ¿cómo está usted? (1.2.); ~ **lange?** ¿cuánto tiempo? (4.1.); ~ **spät ist es?** ¿qué hora es? (G 5)
wieder de nuevo (25.4.); ~ **etwas tun** volver a + *Inf*. (10.1.); ~ **aufbauen** reconstruir (30.2.); ~ **aufnehmen** (Unterricht) reanudar (las clases) (29.1.); ~ **beginnen** (Unterricht) reanudar (las clases) (29.1.)
wiedererkennen reconocer (17.2.)
Wiederherstellung restablecimiento (25.1.)
wiederholen (Gelerntes) repasar (G 5); repetir (10.1.)
Wiederholung (beim Lernen) repaso (G 1)
wiederkommen volver (22.1.)
Wiedersehen: auf ~ adiós (1.1.), hasta luego (4.1.), hasta pronto (1.1.), hasta la vista (6.2.)
Wiege cuna (28.2.)
wiegen (Gewicht) pesar (23.1.)
Wiese prado (11.4.)
wieviel (Frage) ¿cuánto? (2.1.), (Ausruf) ¡cuánto! (3.1.); **den** ~**ten haben wir heute?** ¿a cuántos estamos hoy? (R 3)
Wille voluntad *f* (20.2.)
willkommen (in) bienvenido (a) (1.2.)
Wind viento (10.1.)
Wink seña (9.1.)
winken hacer señas (con la mano) (9.1.)
Winter invierno (10.1.)
winzig minúsculo (12.4.)
wir nosotros (G 8)
wirklich *adj*. real (9.2.), (wahr) verdadero (15.4.), *adv*. en efecto (13.2.), de veras (9.2.)
Wirklichkeit realidad *f* (8.4.)
wirksam efectivo (20.2.)
Wirkung efecto (13.2.)
Wirtschaft economía (13.4.)
Wirtschafts... económico (20.4.)
wirtschaftlich económico (20.4.)
Wirtshaus taberna (16.2.)
wißbegierig estudioso (27.2.)
wissen saber (7.1.)
Wissenschaft ciencia (4.4.)
Wissenschaftler científico (R 1)
wissenschaftlich científico (4.4.)
wo (Frage) ¿dónde? (1.1.), (Relativpronomen) donde (3.2.)
Woche semana (4.1.); **in der** ~ entre semana (R 4); **vorige** ~ la semana pasada (R 4); **nächste** ~ la semana que viene, la semana próxima (R 4)
Wochenende fin (*m*) de semana (G 21)
Wochenschau noticiario (15.2.)
wöchentlich por semana (29.2.)
woher? ¿de dónde? (1.1.)
wohin? ¿adónde? (1.1.), ¿para dónde? (1.4.)
wohlfühlen: sich ~ sentirse bien (R 3)
Wohlgefallen agrado (23.1.)
Wohlstand bienestar *m* (24.4.)

doscientos ochenta y dos

wohnen habitar (30.1.), vivir (3.2.)
Wohnhaus (casa de) vivienda(s) (G 11)
Wohnsitz domicilio (19.4.), residencia (G 16)
Wohnung apartamento (28.2.), casa (3.4.), domicilio (19.4.), habitación *f* (3.1.), (Etagenwohnung) piso (17.2.), (Wohnsitz) residencia (G 16); vivienda (3.2.)
Wohnzimmer cuarto de estar (3.4.), (gute Stube) salón *m* (18.2.)
Wolfram wolframio (13.4.)
Wolke nube *f* (10.1.)
Wolkenkratzer rascacielos *m* (26.2.)
wolkenlos despejado (10.4.), sin nubes (10.1.)
wollen querer (7.1.)
womit? ¿con qué? (1.2.)
Wort palabra (1.2.); **das ~ erteilen** conceder la palabra (20.2.)
Wörterbuch diccionario (7.2.)
Wortschatz vocabulario (1.1.)
wozu? ¿para qué? (5.2.)
Wunder maravilla (29.2.)
wunderbar *adj.* estupendo (1.2.), fantástico (19.2.), magnífico (4.4.), maravilloso (17.1.) *adv.* a las mil maravillas (29.2.)
Wunsch deseo (6.1.)
wünschen desear (4.1.)
würdig digno (G 28)
Wurst embutido (7.4.)
wurzeln radicar (30.2.)
würzen condimentar (3.1.)
würzig (scharf) condimentado (3.1.)

zäh tenaz (24.4.)
Zahl número (2.1.)
zahlen pagar (4.2.)
zählen contar (17.4.), **~ zu** figurar entre (21.4.)
zahlreich numeroso (3.2.)
Zahn... dental (26.1.)
zehn diez (2.1.); **etwa ~** una decena (5.4.)
zehnter décimo (17.4.)
Zeichen (Wink) seña (9.1.), (Symbol) símbolo (5.2.); **~ geben** (winken) hacer señas (con la mano) (9.1.)
zeichnen trazar (23.4.)
zeigen enseñar (5.1.), (anzeigen) indicar (14.1.); mostrar (9.2.), (präsentieren) presentar (6.4.); **sich ~** (sichtbar werden) manifestarse (16.4.)
Zeit (bestimmter Zeitpunkt) hora (3.1.); tiempo (3.1.); **in einiger ~** dentro de algún tiempo (G 24); **seit einiger ~ etwas tun** llevar + *Zeitangabe* + *Ger.* (27.2.); **um welche ~?** ¿a qué hora? (3.1.)
Zeitenfolge (Grammatik) concordancia de los tiempos (G 24)
zeitgenössisch contemporáneo (16.4.)
zeitig temprano (6.1.); **~er kommen** adelantarse (24.1.)

zeitlich temporal (G 21)
Zeitraum período (27.4.), (begrenzte Dauer) temporada (19.1.)
Zeitschrift revista (7.1.)
Zeitung (Tageszeitung) diario (3.1.); periódico (5.4.)
Zelle célula (30.4.)
Zement cemento (13.4.)
zentral central (2.4.), céntrico (5.4.)
Zentral... central (2.4.)
Zentrale central *f* (6.1.)
zentralisieren centralizar (27.1.)
Zentralismus centralismo (29.4.)
Zentrum centro (2.2.)
zerbrechen romper (18.1.)
Zeugnis certificado (18.2.)
Ziel (Bestimmungsort) destino (23.2.), (Zweck) fin *m* (30.4.); meta (16.4.), objetivo (11.2.), objeto (24.2.); **das ~ setzen** trazar la meta (16.4.); **zum ~ haben** tener por objeto (24.2.)
ziemlich bastante (5.2.)
Zigarette cigarrillo (3.2.)
Zigarre puro (11.1.)
Zimmer cuarto (3.4.), habitación *f* (3.1.)
Zimmerfrau camarera (5.2.)
Zimmermann (Tischler) carpintero (27.1.)
Zink cinc *m* (13.4.), zinc *m* (24.4.)
Zinn estaño (13.4.)
Zirkel círculo (G 20)
zirkulieren circular (19.1.)
Zitadelle castillo (26.2.)
zitieren citar (27.2.)
Zitrone limón *m* (11.4.)
Zitrus... cítrico (14.4.)
Zitrusfrüchte agrios *pl* (14.4.)
zivil civil (12.4.)
Zoll aduana (23.1.)
Zollwächter (bewaffnet) carabinero (25.4.)
Zone zona (10.4.)
zu (geschlossen) cerrado (6.1.), (Ort: wohin?) a (2.1.), (Ort: wo?) en (3.4.); **~ Hause** en casa (3.4.); **~ sich nehmen** tomar (7.2.); **auf dem Weg ~** camino a (2.1.)
zu... (allzu) demasiado (3.1.)
zubereiten preparar (8.4.)
Zubereitung preparación *f* (8.4.)
zubringen (Zeit) llevar + *Zeitangabe* (24.1.); **~ etwas zu tun** (Zeit) llevar + *Zeitangabe* + *Ger.* (27.2.)
Zucht (Tierzucht) cría (del ganado) (14.4.)
Zucker azúcar *m* (7.4.)
Zucker... azucarero (28.4.)
Zuckerrohr caña de azúcar (24.4.)
Zucker(rohr)... cañero (28.4.)
zuerst en primer lugar (8.4.), primeramente (13.2.), primero (9.2.); **~ etwas tun** comenzar por + *Inf.* (28.4.), empezar por + *Inf.* (26.1.)

Zufall casualidad f (5.1.)
zufolge según (21.1.)
zufrieden (mit) contento (de, con) (1.2.), satisfecho (de, con) (2.1.)
Zufriedenheit satisfacción f (29.2.)
zufriedenstellen satisfacer (11.1.)
zufriedenstellend satisfactorio (27.1.)
Zug (Eisenbahn) tren m (3.1.), (Militär) pelotón m (29.1.), sección f (17.4.)
zugelassen aprobado (18.2.)
zugleich (mit) junto (con) (17.2.)
zugrunde: ~ gehen perderse (29.1.); ~ richten derribar (25.2.)
zugunsten von en beneficio de (25.4.), en favor de (25.4.), en pro de (20.2.)
zuhören escuchar (G 8)
Zukunft futuro (G 21)
zukünftig futuro (16.4.)
zulassen dejar (G 30)
zuletzt por último (15.1.)
Zunahme aumento (12.4.), incremento (27.1.)
zunehmen (erhöhen) aumentar (11.1.); incrementar (25.2.)
zunehmend creciente (12.4.)
zurechtfinden: sich ~ orientarse (8.2.)
zurück (Reise, Geld) de vuelta (10.2.)
zurückfahren: nach Hause ~ volver a casa (R 4)
zurückgeben devolver (12.1.)
Zurückgezogenheit retiro (14.2.)
zurückkehren regresar (5.4.), volver (G 9)
zurückkommen regresar (5.4.), volver (G 9)
zurücklassen dejar (7.1.)
zurücklegen (Strecke) recorrer (17.1.)
zurückziehen (sich) retirar(se) (5.2.)
zusagen (gefallen) gustar (24.2.)
zusammen juntos (15.1.); ~ mit junto con (17.2.)
Zusammenarbeit colaboración f (22.2.), cooperación f (16.4.)
zusammenarbeiten colaborar (18.4.)
zusammenfallen mit (zeitlich) coincidir con (30.4.)

zusammenfassen resumir (22.2.)
Zusammenfassung (kurze) resumen m (22.2.)
zusammengefaßt en resumen (22.2.)
zusammenkommen (sich versammeln) congregarse (30.2.)
Zusammenkunft reunión f (5.4.)
zusammenschließen (sich) unir(se) (20.2.)
zusammensetzen componer (G 7), sich ~ aus componerse de (7.4.)
zusammentreffen mit (zeitlich) coincidir con (30.4.)
zusätzlich complementario (20.2.)
Zustand estado (18.4.)
zustande kommen efectuarse (29.2.)
Zutat ingrediente m (8.4.)
zuteilen asignar (29.1.)
zuverlässig seguro (2.2.)
zuvorkommend complaciente (15.1.)
Zuwachs incremento (13.4.)
zuweisen asignar (29.1.)
zwanzig veinte (3.1.)
Zweck fin m (30.4.), objetivo (11.2.), objeto (24.2.)
zwei dos (1.2.)
Zweifel duda (7.1.)
zweifellos no cabe duda (8.2.), sin duda (25.1.)
zweifeln dudar (19.4.)
Zweig (größerer) rama (24.4.), (kleinerer) ramo (13.4.)
zweiter segundo (R 1)
Zwieback bizcocho (7.4.), galletita (7.4.)
Zwiebel cebolla (8.4.)
zwingen obligar (18.4.)
zwischen entre (3.1.)
Zwischenfall (unangenehmer) contratiempo (19.1.); incidente m (18.1.)
Zwischengericht (Speise) entremés m (7.4.)
Zwischenlandung escala (22.1.)
zwölf doce (3.1.)
zwölfter duodécimo (17.4.)

español — alemán

a nach (1.1.); in (1.2.); zu (1.2.); um (3.1.); auf (4.1.); bis (1.1.); an (19.4.)
abajo unten (6.1.)
abandonar verlassen (R 3)
abastecer (de) ⟨zc⟩ versorgen (mit) (27.1.)
abasto Proviant, Unterhalt, Versorgung (29.2.)
abierto offen, geöffnet, eröffnet (16.4.)
abogado Anwalt, Advokat (23.4.)
abonado Teilnehmer, Abonnent (12.1.)

abreviatura Abkürzung (19.1.)
abrigo Mantel (7.1.)
abril m April (R 3)
abrir öffnen, eröffnen, aufmachen (9.1.)
abrirse sich (er)öffnen, sich bieten (26.2.)
abrochar zuknöpfen, zuschnüren (23.2.)
abrocharse el cinturón sich anschnallen (23.2.)
absoluto absolut (10.1.); en ~ durchaus nicht (10.1.)

abuelo Großvater (24.1.)
abuelos Großeltern (24.1.)
abundante reichlich (7.4.)
aburrido langweilig (10.1.)
aburrirse sich langweilen (8.1.)
acá hier, hierher (13.1.)
acabar enden, beenden, vollenden (29.1.); ~ de + *Inf.* soeben etwas getan haben (6.1.)
acabarse zu Ende gehen (29.1.)
acceder beitreten, beipflichten, zustimmen, den Zugang eröffnen (30.4.); ~ **a la libertad** die Freiheit geben (30.4.)
accidente *m* Unfall (3.1.)
acción *f* Handlung (15.2.); Aktion (20.1.)
aceite *m* Öl (8.4.)
aceituna Olive (9.1.)
acelerar(se) (sich) beschleunigen (13.4.)
acento Akzent (27.2.)
acentuar betonen, unterstreichen (20.1.)
aceptar annehmen (5.1.)
acerca (de) betreffs, in bezug auf, über (22.2).
acercarse (a) sich nähern, herankommen (an) (R 2)
acero Stahl (28.4.)
acoger empfangen, aufnehmen, entgegenbringen (23.1.)
acogida Empfang, Aufnahme (1.4.)
acompañante *m* (*f*) Begleiter(in) (24.1.)
acompañar bringen, geleiten (G 13); begleiten (14.2.)
aconsejar raten (20.1.)
acontecimiento Ereignis (15.4.)
acopio: **centro de** ~ Sammelplatz, -stelle, Vorratslager (28.4.)
acordar ⟨ue⟩ beschließen, entscheiden (16.4.)
acordarse ⟨ue⟩ (de) sich erinnern (an) (17.2.)
acostarse ⟨ue⟩ zu Bett gehen, sich hinlegen (15.1.); schlafengehen (G 28)
acostumbrarse (a) sich gewöhnen (an) (18.4.)
acta Akte, Verhandlungsbericht (20.4.)
activar aktivieren (24.4.)
actividad *f* Tätigkeit (11.4.); Aktivität (18.4.); Arbeit (28.2.)
activista *m* Aktivist, Kämpfer (25.4.)
activo aktiv (16.4.)
acto Akt, Handlung; Veranstaltung, öffentliche Feierlichkeit (16.1.); ~ **de clausura** Abschlußveranstaltung (22.4.); ~ **de inauguración** Eröffnungsveranstaltung (16.1.)
actor *m* Darsteller, Schauspieler (15.2.)
actual aktuell, gegenwärtig (G 13)
actualidad *f* Gegenwart, Aktualität (12.4.); en la ~ gegenwärtig (12.4.)
acuerdo Übereinstimmung, Beschluß (7.1.); de ~ einverstanden (7.1.)
adecuado angemessen (11.2.)
adelantar vorziehen, vorrücken, beschleunigen (28.1.)

adelantarse zu früh kommen, früher (zeitiger) kommen (24.1.)
adelante vor, vorwärts (7.1.); ¡ ~ ! herein! (6.1.)
además außerdem (3.4.); ~ **(de)** außer, neben (5.4.); ~ de + *Inf.* außer, neben (4.2.)
adiós auf Wiedersehen, tschüß (1.1.)
adjetivo Adjektiv (G 1); ~ **demostrativo** Demonstrativadjektiv (G 9); ~ **interrogativo** Interrogativadjektiv (G 6); ~ **posesivo** Possessivadjektiv (G 2)
administración *f* Verwaltung (12.4.)
administrativo administrativ, Verwaltungs... (4.4.)
admiración *f* Bewunderung (R 4)
admirar bewundern (21.1.)
¿adónde? wohin? (1.1.)
adoptar annehmen, beschließen (20.2.)
adquirir erwerben, erlangen, gewinnen (18.2.)
aduana Zoll (23.1.)
adulto Erwachsener (24.2.)
advenimiento Ankunft, Antritt, Regierungsübernahme, -antritt, Machtübernahme, -antritt (26.1.); ~ **de la revolución** Sieg der Revolution (26.1.)
adverbial adverbial (G 4)
adverbio Adverb (G 6); ~ **interrogativo** Interrogativadverb (G 6)
aéreo Flug..., Luft... (1.4.)
aeropuerto Flughafen, Flugplatz (1.1.)
afectar berühren, betreffen (27.4.)
afirmar behaupten, versichern, bestätigen (25.2.)
afortunadamente glücklicherweise (13.2.)
africano afrikanisch (30.4.); Afrikaner (30.4.)
afueras *pl* Umgebung (11.4.)
agencia Agentur, Büro (6.4.); ~ **de viajes** Reisebüro (6.4.)
ágil flink, behend, schnell (28.4.)
aglomeración *f* Weichbild, Anhäufung (4.4.)
agosto August (R 3)
agotado ausverkauft (19.1.)
agotar erschöpfen, ausschöpfen (19.1.)
agradable angenehm (5.2.)
agradecer ⟨zc⟩ danken, bedanken (10.2.)
agradecido dankbar (23.1.)
agrado Gefallen, Wohlgefallen (23.1.)
agrandar vergrößern, erweitern (28.1.)
agrario Agrar... (25.4.)
agravar verschärfen, verschlimmern (14.4.)
agresión *f* Überfall, Angriff, Aggression (15.4.)
agrícola landwirtschaftlich (8.4.); Agrar... (28.4.); Land... (29.1.)
agricultura Landwirtschaft (11.4.)
agrios *pl* Zitrusfrüchte (14.4.)
agro Agrar..., Landwirtschafts... (13.4.)
agropecuario land- und viehwirtschaftlich (27.1.)
agrupado gruppenweise (29.1.)

agrupar gruppieren, vereinigen (17.4.); umfassen (25.2.)

agua Wasser (7.2.)

aguantar ertragen, erdulden (29.1.)

agujero Loch (30.2.)

ahí dort, da (3.2.)

ahora jetzt (2.1.); ~ bien nun, wohlan! (25.1.); ~ mismo jetzt gleich, sogleich (6.1.)

aire m Luft (5.2.); ~ acondicionado Klimaanlage (5.2.)

ajá richtig so, nur zu! (8.1.)

ajustar (a) anpassen (an) (26.1.)

ajustarse (a) sich richten (nach), Übereinstimmung finden (mit), entsprechen (26.1.)

al Verschmelzung von a + el (1.1.); ~ + Inf. beim, wenn (4.2.)

alabar loben (26.2.)

alambre m Draht (13.2.)

alameda (Pappel-) Allee (26.2.)

albanés m Albanier (15.4.)

albañil m Maurer (27.1.)

albaricoque m Aprikose (14.4.)

alcanzar erreichen (10.1.); erzielen (G 16)

alcohólico alkoholisch (G 13)

alcornoque m Korkeiche (14.4.)

aldea Dorf (R 2)

alegrarse sich freuen (4.1.); ~ (de) sich freuen (über) (5.1.)

alegre fröhlich, lustig, beschwingt, froh, vergnügt (8.1.)

alegría Freude (19.2.)

alemán deutsch (1.1.); al ~ ins Deutsche (G 4); en ~ auf Deutsch (G 5)

alemán m Deutscher (15.4.)

alemana Deutsche (24.1.)

alfabético alphabetisch (−)

alfabetización f Alphabetisierung (24.2.)

alfabetizador Alphabetisierungs... (24.2.); ~ m Alphabetisator, Lehrer (24.2.)

alfabetizar alphabetisieren (24.2.)

alfabeto Alphabet (G 6)

algo etwas (4.2.); ~ más noch etwas (4.2.); ~ que declarar etwas zu verzollen (23.1.)

alguien jemand, irgendwer (13.1.)

algún irgendein (3.2.); ~ día irgendwann (23.1.)

alguna cosa etwas (3.2.)

alguna vez mal (G 18); (irgendwann) einmal (21.1.)

alguno irgendein (1.2.)

algunos irgendwelche, einige, ein paar, etliche, mehrere (1.2.)

aliado Verbündeter (25.1.)

alianza Allianz (20.4.)

alimentar ernähren (29.2.)

alimenticio Nahrungs(mittel)..., Nähr(mittel)... (13.4.)

alimento(s) pl Nahrung(s-, Lebensmittel) (13.4.)

alma Seele (18.4.)

almacén m Geschäft, Kaufhaus (4.4.); Warenhaus (G 27)

almacenar lagern, einlagern, speichern (29.1.)

almirante m Admiral (R 4)

almohada Kissen (5.2.)

almorzar ⟨ue⟩ zu Mittag essen (8.1.)

almuerzo Mittagessen (3.1.)

alocución f Ansprache (18.1.)

alojamiento Unterkunft (17.2.); Beherbergung-Unterbringung (30.2.)

alojar unterbringen, einquartieren, beherbergen (22.1.)

alojarse Unterkunft beziehen, sich einquartieren (30.2.)

alquilar mieten, vermieten (30.2.)

alquiler m Miete (3.1.)

alrededor (de) um ... herum (13.4.); ungefähr (30.4.)

alrededores m pl Umgebung (3.1.)

altavoz m Lautsprecher (23.1.)

alternativa Alternative (G 10); ~ vocálica Vokalwechsel (G 10)

altiplanicie f Hochebene (9.4.)

altísimo sehr groß, sehr hoch, Hoch... (19.4.)

altitud f Höhe (4.4.)

alto hoch (6.4.); laut (12.2.); Höhe (10.1.)

altura Höhe (9.4.)

alumbrado Beleuchtung (13.2.)

alumnado alle Schüler, Gesamtheit der Schüler, Schülerschaft (29.1.)

alumno Schüler (R 2)

alzarse sich erheben, emporragen, stehen, sich befinden (21.4.)

allá da, dort (9.2.)

allí dort, da (1.2.)

ama (de casa) Hausfrau (3.4.)

amabilidad f Liebenswürdigkeit (5.2.)

amable liebenswürdig, freundlich (1.4.)

amanecer ⟨zc⟩ tagen, Tag werden (27.2.)

amargo bitter (24.2.)

amarillo gelb (G 6)

ambicioso ehrgeizig, anspruchsvoll (16.2.)

ambiente m Milieu, Umgebung, Umwelt (6.4.)

ambos beide (26.2.)

ambulante ambulant, wandernd, umherziehend (29.2.)

América Latina Lateinamerika (R 3)

americano amerikanisch (26.4.)

amiga Freundin (1.1.)

amigo Freund (1.1.)

amo Herr, Gebieter (30.2.)

amor m Liebe (9.2.)

ampliar ausdehnen, erweitern, vergrößern (20.4.)

amplio weit, breit, ausgedehnt (20.2.); weiträumig, groß (30.1.)

amueblado möbliert, eingerichtet (5.2.)
amueblar mit Möbeln ausstatten, möblieren (5.2.)
anacrónico anachronistisch, vorsintflutlich (26.1.)
analfabetismo Analphabetentum, Analphabetismus (24.2.)
analfabeto Analphabeten..., des Lesens und Schreibens unkundig (24.2.); Analphabet (26.1.)
analizar analysieren (G 25)
ancho breit, weit (14.1.); Breite, Weite (26.4.)
anchura Breite (9.4.)
andando los! (27.2.)
andar ⟨unr.⟩ gehen, fahren (8.2.); ∼ + Adj. werden (16.2.); ∼ + Ger. dabei sein zu, darüber sein zu (17.2.)
andarse con cuidado vorsichtig sein (8.2.)
anillo Ring (27.1.)
animado belebt, lebhaft (5.4.)
animar ermuntern, Lust machen, animieren (27.2.)
anoche gestern abend (15.2.)
anochecer ⟨zc⟩ Abend werden (29.2.)
anotación f Notiz, Anmerkung (4.1.); Aufzeichnung (30.2.)
anotar notieren, aufschreiben (5.1.)
ante vor, eher als (20.2.); ∼ todo vor allem (20.2.)
anteayer vorgestern (G 15)
antefuturo Futur II (G 21)
antemano: de ∼ im voraus (18.1.)
anterior vorherig (30.2.)
antes früher, vormals (13.4.); eher (G 23); ∼ (de) vor (3.2.); ∼ de + Inf. bevor, vor (4.2.); ∼ que + Konj. bevor (G 25)
anti-bélico Antikriegs... (15.2.)
anticipar vorgreifen, vorwegnehmen (21.1.)
antifascista antifaschistisch (25.2.); ∼ m Antifaschist (17.4.)
antiguo alt, altertümlich (4.4.); ehemalig (R 5)
anti-imperialista antiimperialistisch (20.4.)
antioligárquico antioligarchisch, gegen die Oligarchie gerichtet (25.1.)
antología Antologie (8.4.)
anular abbestellen, annulieren (19.1.)
anual jährlich (10.4.)
anunciar ankündigen (6.2.)
año Jahr (3.4.); cada ∼ alljährlich (R 4); de ∼ en ∼ von Jahr zu Jahr (11.1.); durante un ∼ ein Jahr lang (G 25)
años: todos los ∼ alljährlich (R 4)
apagar löschen, auslöschen, ausmachen (13.2.)
aparato Maschine, Flugzeug (1.4.); Apparat, Maschine (4.4.)
aparcamiento Parkplatz (3.2.)
aparcar parken (3.2.)
aparecer ⟨zc⟩ erscheinen (17.2.)

apartamiento Appartement (19.1.); Wohnung (28.2.)
apellido Familienname (2.4.)
apéndice m Anhang (−)
aperitivo Aperitif (9.1.)
apetito Appetit (3.1.)
aplicado fleißig (3.4.)
aplicar anwenden (20.4.)
apocopado am Ende verkürzt (G 2)
apogeo Höhepunkt, Hochzeit (30.4.)
aportación f Beitrag, Mitwirkung, Teilnahme (15.4.)
aportar beitragen, beisteuern (30.4.)
aporte m Beitrag, Mitwirkung, Teilnahme (20.2.)
apóstol m Apostel, Held (30.2.)
apoyo Unterstützung, Hilfe (15.4.)
apreciar schätzen, hochschätzen (14.4.); einschätzen (16.4.)
aprender lernen (G 3); erlernen (27.2.)
aprendiz m Lehrling (6.1.)
aprendiza Lehrling, Lehrmädchen (6.1.)
apresurarse sich beeilen (8.1.)
aprobado zugelassen (18.2.)
aprovechamiento Nutzen, Nutzung, Ausnutzung, Verwendung, Verarbeitung; (14.4.)
aprovechar nutzen, ausnutzen, benutzen (21.1.)
aproximadamente ungefähr, annähernd (27.4.)
apunte m Notiz (21.2.)
apuntar notieren (22.1.)
aquel(la) jener, jene, jenes (9.2.)
aquél(la) jener, jene, jenes (G 9)
aquello jenes (18.1.); das (21.4.); de ∼ darüber, diesbezüglich (25.2.)
aquí hier (1.1.)
árbol m Baum (11.4.)
archipiélago Archipel (27.4.)
argentino argentinisch (8.1.); Argentinier (15.4.)
argumento Thema, Gegenstand, Anliegen, Argument; (20.2.); ∼ principal Hauptinhalt (20.2.)
arma Waffe (15.2.)
armado bewaffnet (15.4.)
armamentista Rüstungs... (20.2.); carrera ∼ Rüstungswettlauf, Wettrüsten (20.2.)
armamento Bewaffnung, Aufrüstung, Rüstung (20.2.)
armar bewaffnen (15.4.)
armario Schrank (5.2.)
armonizar in Übereinstimmung bringen, harmonisieren (28.2.)
aroma m Duft, Wohlgeruch (9.1.)
arquitectónico architektonisch (30.2.)
arquitectura Architektur (2.4.)
arrancar seinen Anfang nehmen, beginnen, abstammen (30.4.)
arrasar dem Erdboden gleichmachen, einebnen, niederreißen, schleifen (30.2.)

arreglar regeln, erledigen (3.2.)
arrodillarse niederknien (R 4)
arroz *m* Reis (8.4.)
arte *m* Kunst (8.4.)
arteria Arterie, Ader, Verkehrsader (26.4.); Straße, Weg (26.2.); ∼ **(principal)** Hauptstraße (26.2.)
artesanía Handwerk (13.4.)
artesano Handwerker (R 3)
artículo (Grammatik) Artikel (G 1); ∼ **determinado** bestimmter Artikel (G 23); ∼ **indeterminado** unbestimmter Artikel (G 23); Erzeugnis, Artikel, Ware (6.4.)
artículos de consumo Konsumgüter (11.1.)
artificial künstlich (14.2.)
artista *m* Künstler (29.2.)
artístico künstlerisch (21.4.)
asaltar angreifen, stürmen (30.1.)
ascender (a) ⟨ie⟩ sich belaufen (auf), umfassen (28.2.)
ascensor *m* Fahrstuhl (4.2.)
asegurar sichern, sicherstellen (26.4.)
aseo Reinlichkeit, Morgentoilette (29.1.); ∼**personal** Körperpflege (29.1.)
asesinar ermorden (25.4.)
asfalto Asphalt (28.4.)
así so (4.2.); ∼ **como** sowie, und (11.4.); ∼ **que** so daß, deshalb (15.1.)
asiento Sitz, Sitzplatz (11.1.)
asignar zuteilen, anweisen, zuweisen (29.1.)
asignatura Lehrfach (3.4.)
asistencia Beistand, Hilfe, Pflege (28.4.); ∼ **social** Sozialfürsorge (28.4.)
asistente *m* Assistent (2.1.)
asistir (a) teilnehmen (an), anwesend sein, zugegen sein, besuchen (18.4.)
aspecto Aspekt, Gesichtspunkt (11.2.); **en este** ∼ in dieser Hinsicht (29.2.)
aspirar (a) streben (nach), trachten (nach) (28.1.)
astillero Werft (13.4.)
astronómico astronomisch (4.4.)
astúrico asturisch (9.4.)
asumir aufnehmen, zu sich nehmen, übernehmen (25.1.); ∼ **el cargo** das Amt antreten (25.1.); ∼ **el poder** die Macht übernehmen, das Amt antreten (25.4.)
asunto Angelegenheit (22.2.)
atacar angreifen (25.4.)
ataque *m* Angriff (23.2.)
atar binden (30.4.)
atención *f* Service (1.2.); Aufmerksamkeit (6.4.); Achtung (23.1.)
atender ⟨ie⟩ betreuen (G 9)
atento aufmerksam (9.1.)
aterrizar landen (23.2.)
atestiguar zeigen, bezeugen (30.2.)
atlántico atlantisch (9.4.); Atlantik (12.4.)

atmósfera Atmosphäre (16.4.)
átono unbetont (G 5)
atornillar anschrauben, festschrauben (13.2.)
atracción *f* Sehenswürdigkeit (3.2.); Anziehung (5.4.); Attraktion (11.2.)
atractivo anziehend, attraktiv (4.2.)
atraer anziehen (10.4.)
atrasado rückständig (24.2.)
atravesar ⟨ie⟩ überqueren (23.4.); durchlaufen, durchführen (30.4.)
aula Raum, Schulzimmer, Hörsaal (26.1.)
aumentar (sich) erhöhen, zunehmen (an)wachsen, steigen (11.1.), vergrößern, erweitern, vermehren (24.4.)
aumento Erhöhung, Zunahme (12.4.); Vergrößerung (13.4.)
aún noch (8.1.); **aun** noch (23.4.)
aunque obwohl, obgleich (19.2.)
auricular *m* Telefonhörer (12.1.)
ausencia Abwesenheit, Fehlen, Mangel (27.4.)
ausente abwesend (6.2.)
austríaco Österreicher (15.4.)
auto Auto (2.2.)
autobús *m* Autobus (3.1.)
autocar *m* (Reise-) Bus (G 21)
autóctono eingeboren, einheimisch (30.4.)
automatizar automatisieren (28.2.)
automotor *m* Dieseltriebwagen (19.1.)
automotor, automotriz Automobil ... (28.4.)
automóvil *m* Automobil (2.2.)
autor *m* Autor (15.2.)
autoservicio Selbstbedienungsladen, -kaufhaus (19.4.)
auxiliar Hilfs... (28.2.)
avance *m* Vorrücken, Vormarsch (29.4.)
avanzar voranschreiten, vorwärtsgehen, vorwärtskommen, vorrücken (22.4.)
avena Hafer (14.4.)
avenida Straße, Allee (4.4.); ∼ **principal** Hauptstraße (5.4.)
aventajar übertreffen, im Vorteil sein (26.2.)
avería Havarie, Panne, Defekt (12.2.)
aviación *f* Flugwesen, Luftwaffe (25.4.)
avión *m* Flugzeug (1.1.); **por** ∼ mit dem Flugzeug (8.2.)
avisar benachrichtigen, melden, Bescheid geben, informieren (6.1.)
aviso Aufruf, Benachrichtigung, Nachricht (23.1.)
¡ay! oh! (17.1.)
ayer gestern (9.1.)
ayuda Hilfe (14.2.); **en** ∼ **de** zur Unterstützung von (15.4.); **pedir** ∼ um Hilfe bitten (G 14)
ayudante *m* (*f*) Gehilfe, Adjutant, Assistent (Gehilfin, Assistentin) (6.1.)
ayudar helfen (5.2.)
azafata Stewardeß, Hosteß (17.2.)

azteca *m* Azteke (23.4.)
azúcar *m* Zucker (7.4.)
azucarero Zucker... (28.4.)
azul blau (G 6); ~ *m* Blau (26.2.)

bacalao Stockfisch (8.2.)
bachillerato Abitur (18.2.)
bagatela Bagatelle, Kleinigkeit (9.2.)
bahía Bucht (26.2.)
bailadora Tänzerin (19.2.)
bailar tanzen (G 17)
baile *m* Tanz (19.2.)
bajar aussteigen (3.2.); hinuntergehen (G 6);
    heruntersteigen (13.1.); fallen, sinken (Tem-
    peratur) (21.1.)
bajo unter (6.4.); niedrig (9.4.)
balance *m* Bilanz (25.2.)
balcón *m* Balkon (3.4.)
báltico baltisch, Ost... (G 16) •
Báltico: Mar (*m*) ~ Ostsee (G 16)
banco Bank (R 2)
bandera Fahne (30.2.)
bandido Bandit (29.2.)
bañarse baden (G 19)
baño Bad (3.4.)
bar *m* Bar (6.4.)
baratísimo sehr billig (24.4.)
barato billig (2.2.)
bárbaro furchtbar, barbarisch, grausam (16.2.)
barca Boot, Schiff (26.2.)
barco Schiff (13.4.)
barraca Baracke, Hütte, Bude (19.4.)
barrera Barriere (9.4.)
barrio Stadtviertel (3.2.)
barroco Barock... (21.4.)
basar basieren (13.4.)
base *f* Grundlage (7.4.); Basis (8.4.); a ~ de
    auf der Grundlage von (7.4.)
básico Basis... (13.4.)
bastante ziemlich (5.2.); genug, ziemlich viel
    (16.1.)
bastar genügen (3.1.)
batalla Schlacht (15.4.); Ringen (24.2.)
batallón *m* Bataillon (17.4.)
batir schlagen (8.4.)
batido geschlagen, gerührt (8.4.)
bauxita *m* Bauxit (13.4.)
beber trinken (8.1.)
bebida Getränk (7.2.)
beca Stipendium (18.2.)
belleza Schönheit (26.1.)
bello schön (19.2.)
bendito gesegnet; einfältig; (9.2.)
beneficio Gewinn, Nutzen, Vorteil (24.4.);
    en ~ de für, zugunsten (25.4.)

beneficioso vorteilhaft, nützlich, nutzbringend
    (27.4.)
berlinés berlinisch, Berliner ... (G 23); ~ *m*
    Berliner (G 26)
biblioteca Bibliothek (4.4.)
bibliotecaria Bibliothekarin (G 13)
bien *Adv.* gut (1.1.)
bienes *m pl* Gut, Güter (13.4.); ~ de consumo
    Konsumgüter (13.4.)
bienestar *m* Wohlstand, Wohlergehen (24.4.)
bienvenida glückliche Ankunft, Bewillkomm-
    nung (16.1.)
bienvenido (a) willkommen (in)! (1.2.)
bilateral bilateral, zweiseitig (20.4.)
billete *m* Schein, Geldschein (4.2.); Fahrkarte
    (G 12); ~ de teatro Theaterkarte (R 4)
biografía Biographie (25.4.)
biográfico biographisch (18.4.)
bistec *m* Steak, Beefsteak (7.2.)
bizcocho Biskuit, Zwieback (7.4.)
blanco weiß (G 6)
blancura Weiß (26.2.)
blanquito Weißer (30.4.)
bloqueo Blockade (25.1.)
blusa Bluse (6.1.)
boca Mund (9.1.); Mündung (26.2.)
bocadillo Sandwich, belegtes Brot (7.4.)
boletín *m* Bericht (21.1.); ~ meteorológico
    Wetterbericht (21.1.)
bolígrafo Kugelschreiber (4.1.)
bolsa (Hand-) Tasche, Beutel (23.1.)
bolsillo Tasche (29.2.)
bolso (Hand-) Tasche, Beutel (9.2.)
bomba Pumpe (28.4.)
bombilla Glühbirne (13.1.)
bondad *f* Güte (4.1.)
bonito hübsch (7.1.)
borde *m* Rand (26.1.)
bordear begrenzen (26.2.)
bordo Bord (23.2.)
borracho betrunken (R 2)
bosque *m* Wald (11.4.)
botánico botanisch (4.4.)
bote *m* Boot, Kahn (14.2.)
botella Flasche (8.2.)
botijo Krug (23.1.)
botón *m* Knopf (5.2.)
brasileño brasilianisch (30.4.)
breve kurz (18.1.); en ~ in Kürze, gleich, bald
    (23.2.)
brigada Brigade (15.4.)
brigadista *m* Brigademitglied (27.1.)
brillante glänzend, leuchtend, prächtig (R 4)
brillar glänzen, strahlen, hervortreten (22.4.)
brindar anbieten, darbringen (21.4.); ~ (por)
    anstoßen (auf) (22.4.)
brutal brutal, roh (30.4.)

buen gut (G 2)
bueno gut (1.2.)
búlgaro Bulgare (15.4.)
burguesía Bourgeoisie (24.4.)
bus *m* Bus (1.4.)
buscar holen (6.1.); abholen (15.1.); suchen (7.1.)
butaca Sessel (11.1.)

caballero Herr, Mann (7.4.)
caballerosidad *f* Höflichkeit, Ritterlichkeit (15.1.)
cabaret *m* Kabarett (24.1.)
caber ⟨*unr.*⟩ fassen (8.2.); hineinpassen, Platz haben (G 8); **no cabe duda** zweifellos, zweifelsohne (8.2.)
cabeza Kopf (16.2.) **a la ~ de** an der Spitze von (17.4.)
cabina Kabine, Telefonzelle (12.2.)
cabo Ende, Schluß (24.4.); Kap (27.4.); **al ~ de muchos años** nach (Verlauf von) vielen Jahren (24.4.)
cacao Kakao (7.4.)
cada jeder, jede, jedes (5.4.); **~ uno** jeder einzelne (12.4.); **~ vez más** immer mehr (24.4.) **~ vez mayor** immer stärker, immer größer (24.2.)
cadena Kette (27.4.)
caer ⟨*unr.*⟩ fallen (8.2.); sterben (17.4.); **~ enfermo** krank werden (8.2.)
café *m* Café (6.4.); Kaffee (7.2.); **~ solo** Kaffee schwarz (8.1.)
caja Schachtel (11.1.); Kiste, Kasten (13.2.)
cajita Schächtelchen (10.2.)
cajón *m* Kasten, Truhe (29.2.)
calcular rechnen, berechnen (23.4.)
calidad *f* Qualität (8.2.); **de primera ~** erstklassig, vorzüglich (8.2.)
cálido warm, heiß, angenehm (30.2.)
calificación *f* Qualifikation (28.2.)
calificado ausgebildet, qualifiziert, Fach... (28.2.)
calor *m* Hitze, Wärme (10.1.)
calmar beruhigen (23.4.)
caluroso warm, heiß (10.1.)
calzado Schuhe, Schuhwaren, Schuhwerk (13.4)
callar(se) schweigen, verschweigen (13.1.)
calle *f* Straße (2.4)
cama Bett (4.1.)
cámara Kammer (R 1)
camarera Zimmerfrau (5.2.); Kellnerin (–)
camarero Kellner (5.2.)
camarón *m* (kleine) Garnele, Krabbe (26.1.)
cambiado ausgewechselt (13.1.)
cambiar wechseln (12.2.); austauschen, (sich) verändern, (sich) wandeln (16.4.); umwandeln, ändern (25.1.); anders werden (G 30)

cambio Tausch, Wechsel, Geldwechsel (10.4.); Wandel (16.4.); **en ~** dagegen, im Gegenteil (10.4.)
caminar gehen, zurücklegen (Weg), laufen (6.4.)
camino Weg (2.1.); **por (el) ~** auf dem Weg, unterwegs (14.2.)
camión *m* LKW (3.1.)
campamento Lager (18.2.)
campaña Land, Feld (14.2.); Kampagne (24.2.)
campesinado Bauernschaft (29.4.)
campesino Bauer (8.4.)
campo Land (8.4.); Feld, Acker (R 2); **~ cultivable** Nutzland (11.4.); **en el ~** auf dem Lande (8.4.)
canadiense *m* Kanadier (15.4.)
canal *m* Kanal (26.4.)
canario kanarisch (14.4.)
canción *f* Lied (19.2.)
candidato Kandidat (25.4.)
cangrejo Krebs (8.2.)
cansado müde, abgespannt (R 2)
cantábrico kantabrisch (9.4.)
cántabro-astúrico kantabrisch-asturisch (9.4.)
cantar singen (11.4.)
cantidad *f* Menge (3.1.)
canto Gesang (30.4.)
cantor *m* Sänger (26.2.)
caña Rohr (24.4.); **~ de azúcar** Zuckerrohr (24.4.)
cañero Zucker(rohr)... (28.4.)
caos *m* Chaos, Durcheinander (23.1.)
caótico chaotisch (19.4.)
capa Schicht (G 29)
capacidad *f* Kapazität (28.1.)
capacitación *f* Weiterbildung, Qualifizierung (24.2.)
capacitar(se) (sich) weiterbilden (18.2.); (sich) qualifizieren (24.2.)
capaz fähig (G 25)
capital *f* Hauptstadt (1.4.); **~** *m* Kapital (13.4.)
capitalismo Kapitalismus (16.4.)
capitalista kapitalistisch (17.4.)
capitán *m* Kapitän (23.2.)
capítulo Kapitel (R 3)
caprichoso kapriziös, verspielt (30.1.)
captar auffangen, anziehen, fesseln; erhalten, bekommen (11.2.)
carabela Karavelle (R 3)
carabinero bewaffneter Zollwächter, Karabinier (25.4.)
carácter *m* Charakter (7.4.)
característica Charakteristikum, Kennzeichnung (10.4.)
caracterizar charakterisieren (10.4.)
¡caramba! zum Teufel!, zum Donnerwetter! (14.2.)
carbón *m* Kohle (11.4.)

cárcel *f* Gefängnis (17.4.)
cardinal hauptsächlich, Haupt... (G 2)
carga Last, Belastung (20.2.)
cargado stark (Wein, Kaffee) (7.4.)
cargamento Schiffsladung (30.4.)
cargar laden, beladen, aufladen (7.4.)
cargo Amt, Posten, Last, Ladung (25.1.)
caribe karibisch (2.4.); ∼ *m* Karibik (30.4.)
carnaval *m* Karneval, Fasching (30.2.)
carne *f* Fleisch (7.4.); ∼ de vaca Rindfleisch (8.4.)
caro teuer, lieb, wert (2.2.)
carpintero Tischler, Zimmermann (27.1.)
carrera Allee, Landstraße (14.1.); Lauf, Wettlauf, Rennen (20.2.); ∼ armamentista Rüstungswettlauf, Wettrüsten (20.2.)
carretela Kutsche (19.2.)
carretera Straße, Landstraße (R 5)
carta Brief (5.2.)
cartel *m* Plakat (6.4.)
cartera Aktentasche (2.2.); Brieftasche (9.2.)
casa Haus, Wohnung (3.4.); Firma (10.2.); ∼ cuna Kinderkrippe (28.2.); ∼ de descanso Erholungsheim (28.2.); ∼ de estudiantes Studentenheim (G 23); ∼ del Pueblo Gemeindeamt, Volkshaus (18.4.); ∼ de viviendas Wohnhaus (G 11); a ∼ nach Hause (G 4); en ∼ zu Hause (3.4.); en ∼ de bei (5.1.)
casado verheiratet (3.4.)
casarse sich verheiraten, heiraten (R 5)
caseta Kabine, Pavillon, Haus (19.2.)
casi fast (4.4)
caso Fall (14.2.); en ∼ que + *Konj.* falls (G 25)
castañuela Kastagnette (19.2.)
castellano kastilisch (2.1.)
castillo Schloß (4.4.); Burg, Kastell, Zitadelle (26.2.)
casualidad *f* Zufall (5.1.)
catalán katalanisch (2.4.); ∼ *m* Katalane (11.4.)
catálogo Katalog (G 8)
catedral *f* Kathedrale (19.2.)
categoría Kategorie, Rang (5.2.)
católico katholisch (R 3)
catorce vierzehn (G 3)
causa Grund, Ursache (25.2.)
causar verursachen (19.4.)
cayo kleine Felseninsel (27.4.)
cebada Gerste (14.4.)
cebolla Zwiebel (8.4.)
celebrar durchführen, vollziehen (11.2.); ∼ su cumpleaños Geburtstag feiern (G 20); ∼ una fiesta ein Fest feiern (G 17); ∼ una sesión eine Sitzung abhalten, tagen (11.2.)
célebre berühmt (19.2.)
célula Zelle (30.4.)
cementerio Friedhof (30.2.)
cemento Zement (13.4.)

cena Abendessen (6.1.); Abendbrot (R 3)
cenar zu Abend essen (7.4.)
centavo Centavo: kub. Währungseinheit (29.2.)
centenar *m* Hunderter (G 26)
centenario hundertjährig (26.2.)
centeno Roggen, Korn (14.4.)
centígrado hundertgradig (27.4.); grado ∼ Grad Celsius (27.4.)
central Zentral..., zentral (2.4.); ∼ *f* Zentrale (6.1.)
centralismo Zentralismus (29.4.)
centralizar zentralisieren, zusammenfassen (27.1.)
céntrico zentral (5.4.)
centro Zentrum (2.2.); ∼ laboral Arbeitsstätte (28.2.)
centuria Hundertschaft (17.4.)
cepillo Bürste (29.2.)
cerca (de) bei, nahe (bei), in der Nähe (von) (2.2.); ungefähr, gegen (15.2.)
cercanía Nähe (G 29)
cercano (a) nahe (bei) (10.1.)
cereales *m pl* Getreide (14.4.)
cerilla Streichholz (11.1.)
cero Null (10.1.)
cerrajero Schlosser (27.1.)
cerrado geschlossen, verschlossen, zu (6.1.)
cerrar ⟨ie⟩ schließen, zumachen (G 9); verschließen (17.4.)
certificado Zeugnis (18.2.)
cervecero Brauer; Gastwirt (30.2.)
cerveza Bier (7.2.)
cesar (de) aufhören (zu) (15.4.); nachlassen (G 30)
cese *m* Stopp (20.2.)
cielo Himmel (6.4.)
cien (vor Substantiv) einhundert (4.2.)
ciencia Wissenschaft (4.4.)
científica Wissenschaftlerin (R 1)
científico wissenschaftlich (4.4.); Wissenschaftler (R 1)
ciento einhundert (G 4); ∼ Hundert (G 26)
cierto gewiß (22.1.); ∼ tiempo einige Zeit (24.2.)
cigarrillo Zigarette (3.2.)
cinc *m* Zink (13.4.)
cinco fünf (2.2.)
cincuenta fünfzig (4.1.)
cine *m* Kino (6.4.)
cinematografía Filmindustrie (13.4.)
cinta Band, Tonband (2.1.)
cinturón *m* Gürtel (19.4.)
circulación *f* Verkehr (3.1.)
circular verkehren, fahren, zirkulieren (19.1.)
círculo Kreis, Zirkel, Bereich (G 20); ∼ infantil Kindergarten (28.2.); ∼ de interés Interessen-, Arbeitsgemeinschaft (G 20)
circunferencia Umfang (23.4.)

ciruela Pflaume (14.4.)
cirujano Chirurg (25.4.)
citar nennen (13.4.); zitieren (27.2.)
citarse sich verabreden (12.1.)
cítrico Zitrus..., Zitronen... (14.4.)
ciudad *f* Stadt (2.1.)
civil bürgerlich, Bürger..., weltlich, zivil (12.4.)
claro hell, klar (5.2.); deutlich (11.2.); ~ **que sí** natürlich, aber ja (11.2.)
clase *f* Unterricht, Vorlesung (3.4.); Art, Klasse (4.1.); ~ **preuniversitaria** Abiturklasse (18.2.)
clásico klassisch (G 23)
clasificado eingeteilt, klassifiziert (G 12)
clasista Klassen... (29.4.)
clausura Schluß, Abschluß, Tagungsschluß (22.4.)
clavel *m* Nelke (17.1.)
clero Geistlichkeit, Klerus (14.4.)
cliente *m* Kunde (5.1.)
clientela Kundschaft (5.4.)
clima *m* Klima (10.1.)
climático Klima..., klimatisch (10.4.)
clínica Klinik (26.1.)
club *m* Klub (G 13)
coalición *f* Bündnis, Koalition (25.4.)
cobrador *m* Schaffner (6.2.)
cobrar kassieren, einnehmen, Lohn erhalten (18.4.)
cobre *m* Kupfer (13.4.)
cocido *siehe* **puchero** (8.4.)
cocina Küche (3.4.)
cocktail *m* Cocktail (6.4.)
coche *m* Wagen, Auto (1.2.); **en** ~ mit dem Auto (G 8)
coexistencia Koexistenz (16.4.)
coger nehmen, fassen, ergreifen (13.1.)
coincidir (con) zusammenfallen (mit), zusammentreffen (mit) (30.4.)
colaboración *f* Zusammenarbeit (22.2.)
colaborador *m* Mitarbeiter (22.4.)
colaborar zusammenarbeiten, mitarbeiten (18.4.)
colección *f* Kollektion (10.2.); Sammlung (G 29)
colectivo Kollektiv..., Gruppen..., kollektiv (21.2.); Sammel... (G 26)
colega *m* (*f*) Kollege (Kollegin) (22.1.)
colegio (höhere Privat-) Schule, College (25.4.)
colgar ⟨ue⟩ auflegen, aufhängen, anhängen (12.2.)
colmar (de) anfüllen (mit) (29.2.)
colocar legen, stellen, unterbringen (2.2.)
colonia Kolonie (12.4.)
colonial Kolonial... (16.4.); kolonial (26.4.)
colonialismo Kolonialismus (24.4.)
colonialista Kolonial..., kolonialistisch (30.4.)
colonizador Kolonial..., Kolonisten..., kolonisierend (30.4.)
colono Siedler, Kolonist (30.4.)

color *m* Farbe (3.2.)
colores: en ~ farbig (3.2.)
coma Komma (10.4.)
comandante *m* Kommandant, Anführer (17.4.)
comarca Gegend, Landstrich (28.4.)
combate *m* Kampf (17.4.)
combatiente kämpferisch (25.2.); ~ *m* Kämpfer (17.4.)
combatir kämpfen (R 5)
combatividad *f* Kampfbereitschaft, Kämpfertum, Kampfgeist (25.2.)
combativo kämpferisch (15.4.)
combinada Kombine (28.4.)
combinado Kombinat (26.1.)
combustible *m* Brennstoff (13.4.)
comedor *m* Speisesaal, -zimmer, -raum (6.1.)
comedorcito kleiner Speiseraum (6.1.)
comenzar (a) ⟨ie⟩ beginnen (zu), anfangen (zu) (15.2.); ~ **por** + *Inf.* beginnen (mit), zuerst etwas tun (28.4.); ~ **el estudio** das Studium aufnehmen (G 24); ~ **el trabajo** sich an die Arbeit setzen (G 28)
comer essen (3.1.)
comercial Geschäfts..., Handels... (4.2.); geschäftlich (30.4.)
comerciante *m* Händler, Kaufmann (24.4.)
comercio Geschäft, Handel, Laden (18.4.)
comestibles *m pl* Lebens-, Nahrungsmittel (18.4.)
cometer begehen (Irrtum, Fehler, Verbrechen) (27.4.)
cómico komisch (R 1)
comida Mahlzeit, (Mittag-) Essen (6.1.); Speise (R 2)
comido gegessen, verzehrt (8.4.)
comité *m* Komitee (17.4.)
¿cómo? wie? (1.1.); **¿** ~ **estás?** wie geht es dir? (1.1.); **¿** ~ **está Ud.?** wie geht es Ihnen? (1.2.); **como** wie (3.4.); da, weil (5.4.); als (7.2.); ~ **no** warum nicht! (14.2.); ~ **Ud. quiera** wie Sie wollen! (8.1.); ~ **quieras** wie du willst! (9.2.); ~ **si** als ob (G 25); **¡cómo que no!** und ob! (17.2.)
comodidad *f* Bequemlichkeit (5.2.)
cómodo bequem (1.2.)
compañera Kollegin (1.2.)
compañero Kollege (1.2.); ~ **de estudios** Studienkollege, Kommilitone (G 16)
compañía Gesellschaft (1.4.)
comparación *f* Vergleich (G 11)
comparar vergleichen (16.4.)
compatriota *m* Landsmann (22.4.)
complaciente gefällig, zuvorkommend (15.1.)
complejo Komplex (28.4.)
complementario zusätzlich, ergänzend (20.2.)
completar vervollständigen (G 19)

completo vollständig, komplett (13.4.); **por** ~ vollständig, ganz und gar (27.2.)

componente *m* Bestandteil, Komponente (30.4.)

componer ⟨*unr.*⟩ zusammensetzen (G 7); bilden, verfassen (G 24)

componerse (de) ⟨*unr.*⟩ sich zusammensetzen (aus), bestehen (aus) (7.4.)

compra Kauf, Einkauf (5.4.)

comprar kaufen, einkaufen (4.2.)

comprender verstehen, begreifen (3.1.); umfassen, enthalten (4.4.)

comprensión *f* Verständnis (20.1.)

comprobar ⟨ue⟩ feststellen (21.1.)

compromiso Verpflichtung, Verabredung (17.1.)

común gemeinsam (29.4.)

comunicación *f* Verbindung (26.4.)

comunicar verbinden (5.4.); mitteilen (19.1.)

comunidad *f* Gemeinschaft (20.2.)

comunismo Kommunismus (29.4.)

comunista kommunistisch (12.4.); ~ *m* (*f*) Kommunist(in) (18.4.)

con mit (1.2.); zu (7.2.)

conceder gewähren, überlassen (20.2.); ~ **la palabra** das Wort erteilen (20.2.)

concentración *f* Konzentration (12.4.)

concentrado Konzentrat (14.4.)

concentrarse sich konzentrieren (13.4.)

concepción *f* Konzeption (29.4.)

conciencia Bewußtsein (15.4.)

concierto Konzert (G 23)

concluir ⟨uy⟩ schließen, beschließen (G 12); abschließen (G 26)

concordancia Übereinstimmung (G 24); ~ **de los tiempos** Zeitenfolge (G 24)

concordia Eintracht, Übereinstimmung, Verständigung (22.4.)

concretizar verwirklichen, in die Tat umsetzen (29.4.)

concreto konkret (20.2.)

concurrido stark besucht (30.2.)

condición *f* Bedingung (10.4.); Voraussetzung, Gegebenheit (30.2.)

condiciones *f pl* Verhältnisse (26.1.)

condicional Konditional..., Bedingungs... (G 21); ~ *m* Konditional I (G 22); ~ **compuesto** Konditional II, zusammengesetztes Konditional

condimentado scharf, gewürzt, würzig (3.1.)

condimentar würzen (3.1.)

conducir ⟨zc⟩ führen, fahren (10.1.); bringen, geleiten (G 13)

conductor *m* Führer (25.2.)

conferencia Vortrag (11.2.); Konferenz (20.4.); ~ **local** Ortsgespräch (12.2.); **telefónica** Telefongespräch (G 12)

confesar ⟨ie⟩ bekennen, gestehen (29.1.)

confirmación *f* Bestätigung (22.1.)

confirmar bestätigen (R 4)

confortable komfortabel (4.1.)

confundir verwechseln (23.4.)

congregarse sich versammeln, zusammenkommen (30.2.)

congreso Kongreß (1.1.)

conjunto Gesamtheit (20.4.); Vereinigung, Sammlung, Ensemble (27.4.); Block, Komplex (29.4.)

conmigo mit mir (13.1.)

conocer ⟨zc⟩ kennen (10.2.); **kennenlernen** (11.2.); verstehen (13.1.)

conocido (**por**) bekannt (als) (9.4.); Bekannter (15.1.)

conocimiento Kenntnis (2.1.;) Erkenntnis (16.4.)

conquista Gewinnung, Eroberung, Errungenschaft (25.4.)

conquistador *m* Eroberer (23.4.)

conquistar erobern (23.4.)

consciente bewußt (24.4.)

consecuencia Konsequenz (25.2.)

consecuente konsequent (25.4.)

conseguir ⟨i⟩ bekommen, erlangen (15.2.); erzielen, erreichen (G 16); verschaffen, besorgen (22.1.); ~ + *Inf.* gelingen (17.4.)

consejo Rat (12.4.); Ratschlag (G 20)

conservador konservativ (25.4.)

conservar erhalten, bewahren (G 13)

considerable beträchtlich (13.4.)

considerar betrachten, ansehen (R 3)

consigo mit sich, bei sich (6.1.)

consistir (**en**) bestehen (aus, in) (28.2.)

consolidación *f* Festigung, Konsolidierung (22.2.)

consorcio Konzern, Gesellschaft, Konsortium (25.1.)

conspiración *f* Verschwörung, Konspiration (25.1.)

constancia Ausdauer, Beharrlichkeit (27.2.)

constante ständig, beständig, konstant (28.4.)

constar (**de**) bestehen (aus) (17.4.)

constatar feststellen (12.4.)

constituir ⟨uy⟩ bilden, ausmachen, sein (15.4.)

construcción *f* Bau, Bauwerk, Konstruktion (2.4.); Aufbau (29.4.); ~ **de maquinaria** Maschinenbau (4.4.)

construcciones *f pl* Bauten (19.2.)

construir ⟨uy⟩ bauen, erbauen (G 10); aufbauen, errichten (20.4.)

consultar konsultieren, befragen, zu Rate ziehen, nachsehen, nachschlagen (11.1.); ~ (**a alg.**) (jem.) um Rat fragen (G 30)

consumir verbrauchen (14.4.)

consumo Verbrauch (2.2.); Konsum (13.4.)

contacto Verbindung, Kontakt (G 12)

contaminación *f* Verunreinigung, Verschmutzung (14.2.)

contaminar verunreinigen, verschmutzen (14.2.)

contar ⟨ue⟩ erzählen (11.2.); zählen, rechnen, berechnen (17.4.); ∼ **(con)** verfügen (über) (25.2.)

contemplar betrachten (16.4.)

contemporáneo gegenwärtig, zeitgenössisch (16.4.)

contener ⟨*unr.*⟩ enthalten (9.2.)

contenido Inhalt (20.2.)

contentarse (con) sich begnügen (mit) (11.4.)

contento zufrieden (1.2.)

contestar (a) antworten (auf), beantworten (3.2.)

continental kontinental (10.4.)

continente *m* Kontinent (15.4.)

continuación *f* Weiterführung, Fortsetzung, Fortführung (22.2.)

continuar fortsetzen, fortfahren (14.1.); weiter andauern (21.1.); ∼ **(hacia)** weiterfahren, weiterreisen (nach, gen + Himmelsrichtung) (23.4.); ∼ + *Ger.* weiter etwas tun (14.1.); ∼ **ampliando** weiter ausdehnen, ausweiten (20.4.)

continuidad *f* Kontinuität (15.4.)

contra gegen (10.1.)

contradicción *f* Widerspruch (30.4.)

contraer ⟨*unr.*⟩ schließen, abschließen (Vertrag) (25.4.); ∼ **matrimonio** die Ehe schließen, eine Ehe eingehen (25.4.)

contrario gegenteilig (14.2.); Gegenteil (10.4.); **al** ∼ im Gegenteil (10.4.)

contrarrevolucionario konterrevolutionär (25.4.)

contraste *m* Kontrast, Gegensatz (11.4.)

contratiempo Zwischenfall, Widerwärtigkeit (19.1.)

contrato Vertrag (G 26)

contribución *f* Beitrag (20.4.)

contribuir ⟨uy⟩ **(a)** beitragen (zu) (G 10)

control *m* Kontrolle (23.1.)

controlar kontrollieren (23.1.)

convencer überzeugen (23.4.)

conveniente günstig, annehmbar (4.1.)

convenir ⟨*unr.*⟩ übereinkommen, vereinbaren (14.2.); passen (22.1.)

conversación *f* Unterhaltung, Gespräch (16.2.)

conversar (con) sich unterhalten (mit) (1.4.)

convertir ⟨ie/i⟩ umwandeln (30.1.)

convertirse ⟨ie/i⟩ sich verwandeln (R 3); werden (allmählich, langsam) (G 30)

convicción *f* Überzeugung (16.4.)

conviene es ist nötig, man muß (14.2.)

convocar einberufen, zusammenrufen (16.4.)

coñac *m* Kognak (7.2.)

cooperación *f* Zusammenarbeit (16.4.); Kooperation (20.4.)

cooperativa Genossenschaft (24.2.)

copa Glas, Pokal (22.4.)

copiar abschreiben (G 28); ∼ **a máquina** mit der Maschine abschreiben (G 28)

copioso reichhaltig, reichlich (27.4.)

copita Gläschen (7.4.)

coraje *m* Mut (25.2.)

corcho Kork (14.4.)

cordial herzlich (16.4.)

cordillera Gebirgskette, -zug (9.4.)

coro: a ∼ im Chor (R 2)

corrección *f* Korrektur (G 13)

correcto richtig, korrekt, fehlerfrei (6.2.)

corregir ⟨i⟩ verbessern, korrigieren (10.1.)

correos *pl* Post (11.1.)

correr laufen, fließen (9.4.); verlaufen, führen (14.1.)

correspondencia Briefwechsel, Korrespondenz (28.2.); **por** ∼ Fern... (28.2.)

corresponder (a) entsprechen (10.4.); zufallen, zukommen (29.4.)

corrida Lauf, Stierkampf (11.2.); ∼ **de toros** Stierkampf (11.2.)

corriente fließend (19.4.)

cortador *m* Schnitter (28.4.)

corte *m* Schnitt, Abschneiden (28.4.)

corto kurz (14.1.)

cortocircuito Kurzschluß (13.2.)

cosa Sache, Ding (3.1.)

cosmonauta *m* Kosmonaut (G 26)

costa Küste (9.4.)

costar ⟨ue⟩ kosten (G 9)

costero Küsten... (26.2.)

costos *pl* Kosten (27.1.)

costumbre *f* Gewohnheit, Sitte, Gebrauch (8.1.)

coyunda Joch, Last (30.4.)

creador schöpferisch (22.4.)

crear gründen, schaffen (23.4.)

crecer ⟨zc⟩ wachsen, ansteigen (11.1.); aufwachsen (18.4.)

creciente wachsend, zunehmend (12.4.)

creer ⟨ey⟩ glauben, denken, vermuten (3.1.); **¡ya lo creo!** und ob! (19.2.)

crema Sahne (7.2.); ∼ **(para el cutis)** (Haut-) Creme (10.2.)

cría Zucht, Aufzucht (14.4.); ∼ **del ganado** Viehzucht (14.4.)

crimen *m* Verbrechen (25.1.)

criollismo Kreolentum (30.4.)

criollo kreolisch, einheimisch (30.4.)

cristiano christlich (25.4.)

cruce *m* Kreuzung (9.2.); **en el** ∼ auf der Kreuzung (9.2.)

cruz *f* Kreuz (14.1.)

cruzar überqueren (14.1.); ∼ **(por)** durchfahren, kreuzen (26.2.)

cuaderno Heft (R 2)

cuadrado Quadrat... (12.4.)

cuadro Bild, Gemälde (19.4.)

¿cuál? welcher?, welche?, welches? (2.1.); **el cual** welche(r, -s); der, die, das (12.4.); **la ~** welche(r, -s); der, die, das (G 29); **lo ~** was (G 29)

cuales: de los ~ von denen (12.4.); darunter (28.1.)

cualquier irgendein(e), jede(r) beliebige (27.2.); **~ idioma** jede beliebige Sprache (27.2.)

cualquiera jede(r, -s) (beliebige); wer (auch) immer (8.4.); **(una persona) ~** jeder beliebige (8.4.)

¿cuándo? wann? (3.1.)

cuando wenn (3.2.); als (R 2); sobald (als), wenn (G 21)

¿cuánto? wieviel? (10.2.); **¿ ~ tiempo?** wie lange? (4.1.); **¡cuánto...!** wie (sehr) ...! (17.1.); **en cuanto** sobald (als), wenn (21.2.); **~ a** hinsichtlich, betreffs (8.4.)

¿cuántos? wieviele? (2.1.); **¿a ~ estamos hoy?** den wievielten haben wir heute? (R 3); **¡ ~ ...!** wieviele ...! so viele ...! (3.1.)

cuarenta vierzig (4.2.)

cuartel *m* Kaserne (23.2.)

cuarto vierter (18.2.); **~ m** Zimmer, Raum (3.4.); Viertel (5.1.); **~ de baño** Bad, Badezimmer (3.4.); **~ de estar** Wohnzimmer (3.4.)

cuartucho elende Behausung, schlechtes Zimmer (29.2.)

cuatro vier (G 2)

cuatrocientos vierhundert (G 4)

cubano kubanisch (G 5); Kubaner (R 1)

cubierto bedeckt, bewölkt (10.4.)

cubrir(se) (sich) bedecken (15.4.)

cuenta Berechnung, Betracht, Berücksichtigung (3.1.); Rechnung (9.2.)

cuestión *f* Frage (20.2.)

cueva Höhle (30.1.)

cuidado Besonnenheit, Sorgfalt (2.1.); **¡ ~!** Achtung! Vorsicht! (2.1.)

cuidadoso sorgfältig (13.2.)

cuidar (de) versorgen, pflegen, warten, sich kümmern (um) (18.4.)

cuidarse sich schonen, sich pflegen, sich in acht nehmen, sich hüten, auf die Gesundheit achten (24.1.)

culinario Koch..., Eß..., Küchen..., kulinarisch (8.4.)

culminación *f* höchste Erhebung, Gipfelpunkt (10.1.)

cultivable Nutz..., bebaut (11.4.)

cultivar anbauen, bebauen, kultivieren (11.4.)

cultivo Anbau (14.4.)

cultura Kultur (24.2.)

cultural kulturell (4.4.)

cumpleaños: (día *(m)* **de) ~ ms** Geburtstag (18.2.)

cumplimiento Erfüllung, Erreichung (27.1.)

cumplir erfüllen, vollenden (18.2.); erledigen machen (18.4.)

cuna Wiege (28.2.); **casa ~** Kinderkrippe (28.2.)

cura *m* Pfarrer (23.4.)

curiosidad *f* Neugier, Wißbegier (3.1.)

curioso neugierig (3.2.); merkwürdig, sehenswürdig (R 5)

cursar besuchen (Vorlesung, Kurs), studieren. (Fach) (18.2.)

curso Vorlesung, Unterricht(sstunde), Kurs, Lehrgang (3.4.); Lauf, Verlauf (13.4.); **~ dirigido** Fernkurs (28.2.)

cursos por correspondencia Fernstudium (28.2.)

curva Kurve (26.2.)

cutis *m* Haut (10.2.)

cuyo dessen, deren (13.4.)

¡chao! tschüß (24.1.)

charlar plaudern (16.2.)

chas-chas *m* lautmalerischer Ausdruck für das Hauen mit der Machete (28.4.)

checo tschechisch (G 22); das Tschechische (G 28); Tscheche (–)

chileno chilenisch (G 13); Chilene (G 25)

chimenea Schornstein (28.4.)

chocolate *m* Schokolade (7.4.)

chorizo Knackwurst (8.4.)

churro Gebäck (in Öl zubereitet) (7.4.)

dama Dame (23.2.)

dar ⟨*unr.*⟩ geben (5.1.); **~ a/c a alguien** jemandem etwas geben (23.4.); **~ abasto** ausreichen, genügen (29.2.); **~ su aporte** seinen Beitrag leisten (28.1.); **~ la bienvenida** willkommen heißen, begrüßen (16.1.); **~ a conocer** bekanntgeben, publik machen (29.1.); **~ las gracias (por)** danken (für) (16.4.); **~ una llamada** anrufen (8.1.); **~ una palmada** in die Hände klatschen (7.2.); **~ un pase(ít)o** einen (kleinen) Spaziergang machen, spazierengehen (9.2.); **~ su vida (por)** sein Leben lassen (für) (17.4.); **~ una vuelta** einen Spaziergang machen, eine Rundfahrt unternehmen (11.2.)

darse: ~ cuenta feststellen, bemerken (19.1.); **~ prisa** sich beeilen (13.1.)

dato Angabe, Beleg (20.2.)

datos *pl* Daten (20.2.)

de aus, von, ab (Ort) (1.1.); als (2.1.); ab, von ... an (Zeit) (3.4.); **~ ... a** von ... bis (Ort) (1.1.); von ... bis (Zeit) (3.4.); **~ acuerdo** einverstanden (7.1.); **¿ ~ qué?** womit? (1.2.)

debatir erörtern, besprechen, debattieren (30.4.)

deber müssen, sollen (5.2.); schulden (12.2.); **~ (a)** verdanken (10.1.); **~ (de)** müssen (G 30); **~ m** Aufgabe (R 1)

debido (a) dank (24.4.); wegen, durch (30.1.)

década Dekade, Jahrzehnt, Zeitraum von 10 Tagen oder 10 Jahren (25.1.)

decena Zehner, etwa 10 (5.4.)

decidir beschließen (R 3)

decidirse dich entscheiden, sich entschließen (4.1.); ~ **(por)** sich entscheiden (für) (4.2.)

decidido (a) entschlossen (zu) (17.4.)

décimo zehnter (17.4.)

decir ⟨*unr.*⟩ sagen (7.2.); ~ + *Konj.* sollen (G 14); **es** ~ das heißt (10.4.); ¿**qué quiere** ~? was heißt …? (11.1.)

decisivo entscheidend (26.4.)

declaración *f* Deklaration, Erklärung (20.2.)

declarar erklären, aussagen, kundtun (16.4.); verzollen (23.1.); ~ **abierto** für eröffnet erklären (16.4.)

dedicar weihen, zueignen (26.2.)

dedicarse (a) sich widmen (11.4.)

defectuoso defekt, kaputt (13.1.)

defender ⟨ie⟩ verteidigen (G 9)

defensa Verteidigung (15.4.); **en** ~ **de** zur Verteidigung von (15.4.)

defensivo Verteidigungs…, defensiv (29.4.)

deficiente fehlerhaft, mangelhaft (22.4.)

definir definieren, bestimmen, erklären, bezeichnen (25.1.)

definitivo endgültig, definitiv (26.1.)

dejar lassen (4.2.); hinterlassen (6.2.); zurücklassen, dalassen, abgeben, hinterlegen (7.1.); verlassen (14.1.); liegenlassen (21.2.); hierlassen (22.1.); zulassen (G 30); ~ **(de)** aufhören (zu) (27.4.); **no** ~ **(de)** nicht versäumen, nicht vergessen, nicht unterlassen (zu) (21.1.); ~ **arreglado** geregelt hinterlassen, geregelt haben (19.1.)

dejarse (de a/c**)** (von einer Sache) ablassen (13.1.)

delante davor (7.1.); ~ **(de)** vor (2.2.)

delegación *f* Delegation, Abordnung (16.1.)

delegado Delegierter (11.2.)

deletrear buchstabieren (6.2.)

delicioso köstlich, wohlschmeckend (9.2.)

delinquir ein Delikt begehen (–)

delito Delikt, Tat, Verbrechen (25.2.)

demanda Nachfrage, Forderung, (11.1.)

demandar fordern, erfordern, verlangen (28.4.)

demás: lo ~ das übrige (18.1.)

demasiado (all) zu … (3.1.)

democracia Demokratie (15.4.)

demócrata-cristiano christlich-demokratisch (25.4.)

democrático demokratisch (1.1.)

demográfico bevölkerungsstatistisch, demographisch (12.4.)

demonstrativo hinweisend, demonstrativ (G 9)

denominación *f* Bezeichnung, Benennung (17.4.)

densidad *f* Dichte (12.4.)

denso dicht (–)

dental Zahn… (26.1.)

dentro drinnen (30.2.); ~ **(de)** innerhalb (von), in; in (nach Ablauf von) (5.1.); inmitten, mitten (in) (29.2.); ~ **de algún tiempo** in einiger Zeit (G 24); ~ **de poco** bald, in Kürze (5.1.)

departamento Bezirk (R 5)

depender (de) abhängen (von) (8.4.)

deporte *m* Sport (10.1.)

deportista *m* (*f*) Sportler(in) (3.4.)

derecha Rechte (30.2.); **a la** ~ rechts (4.2.)

derecho recht, rechts befindlich, geradeaus (14.1.); Recht (20.4.)

derribar stürzen, zugrunde richten (25.2.)

derrocamiento Sturz (24.4.)

derrocar stürzen, niederreißen, vernichten (25.1.)

derrota Niederlage, Sturz (15.4.)

derrotar schlagen (Gegner) (25.4.)

desaparecer ⟨zc⟩ verschwinden (19.4.)

desarme *m* Abrüstung (20.2.)

desarrollar führen, entwickeln (27.1.)

desarrollarse sich entwickeln (15.2.); sich gestalten, sich abspielen (29.1.)

desarrollo Entwicklung (11.2.)

desayunar(se) frühstücken (6.1.)

desayuno Frühstück (4.1.)

descansar (sich) ausruhen, (sich) erholen (10.1.); ruhen, liegen (19.2.)

descanso Ruhe, Entspannung, Erholung (15.1.)

descender ⟨ie⟩ hinuntergehen, heruntersteigen (G 9)

descolgar ⟨ue⟩ abnehmen (Telefonhörer) (12.1.)

desconocido unbekannt (11.1.)

descontento Unzufriedenheit (14.4.)

describir beschreiben (8.4.)

descripción *f* Beschreibung (6.4.)

descubridor *m* Entdecker (R 1)

descubrimiento Entdeckung (R 4)

descubrir entdecken (11.4.)

desde von, ab (Ort) (3.1.); von, ab (Zeit) (3.4.); seit (R 1); ~ **hace** seit (G 24); ~ … **hasta** von … bis (Ort) (3.1.); von … bis (Zeit) (3.4.); ~ **luego** selbstverständlich, natürlich (4.1.)

desear wünschen (4.1.)

desembocadura Mündung (30.2.)

desembocar(en) münden (in) (5.4.); einmünden (26.2.)

desempeñar spielen (Rolle) (24.4.); ausüben, erfüllen, bekleiden (Amt) (25.4.)

desempleado Arbeitsloser (6.4.)

desenvolvimiento Entwicklung, Entfaltung (14.4.)

deseo Wunsch (6.1.)

desesperación *f* Verzweiflung (26.1.)

desesperado verzweifelt (17.2.)

desesperar verzweifeln (17.2.)

desfile *m* Umzug (19.2.)

desgracia Unglück (21.2.)
desigual ungleich (10.4.)
deslizarse sich verlaufen (Gewässer), abfließen (27.4.)
despacio langsam (R 2); ∼ **se va lejos** immer mit der Ruhe! wer langsam geht, kommt auch zum Ziel! Eile mit Weile! (13.1.)
despacho Büro (12.2.)
despedida Abschied (22.4.); Kündigung, Aussperrung, Entlassung (25.2.)
despedirse ⟨i⟩ sich verabschieden (10.1.)
despegar starten (23.2.)
despegue *m* Start (23.2.)
despejado wolkenlos, hell (10.4.)
despertar ⟨ie⟩ wecken (6.1.)
despertarse ⟨ie⟩ aufwachen (G 9)
despiadado unbarmherzig (30.4.)
despoblación *f* Entvölkerung (12.4.)
después dann, danach, darauf (3.1.); ∼ **(de)** nach (3.2.); ∼ **de** + *Inf.* nachdem (4.2.)
destacado hervorragend, herausragend (15.4.)
destacamento Abteilung, Detachement (17.4.)
destacar herausragen, auffallen (4.4.); hervorheben, betonen (28.1.)
destacarse sich hervortun, hervortreten (25.4.)
destinar bestimmen (29.1.)
destino Ziel, Bestimmungsort (23.2.); **con** ∼ **a** nach, in Richtung (23.2.)
destornillador *m* Schraubenzieher (13.1.)
destornillar abschrauben, aufschrauben (13.2.)
desviación *f* Umleitung (17.1.)
detallado detailliert (23.4.)
detalle *m* Einzelheit, Detail (2.4.)
detectar entdecken (25.1.)
detener ⟨*unr.*⟩ festnehmen, verhaften (17.4.)
detenerse ⟨*unr.*⟩ stehenbleiben (9.2.)
determinado bestimmt (G 23)
detrás dahinter (13.2.); ∼ **(de)** hinter (7.2.)
deuda Schuld (18.4.)
devolver ⟨ue⟩ zurückgeben, wiedergeben (12.1.)
día *m* Tag (1.2.); **al** ∼ täglich, pro Tag (3.2.); **al otro** ∼ am anderen Tag, am nächsten Tag (19.1.); **de** ∼ tags, bei Tage (R 4); **de** ∼ **en** ∼ von Tag zu Tag (19.4.); **por** ∼ täglich, pro Tag (4.1.); **todo el** ∼ der ganze Tag (G 4)
días: buenos ∼ guten Tag! (von Sonnenaufgang bis Mittag) (1.2.); **quince** ∼ 14 Tage (G 15)
diálogo Dialog (G 2)
diariamente täglich, pro Tag (G 8)
diario täglich (3.2.); Zeitung (3.1.); ∼ **(de viaje)** (Reise-) Tagebuch (30.2.)
diccionario Wörterbuch (7.2.)
diciembre *m* Dezember (R 3)
dictadura Diktatur (15.4.)
dicho besagt, genannt (29.4.); Redensart (10.4.)
diecinueve neunzehn (G 3)

dieciocho achtzehn (G 3)
dieciséis sechzehn (G 3)
diecisiete siebzehn (G 3)
diez zehn (2.1.)
diferencia Unterschied (10.1.)
diferente verschieden (7.4.); unterschiedlich (10.4.)
difícil schwer, schwierig (2.1.)
dificultad *f* Schwierigkeit (14.2.)
difundir verbreiten (27.4.)
digno würdig, wert, anständig (G 28)
dimensión *f* Dimension, Ausmaß, Größe (30.1.)
dinamita Dynamit (29.2.)
dinero Geld (5.4.)
Dios *m* Gott (9.2.); ¡∼ **mío!** mein Gott! (9.2.)
diplomático diplomatisch (25.4.)
diptongación *f* Diphthongierung (G 9)
diputación *f* Abgeordnetenversammlung, Abordnung (12.4.)
diputado Abgeordneter (25.4.)
dirección *f* Anschrift (5.1.); Richtung (14.1.); Leitung, Lenkung (29.4.)
directo direkt (25.1.)
director *m* Direktor (16.1.)
dirigente führend, leitend (29.4.); ∼ *m (f)* Führer(in), Leiter(in) (18.4.)
dirigir lenken, leiten (G 25)
dirigirse (a) sich wenden (an) (12.2.); ∼ **(contra)** sich richten (gegen) (15.4.)
disciplina Disziplin (27.1.)
disco Schallplatte (2.1.)
disculpar entschuldigen (8.1.)
disculparse (con) sich entschuldigen (bei) (G 27)
discurso Rede, Vortrag, Ansprache (18.1.)
discusión *f* Diskussion (G 12)
discutir (sobre) sprechen (über), besprechen, diskutieren (über) (3.2.)
disfrutar (de) sich erfreuen (an), genießen, ausnutzen (7.1)
disimular verheimlichen, verschleiern, verbergen (25.1.)
disminución *f* Verminderung (18.4.)
disminuir ⟨uy⟩ (sich) vermindern, (sich) verkleinern, kleiner werden, geringer werden (16.4.)
disolver ⟨ue⟩ auflösen (25.2.)
dispensar entschuldigen, verzeihen (12.1.); bereiten (Empfang) (20.2.)
disponer (de) ⟨*unr.*⟩ verfügen (über), haben (21.4.)
disposición *f* Verfügung (12.1.)
distancia Entfernung (17.1.)
distar entfernt sein (21.4.)
distensión *f* Entspannung (16.4.)
distinguido verehrt, angesehen; wert (19.4.)
distinguir unterscheiden, wahrnehmen (9.4.); erkennen (11.4.)
distinto verschieden, unterschiedlich (16.4.)
distribución *f* Verteilung (12.4.)

20 Lehrb. span. Spr.

distribuir verteilen (G 10)
distrito Distrikt, Bezirk, Kreis (26.4.)
divergencia Divergenz, Unterschied, Meinungsverschiedenheit, Uneinigkeit (16.4.)
diversos verschiedene (24.2.)
divertirse ⟨ie/i⟩ sich amüsieren (R 3)
dividir teilen, trennen (30.1.)
dividirse sich teilen, sich aufteilen (26.4.)
divisa Devise, Geld (11.1.)
división f Teilung, Einteilung, Aufteilung (12.4.)
doble doppelt (G 6)
doce zwölf (3.1.)
docena Dutzend (G 26)
docente m Dozent, Lehrer (2.1.)
doctor m Doktor, Gelehrter (13.1.)
doctora Doktorin (G 23)
documental m Kulturfilm (15.2.)
documento Dokument, Unterlage (16.1.)
dólar m Dollar (24.4.)
doler ⟨ue⟩ weh tun, schmerzen (17.2.)
dolor m Schmerz (16.2.)
domicilio Wohnung, Wohnsitz, Unterkunft (19.4.)
dominación f Herrschaft (24.4.)
dominar herrschen, beherrschen (27.2.); ~ por completo vollständig können (27.2.)
domingo Sonntag (G 10)
dominicano dominikanisch (2.4.)
dominio Beherrschung, Herrschaft (26.1.)
don m Anrede bei männlichen Vornamen (13.2.)
¿dónde? wo? (1.1.)¿(a) ~? wohin? (1.1.); ¿de ~? woher? (1.1.); ¿para ~? wohin? (1.4.)
donde wo (3.2.)
doña Anrede bei weiblichen Vornamen (25.4.)
dormir ⟨ue⟩ schlafen (10.1.)
dormitorio Schlafzimmer (3.4.)
dos zwei (1.2.)
doscientos zweihundert (G 6)
duda Zweifel (7.1.); sin ~ zweifellos (25.1.)
dudar zweifeln (19.4.); bezweifeln (R 5)
dulce süß (7.4.); ~ m Backware, Süßigkeit, Eingemachtes (7.4.)
duodécimo zwölfter (17.4.)
duque m Herzog (21.1.)
duradero dauerhaft (22.4.)
durante während (8.4.)
durar dauern, andauern (16.2.)
durativo: forma durativa Verlaufsform (Grammatik) (G 27)
dureza Härte (18.4.)
duro hart (8.4.); Münze zu 5 Peseten (12.1.)

e (statt y vor i- oder hi-) und (R 3)
echar werfen, schleudern, eingießen; aufführen, spielen (Film) (15.2.); treiben (Wurzeln,

Knospen) (30.4.); ~ andar in Gang setzen (28.1.); ~ fuera (de) vertreiben (aus) (29.2.); ~ una película einen Film zeigen, spielen, aufführen (15.2.)
economía Wirtschaft, Ökonomie (13.4.)
económico wirtschaftlich, ökonomisch, Wirtschafts... (20.4.)
edad f Alter (3.4.); ~ media Mittelalter (21.4.)
edición f Ausgabe, Edition (29.2.)
edificación f Bau, Bauwerk (21.4.); Aufbau (28.1.)
edificio Gebäude (2.4.); ~ nuevo Neubau (G 26)
editorial f Verlag, Verlagshaus (24.2.)
educación f Erziehung (28.4.); ~ pública Volksbildung (28.4.)
educador m Erzieher (29.2.)
efectivo effektiv, wirksam (20.2.)
efecto Wirkung, Ergebnis (13.2.); en ~ wirklich, tatsächlich (13.2.)
efectuar ausführen, durchführen, bewerkstelligen, verwirklichen (29.2.)
efectuarse zustandekommen, stattfinden (29.2.)
egresado Absolvent (25.4.)
¿eh? nicht wahr? (8.1.)
ejecutar ausüben (25.4.); ausführen, verrichten, machen (28.4.)
ejemplar vorbildlich, musterhaft (24.4.); ~ m Exemplar (12.2.)
ejemplo Beispiel (2.4.); por ~ zum Beispiel (8.1.)
ejercer ausüben, praktizieren (20.4.)
ejercicio Übung (G 1)
ejército Heer (23.4.)
el der, die, das (1.1.); der, derjenige (23.4.); ~ que derjenige, welcher (16.4.)
él er (G 2); de ~ von ihm (G 2)
elaborar ausarbeiten, verarbeiten (28.4.)
elección f Wahl (25.2.)
electoral Wahl... (25.1.)
eléctrico elektrisch, Elektro... (5.4.)
electrotécnico elektrotechnisch (4.4.)
elegir ⟨i⟩ wählen, auswählen (10.2.); ~ diputado zum Abgeordneten wählen (25.4.); ~ presidente zum Präsidenten wählen (G 23)
elemental elementar, Grund... (18.2.)
elevación f Erhöhung (28.4.)
elevado hoch (28.2.)
elevar erhöhen (25.2.)
elevarse sich erheben, emporragen (9.4.); ~ (a) sich belaufen (auf) (12.4.)
ella sie (1.1.); de ~ von ihr (G 2)
ellas: entre ~ unter ihnen (R 1)
ello das, es (22.2.) para ~ dafür (22.2.)
ellos sie (G 2) de ~ von ihnen (G 2)
emancipador Befreiungs... (30.4)
embajada Botschaft, Vertretung (6.2.)
embajador m Botschafter (G 23)
embarcación f Schiff (26.1.)

embocadura Mündung (26.2.)
embutido Wurst (7.4.)
emigrado Emigrant (17.4.)
emigrar auswandern (24.4.)
emoción f Ergriffenheit, Emotion, Bewegung, Rührung (30.2.)
empeñar(se) (en) bestehen (auf), beharren (auf) (27.1.)
empezar (a) ⟨ie⟩ anfangen (zu), beginnen (zu) (9.1.); ∼ a werden (Wetter) (G 30); ∼ por + Inf. zuerst etwas tun (26.1.)
empleado Angestellter (5.4.)
emplear beschäftigen (28.1.); verwenden, gebrauchen (G 29)
empleo Gebrauch (G 7); Anstellung, Arbeit (19.4.)
emprender unternehmen (24.4.)
empresa Unternehmen (30.1.)
empresarial Unternehmer... (25.1.)
emulación f Wettbewerb (27.1.)
en in, an, auf (1.1.); in (im Verlauf von) (16.4.); ∼ que in dem (22.4.); ¿∼ qué ...? in welchem ...? in was für einem ...? (1.4.); ∼ todas partes überall (9.4.)
encabezar anführen (24.4.)
encaminar (a) führen (zu), hinführen (zu) (20.4.)
encantado erfreut, bezaubert, entzückt, sehr erfreut! (1.2.); freudig (15.1.); ∼ (de estar aquí) es freut mich (hier zu sein) (1.2.)
encantador bezaubernd (9.1.)
encantar bezaubern, entzücken (29.2.)
encargado beauftragt (G 28); Verantwortlicher (6.2.)
encargar beauftragen, übertragen (12.2.); ∼ una conferencia ein (Telefon-) Gespräch anmelden (12.2.)
encargarse (de) sich beschäftigen (mit), sich befassen (mit), übernehmen (Besorgung) (6.1.); sich kümmern (um) (16.2.)
encender ⟨ie⟩ anzünden, anmachen (Licht), einschalten (13.1.)
encerado Wandtafel (R 2)
encima (de) oben, oben auf (13.2.)
encomendar ⟨ie⟩ anvertrauen, beauftragen, übergeben, übertragen (29.2.)
encontrar ⟨ue⟩ finden (10.4.); treffen (R 5)
encontrarse ⟨ue⟩ sich treffen (G 9); sich befinden, stehen (20.4.); ∼ situado gelegen sein, liegen, sich befinden (26.4.)
encuentro Treffen, Begegnung (16.1.)
energético Energie..., energetisch (28.4.)
energía Energie (13.4.)
enérgico energisch (24.4.)
enero Januar (R 3)
enfadarse sich ärgern, böse werden (13.1.)
enfermera Krankenschwester (15.2.)
enfermo krank (8.2.)

enfilar aneinanderreihen, auffädeln (25.1.)
enfrascar (en) sich befinden (in), (sich) verwickeln (in) (27.1.)
enfrente gegenüber (23.1.)
enorme groß, ungeheuer, enorm (19.4.)
enriquecer ⟨zc⟩ bereichern (30.4.)
ensalada Salat (7.2.)
ensangrentar beflecken (mit Blut) (30.2.)
enseñanza Unterricht, Ausbildung (18.2.)
enseñar zeigen (5.1.); lehren, unterrichten (28.2.)
ensuciarse sich schmutzig machen (4.1.)
entender ⟨ie⟩ verstehen (G 9)
entendimiento Verständigung, Verständnis (22.2.)
enterarse sich informieren, sich unterrichten, sich Kenntnis verschaffen, erfahren (19.1.)
entero ganz (20.2.)
entonces dann, alsdann (4.1.); damals (16.4.); da, dieses Mal (23.4.); por ∼ damals (25.4.)
entrada Eingang (5.2.); Vorspeise (7.2.); Eintrittskarte (15.2.); Einzug (R 4)
entrado vorgeschritten (16.1.)
entrar eintreten (6.1.)
entre zwischen (3.1.); unter (R 1); geteilt durch (Mathematik) (G 6)
entregar geben, übergeben, aushändigen (6.2.); abgeben (23.1.)
entremés m Vorspeise, Zwischengericht (7.4.)
entretanto inzwischen (18.1.)
entretener ⟨unr.⟩ aufhalten, hinhalten; unterhalten (12.1.)
entrevista Interview (22.2.)
entusiasmo Begeisterung, Enthusiasmus (R 4)
entusiasta begeistert, verzückt (26.2.)
enviar schicken (19.4.)
época Epoche (20.2.); Zeit (27.4.)
equipaje m Gepäck (1.2.)
equipo Ausrüstung (26.1.)
equivocarse sich irren (10.1.)
erigirse sich erheben, emporragen, stehen (30.2.)
error m Irrtum (27.4.)
esa dieser, diese, dieses (2.2.)
ésa dieser, diese, dieses (9.1.)
escala Zwischenlandung (22.1.); Maß, Maßstab (28.4.)
escalera Treppe, (Tritt-) Leiter (13.1.)
escapar fliehen, entkommen (17.4.)
escaparate m Schaufenster (6.4.)
escape m Auspuff (14.2.)
escaso knapp, selten (10.4.)
escena Szene (–)
escenificar inszenieren, durchführen (30.4.)
esclavista Sklaven... (30.4.)
esclavitud f Sklaverei (30.4.)
esclavo Sklave (18.4.)
escoger wählen, auswählen (7.2.)

escolar Schul… (23.2.); ~ *m* Schüler, Schulkind (3.4.); ~ *f* Schülerin (R 1)

escribir schreiben (3.2.); ~**a máquina** mit der Maschine schreiben G28)

escribirse korrespondieren (G 25)

escrito geschrieben (13.1.); **por** ~ schriftlich (18.1.)

escritor *m* Schriftsteller (R 2)

escritorio Schreibtisch (19.1.)

escuchar hören, zuhören (G 8); ~ **la radio** Radio hören (R 2)

escudo Schild (R 4)

escuela Schule (2.1.); (Lehr-) Anstalt (30.2.); ~ **preuniversitaria** Erweiterte Oberschule (18.2.); ~ **primaria** Grundschule (29.1.); ~ **secundaria** Oberschule (29.1.); ~ **superior** Hochschule (18.2.); ~ **técnica** Fachschule (18.2.)

ese dieser, diese, dieses (9.1.)

ése dieser, diese, dieses (9.1.)

esencial wesentlich, hauptsächlich (21.4.)

esforzarse ⟨ue⟩ sich anstrengen, sich bemühen (G 28)

esfuerzo Kraft, Anstrengung (20.2.)

esmerarse (por) sich bemühen (zu) (22.4.)

esmero Sorgfalt, Fleiß (3.4.); **con** ~ sorgfältig, fleißig (3.4.)

eso das, dieses (4.2.); **a** ~ **de** ungefähr, gegen (5.1.); **en** ~ (da) auf einmal (17.2.); **por** ~ deshalb (3.1.)

espacioso groß, geräumig, weit (17.2.)

español spanisch (G 1); ~ *m* das Spanische (1.2.); Spanier (1.4.)

española Spanierin (1.4.); **a la** ~ auf spanisch(e Art) (8.1.)

esparcir ausstreuen, verbreiten (28.4.)

especial speziell, Spezial…, besonderer (10.2.); **en** ~ insbesondere (11.2.)

especialidad *f* Fachgebiet (16.4.)

especialista (en) Fach…, spezialisiert (auf) (18.2.); ~ *m* Spezialist, Fachmann (18.2.)

especie *f* Art, Gattung (26.1.)

espectáculo Theater, Schauspiel, Vorstellung (6.4.); **lugar (*m*) de** ~ (s) Vergnügungsstätte (6.4.)

espera Erwartung (19.1.)

esperar warten, erwarten (1.1.); hoffen (G 14); **espero que** hoffentlich (G 14)

espíritu *m* Geist (15.4.)

esposa Gattin (19.4.)

esquilmación *f* Ausbeutung, Aussaugen (30.4.)

esquina Ecke (9.2.)

esta dieser, diese, dieses (5.2.)

ésta dieser, diese, dieses (9.1.)

establecer ⟨zc⟩ errichten, gründen, begründen (25.4.); einrichten, festsetzen, aufstellen (28.1.); (25.4.) ~ **relaciones** Beziehungen aufnehmen

establecimiento Errichtung, Gründung (15.4.)

estación *f* Station (3.4.); Bahnhof (G 7); ~ **del año** Jahreszeit (10.1.)

estadística Statistik (29.1.)

estado Staat (2.4.); Zustand (18.4.); Stand (29.1.); ~ **de guerra** Kriegszustand (18.4.); ~ **miembro** Mitgliedsstaat (20.2.)

estancado monopolisiert (11.1.)

estancia Aufenthalt (5.2.)

estanco Tabakwarenladen (9.2.)

estaño Zinn (13.4.)

estar ⟨unr.⟩ sein, sich befinden (1.1.); ~ **a …** **km** … km entfernt sein (3.1.); ~ **bañado (por)** grenzen (an ein Meer) (26.4.); ~ **cansado** müde sein, überdrüssig sein, es satt haben (20.1.); ~ **colgado** hängen (12.2.); ~ **curioso (por)** neugierig sein (auf) (21.4.); ~ **de acuerdo** einverstanden sein (7.1.); ~ **de pie** stehen (17.2.); ~ **de prisa** es eilig haben, in Eile sein (1.1.); ~ **de vacaciones** Ferien haben (G 14); ~ **de viaje** auf Reisen sein, verreist sein, unterwegs sein (6.2.); ~ **dispuesto (a)** bereit sein (zu), entschlossen sein (zu), geneigt sein (zu) (25.2.); ~ **empeñado (en)** eifrig sein (zu), beharrlich bestehen (auf) (27.1.); ~ **en +** *Inf.* liegen (in) (22.2.); ~ **en deuda** verschuldet sein (18.4.); ~ **en huelga** streiken (20.1.); ~ **en orden** in Ordnung sein (13.2.); ~ **enfilado (a)** gerichtet sein (auf) (25.1.); ~ **enfrascado (en)** sich befinden (in), verwickelt sein (in), vertieft sein (in) (27.1.); ~ **formado** gebildet sein, − werden (9.4.); ~ **libre** frei sein (5.1.); frei haben (R 1); ~ **por +** *Inf.* gerade etwas tun wollen, im Begriff sein, etwas zu tun (17.2.); müssen, noch zu tun sein (G 30); ~ **programado** vorgesehen sein, geplant sein (11.2.); ~ **resuelto (a)** + *Inf.* entschlossen sein (zu), beschlossen haben (zu) (19.1.); ~ **sentado** sitzen (19.1.); ~ **situado** liegen, sich befinden (2.4.); ~ **sobrentendido** selbstverständlich sein (28.4.); ~ **sometido (a)** unterworfen sein, unterliegen, abhängig sein (von) (10.4.); ~ + *Ger.* dabei sein zu, jetzt etwas tun (1.1.)

estarse quieto sich beruhigen, sich still verhalten, ruhig sein (13.1.)

estatal staatlich (26.4.)

estatua Statue (R 1)

este dieser, diese, dieses (9.1.); ~ *m* Osten (9.4.)

éste dieser, diese, dieses (2.2.)

estilo Stil (21.4.)

estimado geschätzt (8.4.)

estimar schätzen, einschätzen, meinen (22.4.)

esto das, dies, dieses (9.1.)

estos diese (G 6)

estrategia Strategie, Maßnahmen (28.1.)

---

estrecharse sich erstrecken (9.4.); sich zusammenziehen, immer enger werden (G 27)
estrecho eng (27.4.); Meerenge (26.2.)
estrella Stern (24.1.)
estremecer ⟨zc⟩ erschüttern (15.4.)
estricto strikt, streng, genau (20.4.)
estudiante *m* Student (2.1.); ~ *f* Studentin (3.4.); ~ universitario Hochschulstudent (18.2.)
estudiantil studentisch, Studenten... (G 23)
estudiar studieren, lernen, erlernen (2.1.)
estudio Arbeitszimmer (3.4.); ~(s) Studium (G 11)
estudioso wißbegierig, fleißig (27.2.)
estupendo wunderbar, ausgezeichnet (1.2.)
etapa Abschnitt, Etappe (29.2.)
etcétera (etc.) und so weiter (usw.) (4.4.)
étnico ethnisch (30.4.)
eufónico euphonisch, wohlklingend (G 10)
europeo europäisch (10.4.)
evaluar beurteilen, schätzen, einschätzen (29.2.)
evitar verhindern, vermeiden (13.2.)
exacto genau, exakt (13.2.)
exactitud *f* Genauigkeit (G 28)
exagerar übertreiben (4.2.)
examen *m* Prüfung, Examen (18.2.)
excelente ausgezeichnet, wunderbar (1.2.)
excepción *f* Ausnahme (23.4.); a ~ de außer (23.4.)
excepcional außergewöhnlich (27.4.)
exceso Übermaß (23.1.); ~ de equipaje Übergepäck (23.1.)
exclusivamente ausschließlich (14.4.)
excursión *f* Exkursion, Ausflug (11.2.)
excusar entschuldigen (7.1.)
exigencia Forderung (22.2.)
exigir fordern (20.1.)
existir existieren, vorhanden sein (R 1)
éxito Erfolg (16.4.)
exitoso erfolgreich (22.4.)
experiencia Erfahrung (G 18)
experimentar erfahren (18.2.)
experto erfahren, sachkundig (G 26)
explicación *f* Erklärung (8.2.)
explicar erklären (5.2.); erläutern (22.2.)
explorar erforschen (23.4.)
explotación *f* Ausbeutung (30.4.)
explotador *m* Ausbeuter (30.4.)
explotar fördern (13.4.); ausbeuten (23.4.)
exponer ⟨unr.⟩ ausstellen (G 7)
exportación *f* Export, Ausfuhr (11.4.)
exportar exportieren, ausführen (13.4.)
exposición *f* Ausstellung (G 15)
expresar ausdrücken (22.4.)
expreso Schnellzug (19.1.)
expulsión *f* Ausschluß, Vertreibung (25.4.)
extender ⟨ie⟩ ausweiten, ausdehnen, erweitern (20.4.)

extenderse ⟨ie⟩ sich erstrecken, sich ausdehnen (9.4.)
extensión *f* Ausdehnung (12.4.)
extensísimo sehr groß, sehr ausgedehnt (24.4.)
extenso weit, ausgedehnt (9.4.); lang (27.4.)
exterior Außen... (20.2.)
exterminio Ausrottung (30.1.)
extracto Auszug (G 29)
extranjero fremd, ausländisch (2.1.); Ausland (1.1.); Ausländer (10.4.); (en idioma) ~ fremdsprachig (R 2)
extrañar in Erstaunen (ver)setzen, befremden (28.2.)
extraño seltsam (19.2.)
extraordinario außerordentlich (13.4.)
extremo äußerster, letzter (11.4.)

fábrica Fabrik (2.2.); unas cuantas ~ más noch ein paar Fabriken, noch einige Fabriken, weitere Fabriken (28.1.)
fabricación *f* Herstellung, Fabrikation (2.2.)
fabricar bauen, herstellen, fabrizieren (2.2.)
fabril Fabrik... (30.2.)
fácil leicht (2.1.)
facilidad *f* Leichtigkeit, Entgegenkommen, Gefälligkeit, Unterstützung (11.1.)
facilidades *f pl* Erleichterung, Komfort (26.1.)
facilitar erleichtern (28.2.)
factor *m* Faktor (27.4.)
facultad *f* Fakultät (3.4.)
faena harte Arbeit (8.4.)
falda Rock (19.2.)
falta Fehler, Mangel (8.1.); por ~ de aus Mangel an, mangels (23.4.)
fama Ruf, Ansehen (R 5)
familia Familie (1.1.)
familiarizarse (de) sich vertraut machen (mit) (8.1.)
famoso berühmt (8.4.)
fantasía Phantasie (8.4.)
fantástico phantastisch, wunderbar (19.2.)
fascinante faszinierend, bezaubernd (21.4.)
fascismo Faschismus (17.4.)
fascista faschistisch (15.4.)
fatiga Müdigkeit (15.1.)
favor *m* Gefallen, Gunst, Freundlichkeit (1.2.); en ~ de für, zugunsten von (25.4.)
favorable günstig (10.4.)
febrero Februar (R 3)
fecha Datum (R 3)
federación *f* Föderation (25.4.)
feliz glücklich (11.4.)
felizmente glücklicherweise (15.2.)
feo häßlich (19.4.)
feria Messe (19.1.)
férreo eisern, Eisen... (28.4.)

ferrocarriles *m pl* Eisenbahn (19.1.)
fértil fruchtbar (14.4.)
fertilizante *m* Düngemittel (28.4.)
festival *m* Festival (17.2.)
fiel treu (23.2.)
fiesta Fest, Festlichkeit (G 17)
figurar vorkommen, vorhanden sein, eine Rolle spielen (21.4.); ~ **(entre)** zählen (zu) (21.4.)
figurarse sich vorstellen, sich denken (16.1.)
fijo fest, Fest... (11.1.)
fila Reihe (29.2.)
film *m* Film (15.2.)
filmación *f* Verfilmung (15.2.)
filosofía Philosophie (11.2.)
fin *m* Ende, Schluß, Abschluß (13.2.); Zweck, Ziel (30.4.); **al** ~ schließlich, endlich (R 5); **a** ~ **de** + *Inf.* um zu, damit (G 28)
final End..., Schluß... (17.2.); endgültig (30.2.); ~ *m* Ende, Schluß (30.4.)
finalizar beenden (25.1.)
finalmente schließlich, endlich (15.1.)
fines: a ~ **de** Ende ... (18.2.)
finlandés *m* Finne (15.4.)
firmar abschließen, unterzeichnen (G 26)
firme fest (20.4.); **en** ~ kräftig, stark (30.4.)
físico physisch, körperlich (29.1.)
flor *f* Blume (9.1.)
florero Blumenvase (17.1.)
flotilla Flotille (23.4.)
fluvial Fluß... (19.2.)
folleto Broschüre, Flugblatt (16.1.)
forma Form (G 2); Art (24.2.); ~ **durativa** Verlaufsform (G 27)
formación *f* Bildung (G 11); Ausbildung (18.2.); Formation, Formierung (29.1.); ~ **técnica** Berufsausbildung (18.2.)
formado gebildet (17.4.)
formador Bildungs..., Ausbildungs... (30.2.)
formalidad *f* Formalität (3.2.)
formar bilden (G 2); ausbilden (G 30)
formarse sich formieren (29.1.)
formulario Formular (4.1.)
fortalecer ⟨zc⟩ verstärken, erhöhen (27.1.)
fortalecimiento Stärkung, Festigung (20.4.)
fortaleza Festung (26.2.)
fortuna Glück (18.1.); **por** ~ glücklicherweise, zum Glück (18.1.)
fósforo Streichholz (–)
foto *f* Foto, Aufnahme (4.2.)
francés französisch (2.1.); ~ *m* Franzose (15.4.)
franquista Franco... (15.4.)
frase *f* Satz (G 2); Ausspruch, (geflügeltes) Wort (26.2.)
fraternal brüderlich (20.4.)
frecuentar la escuela die Schule besuchen, zur Schule gehen (G 30)
frente (a) gegenüber (15.4.); ~ *m* Front (25.2.)

fresa Erdbeere (27.2.)
fresco frisch (7.4.)
frío kalt (8.4.); Kälte (10.1.)
frito Brat..., gebraten (7.2.)
frontera Grenze (11.4.)
fruta Obst (7.2.); Frucht (14.4.)
frutero Obst..., Frucht... (14.4.)
fruto Frucht (14.4.)
fuente *f* Springbrunnen (14.1.); Quelle (28.4.)
fuera (de) außerhalb (von), außer (18.1.); ~ **de eso** außerdem, sonst (18.1.)
fuerte stark, kräftig (7.4.); groß, umfangreich (8.1.)
fuerza Kraft (15.4.)
fumador *m* Raucher (3.2.)
fumar rauchen (3.2.)
función *f* Vorstellung (Theater, Kino) (15.2.); Funktion (24.2.)
funcional funktional (2.4.)
funcionar funktionieren (13.1.); in Betrieb sein (27.1.); arbeiten, ausüben (Tätigkeit), existieren (30.1.)
fundación *f* Gründung (23.2.)
fundador *m* Gründer (R 1)
fundamental grundlegend (15.4.); Haupt... (22.2.)
fundamentar (en) beruhen (auf), gründen (auf) (20.4.)
fundar gründen (21.4.)
fundición *f* Gießerei(wesen) (13.4.)
fundir schmelzen, verschmelzen (30.4.)
fusible *m* Sicherung (13.2.)
fútbol *m* Fußball (G 23)
futuro zukünftig (16.4.); künftig (22.2.); Futur I, Zukunft (G 21)

gafas *pl* Brille (18.1.)
gallego galizisch (2.4.)
galletita Biskuit, Zwieback (7.4.)
gamba Garnele, Meereskrebs (7.2.)
gana Verlangen, Lust (8.2.)
ganadería Viehzucht (11.4.)
ganado Vieh (14.4.)
ganar gewinnen (25.4.); verdienen (26.1.)
ganarse la vida sich den Lebensunterhalt verdienen (26.1.)
garantizar garantieren (11.1.)
garbanzo Kichererbse (8.4.)
garrafa Karaffe (8.2.)
gas *m* Gas (30.1.); ~ **colectivo** Stadtgas (30.1.)
gasolina Benzin (2.2.)
gastar verbrauchen, ausgeben (2.2.)
gastronomía Gastronomie (7.1.)
gastronómico gastronomisch, Eß... (8.1.)
gazpacho span. Nationalgericht: kalte Suppe, Kaltschale (8.4.)

generación *f* Generation (30.4.)

general allgemein (3.4.); General... (25.4.); en ～ im allgemeinen (8.1.); gewöhnlich (G 9); por lo ～ im allgemeinen (3.4.)

género Gattung, Art, Ware, Artikel (11.1.)

gente *f* Leute (5.4.)

gentil nett (24.1.)

geografía Geographie (25.4.)

geográfico geographisch (4.4.)

gerundio Gerundium (G 27)

gesta Heldentat (30.4.)

gigantesco sehr groß, gigantisch, riesig (19.4.)

gloria Ruhm (15.4.)

gobernador *m* Gouverneur (12.4.)

gobierno Regierung (4.4.)

golfo Golf (8.2.)

golpe *m* Staatsstreich, Putsch; Schlag (25.1.); ～ militar Militärputsch (25.2.)

golpear schlagen, klopfen, pochen (13.2.)

golpista Putschisten... (25.2.)

gota Tropfen (10.2.)

gótico gotisch (21.4.)

gozar (de) genießen (7.1.)

gracias danke (1.1.); ～ (a) dank (14.2.); ～ (por) danke (für) (3.2.)

grado Grad (10.1.); Stufe, Rang, Klasse (18.2.); Maß (25.2.); ～ centígrado Grad Celsius (27.4.)

gráfico graphisch (11.4.)

gramática Grammatik (G 14)

gramatical grammatisch (–)

granada Granatapfel (14.4.)

gran groß (G 2)

grande groß (2.2.)

granja Landgut (30.2.)

granjita kleines Landgut (30.2.)

gratuito kostenlos, gratis, gebührenfrei (18.2.)

grave schwer (23.2.)

griego griechisch (G 6)

gris grau (G 6)

gritar schreien (5.4.)

grupo Gruppe (11.2.)

guardarropa *m* Garderobe (7.1.)

guardar bewahren, aufbewahren, hüten (9.2.); verwahren, pflegen, besitzen (30.2.); ～ cama das Bett hüten, im Bett bleiben (G 30)

guardia *m* Polizist (14.2.)

guerra Krieg (15.2.)

guía *m* (*f*) Führer(in) (17.2.); ～ *f* Stadtführer, Informationsplan, Plan (21.1.); ～ *m* (*f*) Reiseleiter(in), Betreuer(in) (30.1.)

guirnalda Girlande (19.2.)

guisado gekocht (8.4.)

guisar kochen (8.4.)

guitarra Gitarre (G 23)

gustar gefallen (5.2.); zusagen (24.2.); mögen (G 30); ～ + *Inf*. gern etwas tun (R 1)

gusto Gefallen, Vergnügen, Geschmack (1.2.); a su ～ nach (Ihrem) Belieben, wie es Ihnen beliebt, ganz nach Ihrem Geschmack (10.2.); con ～ gern (1.2.); mucho ～ sehr erfreut (1.2.)

gustoso gern, bereitwillig (21.2.)

guturización *f* Gutturalisierung, Kehllautaussprache (G 10)

habanera Havannerin (23.2.)

habanero Havanner (26.2.)

haber 〈*unr.*〉 haben (G 7); ～ (de) müssen, nötig sein (29.4.); sollen (G 30)

habilidad *f* Fähigkeit, Geschicklichkeit, Tüchtigkeit (8.4.)

habitación *f* Zimmer, Wohnung (3.1.)

habitante *m* Einwohner (3.1.)

habitar wohnen, bewohnen (30.1.)

habitual gewöhnlich, gewohnheitsmäßig, Gewohnheits... (29.1.)

habla Sprache, Rede, Unterredung (12.2.); poner al ～ con in Verbindung setzen mit, verbinden (Telefon) (12.2.)

hablar sprechen (1.2.); ～ (de, sobre) sprechen (über, von) (G 1); reden (über, von) (3.1.); ～ por teléfono telefonieren (15.1.)

hace + *Zeitangabe* vor (15.2.); ～ poco vor kurzem (17.2.)

hacer 〈*unr.*〉 machen, tun (4.2.); anfertigen (23.4.); unternehmen (30.2.); ～ + *Inf*. lassen, veranlassen (G 21); ～ buen tiempo gutes, schönes Wetter sein (10.1.); ～ mal tiempo schlechtes Wetter sein (G 10); ～ calor warm sein (10.1.); ～ mucho calor heiß sein (10.1.); ～ de intérprete dolmetschen (G 27); ～ falta nötig sein, brauchen (24.1.); ～ frío kalt sein (10.1.); ～ preguntas Fragen stellen (G 12); ～ recordar erinnern (an) (30.2.); ～reservar bestellen (G 30); ～ señas (con la mano) winken, Zeichen geben (9.1.); ～ sol sonnig sein, die Sonne scheint (G 10); ～ suyo sich zu eigen machen, zu seiner Sache machen (22.4.); ～ el trayecto (a) zu, nach ... fahren (22.1.); ～ 31 grados 31 Grad sein (10.1.)

hacerse 〈*unr.*〉 werden (Beruf) (R 3); entstehen (30.2.); ～ + *Adj*. werden (G 30); ～ agua la boca zusammenlaufen (Wasser im Mund) (9.1.); ～ entender sich verständlich machen (19.4.); ～ una idea sich eine Vorstellung machen (11.2.)

hacia hin zu, gegen (9.4.); nach (23.4.)

haga Ud. el favor (de) bitte (4.2.)

hallar finden (24.4.)

hallarse sich befinden, liegen (4.2.)

hambre *f* Hunger (8.1.)

hasta bis (1.1.); sogar (13.4.); ～ + *Inf*. bis (G 28); ～ que bis daß (22.1.); ～ la vista auf Wiedersehen (6.2.); ～ luego bis dann, auf Wiedersehen, tschüß! (4.1.); ～ pronto bis bald, auf Wiedersehen, tschüß! (1.1.)

hay es gibt (2.2.); ～ **que** man muß, es ist nötig (3.1.)

hazme el favor (de) bitte, tu mir den Gefallen (13.1.)

hecho Tatsache (20.2.); ～ **y derecho** fix und fertig, richtig (18.2.)

hegemonía Hegemonie, Vorherrschaft (29.4.)

heladería Eisfabrik (30.1.)

helado Eis (7.2.)

hemos (*Form von* **haber**) wir haben (16.4.)

herbicida Unkrautvernichtungsmittel, Herbizid (28.4.)

heredar erben (28.4.)

herencia Erbe, Erbschaft (24.2.)

herir ⟨ie/i⟩ verwunden (23.2.)

hermana Schwester (G 7)

hermano Bruder (R 1)

hermanos *pl* Geschwister, Brüder (29.2.)

hermosísimo sehr schön (21.1.)

hermoso schön (2.4.)

héroe *m* Held (R 5)

heroico heroisch, tapfer, heldenhaft (15.4.)

heroismo Heldentum (30.4.)

herramienta Werkzeug (13.2.)

hidráulico hydraulisch (28.4.)

hierro Eisen (11.4.)

hija Tochter (3.4.)

hijo Sohn (3.4.)

hijos *pl* Kinder, Söhne (3.2.)

hispanoamericano Lateinamerikaner (außer Brasilien) (7.4.)

historia Geschichte (G 12)

historiador *m* Historiker (R4)

histórico historisch (4.4.)

hitleriano Hitler... (17.4.)

hogar *m* Heim, Haus, Herd (29.2.)

hoja Blatt (4.1.); ～ **reglamentaria** Anmeldeformular (4.1.); ～ **de tabaco** Tabakblatt (29.1.)

¡hola! hallo! (1.1.)

holandés holländisch (23.4.)

hombre *m* Mann (R 3); Mensch (20.2.)

homenaje *m* Ehrung, Ehre (30.1.); **en** ～ **(de)/(a)** zu Ehren von (30.1.)

honor *m* Ehre (16.4.); **en** ～ **(de)** zu Ehren von (23.4.)

hora Stunde, Zeit, Uhrzeit (3.1.); ～**-pico** *f* Spitzenzeit (19.4.); **a la** ～ **exacta** pünktlich (24.1.); **a la** ～ **precisa** pünktlich (16.1.); **a última** ～ in letzter Minute (23.2.); **¿qué** ～ **es?** wie spät ist es? (G 5); **¿a qué** ～**?** wann? (3.1.)

hormigón *m* Beton (18.2.)

horno Ofen (11.4.); **alto** ～ Hochofen (11.4.)

horror *m* Schrecken, Entsetzen (9.2.); **¡qué** ～**!** wie schrecklich! wie entsetzlich! (9.2.)

hortaliza Gemüse (14.4.)

hospital *m* Krankenhaus (19.4.)

hospitalario gastfreundlich (30.2.)

hospitalidad *f* Gastfreundlichkeit, Gastfreundschaft (23.1.)

hotel *m* Hotel (2.2.)

hoy heute (2.1.); ～ **día** heutzutage (13.4.); ～ **en día** heutzutage (2.1.)

hubo (*Form von* **haber**) es gab (16.1.)

huelga Streik (18.4.)

huelguista *m* Streikender (20.1.)

huelguístico Streik... (20.1.)

huella Spur (30.2.)

huésped *m* Gast (5.1.)

huevo Ei (7.4.)

huir ⟨uy⟩ fliehen, entkommen (R 5)

humanidad *f* Menschheit (22.4.)

humano menschlich (R 3)

humedad *f* Feuchtigkeit (27.4.)

húmedo feucht (27.4.)

humilde demütig, bescheiden, klein, einfach (18.4.)

humo Rauch (28.4.)

húngaro ungarisch (16.2.); Ungar (G 19)

ibérico iberisch (2.4.)

idea Idee, Vorstellung, Gedanke (5.1.)

ideal ideal (10.1.)

identidad *f* Identität, Übereinstimmung, Einheit (30.4.)

identificar feststellen, identifizieren (27.4.)

ideológico ideologisch (29.4.)

idioma *m* Sprache, Fremdsprache (1.4.); **en** ～ **extranjero** fremdsprachig (R 2)

iglesia Kirche (4.4.); ～ **de la Virgen** Marienkirche (G 11)

igual gleich (10.4.); **de** ～ **a** ～ als Gleicher unter Gleichen (30.4.)

igualdad *f* Gleichheit (20.4.)

iluminar beleuchten (17.2.); erhellen (27.1.)

ilustrado illustriert, Ansichts... (3.2.)

imagen *f* Bild, Darstellung (10.4.)

imaginarse sich vorstellen (17.2.)

imitar nachahmen, imitieren (30.2.)

impaciente ungeduldig (G 30)

impedir ⟨i⟩ hindern, verhindern (25.1.)

imperativo Imperativ (G 12)

imperfecto Imperfekt (G 17)

imperialismo Imperialismus (25.1.)

imperialista imperialistisch (25.1.)

implicar bedeuten, mit sich bringen (28.4.)

implícito mit einbegriffen (28.4.)

imponente eindrucksvoll, imposant (6.4.)

importación *f* Import, Einfuhr (13.4.)

importancia Bedeutung (5.4.)

importante bedeutend, wichtig (2.1.); **lo más** ～ das Bedeutendste, das Wichtigste (11.2.)

importar importieren, einführen (2.2.); **no importa** das macht nichts! (3.1.)
imposible unmöglich (16.2.)
impresión *f* Eindruck (6.4.)
impresionado beeindruckt (15.2.)
impresionante eindrucksvoll, beeindruckend (17.2.)
impresionar beeindrucken (15.2.)
imprimir drucken (G 18)
impulsado angetrieben, bewegt (15.4.)
impulso Ansporn, Impuls (25.2.)
inapreciable unschätzbar (15.4.)
inauguración *f* Eröffnung, Einweihung (16.1.)
inaugural Eröffnungs... (18.1.)
inca *m* Inka (23.4.)
incansable unermüdlich (22.4.)
incidente *m* Zwischenfall (18.1.)
inclemente unfreundlich, unzugänglich, unbarmherzig, rauh, hart (27.4.)
incluido eingeschlossen (4.1.)
incluir ⟨uy⟩ einschließen, enthalten (10.2.)
inclusive einschließlich (27.4.)
incluso *Adv.* sogar, einschließlich (27.4.)
incomparable unvergleichlich (17.2.)
inconfundible unverwechselbar (28.4.)
inconveniente *m* Hindernis, Unannehmlichkeit, Schwierigkeit (14.2.)
incorporación *f* (a) Vereinigung (mit), Mitwirkung (bei), Einreihung (in), Aufnahme (in) (29.4.)
incorporado eingegliedert (17.4.)
incorporarse (a) sich beteiligen (an), sich eingliedern, sich einreihen, sich anschließen (an), eintreten (in) (29.2.)
incrementar zunehmen, anwachsen, verstärken (25.2.)
incremento Aufschwung, Zuwachs (13.4.); Wachstum, Anstieg, Anwachsen, Zunahme (27.1.)
independencia Unabhängigkeit (16.4.)
independiente unabhängig (12.4.)
indeterminado unbestimmt (G 23)
indicación *f* Angabe, Aufschrift, Hinweis (10.2.)
indicado geeignet, passend (22.4.)
indicar angeben, beschreiben (5.1.); zeigen, anzeigen (14.1.)
índice *m* Inhaltsverzeichnis (−)
indígena eingeboren, einheimisch, Eingeborenen... (30.1.); ∼ *m* Ureinwohner, Eingeborener (23.4.)
indio Indio, Indianer (R 2); Inder (23.4.)
indirecto indirekt (G 24)
indisoluble unauflösbar, unauflöslich (30.4.)
individual individuell, Einzel... (4.1.)
industria Industrie (4.4.); ∼ **básica** Grundstoffindustrie (25.4.); ∼ **ligera** Leichtindustrie (28.1.); ∼ **pesada** Schwerindustrie (13.4.);

∼ **transformadora** verarbeitende Industrie (13.4.)
industrial Industrie..., industriell (4.4.)
industrialización *f* Industrialisierung (13.4.)
industrializar industrialisieren (28.1.)
infantil Kinder..., kindlich (28.2.); **círculo** ∼ Kindergarten, Kindertagesstätte (28.2.)
inferioridad *f* Unterlegenheit (15.4.)
infierno Hölle, Inferno (10.4.)
infinitivo Infinitiv (G 4); ∼ **adverbial** adverbialer Infinitiv (G 4); ∼ **subordinado** Infinitivanschluß (G 28)
infinitum : ad ∼ und so weiter, und so fort; bis ins Unendliche, bis ins Grenzenlose (28.4.)
influencia Einfluß (10.4.)
influir ⟨uy⟩ beeinflussen (G 10)
influyente einflußreich (R 3)
información *f* Information, Auskunft (3.2.)
informar informieren, unterrichten (11.1.); benachrichtigen (R 5); bekanntgeben, anzeigen, melden (29.1.)
informarse sich erkundigen (G 4); ∼ **(de)** sich informieren (über) (4.1.)
informativo informativ (18.1.)
informe *m* Bericht, Vortrag (mündlich) (20.1.); Auskunft (R 5)
infrahumano elend, menschenunwürdig (26.1.)
ingeniería (civil) Ingenieurwesen (18.2.)
ingeniero Ingenieur (R 1)
inglés englisch (2.1.); ∼ *m* Engländer (15.4.)
ingrediente *m* Bestandteil, Zutat (8.4.)
ingresar (en) eintreten (in) (R 3); ∼ **en la universidad** das Studium an der Universität aufnehmen (G 24)
ingreso Eintritt, Aufnahme, Zulassung (18.2.); Lieferung, Zugang (30.4.)
inhumano unmenschlich (19.4.)
iniciado begonnen, eingeleitet (15.4.)
iniciar einleiten, beginnen (16.4.)
iniciativa Initiative (20.2.)
injusto ungerecht (14.4.)
inmediatamente sofort, sogleich (13.2.); gleich (G 28); unmittelbar darauf (30.1.)
inmediato sofort, sofortig, unmittelbar (30.1.)
inmenso unermeßlich (17.2.)
innumerable unzählig (5.4.)
inolvidable unvergeßlich (17.2.)
insalubre ungesund (26.1.)
insalvable unrettbar, unlösbar (30.4.)
inscribirse sich einschreiben (4.1.)
inscripción *f* Aufschrift, Inschrift (R 1)
instalación *f* Errichtung, Einsetzung (25.1.); Einrichtung (28.4.); Anlage (30.2.)
instalar einrichten, errichten, installieren (26.1.)
instante *m* Augenblick (17.2.); Zeitpunkt (29.2.); **al** ∼ augenblicklich (17.2.)
institución *f* Institution (4.4.)

instituto Institut (1.1.); ~ **preuniversitario** erweiterte Oberschule (29.1.)

instrucción *f* Bildung, Schulbildung, Ausbildung (24.2.)

instrumento Instrument, Gerät (28.4.)

insular Insel... (12.4.)

insurgencia Erhebung, Aufstand (30.4.)

insurrección *f* Aufstand, Erhebung (30.2.)

integración *f* Integration (20.4.)

integral vollständig, komplett (26.1.)

integrante wesentlich, integrierend (20.4.)

integrar ausmachen, bilden (25.4.)

intelectual intellektuell (29.4.); ~ *m* Intellektueller (17.4.)

inteligente klug, intelligent (13.1.)

intención *f* Absicht (6.2.)

intensificar intensivieren (22.2.)

intensivo intensiv, verstärkend (27.2.)

intenso dicht, stark, intensiv, heftig (3.1.)

intentar versuchen (24.2.)

interés *m* Interesse (8.1.); **tener** ~ **(por)** Interesse haben (an) (8.1.)

interesante interessant (2.1.)

interesantísimo äußerst interessant (15.2.)

interesar interessieren (8.1.)

interesarse (por) sich interessieren (für) (G 14)

interior *m* Inneres (8.2.)

internacional international (2.2.); ~ *f* Internationale (15.4.)

internacionalismo Internationalismus (15.4.)

internado Internat, Heim (G 16); ~ **de estudiantes** Studentenheim (G 23)

interno innere, intern (22.2.); Innen..., im Inland (25.1.)

interpretar spielen, darstellen, interpretieren (15.2.)

intérprete *m* Dolmetscher (2.1.); ~ *f* Dolmetscherin (R 2)

interrogativo Frage..., interrogativ (G 6)

interrupción *f* Unterbrechung (14.2.); **sin** ~ ununterbrochen, unaufhörlich (14.2.)

interruptor *m* Schalter (13.1.)

intervención *f* Intervention (25.1.)

introducir ⟨zc⟩ hineinstecken, einführen (12.1.)

inversión *f* Kapitalanlage, Investition (13.4.)

invertir ⟨ie/i⟩ investieren (24.4.)

invierno Winter (10.1.)

invitación *f* Einladung (5.1.)

invitado Gast (5.1.)

invitar einladen (5.1.); ~ **a comer** zum Essen einladen (G 22)

ir (a) ⟨unr.⟩ fahren, gehen, sich begeben (nach, zu) (2.2.); ~ **a la escuela** zur Schule gehen (3.4.); ~ **a una escuela** eine Schule besuchen (3.4.); ~ + *Ger.* weiter etwas tun (13.4.); allmählich, nach und nach etwas tun (24.4.); immer mehr etwas tun (G 27); ~ **a** + *Inf.*

gleich etwas tun (3.1.); ~ **a dormir** schlafen gehen (G 28); ~ **a ver** besuchen (G 14); ~ **a cama** ins (zu) Bett gehen (R 1); schlafengehen (G 28); ~ **a casa** nach Hause gehen (G 4); ~ **a pie** zu Fuß gehen (14.1.); ~ **de compras** einkaufen (gehen) (5.4.); ~ **de paseo** spazieren gehen (G 18); ~ **de vacaciones** in die Ferien fahren (19.1.); ~ **derecho** geradeaus gehen, fahren (14.1.); ~ **en coche** mit dem Wagen fahren, im Wagen fahren (G 2); ~ **encaminado (a)** gerichtet sein (auf) (20.4.)

irse ⟨*unr.*⟩ **(de casa)** (von Zuhause) weggehen (G 5)

irlandés *m* Ire (15.4.)

irregular unregelmäßig (G 12)

irregularidad *f* Unregelmäßigkeit (27.4.)

irrigación *f* Bewässerung (28.4.)

isla Insel (2.4.)

isleño Insel... (26.4.)

isleta Inselchen, kleine Insel (27.4.)

italiano italienisch (23.4.); Italiener (15.4.)

izquierda Linke (25.2.); **a la** ~ links (5.2.)

jabón *m* Seife (6.1.)

jamás nie, niemals, je, jemals (R 3)

jamón *m* Schinken (7.4.)

jardín *m* Garten (4.4.)

jardines públicos Parkanlagen (G 23)

jefe *m* Chef (23.2.); **en** ~ Chef... (23.2.)

jornada Arbeitstag, Tagewerk (18.4.); ~ **de trabajo** (tägliche) Arbeitszeit (18.4.)

jornalero Tagelöhner (24.4.)

joven jung (9.1.); ~ *m* Jugendlicher, junger Mann (G 13); ~ *f* junges Mädchen (15.1.)

jubiloso fröhlich, rauschend, jubilierend (30.2.)

jueves *m* Donnerstag (G 10)

jugar ⟨ue⟩ spielen (G 9); ~ **a la pelota** Pelota spielen (G 23); ~ **al fútbol** Fußball spielen (G 23); ~ **al tenis** Tennis spielen (G 23)

jugo Saft (7.2.)

julio Juli (15.4.)

junio Juni (R 3)

junta Rat, Ausschuß, Versammlung, Junta (15.4.); Kommission (25.1.)

junto (a) bei, neben (6.1.); mit (15.4.); ~ **(con)** zusammen (mit), zugleich (mit) (17.2.)

juntos zusammen (15.1.)

jurar schwören (R 5)

justamente gerade (25.2.)

justo genau, richtig (25.2.)

juventud *f* Jugend (R 3)

juzgar urteilen (22.4.)

kilómetro Kilometer (3.1.)

la der, die, das (1.1.); sie (5.1.); Sie, Ihnen (5.2.); ~ **que** diejenige, welche (17.4.)

labor *f* Arbeit (16.4.)

laboral Arbeits... (27.1.)

laborioso arbeitsam, emsig, fleißig (11.4.)

labrador *m* Landarbeiter (24.4.)

lado Seite (7.1.); **al** ~ **de** neben (7.1.)

lago See (14.2.)

lamentar bedauern, beklagen (11.1.)

langostino Garnele (7.2.)

lanzar werfen, schleudern (30.1.); ~ **una idea** eine Idee vortragen, in Umlauf bringen (30.1.)

lápiz *m* Bleistift (R 2)

largo lang (7.2.); Länge (4.4.); **a lo ~ de** längs (4.4.); **a lo ~ de 4 siglos** im Verlauf von 4 Jahrhunderten, 4 Jahrhunderte hindurch (28.4.)

las die (1.2.); sie (5.1.); ~ **(de)** die(jenigen) (von) (14.4.); ~ **más** die meisten (G 11)

lástima Bedauern, Mitleid (7.1.); ¡**qué** ~! schade, wie schade! (6.2.); **es** ~ **que** es ist schade, daß (14.1.); **es una** ~ **que** es ist schade, daß (21.1.)

lateral Seiten... (4.1.); Neben... (6.2.)

latifundio Großgrundbesitz (24.4.)

latifundista *m* Großgrundbesitzer (14.4.)

látigo Peitsche (30.4.)

latino lateinisch (2.4.); Latein... (R 3)

latinoamericano lateinamerikanisch (15.4.); Lateinamerikaner (G 14)

lavabo Waschraum (4.1.)

lavarse sich waschen (4.1.)

le ihm, ihr (5.1.); Ihnen (5.2.)

lección *f* Lektion (1.1.); (Unterrichts-) Stunde, Unterricht (R 2)

lector *m* Leser (22.2.)

lectura Lektüre (G 2)

leche *f* Milch (7.4.)

lechero Milch ... (27.1.)

leer ⟨ey⟩ lesen (3.1.); vorlesen (G 28)

legumbre *f* Gemüse (7.4.)

lejos (de) weit entfernt (von) (2.2.)

lengua Sprache (2.1.)

lento langsam (12.2.)

les ihnen, Ihnen (G 5)

letra Buchstabe (R 2)

letrero Aufschrift, Schild (21.1.)

levantar erheben (22.4.); bauen, erbauen, errichten (27.1.)

levantarse aufstehen (6.1.); sich erheben, sich hervorheben (27.4.)

liberación *f* Befreiung (20.4.)

liberar befreien (20.4.)

libertad *f* Freiheit (16.4.)

libertador *m* Befreier (R 5)

libertar befreien (R 5)

libertario Freiheits..., Befreiungs... (30.4.)

libre frei (5.1.)

librería Buchhandlung (3.2.)

libreta (de apuntes) Notizbuch, Notizblock, Merkbuch (21.2.)

librito Büchlein, kleines Buch (10.2.)

libro Buch (R 1); ~ **técnico** Fachbuch (24.2.)

licor *m* Likör (7.2.)

líder *m* Führer (25.4.)

ligero leicht (7.4.); Leicht... (28.1.)

limitación *f* Begrenzung, Beschränkung (20.2.)

límite *m* Grenze (29.2.)

limón *m* Zitrone (11.4.)

limonada (Zitronen-) Limonade (8.2.)

limpiabotas *m pl* Schuhputzer (5.4.)

limpiar säubern, reinigen, putzen (R 2)

limpieza Sauberkeit, Reinigung (29.1.)

lindo hübsch, nett (30.2.)

línea Linie (5.4.)

lingüístico sprachlich, Sprach... (18.1.)

lisonjear schmeicheln (9.2.)

lista Liste (7.2.); ~ **de espera** Warteliste (22.1.); ~ **de platos** Speisekarte (7.2.); ~ **de vinos** Weinkarte (8.2.)

listo bereit, fertig (1.2.); ~ **para ser habitado** bezugsfertig (30.1.)

literatura Literatur (8.4.)

litoral *m* Küstengebiet (30.4.)

litro Liter (2.2.)

lo das (3.4.); ihn, sie (5.1.); es (5.2.); ~ **que** das, was (7.2.); **de** ~ **que** als (23.4.)

local örtlich (12.2.); ~ *m* Lokal, Raum, Stätte (6.4.); Ort, Platz, Stelle (30.2.); ~ **de espectáculos** Vergnügungsstätte (6.4.)

locales *m pl* Räumlichkeiten (6.4.)

localizar lokalisieren, ausfindig machen (16.1.)

loco verrückt (17.2.)

locomotora Lokomotive (28.4.)

lograr erreichen, bekommen (24.4.); ~ + *Inf.* gelingen (16.4.)

logro Erfolg, Gelingen, Errungenschaft (29.4.)

longitud *f* Länge (9.4.)

los die (1.2.); sie (5.2.); ~ **(de)** die(jenigen) (von) (18.2.); ~ **más rápidos** die schnellsten (5.4.); ~ **que** die(jenigen), welche (6.4.); **con** ~ mit denen (20.4.); **de** ~ von denen (24.4.)

losa Grabstein, Steinplatte (30.2.)

lotería Lotterie (5.4.)

lucha Kampf (13.4.)

luchador *m* Kämpfer (R 5)

luchar kämpfen (15.4.); ~ **(por)** kämpfen (für) (25.4.)

luego dann, nachher (4.1.); **desde** ~ selbstverständlich, natürlich (4.1.); **hasta** ~ bis dann, auf Wiedersehen, tschüß! (4.1.)

lugar *m* Ort, Platz (4.2.); Stelle (8.4.); Wohnort, Dorf (26.1.); ~ **atractivo** Sehenswürdigkeit (4.2.); ~ **de interés turístico** Sehenswürdig-

keit (21.1.); **en primer** ~ erstens, an erster Stelle, zuerst (8.4.)
lujo Luxus (6.4.)
luminoso Leucht..., leuchtend (6.4.); **propaganda luminosa** Leuchtreklame (6.4.)
lunes *m* Montag (G 10)
luz *f* Licht (6.4.); Lampe (27.1.)

llamada Anruf, Gespräch (Telefon) (6.2.)
llamado sogenannt (27.1.)
llamamiento Aufruf (20.1.)
llamar rufen (5.2.); nennen (14.2.); aufrufen (20.2.); ~ **la atención** die Aufmerksamkeit auf sich lenken (6.4.); ~ **por teléfono** anrufen (G 5)
llamarse heißen (4.1.)
llanura Ebene (9.4.)
llave *f* Schlüssel (4.2.)
llegada Ankunft (1.4.)
llegar kommen, ankommen (1.4.); eintreffen (16.1.); werden (Jahreszeit) (G 30); ~ **a casa** nach Hause kommen, zu Hause ankommen (G 5); ~ **a** + *Inf.* gelingen (27.2.); ~ **a conocer** kennenlernen (G 14); ~ **a saber** erfahren (23.4.); ~ **a ser** werden (28.2.)
llenar füllen, ausfüllen (4.1.)
lleno voll, besetzt (5.4.); ~ **(de)** voll (von) (19.2.)
llevar (consigo) mitnehmen (6.1.); tragen, bringen, mitbringen (G 20); bei sich haben, tragen, mit sich führen (23.1.); ~ + *Zeitangabe* verbringen (Zeit), zubringen (24.1.); ~ + *Zeitangabe* + *Ger.* seit einiger Zeit etwas tun (24.1.); ~ **a cabo** durchführen, zu Ende führen, zum (Ab-)Schluß bringen, beenden (G 26); ~ **a la práctica** in die Praxis umsetzen, überführen (20.4.); ~ **implícito** mit sich bringen, erforderlich machen (28.4.); ~ **el nombre** den Namen tragen, den Namen erwerben, erlangen (R 5); ~ **una vida sana** ein gesundes Leben führen (G 18)
llover ⟨ue⟩ regnen (10.1.)
lluvia Regen (10.4.)
lluvioso regnerisch (27.4.)

machete *m* Haumesser, Machete (28.4.)
machetero Schnitter (28.4.)
madera Holz (R 2)
madre *f* Mutter (3.4.)
madrileño Madrid... (6.4.); Madrider (2.1.)
madrugada Morgendämmerung (16.2.)
madurez *f* Reife (29.4.)
maestra Lehrerin (G 2)
maestro Lehrer (2.1.); Meister, Lehrmeister (13.2.)
magnífico wunderbar (4.4.)

magnitud *f* Bedeutung, Tragweite (25.1.)
maíz *m* Mais (14.4.)
mal *Adj.* schlecht (G 2); ~ *Adv.* schlecht (G 11) ~ *m* Übel, Leid, Schaden, Mißgeschick (16.2.)
maldito verflucht, elend (26.1.)
maleta Koffer (1.2.)
maletero Kofferraum (2.2.)
malo schlecht, schlimm (G 2)
manchego aus der Mancha stammend, Mancha-Käse (8.2.)
mandar schicken, senden (4.2.); befehlen, gebieten, veranlassen (R 4); ~ **a** + *Inf.* schicken; senden, um etwas zu tun (6.1.)
mandarina Mandarine (14.4.)
manera Art und Weise (7.4.); **de** ~ **que** so daß (G 25); **¿ de qué** ~**?** wie?, auf welche Art und Weise? (20.2.)
manganeso Mangan(erz) (13.4.)
manifestarse ⟨ie⟩ sich zeigen (16.4.)
mano *f* Hand (4.1.); ~ **de obra** Arbeitskräfte (29.1.)
mantener ⟨unr.⟩ erhalten, bewahren (22.2.); unterhalten, aufrechterhalten (24.2.); in Gang halten, betreiben (28.1.)
mantenimiento Unterhalt, Erhaltung, Aufrechterhaltung (29.1.)
mantequilla Butter (7.4.)
manual manuell, Hand... (24.4.); ~ *m* Handbuch (–)
manzana Apfel (9.2.)
mañana morgen (5.1.); Morgen, Vormittag (3.4.); **esta** ~ heute morgen (G 24); **por la** ~ morgens, am Morgen (R 1); früh (12.1.); vormittags, am Vormittag (R 3)
mapa *m* Landkarte (23.4.)
máquina Maschine (G 26); ~ **-herramienta** Werkzeugmaschine (28.4.)
maquinaria maschinelle Ausrüstung, Maschinen, Maschinenbau (4.4.)
mar *m/f* Meer (2.4.); See (G 16)
Mar Báltico Ostsee (G 16)
maravilla Wunder (29.2.)
maravillas: a las mil ~ wunderbar, herrlich (29.2.)
maravilloso wunderbar (17.1.)
marca (Fabrik-) Marke (9.1.)
marcar wählen (Nummer), bezeichnen, kennzeichnen, markieren (12.1.)
marcha Marsch, Gang (26.2.); **¡en** ~**!** los! (26.2.)
marchar laufen, schreiten, marschieren, gehen (R 4)
marcharse (weg)gehen, (weg)fahren (4.2.); ~ **a casa** nach Hause gehen (laufen) (13.2.)
marchitarse verblühen (9.1.)
margen *m* Spielraum, Überhang (25.4.)
marido Ehemann (3.2.)

marina Marine (25.4.)
marinero Matrose (23.4.)
marino Seemann (R 3)
marisco Seemuschel (8.2.)
marítimo Meer..., maritim (10.4.)
martes *m* Dienstag (G 10)
mártir *m* Märtyrer, Held (30.1.)
marxismo-leninismo Marxismus-Leninismus (R 1)
marxista-leninista marxistisch-leninistisch (11.2.)
marzo März (R 3)
más plus (G 3); ~ y ~ immer mehr (14.2.); ~ **(de)** mehr (als) (2.1.); ~ **de una semana** länger als eine Woche (4.1.); ~ ... **que** mehr ... als (5.4.); **la** ~ **grande** die größte (6.4.); **los** ~ die meisten (G 26); ~ **tiempo** länger (G 16)
masa Masse (25.2.)
masivo umfangreich, massiv (25.2.)
matancero Matanzer..., von Matanzas (30.1.)
materia Stoff, Materie (8.4.); ~ **prima** Rohstoff, Grundstoff (8.4.)
material materiell (22.2.)
materiales *m pl* Materialien, Unterlagen (18.1.)
matrícula (Gesamt-)Schülerzahl, Verzeichnis, Register (29.1.)
matrimonio Ehepaar (9.1.); Ehe (25.4.)
máximo *m* maximal, Höchst... (10.4.)
mayo Mai (R 3)
mayor älter (3.4.); größer (7.4.); größter (R 4); höchster (25.2.); ~ *m* Älterer, Erwachsener (R 2); **el** ~ **número posible** die größtmögliche (An-)Zahl, so viel wie möglich (24.2.)
mayoría Mehrheit (6.4.); **la** ~ die meisten (G 26)
mayoritario Mehrheits... (25.2.)
mayúscula Großbuchstabe (G 6)
me mir (3.2.); mich (4.1.)
mecánica Maschinenbau, Mechanik (13.4.)
mecanismo Mechanismus (25.1.)
mecanización *f* Mechanisierung (28.4.)
mecanizar mechanisieren (28.2.)
mediados: a ~ **de** Mitte ... (18.2.)
medianoche *f* Mitternacht (21.4.)
médica Ärztin (3.4.)
medicina Medizin (3.4.)
médico medizinisch (25.4.); Arzt (G 15)
medida Maß, Maßnahme (17.4.); **a la** ~ **que** in dem Maße, wie (17.4.)
medio Durchschnitts..., mittlerer, halb (2.2.); Mittel (3.1.); Mitte (R 4); ~ **de producción** Produktionsmittel (13.4.); **en** ~ **de** mitten in, inmitten (R 4)
mediodía *m* Mittag (5.1.); **a** ~ zu Mittag, am Mittag, mittags (8.1.)
medir ⟨i⟩ messen (10.1.)
mediterráneo mittelländisch (10.4.)
Mediterráneo Mittelmeer (9.4.)

mejicano mexikanisch (R 2); Mexikaner (15.4.)
mejor bester, besserer (6.4.)
mejoramiento Verbesserung (27.1.)
mejorar bessern, gesund werden (24.1.); verbessern (27.1.)
melocotón *m* Pfirsich (14.4.)
melón *m* Melone (14.4.); ~ **de agua** Wassermelone (14.4.)
memoria Erinnerung, Andenken (25.2.)
mencionar erwähnen (8.4.); nennen, anführen (20.2.)
mendigo Bettler (6.4.)
menor kleiner, jünger (3.4.); geringster, geringerer (27.2.)
menos weniger, minus (G 3); ~ **mal** glücklicherweise (14.2.); ~ ... **que** weniger ... als (G 11)
mensual monatlich (18.4.)
menú *m* Speisekarte, Gedeck (7.2.); Menü, Speisefolge (R 2)
menudo: a ~ oft (8.2.)
mercado Markt (19.2.)
mercurio Quecksilber (13.4.)
meridional Süd..., südlich (14.4.)
merienda Vesper (7.4.)
mermelada Marmelade (7.4.)
mes *m* Monat (10.4.)
mesa Tisch (5.2.)
mesita Tischchen, kleiner Tisch (7.1.)
meta Ziel (16.4.)
metal *m* Metall (25.1.)
metalurgia Metallurgie (13.4.)
metalúrgico metallurgisch (R 1)
meteorológico Wetter..., meteorologisch (21.1.)
meter (hinein)setzen, -stellen, -legen (5.2.); hineinstecken (12.1.)
método Methode (18.1.)
metro U-Bahn (3.1.); Meter (4.4.)
metrópoli *f* Großstadt, Metropole, Hauptstadt (26.2.)
metropolitáneo U-Bahn (5.4.)
metropolitano hauptstädtisch (26.4.)
mexicano mexikanisch (26.4.)
mi mein(e) (2.1.)
mí (betont) mir, mich (3.4.)
microbrigada Kleinbrigade (30.1.)
miembro Mitglied (12.4.)
mientras (que) während (24.4.)
miércoles *m* Mittwoch (G 10)
mil tausend (2.1.); ~ *m* Tausender (5.4.)
milímetro Millimeter (27.4.)
militante *m* Kämpfer, (aktives) Mitglied (29.2.)
militar militärisch (15.4.); Militär ... (25.4.); kämpfen (29.2.); ~ *m* Militär, Soldat (25.2.)
milla Meile (23.4.)
millar *m* Tausend (G 26)
millón *m* Million (4.4.)
millones: mil ~ Milliarde (G 6)

---

millonario Millionär (9.2.)

mina Grube, Mine, Bergwerk (11.4.)

mineral Mineral... (7.2.); Erz..., Gestein... (13.4.)

minería Erzbergbau (13.4.)

minero Bergarbeiter... (18.4.); Bergmann (18.4.)

minibrigada Kleinbrigade (28.2.)

mínimo minimal (10.4.); kleinster, sehr klein (15.1.)

ministerio Ministerium (4.4.)

ministro Minister (30.1.)

minoría Minderheit (11.4.)

minúscula Kleinbuchstabe (G 6)

minúsculo winzig, klein (12.4.)

minuto Minute (3.1.)

mío meiner (9.1.)

mirar ansehen (4.2.); betrachten (G 8); schauen (12.2.); ∼ la televisión fernsehen (15.1.)

miserable elend (6.4.)

miseria Elend (18.4.)

mísero elend, unglücklich (18.4.)

misión f Mission (1.4.)

mismo gleich (4.1.); selbst, selber (13.1.); derselbe (13.2.); ahora ∼ jetzt gleich, sogleich (6.1.); por sí ∼ durch sich selbst (18.4.)

mitad f Hälfte (14.4.)

modelo Modell, Typ (2.2.)

modernísimo hochmodern (30.2.)

moderno modern (1.4.)

modesto bescheiden, klein (4.4.)

modo Art und Weise (3.2.); de ∼ que so daß (G 25); de ningún ∼ überhaupt nicht, durchaus nicht, keineswegs (3.2.)

moldear gestalten, formen, modellieren (30.1.)

molestar belästigen, stören (12.1.); bemühen, Umstände machen (21.2.)

molestia Belästigung (12.1.)

momentito Momentchen, (ein kleiner) Augenblick (12.2.)

momento Augenblick (4.1.)

monarquía Monarchie (12.4.)

moneda Münze (12.1.)

monocultivo Monokultur (24.4.)

monopolio Monopol (11.1.)

monopolizado monopolisiert (11.1.)

montaje m Montage, Bau, Aufbau (28.1.)

montaña Gebirge, Berg (9.4.)

montañoso gebirgig, bergig (9.4.)

montar montieren (27.1.)

monte m Berg (9.4.)

monumental monumental (21.4.)

monumento Denkmal (4.4.)

moral moralisch (17.4.)

morir ⟨ue/u⟩ sterben (R 3)

morirse ⟨ue/u⟩ umkommen (17.1.); ∼ de sed vor Durst umkommen, sterben (17.1.)

moro Maure (9.2.)

mortal sterblich (19.2.)

mostrar ⟨ue⟩ zeigen (9.2.)

motivo Anlaß, Motiv, Beweggrund (16.4.); con ∼ de anläßlich (16.4.)

movilizar mobilisieren (15.4.)

movimiento Bewegung (6.4.)

mozo Diener, Bursche (4.2.); Kellner (16.2.)

muchacha Mädchen (17.2.)

muchacho Junge, Bursche, junger Mann (13.2.)

muchedumbre f Menschenmenge (17.2.)

muchísimo sehr viel, außerordentlich (8.1.)

mucho viel (1.2.); ∼ gusto sehr erfreut (1.2.); ∼ más tiempo viel länger (G 16)

muerte f Tod (15.4.)

muerto Toter (25.2.); ∼ -de-hambre m Hungerleider, Verhungerter (26.1.)

mujer f Frau (3.2.)

mulatización f Mulattisierung (30.4.)

multifacético vielfältig (22.2.)

múltiple zahlreich, vielfach, vielfältig (30.4.)

multitud f Menge (24.4.)

mundial Welt... (14.4.)

mundo Welt (5.4.)

muralla Mauer (21.4.)

museo Museum (4.4.)

música Musik (8.1.)

mutuo gegenseitig (20.4.)

muy sehr (1.1.)

nacer ⟨zc⟩ geboren werden, entstehen (15.4.); hervorgehen (25.4.)

nación f Nation (17.4.)

nacional national (3.1.); Staats... (R 1)

nacionalidad f Nationalität (2.1.)

nacionalización f Verstaatlichung, Nationalisierung (25.1.)

nacionalizar nationalisieren, verstaatlichen (25.1.)

nada nichts (4.2.); de ∼ keine Ursache, gern geschehen (5.2.)

nadar schwimmen (G 18)

nadie niemand (16.1.)

naranja Apfelsine (11.4.)

naranjada Apfelsinensaft, -limonade (8.1.)

nata Schlagsahne (27.2.)

natural Natur..., natürlich (4.4.)

naturaleza Natur (G 26)

naturalmente natürlich, aber ja (7.1.)

naval Schiffs... (13.4.)

nave f (Werk-, Fabrik-) Halle (28.4.)

necesario notwendig, nötig (2.1.)

necesidad f Notwendigkeit, Bedürfnis (28.2.)

necesitar benötigen, brauchen (3.2.)

negrito Kosename für: Schwarzer, Neger (30.4.)

negro schwarz (G 6)

neocolonial neokolonialistisch (30.4.)

nervioso nervös (19.1.)

nevado verschneit (9.4.)

nevar ⟨ie⟩ schneien (9.4.)

nevera Kühlschrank, Eisschrank (27.2.)

ni auch nicht, nicht einmal (30.1.)

ningún kein(er) (3.2.); **de ~ modo** überhaupt nicht (3.2.)

ninguno kein(er) (3.2.), niemand (–)

niña Kind, kleines Mädchen (8.2.)

niñez *f* Kindheit (R 3)

niño Kind, kleiner Junge (8.2.)

no nein (1.1.); nicht, kein (1.2.); **~ hace falta** das ist nicht nötig (8.1.); **~ hay de qué** keine Ursache! (3.2.); **~ ... más que** nichts mehr zu ... (18.4.); nichts weiter als ... (23.1.); **~ ... nada** nichts (16.2.); **~ ... ni ... ni** weder ... noch (1.4.); **~ ... sino** erst (16.2.); nur (24.4.); **~ solamente ... sino también** nicht nur ... sondern auch (8.4.)

no-alineado nichtpaktgebunden (20.4.)

No-Do *m* spanische Wochenschau (15.2.)

no-ingerencia Nichteinmischung (22.2.)

no-intervención *f* Nichteinmischung (20.4.)

nocturno Abend... (2.1.); nächtlich, Nacht... (6.4.)

noche *f* Nacht (3.4.); Abend (7.4.); **de ~** nachts, bei Nacht, (17.2.); **en la ~** abends, am Abend (7.4.); **esta ~** heute Abend, heute Nacht (24.1.); **por la ~** abends, am Abend, (5.1.)

nombrar ernennen (G 23); **~ embajador** zum Botschafter ernennen (G 23)

nombre *m* Vorname (2.4.); Name (8.4.)

nominar nominieren (25.4.); **~ candidato** als Kandidat aufstellen (25.4.)

nono neunter (24.2.)

noreste *m* Nordosten (11.4.)

norma Norm (29.1.)

normal normal (16.4.)

noroeste *m* Nordwesten (10.1.)

norte *m* Norden (4.4.); Nord ... (30.2.)

norteamericano nordamerikanisch (15.2.); Nordamerikaner (15.4.)

noruego Norweger (15.4.)

nos uns (4.1.)

nosotros uns (5.1.); wir (G 8)

nota Notiz, Anmerkung (18.4.)

noticia Nachricht (3.1.)

noticiario Wochenschau (15.2.)

novecientos neunhundert (G 6)

novela Roman (15.2.)

noventa neunzig (G 4)

noviembre *m* November (R 3)

nube *f* Wolke (10.1.)

nubes: sin ~ wolkenlos (10.1.)

núcleo Kern (17.4.)

nuestro unser (2.1.; G 9)

nueve neun (2.1.)

nuevo neu (3.4.); **de ~** erneut, wieder (25.4.)

número Zahl, Anzahl (2.1.); Nummer (4.1.); **~ cardinal** Grundzahl (G 2)

numeroso zahlreich (3.2.)

nunca nie, niemals (7.4.); je, jemals (11.2.)

o oder (1.4.)

objetivo objektiv (20.1.); Ziel, Zweck, Absicht (11.2.)

objeto Gegenstand (G 18); Ziel, Zweck, Absicht (24.2.)

obligación *f* Verpflichtung, Pflicht (29.1.)

obligar zwingen, nötigen, verpflichten (18.4.)

obra Bau(stelle), Werk, Kunstwerk, Arbeit (27.1.)

obras Bauvorhaben, Bauten, Baustelle (27.1.)

obrera Arbeiterin (18.2.)

obrero Arbeiter... (12.4.); Arbeiter (3.4.); **~ agrícola** Landarbeiter (29.1.)

observar bemerken, beobachten (6.4.); beachten (20.4.); sehen, erblicken (30.2.)

observatorio Observatorium (4.4.)

obstáculo Hindernis (–)

obstrucción *f* Obstruktion, Störung (25.1.)

obtener ⟨*unr.*⟩ bekommen, erhalten, erlangen (18.2.); **~ buenos resultados** gute Ergebnisse erzielen (G 20)

ocasión *f* Gelegenheit (7.4.)

occidental westlich, West... (10.4.)

océano Ozean (9.4.)

octubre *m* Oktober (R 3)

ocupación *f* Tätigkeit, Beschäftigung, Beruf (30.2.)

ocupado beschäftigt (5.1.); besetzt (7.1.)

ocupar einnehmen (9.4.); beschäftigen (11.4.)

ocuparse (de) sich kümmern (um) (4.2.); sich beschäftigen (mit) (G 4)

ocurrir passieren, geschehen, sich ereignen (20.1.)

ochenta achtzig (G 4)

ocho acht (2.2.)

ochocientos achthundert (4.1.)

oeste *m* Westen (9.4.)

oficial offiziell, dienstlich, amtlich (1.4.)

oficina Büro (4.4.); **~ de correos** Post(amt) (G 12); **~ de turismo** Reisebüro (19.1.)

oficio Beruf, Tätigkeit, Beschäftigung (13.1.)

ofrecer ⟨zc⟩ anbieten (9.2.); bieten (19.4.); **~ el oro y el moro** das Blaue vom Himmel versprechen (9.2.)

oír ⟨*unr.*⟩ hören (8.1.)

ojalá + *Konj.* hoffentlich (14.1.)

ojo Auge (R 3)

ojos: a ~ vistas öffentlich, vor aller Augen (16.4.)

oliva Ölbaum, Olive (14.4.)

olivo Ölbaum (11.4.)

olvidar vergessen (7.4.)

olla podrida *siehe* puchero (8.4.)

ómnibus *m* Omnibus (29.2.)

once elf (3.1.)

ópera Oper (R 1)

opinar (de) beurteilen, meinen, glauben, halten (von) (22.2.)

opinión *f* Meinung (16.2.)

oportunidad *f* Gelegenheit (24.1.); Möglichkeit, günstiger Umstand (26.1.)

oposición *f* Opposition (25.4.)

opresor *m* Unterdrücker (30.4.)

oprimir unterdrücken (26.1.)

oración *f* Satz, Rede (Grammatik) (G 21); ∼ adverbial Adverbialsatz (G 25); ∼ condicional Bedingungs-, Konditionalsatz (G 21); ∼ relativa Relativsatz (G 25); ∼ temporal Temporalsatz (G 21)

orador *m* Redner (25.2.)

orden *m* Ordnung (1.2.); ∼ *f* Befehl, Auftrag (1.2.)

órdenes: a sus ∼ zu Ihrer Verfügung (1.2.); en todos los ∼ auf allen Gebieten (30.2.)

ordenar bestellen (7.2.); befehlen, anordnen, verordnen, verfügen (13.2.)

organismo Organ, Organismus (27.1.)

organización *f* Organisation (4.4.)

organizar organisieren (G 12); veranstalten (G 26)

organizativo Organisations... (21.2.)

organo Organ (12.4.)

órgulloso stolz (3.4.)

orientación *f* Orientierung (20.4.)

oriental östlich (27.4.)

orientarse sich orientieren, sich zurechtfinden (8.2.)

oriente *m* Osten (23.2.)

origen *m* Ursprung, Herkunft (2.4.)

original originell (30.2.); ursprünglich, original (8.2.); ∼ *m* Original (G 19); en ∼ im Original(text) (G 19); ser ∼ (de) stammen (aus) (8.2.)

orilla Ufer (4.4.)

orillas: a ∼ de am Ufer von (4.4.)

oro Gold (9.2.)

os euch (G 4)

otoño Herbst (10.1.)

otro anderer, ein anderer (2.1.); abermalig (4.2.); noch ein(er) (5.2.)

otros andere (G 3)

pabellón *m* Pavillon, Zeltbau (19.2.)

paciencia Geduld (7.2.)

pacífico friedlich (16.4.)

padre *m* Vater (3.4.)

padres *m pl* Eltern (3.4.)

paella spanisches Reisgericht (7.2.)

pagar zahlen, bezahlen (4.2.)

página Seite (R 5)

país *m* Land (2.2.)

paisaje *m* Landschaft (11.4.)

palabra Wort (1.2.)

palacio Palast (4.4.)

palmadas *pl* Händeklatschen (7.2.)

pan *m* Brot (7.4.)

panecillo Brötchen (7.4.)

panorama *m* Panorama, Rundsicht, Rundblick (21.4.); Landschaft (22.2.)

panorámica: (vista) ∼ Panorama, Darstellung, Ansicht (30.2.)

panorámico Panorama..., Rund(sicht)... (19.4.)

pañuelo Taschentuch (10.2.)

papel *m* Papier (5.2.); Rolle (Theater) (15.2.); ∼ de carta Briefpapier (5.2.)

papeles *m pl* Papiere, Schriftstücke (G 12)

paquete *m* Paket, Päckchen (10.2.)

paquetito Päckchen (–)

para nach (1.1.); für (2.1.); ∼ + *Inf.* um zu ... (1.4.); ¿∼ dónde? wohin? (1.4.); ∼ eso dafür (22.4.); ¿∼ qué? wozu? (5.2.); ∼ que + *Konj.* damit (G 20)

parada Haltestelle (6.2.)

paralizar paralysieren, lähmen (25.1.)

parar halten, anhalten (20.1.)

pararse stehenbleiben, (an)halten (9.2.), verweilen, sich aufhalten, trödeln (13.2.)

pardo braun (G 6)

parecer ⟨zc⟩ scheinen, meinen, denken (7.2.); passen (21.2.); ∼ que so aussehen als ob (G 28); ∼ un sueño wie ein Traum vorkommen (29.2.); ¿qué le parece? was meinen Sie? (7.2.); ¿qué tal te parece...? was hältst du von ...? (9.1.); si le parece bien wenn es Ihnen recht ist, wenn es Ihnen paßt (21.2.); parece que va a llover es sieht nach Regen aus (G 28)

pared *f* Wand (12.2.); en la ∼ an der Wand (12.2.)

pariente *m* Verwandter (G 27)

parlamentario parlamentarisch (12.4.)

parlamento Parlament (4.4.)

parque *m* Park (14.1.)

parques *m pl* Parkanlagen (G 23)

parte *f* Teil, Anteil, Stück, Seite (5.1.); ∼ integrante Bestandteil (20.4.); la mayor ∼ die meisten (G 26)

partes: en todas ∼ überall (9.4.); por todas ∼ überall (14.4.)

participación *f* Beteiligung, Teilnahme (22.4.)

participante *m* (*f*) Teilnehmer(in) (11.2.)

participar (en) teilnehmen (an) (1.1.)

participio Partizip (G 26); ∼ pasado Partizip Perfekt (G 26)

particular besonderer (15.4.); en ∼ im besonderen, insbesondere (15.4.)

partida Abreise, Abfahrt (19.1.)

partido Partei (4.4.)

partir fahren (30.1.); ~ **(de)** losfahren (von) (G 16); ausgehen (von) (25.1.); ~ **(para)** abreisen, aufbrechen (nach) (25.1.), fahren (zu), (weg)gehen (zu) (29.1.); **a** ~ **de** ab, von, von … an (4.4.)

pasado vergangener (11.2.); letzter (G 24); voriger (R 3); ~ **mañana** übermorgen (21.2.)

pasaje *m* Ticket, Flugschein (22.1.)

pasajero Passagier, Fahrgast (29.2.)

pasaporte *m* Paß (4.1.)

pasar vorbeifahren (5.4.); reichen (7.2.); geschehen, passieren, sich ereignen (9.2.); geben (12.2.); hereinkommen (17.1.); vergehen (18.2.); machen, hinter sich bringen (Prüfung) (G 21); vorbeikommen (24.1.); umherziehen (29.2.); ~ + *Ger.* zubringen, etwas zu tun (G 27); ~ + *Zeitangabe* verbringen (Zeit) (5.2.); ~ **(a)** hinübergehen (zu, in) (17.1.); sich begeben, gehen (zu) (23.1.); ~ **a** + *Inf.* dazu übergehen, etwas (anderes) zu tun (16.2.); ~ **(de … a)** übergehen (von … zu), weitergeben, weiterreichen (30.4.); ~ **(por)** gehen (durch) (G 12) vorbeigehen (21.2.); entlanggehen (G 29); durchfahren (30.2.); ~ **adelante** vorausgehen, vorangehen, weitergehen (7.1.); ~ **bien los exámenes** die Prüfungen gut bestehen (G 20); ~ **la noche** übernachten (G 30); **pasaré por su habitación (casa)** ich werde bei ihr vorsprechen, ʁ.ʁ. gᴜʜe zu ihr, ich gehe bei ihr vorbei (21.2.)

pasarlo bien sich gut amüsieren, unterhalten (18.1.)

pasear(se) spazierengehen (5.4.)

paseíto kurzer, kleiner Spaziergang (9.2.)

paseo Promenade, Spazierweg (4.4.); Spaziergang (9.2.); Rundgang (G 27); ~ **por la ciudad** Stadtrundgang, Spaziergang in der Stadt (durch die Stadt) (G 19)

pasivo passiv (16.4.)

paso Schritt (9.2.); Übergang, Überweg (14.2.); Durchgang, Durchreise, Durchzug (17.4.); Durchfahrt (26.2.); **de** ~ unterwegs, nebenbei, im Vorbeigehen (9.2.)

pasta Teig, Kuchen, Backware (7.4.)

pastel *m* Kuchen, Backware, Pastete (7.4.)

pastilla Stück (10.2.)

patata Kartoffel (7.2.); ~**s fritas** Bratkartoffeln, Pommes frites (7.2.)

patria Vaterland, Heimat (2.4.)

patrio vaterländisch (30.4.)

patrón *m* Herr, Besitzer (18.4.)

pausa Pause (20.1.)

paz *f* Friede (9.2.)

peatón *m* Fußgänger (14.2.)

pecuario Vieh… (27.1.)

pedazo Stück, Teil (30.1.)

pedir ⟨i⟩ bitten, erbitten, verlangen, fordern, bestellen (10.1.); ~ **consejo (a alg.)** (jemanden) um Rat fragen (G 30); ~ **informaciones** um Informationen, um Auskünfte bitten (R 5); ~ **informes** um Auskünfte bitten (R 5); ~ **perdón** um Verzeihung bitten (12.1.); ~ **prestado** leihen, entleihen, borgen (G 30)

pelear kämpfen, ringen, sich herumschlagen (28.4.)

película Film, Spielfilm, Hauptfilm (6.4.)

peligro Gefahr (25.1.)

peligroso gefährlich (23.4.)

pelota Pelota: baskisches Ballspiel (G 23)

pelotón *m* Zug (militärisch), Mannschaft (29.1.)

peluquería Friseursalon (4.2.)

pena Mühe (7.1.)

penetrar eindringen (24.4.)

península Halbinsel (2.4.)

peninsular Halbinsel … (12.4.)

pensar (a/c de alg.) ⟨ie⟩ (etwas von jemandem) halten (G 29), ~ **(de)** denken (über) (15.2.); ~ **(en)** denken (an) (9.2.)

pensionado Internat(sschule) (25.4.)

penuria Beschwerlichkeit, Erschwernis, Mühe, Mangel (29.1.)

peñón *m* Felskuppe (12.4.)

peón *m* Landarbeiter (24.4.)

peor schlechterer, schlimmerer (G 11); schlimmster (25.1.)

pequeñísimo winzig, sehr klein (26.2.)

pequeño klein (3.4.)

percha Kleiderbügel (6.1.)

perder ⟨ie⟩ verlieren (G 9); ~ **el avión** das Flugzeug verpassen (23.1.)

perderse ⟨ie⟩ verderben, zugrunde gehen (29.1.)

pérdida Verlust (29.1.)

perdón *m* Verzeihung (3.2.)

perdonar verzeihen (12.1.)

perfección *f* Vollendung, Vollkommenheit, Perfektion (10.2.); **a la** ~ vollkommen, ausgezeichnet, perfekt (10.2.)

perfeccionamiento Vervollkommnung (29.4.)

perfeccionar vervollkommnen, erweitern (2.1.)

perfectamente gut, in Ordnung! (10.1.)

perfecto vortrefflich, ausgezeichnet, perfekt (17.2.); vollkommen, vollständig, gut erhalten (21.4.); Perfekt (G 15); ~ **compuesto** zusammengesetztes Perfekt (G 18); ~ **simple** einfaches Perfekt (G 15)

perfumado parfümiert, duftend (10.2.)

perfumar parfümieren (10.2.)

perfume *m* Duft, Geruch, Parfüm (10.2.)

perfumería Parfümerie (10.1.)

periferia Peripherie, Umkreis (12.4.)

periférico Rand…, Vor…, an der Peripherie liegend (17.2.)

---

21 Lehrb. span. Spr.

periódico Zeitung (5.4.)
periodista *m* Journalist (15.2.)
período Periode, Zeit(raum) (27.4.)
permanecer ⟨zc⟩ bleiben (21.1.)
permanente ständig, permanent (6.4.)
permitir erlauben, gestatten (3.2.); zulassen (G 30)
pero aber, jedoch (1.2.); doch (G 11)
perseguir ⟨i⟩ verfolgen (25.1.)
persona Person (2.2.)
personal persönlich (G 5)
personalidad *f* Persönlichkeit (25.2.)
perspectiva Perspektive, Aussicht (18.2.)
pertenecer ⟨zc⟩ (a) gehören (zu) (12.4.)
pesado schwer (13.4.)
pesar wiegen (23.1.); zählen (28.4.); a ∼ de
  trotz (22.2.); a ∼ de ello trotzdem (25.2.)
pesca Fischfang (11.4.); Fischerei (26.1.)
pescado Fisch (gefangen oder zubereitet) (7.4.)
pescador *m* Fischer (26.1.); ∼ (de caña) Angler
  (G 27)
pescar fischen (26.1.)
peseta Peseta: sp. Währungseinheit (4.1.)
peso Peso: kub. Währungseinheit (G 26)
pesquero Fischfang …, Fischer … (26.1.)
petróleo Erdöl (13.4.)
pianista *m* Pianist, Klavierspieler (8.1.)
piano Klavier, Piano (G 23)
pico Spitze, Gipfel (9.4.)
pie *m* Fuß (14.1.)
piedra Stein (11.4.)
pieza Teil, Stück (13.2.); ∼ de recambio Ersatzteil (13.2.); ∼ de teatro Theaterstück (G 23)
pimentón *m* Paprika, sp. (roter) Pfeffer (8.4.)
pino Pinie, Fichte, Kiefer (27.4.)
pintoresco malerisch, pittoresk (11.4.)
pintura Bild, Gemälde (G 8)
piña Ananas (17.1.)
pionero Pionier (18.2.)
pipa Pfeife (11.1.)
pirata *m* Pirat (26.2.)
pirenaico pyrenäisch (9.4.)
piscina Schwimmbad (G 20)
piso Stock(werk) (3.4.); (Etagen-) Wohnung
  (17.2.)
placer *m* Vergnügen (23.1.)
plan *m* Plan (G 25), Projekt (30.1.); Stätte,
  Ort (30.2.); ∼ de alojamiento Unterbrin-
  gungsmöglichkeit (30.2.)
plancha dünne Metallplatte, Blech(platte) (13.2.)
planchar bügeln (6.1.)
planear planen (28.2.)
planeta *m* Planet (G 26)
planificación *f* Planung (29.4.)
plano (Stadt-) Plan (12.2.)
planta Betrieb, Anlage (28.1.); Fabrik (30.1.)
plantación *f* Plantage (30.4.)
plantar pflanzen, aufrichten (30.4.)

plantear entwerfen; aufwerfen (Frage, Problem)
  (16.4.)
plantel *m* (Baum-)Schule, Bildungsstätte (18.2.)
plasmar formen, gestalten, Gestalt annehmen
  (30.4.)
plata Silber (13.4.)
plataforma Plattform (26.4.)
plátano Banane (14.4.)
platino Platin (24.4.)
plato Gericht (3.1.); Teller (G 19); ∼ fuerte
  Hauptgericht (8.2.)
playa Strand (10.4.)
plaza Platz (2.2.)
plenamente vollständig, ganz und gar (17.4.)
pleno voll, vollständig (17.4.)
plomo Blei (13.4.)
plural *m* Plural (G 14)
pluscuamperfecto Plusquamperfekt (G 19)
población *f* Ortschaft, (An-)Siedlung (4.4.);
  Ort (25.2.); Bevölkerung (11.4.)
pobre arm (24.4.); ∼ *m* Armer (19.4.)
pobreza Armut (6.4.)
poco wenig (2.1.); un ∼ ein wenig, etwas
  (2.1.); un ∼ de ein bißchen (8.1.); ∼ a ∼
  allmählich, nach und nach (G 27)
poder ⟨unr.⟩ können (5.1.); ∼ *m* Macht (25.2.);
  ¿podría Ud. …? könnten Sie…? (22.1.);
  puede (ser) möglicherweise (G 14)
poderoso mächtig, stark (25.4.)
poeta *m* Dichter, Poet (11.4.)
polaco Pole (15.4.)
polemizar reden, diskutieren (29.1.)
policía Polizei (9.2.)
policlínica Poliklinik (3.4.)
politécnico polytechnisch (18.2.)
política Politik (29.4.)
político politisch (4.4.)
pollo Huhn, Hühnerfleisch (8.4.)
pomelo Pampelmuse (14.4.)
poner ⟨unr.⟩ setzen, stellen, legen (7.1.);
  ∼ el apellido den Namen einschreiben (G 13);
  ∼ el disco die Schallplatte auflegen (G 13);
  ∼ al habla (con) in Verbindung setzen (mit),
  verbinden (Telefon) (12.2.); ∼ en peligro
  gefährden, in Gefahr bringen (25.1.); ∼ su
  interés (en) Interesse haben (an), zeigen (für),
  sich interessieren (für) (G 13)
ponerse algo ⟨unr.⟩ sich etwas anziehen (21.1.);
  ∼ en contacto (con) sich in Verbindung setzen
  (mit) (G 21); ∼ + Adj. werden (13.4); ∼ a +
  Inf. anfangen (zu), beginnen (zu), sich an-
  schicken, etwas zu tun (16.2.); ∼ a trabajar
  sich an die Arbeit setzen (G 28)
popular Volks… (2.1.); beliebt, volkstümlich,
  populär (2.2.)
por durch, für (1.2.); mal (G 4); von (5.4.); auf,
  in (8.2.); pro (12.4.); aus (21.2.); wegen

(25.2.); an (26.4.); ~ + *Inf.* zu (3.1.); um zu (8.1.); weil (G 28); ~ **amor a la paz** um des lieben Friedens willen! (9.2.); ~ **avión** mit dem Flugzeug (8.2.); ~ **(el) camino** auf dem Weg, unterwegs (14.2.); ~ **desgracia** unglücklicherweise, leider (21.2); ¡~ **Dios!** um Gottes Willen! (13.2.); ~ **ejemplo** zum Beispiel (8.1.); ~ **ello** dadurch (25.2.); ~ **eso** deshalb (3.1.); ~ **favor** bitte (1.2.); ~ **fin** endlich(13.2.); ~ **fin** schließlich (15.2.); ~ **la mañana** morgens, am Morgen (R 1); früh (12.1.); vormittags, am Vormittag(R 3); ~ **la noche** abends, am Abend, (5.1.); ~ **la tarde** nachmittags, am Nachmittag (10.1.); ~ **lo general** im allgemeinen (3.4.); ~ **primera vez** zum ersen Mal (18.4.); ¿ ~ **qué?** warum? (1.1.); ~ **semana** wöchentlich (29.2.); ~ **supuesto** selbstverständlich, selbstredend, natürlich sofort (8.2.); ~ **teléfono** telephonisch (15.1.); ~ **todas partes** überall(14.4.); ~ **último** schließlich, letztendlich, zuletzt (15.1.)

porcentaje *m* Prozentsatz (26.4.); Anteil (28.2.)
por ciento Prozent (12.4.)
porque weil (1.1.)
portuario Hafen ... (11.4.)
portugués portugiesisch (11.4.)
poseer ⟨ey⟩ besitzen (14..)
posesión *f* Besitz (R 5)
posesivo besitzanzeigend (G 2)
posibilidad *f* Möglichkeit (13.4.)
posible möglich (5.1.)
posición *f* Position, Stellung (22.2.)
positivo positiv (22.2.)
postal Post ... (3.2.); ~ *f* (Post-) Karte (4.2.)
posterior später, nachfolgend (30.2.)
postre *m* Nachtisch (7.2.)
práctica Praxis (20.4.)
practicar ausüben (G 18); praktizieren (20.4.); ~ **deportes** Sport treiben (G 18)
práctico praktisch (11.2.)
prado Wiese (11.4.)
preceder vorangehen, vorausgehen (15.4.)
precio Preis (4.1.); ~ **fijo** Festpreis (11.1.)
precioso kostbar, wertvoll (19.2.)
preciso genau, pünktlich (16.1.); **ser** ~ nötig sein (28.2.)
preferencia Vorzug, Vorliebe (28.2.)
preferido bevorzugt, beliebt (5.4.)
preferir ⟨ie/i⟩ vorziehen, gern mögen, lieber mögen (10.1.); ~ + *Inf.* lieber etwas tun (13.1.)
pregunta Frage (3.2.)
preguntar fragen (3.2.)
premio Preis, Prämie (G 25)
preocuparse (de, en, por) sich Sorgen machen (um) (12.1.)
preparación *f* Zubereitung, Vorbereitung (8.4.)

preparado präpariert, ausgebildet, geschult, vorbereitet (13.1.)
preparar zubereiten (8.4.); vorbereiten (R 2); schaffen, bahnen (Weg) (30.2.)
prepararse (para) sich vorbereiten (auf) (R 2)
preparativo Vorbereitung (22.2.)
presa Damm, Staudamm (28.4.)
presencia Gegenwart, Anwesenheit (R 4)
presentar präsentieren, vorstellen, zeigen, bekannt machen (6.4.); vortragen (R 3); ~ **un informe** einen Vortrag halten, einen Bericht erstatten (20.1.)
presentarse sich vorstellen (22.2.); sich bieten (29.2.)
presente anwesend, da (6.2.); ~ *m* Präsens, Gegenwart (G 1)
presidencia Präsidentschaft (25.4.)
presidencial Präsidentschafts... (25.4.)
presidente *m* Präsident, Vorsitzender, Leiter (20.1.)
preso Gefangener (25.2.)
prestado: tomar ~ leihen, entleihen, borgen (G 30)
prestar leihen, gewähren, leisten (17.4.); ~ **su aporte** seinen Beitrag leisten (20.4.); ~ **atención** beachten, Aufmerksamkeit schenken (20.2.); ~ **ayuda** Hilfe leisten (17.4.)
prestigio Ansehen, Prestige (25.2.)
preuniversitario vor der Universität liegend, den Hochschulunterricht vorbereitend (18.2.)
prevención *f* Warnung, Vorbeugung (20.1.)
prever ⟨*unr.*⟩ vorsehen (28.1.)
primario primär, erster (29.1.)
primavera Frühling (10.1.)
primer erster (G 2)
primeramente zuerst (13.2.)
primero erster (G 2), zuerst (9.2.)
primitivo primitiv (28.4.)
primo erster (8.4.); ~ *m* Vetter (29.2.)
princesa Prinzessin (2.4.)
principal Haupt..., hauptsächlich (5.4.)
principio Anfang, Ursprung (17.4.); Prinzip (20.4.); **al** ~ **de** anfangs (17.4.)
principios: a ~ **de** Anfang ..., am Anfang von (23.2.); zu Beginn von (24.4.)
prioritario vorrangig (28.1.)
prisa Eile (1.1.); **de** ~ schnell (12.1.)
privilegio Vorrecht, Privileg (10.1.)
pro Nutzen, Gewinn, Vorteil (20.2.); **en** ~ **de** für, zugunsten von, zum Nutzen von (20.2.)
probable wahrscheinlich (R 3)
probablemente möglicherweise, vielleicht (R 3)
probar ⟨ue⟩ kosten, probieren, prüfen (3.1.)
problema *m* Problem (11.2.); Frage (16.4.)
procesar verarbeiten, behandeln (26.1.)
proceso Prozeß (12.4.)
proclamar ausrufen, wählen, proklamieren (25.4.)

procurar betreiben, fördern, darauf bedacht sein, sich Mühe geben (25.1.)

producción *f* Produktion (4.4.)

producir ⟨zc⟩ herstellen, produzieren (10.2.)

producirse ⟨zc⟩ auftreten, auftauchen, erscheinen, sich ereignen, vorkommen (22.2.)

productividad *f* Produktivität (27.1.)

productivo produktiv (18.2.)

producto Produkt, Erzeugnis, Ware, Artikel (4.4.)

productor Erzeuger ... (14.4.)

profesión *f* Beruf (2.1.)

profesional beruflich, Berufs ... (2.1.)

profesor *m* Lehrer (2.1.); Professor (G 12)

profesora Lehrerin (G 2); Professorin (–)

profundidad *f* Tiefe (30.1.)

profundizar vertiefen (22.2.)

profundo tief (17.1.); tiefgreifend (24.4.)

programa *m* Programm (3.1.)

programado vorgesehen, geplant, vorbereitet (11.2.)

programar planen, programmieren, ein Programm vorbereiten oder aufstellen (11.2.)

progresista fortschrittlich (15.4.)

progreso Fortschritt (16.4.)

prohibir verbieten (23.2.)

proletariado Proletariat (29.4.)

proletario proletarisch (15.4.)

prolongación *f* Verlängerung (9.4.)

promedio Durchschnitt, Hälfte, Mitte (27.4.)

prometer versprechen (6.4.)

pronombre *m* Pronomen (G 5); ∼ **acumulado** Doppelpronomen (G 5); ∼ **demonstrativo** Demonstrativpronomen (G 9); ∼ **interrogativo** Interrogativpronomen (G 6); ∼ **personal** Personalpronomen (G 5); ∼ **posesivo** Possessivpronomen (G 9); ∼ **reflexivo** Reflexivpronomen (G 12); ∼ **relativo** Relativpronomen (G 29)

pronto gleich, bald (1.1.); **hasta** ∼ bis bald, auf Wiedersehen, tschüß! (1.1.)

pronunciar(se) (en favor de) (sich) aussprechen (für) (25.4.)

propaganda Propaganda, Reklame (6.4.); ∼ **luminosa** Leuchtreklame (6.4.)

propiamente dicho eigentlich, genau gesagt, im eigentlichen Sinn des Wortes (19.2.)

propicio günstig, vorteilhaft (24.4.)

propietario Besitzer (14.4.)

propio eigen, eigentümlich (11.4.)

proponer ⟨*unr.*⟩ vorschlagen (7.2.)

proponerse ⟨*unr.*⟩ sich vornehmen (20.2.); beabsichtigen (28.2.)

proporción *f* Ausmaß, Proportion, Größenverhältnis (28.4.)

propósito Vorsatz, Absicht, Ziel, Zweck, Entschluß (16.2.); **a** ∼ was ich noch sagen wollte (16.2.)

propuesta Vorschlag (7.2.)

proseguir ⟨i⟩ weitergehen, weiterführen (15.4.); fortsetzen (20.1.)

prospecto Prospekt (4.1.)

protagonista *m* Hauptperson, Hauptdarsteller, Held (15.2.); ∼ *f* Hauptfigur, Hauptdarstellerin, Heldin (19.2.)

proteger schützen (10.2.)

provecho Vorteil, Nutzen, Gewinn (14.4.)

proveer (de) ⟨ey⟩ versorgen (mit) (28.2.)

provincia Provinz (12.4.); Bezirk (G 26)

provincial Provinzial..., Landes..., provinziell (12.4.)

provocación *f* Provozierung, Provokation (25.1.)

provocar hervorrufen, verursachen, bewirken (10.4.); provozieren (25.1.)

proyectar planen, projektieren, vorhaben, beabsichtigen (28.1.)

proyecto Projekt, Vorhaben (R 3)

próximo nächster (11.2.)

prueba Beweis, Probe (29.4.)

publicación *f* Publikation, Veröffentlichung (24.2.)

publicar veröffentlichen, herausgeben (G 26)

público öffentlich (3.1.); Öffentlichkeit (6.4.)

puchero spanisches Eintopfgericht (8.4.)

pueblo Volk (R 1); Dorf (18.4.)

puente *m* Brücke (21.4.)

puerta Tor (2.2.); Tür (6.1.); Zugang, Durchgang (23.1.)

Puerta del Sol Platz in Madrid (2.2.)

puerto Hafen (3.4.)

pues dann, also (1.1.); denn (5.4.); nun (R 5)

puesta en marcha Inbetriebnahme (28.1.)

puesto Posten, Stelle, Anstellung (18.2.); ∼ **que** da, weil (29.2.)

¡puf! pfui! (14.2.)

pugnar kämpfen, streiten (30.4)

pulir aufbessern, verbessern, verfeinern, glätten, polieren (24.1.)

pulque *m* (Agaven-) Schnaps, Branntwein (R 2)

punto Punkt (5.4.); ∼ **de vista** Gesichtspunkt (16.4.); **en** ∼ pünktlich (6.1.)

puntual pünktlich (21.4.)

puro pur, rein (7.4.); sauber (14.2.); Zigarre (11.1.)

que daß (3.1.); als (7.4.); **el** ∼ welche(r, -s), der, die, das (16.4.); **la** ∼ welche(r, -s), der, die, das (17.4.); **lo** ∼ (das) was (7.2.); **¿qué?** was? (1.2.); **¿** ∼ **...?** was für ein ...? welche(r, -s) ...? (1.4.); **¿con** ∼? womit? (1.2.); **¿para** ∼? wozu? (5.2.); **¡** ∼ **...!** was für ein(e

.. !, welch…! welche(r, -s) …! (4.2.); ~ **ya da** (ja) (16.2.); ¡~**bien!** wie schön! (1.1.)

quedar liegen, sich befinden (2.4.); sein (15.1.); bleiben (R 4); ~ **agradecido (por)** dankbar sein (für) (23.1.)

quedarse bleiben, sich befinden (4.1.); ~ **(con)** nehmen, behalten (4.1.); ~ **impresionado** beeindruckt sein (15.2.)

querer ⟨*unr.*⟩ wollen (7.1.); lieben (9.1.); ~ **que** sollen (G 30); ~ **ser** werden wollen (beruflich) (G. 30)

querida Geliebte, Liebling (9.1.)

querido lieb, wert (16.4.); Geliebter, Liebling (9.1.)

queso Käse (7.4.)

quien welcher, welche, welches; der, die, das; wer (23.4.);

¿**quién**? wer? (2.2.); ¿ a ~ ? wem?, wen? (9.1.)

quienes die; diejenigen, welche (19.4.)

quieto ruhig, friedlich, still (13.1.)

química Chemie (13.4.)

químico chemisch (4.4.)

quince fünfzehn (G 3); ~ **días** 14 Tage (G 15)

quinientos fünfhundert (G 6)

quinto fünfter (4.1.)

quiosco Kiosk (3.2.)

quizá(s) vielleicht (21.1.)

radical radikal (18.2.)

radicar sich befinden, wurzeln (30.2.)

radio Radius, Umkreis (4.4.); ~ *f* Radio (5.2.); **escuchar la**~ Radio hören (R 2)

rama Zweig (24.4.)

ramillete *m* Strauß (9.1.)

ramo Zweig (13.4.)

rápido schnell (1.2.)

rascacielos *m s* Wolkenkratzer, Hochhaus (26.2.)

rasgo (Charakter-) Zug (15.1.)

rato Weile, Augenblick (10.1.); **tanto** ~ **so lange** (10.1.)

razón *f* Vernunft, Verstand, Recht (3.1.); Grund, Ursache (25.2.)

razonable vernünftig (19.1.)

reaccionar reagieren (25.1.)

reaccionario reaktionär (25.4.)

real König…, königlich (4.4.); wirklich, tatsächlich, wahrhaft (9.2.)

realidad *f* Wirklichkeit (8.4.); **en** ~ in der Tat (25.1.)

realista realistisch (20.2.)

realizar realisieren, verwirklichen; leisten, ausführen (Arbeit) (18.2.); durchführen (G 26); bauen, fertigstellen (30.1.)

reanudar wieder anknüpfen, wieder aufnehmen, wieder beginnen, fortsetzen (29.1.)

rebaja Preisnachlaß, Rabatt (28.2.)

rebelarse sich auflehnen, sich empören, rebellieren (23.4.)

rebelde Rebellen…, aufrührerisch (30.2.); ~ *m* Rebell (18.4.) (in Kuba: Kämpfer gegen die Diktatur Batistas)

rebeldía Aufruhr (18.4.)

rebelión *f* Rebellion, Aufstand (30.4.)

recado Nachricht, Botschaft (6.2.)

recambio Ersatz(teil), Auswechselung, Austausch (13.2.)

recepción *f* Empfang (3.2.)

recepcionista *m* (*f*) Empfangssekretär(in) (4.1.)

recibir bekommen, erhalten, empfangen (3.2.)

recién *Adv.* kürzlich, jüngst (30.1.)

reciente kürzlich, jüngst, aktuell (15.2.)

recíproco gegenseitig (16.4.)

recoger ernten, in Empfang nehmen, bekommen, erhalten (R 4); übernehmen (24.2.)

recolectar ernten (29.1.)

recomendar ⟨ie⟩ empfehlen (8.2.)

reconocer ⟨zc⟩ wiedererkennen (17.2.); bekennen, anerkennen, gestehen (26.2.)

reconocimiento Dank, Anerkennung (22.4.)

reconstruir ⟨uy⟩ wiederaufbauen, rekonstruieren (30.2.)

recordar ⟨ue⟩ (sich) erinnern (17.2.); erinnern, in Erinnerung bringen (23.1.); ins Gedächtnis (zurück)rufen (30.2.)

recorrer zurücklegen (17.1.); durchfahren, durchziehen (19.2.); ~ **(a)** Zuflucht nehmen (zu) (25.2.)

recorrido Rundfahrt, Rundgang, Tour (11.2.); Strecke (30.1.); ~ **por la ciudad** Stadtrundfahrt, Stadtrundgang (11.2.)

recrearse sich erholen, sich ausruhen (14.2.)

recto gerade, geradeaus (14.2.)

recuerdo Gruß, Erinnerung (5.1.); Souvenir, Andenken, Erinnerungsstück (23.1.)

recurso Hilfsquelle (24.4.)

recursos *pl* Mittel *pl* (27.1.)

red *f* Netz (19.1.)

redistribución *f* Neu-, Umverteilung (25.4.)

redoblar verdoppeln (20.2.)

reducción *f* Reduzierung (27.1.)

reducir ⟨zc⟩ reduzieren, vermindern, herabsetzen (10.2.)

reeducador *m* Umerzieher (29.2.)

reemplazar vertreten (6.2.)

referirse (a) ⟨ie/i⟩ sich beziehen (auf) (20.2.)

reflector *m* Scheinwerfer (17.2.)

reflejarse sich widerspiegeln (11.4.)

reflexivo reflexiv (G 4)

reforma Reform (25.4.)

refrán *m* Sprichwort (24.2.)

refresco Erfrischung (6.4.)

refugio Unterschlupf (19.4.)

regalar schenken (18.1.)
regalo Geschenk (23.1.)
régimen *m* Gesellschaftsform (11.2.); Herrschaft (25.1.); Regime, Staatsform (28.4.)
región *f* Gebiet, Gegend (8.2.)
registrar aufgeben, registrieren, eintragen (23.1.)
reglamentario vorschriftsmäßig (4.1.)
regresar zurückkehren, zurückkommen (5.4.)
regreso Rückfahrt, Rückkehr (22.4.)
regular regelmäßig (G 12)
reina Königin (R 4)
reino Königreich (4.4.)
reír ⟨i⟩ lachen (R 2)
reivindicación *f* Forderung (20.1.)
relación *f* Beziehung (16.4.); Verbindung (24.2.); en ∼ a bezüglich, in bezug auf (21.1.)
relatar berichten, erzählen (30.2.)
relativo relativ (G 25); ∼ a bezüglich, hinsichtlich, betreffs (20.2.)
relato Bericht, Erzählung (R 4)
relieve *m* Relief (9.4.)
reliquia Reliquie (R 5)
remolacha Rübe (14.4.)
renacimiento Renaissance (21.4.)
renta Einkommen, Rente (25.4.)
reparar reparieren (13.1.)
repartición *f* Verteilung (14.4.)
repasar wiederholen (G 5)
repaso Wiederholung (G 1)
repente: de ∼ plötzlich (16.1.)
repetir ⟨i⟩ wiederholen (10.1.)
reportera Reporterin (G 12)
reportero Reporter (G 12)
representación *f* Vertretung, Repräsentation (25.4.)
representante *m* Vertreter, Repräsentant (15.4.)
representar darstellen, verkörpern, repräsentieren, vertreten, vorstellen (25.2.); betragen, ausmachen (29.1.)
represivo repressiv, unterdrückend (25.2.)
república Republik (1.1.)
republicano republikanisch (17.4.)
reputación *f* Ruf, Ansehen (7.1.)
requerir ⟨ie/i⟩ benötigen, erfordern, erforderlich machen (28.4.)
reservación *f* Reservierung (4.1.); Platz (22.1.)
reservar bestellen, reservieren (4.1.); buchen (19.1.)
residencia Wohnsitz, Wohnung, Heim, Unterkunft (G 16); ∼ **estudiantil** Studentenheim (G 23)
resistencia Widerstand (15.4.)
resolver ⟨ue⟩ beschließen, entscheiden (15.1.); lösen (G 26)
respaldo Rückhalt, Rückendeckung, Unterstützung (25.2.)
respectivamente beziehungsweise (25.4.)

respectivo jeweilig (23.4.)
respecto a hinsichtlich, betreffs (8.4.)
respetar respektieren, beachten, Rücksicht nehmen (auf) (8.1.); achten (20.4.)
respirar atmen (14.2.)
responder a beantworten (17.2.); ∼ **(a)** antworten (auf) (29.1.); ∼ **(sobre)** antworten (auf) (28.2.)
responsabilidad *f* Verantwortung (29.4.)
restablecimiento Wiederherstellung, Wiedereinführung, Wiederaufnahme, Wiedererrichtung (25.1.)
restaurante *m* Restaurant (6.1.)
restaurar restaurieren (26.2.)
resto Rest (8.4.); Überrest (19.2.)
resuelto erledigt, fertig; entschieden, beschlossen (18.1.)
resultado Resultat, Ergebnis (10.4.)
resultar sich ergeben, sich herausstellen, resultieren (29.1.); ∼ + *Adj.* sich erweisen, sein (29.1.)
resumen *m* kurze Zusammenfassung (22.2.); en ∼ zusammengefaßt, kurz (22.2.)
resumir zusammenfassen (22.2.)
retirar(se) (sich) zurückziehen (5.2.)
retiro Zurückgezogenheit, Einsamkeit (14.2.); Rückzug (24.4.)
retraso Verspätung (7.1.)
reunión *f* Zusammenkunft, Treffen (5.4.); Veranstaltung (17.2.); Versammlung (20.1.); ∼ **final** Abschlußveranstaltung (17.2.)
reunir verbinden, vereinigen, vereinen (6.4.)
reunirse sich treffen, sich versammeln (G 17)
revisar kontrollieren (23.1.)
revista Zeitschrift (7.1.)
revolución *f* Revolution (23.2.)
revolucionario revolutionär (17.4.); Revolutionär (29.2.)
rey *m* König (R 4)
rico reich (6.4.); ∼ **(en)** reich (an) (11.4.)
río Fluß (4.4.)
riqueza Reichtum (6.4.)
riquezas naturales *pl* Bodenschätze (13.4.)
ritmo Rhythmus (8.1.)
robustecer ⟨zc⟩ festigen (20.4.)
roca Felsen (12.4.)
rodar ⟨ue⟩ drehen (Film) (G 9)
rodear umgeben (19.4.)
rogar ⟨ue⟩ bitten (G 9)
rojo rot (G 6)
románico romanisch (21.4.)
romano römisch (21.4.)
romántico romantisch (26.2.)
rompehuelga *m* Streikbrecher (20.1.)
romper zerbrechen, zerschlagen (18.1.)
ropa Wäsche (5.2.)
rosa Rose (9.1.)

rotar rotieren, drehen (28.2.); ∼ **en turnos** in Schichten arbeiten (28.2.)
roto kaputt, zerbrochen (18.1.)
rudo roh, hart, rauh, grob (28.4.)
ruido Lärm, Krach (G 8)
rumano Rumäne (15.4.)
rumbo Fahrtrichtung, Kurs (30.1.); ∼ **a** nach, in Richtung (30.1.)
rural Land…, ländlich (14.4.)
ruso russisch (2.1.)
ruta Route, Strecke (22.1.)

sábado Sonnabend (G 10)
saber ⟨unr.⟩ wissen (7.1.); können (G 7); erfahren (11.1.); ∼ + Inf. können (G 7)
sabotaje m Sabotage (25.1.)
sacar (heraus)nehmen, -holen, -ziehen (11.4.); ∼ **billetes** Fahrkarten lösen, -kaufen (G 12); ∼ **entradas** Eintrittskarten erstehen, bekommen, kaufen (24.1.); ∼ **fotos** fotografieren, Aufnahmen machen (G 27)
sacrificio Opfer (15.4.)
sal f Salz (8.4.)
sala Saal, Raum (7.1.); ∼ **de espera** Wartesaal (19.1.); ∼ **de lectura** Lesesaal (R 3)
salario Lohn (18.4.)
salida Ausgang, Ausfahrt (3.1.); Abreise (23.1.)
salir ⟨unr.⟩ ausgehen (G 16); (ab)fliegen (22.1.); losgehen (G 30); ∼ **a** + Inf. aufbrechen zu (30.2.); ∼ **a la calle** auf die Straße (hinaus) gehen (29.2.); ∼ **(de)** weggehen, hinausgehen (8.1.); rausfahren, verlassen (14.2.); auslaufen (23.4.); hervorgehen (29.2.); ∼ **de casa** aus dem Haus gehen, das Haus verlassen (8.1.); ∼ **en avión** abfliegen, losfliegen (G 12); ∼ **(hacia)** fahren (zu) (30.2.); ∼ **(para)** aufbrechen (nach) (R 4)
salitrero Salpeter … (25.4.)
salón m Wohnzimmer (18.2.); Salon (26.1.); ∼ **de belleza** Schönheits-, Kosmetiksalon (26.1.)
salud f Gesundheit (9.1.); ∼ **pública** Gesundheitswesen (28.4.); ¡a tu ∼! auf deine Gesundheit! Prost! (9.1.)
saludar grüßen, begrüßen (1.4.)
saludo Gruß (5.1.)
salvador m Retter, Erlöser (23.4.)
sanatorio Sanatorium (28.2.)
sandía Wassermelone (14.4.)
sangre f Blut (17.4.)
san heilig (14.1.)
sano gesund (10.1.)
santo heilig (19.2.)
sastre m Schneider (21.1.)
satélite m Satellit (19.4.)
satisfacción f Zufriedenheit, Freude, Genugtuung (29.2.)

satisfacer ⟨unr. siehe hacer⟩ befriedigen, zufriedenstellen (11.1.)
satisfactorio zufriedenstellend, genügend, befriedigend (27.1.)
satisfecho zufrieden (2.1.); satt (9.2.)
se man (2.4.); sich (4.1.); statt le, les (5.2.)
sea: ∼ … ∼ sei es … sei es (22.4.); o ∼ gleich, das heißt, oder auch (12.4.)
seca Trockenheit, Dürre (27.4.)
sección f Sektion (R 1); Abteilung, Zug (17.4.)
seccional m Abschnitt, Sektor, Bezirk, Stadtteil (26.4.)
seco trocken (10.1.)
secretaria Sekretärin (G 12)
secretario Sekretär (25.4.)
secreto Geheimnis (21.1.)
sector m Sektor, Gebiet, Bereich (5.4.)
secundario sekundär (29.1.)
sed f Durst (17.1.)
sede f Sitz (4.4.)
seguida: en ∼ sofort, (so)gleich (4.1.)
seguimiento Folge, Nachfolge (24.2.)
seguir ⟨i⟩ weitergehen (14.1.); fortfahren, fortsetzen (11.1.); folgen, nachahmen (26.2.); ∼ **(por)** entlangfahren, (hinauf-, hinunter-)gehen, -fahren (26.2.); ∼ + Ger. weiter etwas tun; fortfahren, etwas zu tun (R 3); ∼ **(se) capacitando** (sich) weiterbilden (18.2.); ∼ **consejos** Ratschläge befolgen (G 20); ∼ **el curso normal** normal verlaufen (23.2.); ∼ **derecho** geradeaus gehen (G 27); ∼ **ocupado (en)** immer noch beschäftigt sein (mit) (14.4.); ∼ **recto** geradeaus gehen (14.2.); ∼ **sin comprender (nada)** noch immer nichts verstehen (11.1.); ∼ **(el) viaje (a)** weiterreisen (nach), weiterfahren (nach) (19.4.)
según nach, gemäß (15.4.); zufolge (21.1.); ∼ **me dicen** wie man mir sagt; nach dem, was man mir sagt (19.4.); ∼ **mi opinión** meines Erachtens, meiner Meinung nach (G 29)
segundo zweiter (R 1)
seguramente sicherlich (3.1.)
seguridad f Sicherheit (20.4.)
seguro sicher, zuverlässig (2.2.)
seis sechs (2.1.)
seiscientos sechshundert (G 6)
seleccionar auswählen (29.4.)
sello Briefmarke (4.2.); ∼ **aéreo** Luftpostbriefmarke (4.2.)
semáforo Ampel (17.1.)
semana Woche (4.1.); ∼ **santa** Karwoche, Osterwoche (19.2.); **entre** ∼ in der Woche (R 4); **por** ∼ wöchentlich (29.2.); **la** ∼ **pasada** vorige Woche (R 4)
semejante ähnlich (G 23)
semestre m Semester (G 17)
senado Senat (12.4.)

trescientos diecinueve

senador *m* Senator (25.4.)

sencillo schlicht, einfach (30.2.)

senda Weg, Pfad (20.2.)

sentarse ⟨ie⟩ sich (hin)setzen (R 2)

sentido Sinn (16.4.)

sentimiento Gefühl (22.4)

sentir ⟨ie/i⟩ bedauern (20.1.); **lo siento** es tut mir leid, ich bedaure (22.1.)

sentir(se) ⟨ie/i⟩ (sich) fühlen (11.1.); **∼ bien** sich wohl fühlen (R 3)

seña Zeichen, Wink (9.1.)

señas *pl* Adresse, Anschrift (22.1.)

señalar bezeichnen, anzeigen, zeigen, weisen (20.1.)

señor *m* Herr, Mann (1.2.)

señora Frau, Dame (1.1.)

señorita Fräulein (6.1.)

separar trennen (26.4.)

septentrional nördlich, Nord... (10.4.)

septiembre *m* September (R 3)

ser ⟨*unr.*⟩ sein (2.1.); werden (18.2.); **∼ (de)** gehören (9.1.); sich belaufen (auf), betragen (12.4.); **∼ de primera (calidad)** erstklassig sein (7.1.); **∼ habitado** bewohnt werden (30.1.); **∼ llamado a** + *Inf.* aufgerufen werden, berufen, beordert, delegiert werden (29.2.); **∼ original (de)** stammen (aus), hersein, herkommen (8.2.); **∼ preciso** nötig sein (28.2.); **∼ útil** nützen (29.2.)

serio ernst (28.2.)

servicial entgegenkommend, gefällig, diensteifrig (15.1.)

servicio Bedienung; Service (4.1.); Dienst (G 10); Versorgung, Dienstleistung (30.1.)

servidor *m* Diener (12.2.); **∼ de Ud.** zu Ihren Diensten (12.2.)

servir ⟨i⟩ servieren (G 13); **∼ (de)** dienen (als) (10.1.); **sírvase** + *Inf.* bitte, ... (6.2.)

sesenta sechzig (4.1.)

sesión *f* Sitzung, Tagung, Veranstaltung (11.2.)

setecientos siebenhundert (G 6)

setenta siebzig (4.1.)

sevillana Tanz aus Sevilla (19.2.)

sevillano sevillanisch (19.2.)

sexto sechster (24.2.)

show *m* Show, Revue (24.1.)

si ob (4.1.); falls, wenn (5.2.)

sí ja (1.1.)

siderurgia Eisenhüttenindustrie (13.4.)

siderúrgico Eisenhütten... (28.4.)

siempre immer (3.1.)

sierra Gebirgszug (9.4.)

siesta Siesta, Mittagsruhe (10.1.)

siete sieben (2.2.)

siglo Jahrhundert (2.4.)

signatario Unterzeichner..., Signatar... (10.2.)

significar bedeuten, bezeichnen, heißen (9.2.)

siguiente folgend (16.4.)

simbolizar symbolisieren (25.2.)

símbolo Symbol, Zeichen (5.2.)

simiente *f* Samen, Keim (30.4.)

simpatía Sympathie (15.4.)

simpático sympathisch (9.2.)

simpatizar sympatisieren (20.1.)

simple einfach (G 15)

simultáneo gleichzeitig (30.1.)

sin ohne (7.1.); **∼ + *Inf.*** ohne zu (4.2.); **∼ que + *Konj.*** ohne daß (20.1.); **∼ embargo** trotzdem (22.4.); **∼ tardar** sofort, unverzüglich (24.1.)

sindical gewerkschaftlich, Gewerkschafts... (4.4.)

sindicato Gewerkschaft (27.2.)

singular einzigartig, ausgezeichnet (30.4.); **∼ *m*** Singular (−)

sino sondern (8.4.)

síntesis *f* Synthese, Verbindung, Zusammenschluß, Verschmelzung (30.4.)

sirena Sirene (9.2.)

sistema *m* System (9.4.)

sitio Ort, Platz, Stelle (30.2.)

situación *f* Situation, Lage (9.4.)

situado gelegen, befindlich (2.4.)

soberanía Souveränität (20.4.)

sobra Übermaß, Überschuß (7.1.); **de ∼** im Überfluß, übergenug (7.1.)

sobre über (3.2.); auf (5.2.); **∼ *m*** Briefumschlag (19.4.); **∼ todo** vor allem (11.4.)

sobrecumplimiento Übererfüllung (27.1.)

sobrentender ⟨ie⟩ voraussetzen (28.4.)

sobrentendido selbstverständlich (28.4.)

sobrepeso Übergewicht (23.1.)

sobretodo Mantel (21.1.)

sobreviviente *m* Überlebender (23.2.)

sobrevivir überleben (23.2.)

social gesellschaftlich, sozial (11.2.); Sozial ... (25.4.)

social-demócrata sozialdemokratisch (25.4.)

socialismo Sozialismus (16.4.)

socialista sozialistisch (R 1); **∼ *m* (*f*)** Sozialist (-in) (18.4.)

sociedad *f* Gesellschaft (11.4)

sol *m* Sonne (2.2.); **de ∼ a ∼** von Sonnenaufgang bis Sonnenuntergang (18.4.); **hace ∼** die Sonne scheint, es ist sonnig (G 10)

solamente nur, bloß, lediglich (8.1.); erst (G 28)

soler ⟨ue⟩ + *Inf.* pflegen (zu), die Gewohnheit haben (zu) (9.2.); gewöhnlich etwas tun (G 9)

soldadesca Soldateska (30.1.)

soldado Soldat (R 5)

solidaridad *f* Solidarität (15.4.)

solidarizarse (con) sich solidarisieren (mit), sich solidarisch erklären (mit) (20.1.)

solidez *f* Festigkeit (29.4.)

sólido solide, gut, fest (16.2.)

solo einzig, allein, einzeln (6.1.)

sólo nur (1.2.); erst (G 28)

solución f Lösung (20.2.)

solucionar lösen (11.2.)

sombrero Hut (7.1.)

someter unterwerfen (10.4.)

sonar ⟨ue⟩ (er)tönen, (er)klingen, heulen (Sirene) (9.2.)

sopa Suppe (7.2.)

sorpresa Überraschung (5.1.)

sospechoso verdächtig (25.2.)

sostener ⟨unr.⟩ unterstützen, aufrechterhalten; behaupten (25.2.)

souvenir m Souvenir, Andenken (3.2.)

soviético sowjetisch, Sowjet... (11.2.)

su sein(e), ihr(e) (1.2.)

suave mild (10.4.)

subir hinaufbringen, -tragen (4.2.); einsteigen (G 4); hinaufgehen (5.1.); hochfahren, hinauffahren (13.1.); steigen (Preis) (20.1.)

subjuntivo Konjunktiv (G 14); **imperfecto de** ∼ Konjunktiv Imperfekt (G 20); **presente de** ∼ Konjunktiv Präsens (G 14)

sublevación f Aufruhr, Erhebung, Empörung (15.4.)

submarino unterseeisch, Untersee... (26.2.)

subordinar unterordnen (G 25)

subrayar unterstreichen (20.4.)

subsecretario stellvertretender Sekretär (25.4.); ∼ **general** stellvertretender Generalsekretär (25.4.)

substantivo Substantiv (G 1)

subsuelo Untergrund, Boden, Erdinneres (24.4.)

subterráneo unterirdisch (30.1.)

subtropical subtropisch (27.4.)

suburbio Vorort (3.1.)

subvencionar subventionieren (11.1.)

sucesivo ununterbrochen, aufeinanderfolgend (25.1.)

sucio schmutzig (6.1.)

sudamericano südamerikanisch (R 5)

sueco Schwede (15.4.)

suelo Boden, Erdboden (14.4.)

sueño Schlaf, Schläfrigkeit (10.1.); Traum (R 5)

suerte f Glück (16.2.)

suficiente genügend, genug (5.4.)

sufragio (Wahl-) Stimme (25.2.)

sufrir (er)leiden, (er)dulden, ertragen (30.1.)

suizo Schweizer (15.4.)

sujeto Subjekt (G 8)

sumamente äußerst, höchst (28.2.)

sumarse (a) sich anschließen (an), dazukommen (27.4.)

sumo äußerster, höchster, größter (28.2.)

superación f Weiterbildung, Qualifizierung (24.2.)

superar(se) (sich) weiterbilden, (sich) qualifizieren (24.2.)

superficie f Fläche (28.1.); Oberfläche (12.4.)

superior Hoch... (18.2.); höchst, oberst (29.4.); ∼ **(a)** über, höher (als) (23.4.)

supermercado Supermarkt, Warenhaus (19.4.)

superviviente m Überlebender (30.1.)

suplente m Stellvertreter (6.2.)

suponer ⟨unr.⟩ vermuten (19.1.)

suprimir unterdrücken, abschaffen, aufheben, verbieten (30.4.)

supuesto: por ∼ selbstverständlich, natürlich, sofort (8.2.)

sur m Süden (2.4.)

surgimiento Entstehung, Herausbildung (25.1.)

surgir hervorkommen, erscheinen (16.4.); entstehen (19.4.)

suroeste m Südwesten (9.4.)

sustancioso groß, bedeutend, kräftig (30.4.)

sustentar (unter)stützen, erhalten, fördern, mehren (30.4.)

sustituir ⟨uy⟩ ersetzen, ablösen (28.4.)

sustitutivo Ersatz... (30.4.)

suyo seiner, ihrer, Ihrer (G 9)

tabacalero Tabak... (29.1.)

tabaco Tabak (29.1.)

tabacos pl Tabakwaren (13.4.)

taberna Wirtshaus, Taverne, Kneipe (16.2.)

tal solche(r, -s) (22.4.); ∼ **vez** vielleicht, möglicherweise (5.2.); ¿qué ∼? wie geht es?, wie war, wie ist ...? (1.2.)

talento Talent, Begabung (16.2.)

taller m Werkstatt (11.4.)

también auch (1.2.)

tampoco auch nicht (8.1.)

tango Tango (8.1.)

tan so, so (sehr) (7.2.); ∼ ... **como** (eben) so ... wie (11.2.)

tanto so viel(e) (3.1.); ∼ ... **como** sowohl ... als auch (6.4.); so viel(e) ... wie (G 11); so sehr, so viel ,.. wie, daß (8.2.)

taquilla Schalter (22.1.)

tardanza Verspätung, Verzögerung (11.1.)

tardar brauchen, benötigen (3.1.); ∼ **en** + Inf. lange brauchen zu (16.1.); **sin** ∼ sofort, unverzüglich (24.1.)

tarde spät (13.1.); ∼ f Nachmittag, Abend (3.1.); **en la** ∼ nachmittags, am Nachmittag (7.4.); **esta** ∼ heute nachmittag (9.2.); **más** ∼ später (13.1.); **por la** ∼ nachmittags, am Nachmittag (10.1.); **buenas** ∼s guten Tag (von Mittag bis Sonnenuntergang) (11.1.)

tarea Aufgabe (2.1.)

tarjeta (Post-) Karte (3.2.); ∼ **ilustrada** Ansichtskarte (3.2.); ∼ **postal** Postkarte (3.2.); ∼ **de visitas** Visitenkarte (22.1.)

taxi m Taxi (1.2.)

taxista *m* Taxifahrer (20.1.)

taza Tasse (7.4.)

te dich (G 4); dir (5.1.)

té *m* Tee (7.4.)

teatro Theater (4.4.)

techo Dach (28.1.); **bajo** ~ überdacht (28.1)

técnico technisch, Fach… (18.2.)

tecnificación *f* Technisierung (28.4.)

tejedora Weberin (28.2.)

tejido Gewebe, Stoff (28.1.)

telefonear telefonieren (12.1.)

telefónico telefonisch, Telefon… (6.1.)

telefonista *m* (*f*) Telefonist(in) (17.2.)

teléfono Telefon, Fernsprecher (5.1.), **por** ~ telefonisch (6.1.)

televisión *f* Fernsehen (5.2.); **mirar la**~ fernsehen (15.1.)

tema *m* Thema (3.1.)

temer fürchten, befürchten (8.2.)

temperatura Temperatur (10.1.)

templado gemäßigt (10.4.)

temporada (Zeit-) Raum, Saison, Jahreszeit (19.1.)

temporal Temporal…, zeitlich (G 21)

tempranito sehr früh, sehr zeitig (29.2.)

temprano früh, zeitig (6.1.)

tenacidad *f* Standhaftigkeit (25.2.)

tenaz zäh, hart, standhaft (24.4.)

tendencia Tendenz (11.2.)

tener ⟨*unr.*⟩ haben, besitzen (1.2.); ~ **en cuenta** in Betracht ziehen, berücksichtigen (3.1.); ~ **un compromiso más** noch eine Verabredung haben (21.2.); ~ **curiosidad (por)** neugierig sein (auf) (3.1.); ~ **ganas (de)** Lust haben (zu) (8.2.); mögen (G 30); ~ **interés (por)** Interesse haben (an) (8.1.); ~ **lugar** stattfinden (11.2.); ~ **mucho que hacer** viel zu tun haben (R 2); ~ **por objeto** zum Gegenstand haben, zum Ziel haben (24.2.); ~ **prisa** es eilig haben, in Eile sein (G 1); ~ **que** + *Inf.* müssen (3.4.); ~ **razón** recht haben (3.1.); ~ **sueño** müde sein (10.1.); ~ **suerte** Glück haben (16.2.); ¡**tenga**! bitte!, nehmen Sie! (6.1.); ~ **la bondad (de)** bitte, seien Sie so freundlich (zu) (4.1.); **no tiene por qué** bitte, nichts zu danken, keine Ursache (12.1.); **tengo calor** mir ist warm (–)

tenis *m* Tennis (G 23)

teoría Theorie (18.4.)

teórico theoretisch (11.2.)

tercer dritter (G 2)

tercero dritter (G 2)

terminado fertig (13.1.)

terminal *f* Endstation (30.2.)

terminar beenden, abschließen (8.1.); zu Ende gehen, zu Ende sein (21.2.); Schluß machen (27.2.)

termoeléctrica: **(central)** ~ (Wärme-) Kraftwerk (30.2.)

ternera Kalb, Kalbfleisch (7.2.)

terrateniente *m* Grundbesitzer (24.4.)

terraza Terrasse (7.1.)

terreno Gebiet, Terrain (22.2.)

terrestre Erd… (23.4.); Land…, zu Lande (28.4.)

terrible schrecklich, entsetzlich, furchtbar (11.1.)

territorio Territorium, Gebiet (4.4.)

tesis *f* These (27.2.); ~ **(de grado)** Abschlußarbeit, Diplomarbeit (27.2.)

tesoro Schatz (R 5)

textil textil (11.4.); Textil… (28.1.)

textilero Textil… (28.1.)

textiles *m pl* Textilien (13.4.)

texto Text (G 7); ~ **original** Originaltext (G 28)

ti dir, dich (5.1.)

tiempo Zeit (3.1.); Wetter (10.1.); ~ **libre** Freizeit (R 2); **a** ~ rechtzeitig (16.1.); **en aquel** ~ damals, zu jener Zeit (R 3); **en cierto** ~ in einiger Zeit (G 24); ¿ **cuánto** ~? wie lange? (4.1.)

tienda Laden, Geschäft (4.2.)

tierra Land (9.4.); Erde (11.4.)

timbre *m* Klingel (5.2.)

tinto rot (7.2.)

tío Onkel (27.2.)

típico typisch (7.2.)

tipo Typ (29.4.); ~ **de Estado** Staatsform (29.4.)

título Titel (15.2.); Überschrift (29.2.)

toalla Handtuch (6.1.)

tocar berühren, anfassen; läuten (6.1.); spielen (Instrument) (8.1.); ~ + *Inf.* obliegen, müssen (27.2.); ~ **a su fin** dem Ende entgegengehen, zu Ende gehen (21.1.); ~ **la guitarra** Gitarre spielen (G 23); ~ **el piano** Klavier spielen (G 23); ~ **el timbre** läuten, klingeln (6.1.)

tocino Speck (8.4.)

todavía noch (2.1.); immer noch (6.2.)

todo alles (1.2.); ganz, jede(r, -s) (6.4.); ~ **el día** der ganze Tag (G 4)

todos alle (1.1.)

tomar nehmen (1.2.); zu sich nehmen (R 1); trinken (7.2.); ~ **el almuerzo** das Mittagessen einnehmen, zu Mittag essen (R 4); ~ **asiento** Platz nehmen, sich hinsetzen (11.1.); ~ **el avión** fliegen (1.4.); ~ **un baño** ein Bad nehmen, baden (G 19); ~ **la cena** zu Abend essen (6.1.); ~ **la comida** zu Mittag essen (6.1.); ~ **el desayuno** frühstücken (R 1); ~ **una desviación** eine Umleitung fahren (17.1.); ~ **fotos** Fotos machen (G 5); fotografieren (5.4.); Aufnahmen machen (R 3); Fotos aufnehmen (G 26); ~ **el nombre** den Namen herhaben, bekommen (30.1.); ~ **parte (en)** teilnehmen (an) (18.4.); ~ **prestado** leihen, entleihen, borgen (G 30); ~ **el sol** sich sonnen (G 17); ~ **una sopa** eine Suppe essen (8.1.)

tomate *m* Tomate (7.2.)

tono Ton, Rufzeichen, Freizeichen (12.1.)

tontería Dummheit, Albernheit (13.1.)

torcer (a) ⟨ue⟩ drehen, biegen; abbiegen (nach), sich wenden (nach) (14.1.)

toro Stier (11.2.)

toronja Pampelmuse (14.4.)

torre *f* Turm (R 1)

tortilla Eierkuchen, Maisfladen (7.4.)

tostada Toastbrot, geröstete Brotschnitte, -scheibe (8.1.)

tostado getoastet, Röst... (7.4.).

tostar ⟨ue⟩ rösten (7.4.)

total total, völlig, gänzlich, ganz (4.2.); ~ *m* Gesamtmenge, Gesamtheit (28.1.); en ~ insgesamt, zusammen (4.2.)

totalidad *f* Gesamtheit (22.2.)

trabajador werktätig (14.4.); ~ *m* Arbeiter, Werktätiger (5.4.)

trabajar arbeiten (2.1.); tagen (20.2.); ~ (de) (como) arbeiten (als) (R 2); ~ de intérprete als Dolmetscher arbeiten (G 25); dolmetschen (G 27); ~ en turnos in Schichten arbeiten, Schichtarbeit leisten (28.2.)

trabajo Arbeit (2.1.)

tradición *f* Tradition (23.2.)

tradicional traditionell (19.2.)

traducción *f* Übersetzung (G 6)

traducir ⟨zc⟩ übersetzen (G 4)

traer ⟨*unr.*⟩ bringen, herbringen, tragen, hertragen (8.2.); mitbringen (G 8)

tráfico Verkehr (3.1.)

trágico tragisch (29.2.)

traición *f* Verrat (15.4.)

traje *m* Tracht (R 4); Kleid(ung), Anzug (21.1.); ~ sastre Kostüm (21.1.)

trajinar tragen, befördern (Material, Sachen); hin- und herlaufen (27.1.)

tranquilidad *f* Ruhe, Stille, Friede, Beschaulichkeit (29.2.)

tranquilizar beruhigen (8.2.)

tranquilo ruhig, still (3.2.)

transcurrir vergehen, verstreichen, verfließen (22.4.)

transformación *f* Wandlung, Umwandlung, Umgestaltung (18.2.)

transformador verarbeitend, Verarbeitungs... (13.4.)

transformar verarbeiten, umformen (24.4.)

transformar(se) (en) (sich) umgestalten, (sich) verwandeln (in), (sich) umwandeln (in) (13.4.)

transitar (durch)wandern, -reisen, -ziehen, -fahren (25.2.)

transmitir übermitteln (19.4.)

transpiración *f* Transpiration, Schweiß (10.2.)

transportar transportieren, befördern (29.2.)

transporte *m* Transport (3.1.)

tranvía *m* Straßenbahn (3.1.)

tras nach, hinter (16.2.)

trasladarse (a) umziehen (nach), sich an einen anderen Ort begeben (23.2.)

tratado Vertrag (20.2.)

tratar behandeln, anschneiden (20.2.); ~ (de) versuchen (zu) (6.4.)

tratarse de sich handeln um (4.1.)

través: a ~ de durch, mittels (18.2.)

trayecto Strecke, Weg (22.1.)

trayectoria (Flug-, Wurf-, Geschoß-) Bahn, (Entwicklungs-) Weg, Strecke (30.4.)

trazado festgelegt (16.4.)

trazar entwerfen, zeichnen, gestalten (23.4.); ausdenken, anordnen (28.1.); ~ una estrategia Maßnahmen ergreifen, eine Strategie festlegen (28.1.); ~ la meta das Ziel setzen (16.4.)

trece dreizehn (3.1.)

treinta dreißig (4.2.)

tremendo groß, riesig, fürchterlich, schrecklich (14.2.)

tren *m* Zug (3.1.)

tres drei (2.1.)

trescientos dreihundert (4.4.)

tribuna Tribüne (17.2.)

trigo Weizen (11.4.)

trinchera Schützengraben (15.4.)

tripulación *f* Besatzung (23.4.)

triste traurig (R 2)

tristeza Traurigkeit (R 5)

triunfal triumphal, Triumph ... (R 4)

triunfante siegreich (29.2.)

triunfar siegen, den Sieg davontragen, triumphieren (27.1.)

triunfo Sieg, Triumph (23.2.)

trolebús *m* O-Bus (5.4.)

tropical tropisch, Tropen... (24.4.)

tu dein(e) (G 2)

tú du (1.1.)

tumba Grab, Grabmal (30.2.)

túnel *m* Tunnel (26.2.)

turismo Tourismus (11.4.)

turista *m* (*f*) Tourist(in) (5.4.)

turístico touristisch (21.1.); Touristen... (30.1.)

turno Schicht(arbeit), Reihenfolge (28.1.)

tuyo deiner (9.1.)

u (*statt* o *vor* o- *oder* ho-) oder (17.1.)

último letzter (13.4.)

un ein(e) (1.1.); ungefähr, etwa (G 23)

una ein(e) (1.1.); man (11.1.)

un décimo elfter (17.4.)

único einzig, einheitlich, Einheits... (25.2.); einzigartig (21.4.)

unidad *f* Einheit (17.4.)

uniforme einheitlich, gleichförmig, uniform (10.4.); ~ *m* Uniform (30.2.)

unión f Union, Vereinigung (11.2.)
unir einen, vereinen, vereinigen (R 5)
unirse sich verbünden, sich zusammenschließen (20.2.)
unitario einheitlich, Einheits... (25.4.)
universidad f Universität (1.2.); ~ **popular** Volkshochschule (2.1.)
universitario Universitäts... (2.4.); Hochschul... (18.2.)
universo Weltall, Universum (G 26)
uno eins, eine(r, -s) (R 1); man (14.2.) (G 2)
unos einige, etliche, ein paar (3.1.); ungefähr (6.2.); ~ **cuantos** mehrere, verschiedene (28.1.)
uranio Uran (24.4.)
urbano städtisch (5.4.)
urgente dringend (11.2.)
usar benutzen, gebrauchen (12.1.)
uso Anwendung, Benutzung, Gebrauch (–)
usted (*Abk.* **Ud., Vd.**) Sie (1.2.)
útil nützlich (29.2.); **ser** ~ nützen (29.2.)
utilizable Nutz..., nützlich, brauchbar (14.4.)
utilizar nutzen, benutzen, verwenden, gebrauchen (26.2.)
uva Weintraube (14.4.)

vaca Rind (8.4.); Kuh (27.1.)
vacacional Ferien ... (28.2.)
vacaciones f pl Ferien (3.4.)
vacilar schwanken (27.4.)
vainilla Vanille (7.2.)
valenciana: a la ~ auf valenzianisch(e Art) (7.2.)
valenciano valenzianisch (7.2.)
valer ⟨*unr.*⟩ wert sein (7.1.); kosten (10.2.); gelten (–); **no vale la pena** es ist nicht der Rede wert (7.1.)
valiente tapfer, kühn, mutig (30.1.)
valioso kostbar, wertvoll, reich (30.2.)
valor m Wert (29.2.)
valorar beurteilen, einschätzen, bewerten (25.2.)
valle m Tal (12.4.)
vanguardia Vorhut (29.4.)
vaquería Kuhstall (27.1.)
variado verschieden, mannigfaltig (7.2.)
variar variieren, verändern, schwanken, verschieden sein (10.1.)
variedad f Verschiedenartigkeit (4.4.)
varios verschiedene (9.4.); einige, ein paar (24.1.) mehrere (G 24)
vasco baskisch (2.4.); Baske (11.4.)
vaso Glas (7.4.)
vecina Nachbarin (21.2.)
vecino benachbart (26.4.); Nachbar (16.2.)
vehículo Fahrzeug (3.1.)
veinte zwanzig (3.1.)
veinticinco fünfundzwanzig (3.1.)
veloz schnell (22.4.)

vencer siegen (25.2.); besiegen, bewältigen, überwinden (18.4.)
vendedor m Verkäufer (5.4.)
vendedora Verkäuferin (9.1.)
vender verkaufen (11.1.)
venir ⟨*unr.*⟩ kommen (7.1.); ~ + *Ger.* seit einiger Zeit etwas tun (G 27); ~ **a** + *Inf.* dahin gelangen zu, dahin führen zu (30.4.); ~ **a desembocar** einmünden (26.2.); ~ **a ver** besuchen (G 8)
ventajoso vorteilhaft (16.4.)
ventana Fenster (G 8)
ver ⟨*unr.*⟩ sehen, nachsehen (4.1.); erblicken, wahrnehmen (G 8); **a** ~ **mal** sehen, lassen Sie sehen, laß mal sehen (7.2.)
verano Sommer (10.1.)
veras: de ~ wirklich (9.2.)
verbo Verb (G 1); ~ **irregular** unregelmäßiges Verb (G 12); ~ **reflexivo** Reflexivverb (G 4); ~ **regular** regelmäßiges Verb (G 12)
verdad f Wahrheit (8.1.); ¿~? nicht wahr? (8.1.); **es** ~ **que** wirklich; es ist wahr, daß (18.4.)
verdadero wirklich, wahr(haftig) (15.4.)
verde grün (G 6); ~ m Grün (26.2.)
verdura Gemüse (8.4.)
versión f Version, Übersetzung (18.1.)
verso Vers (30.2.)
vespertino Abend..., abendlich (24.2.)
vestido Kleid, Kleidung (19.2.)
vestíbulo Flur, Vestibül (3.4.); (Hotel-)Halle (4.1.)
veterana Veteranin (28.1.)
vez f Mal (12.1.); **alguna** ~ mal (G 18); (irgendwann) einmal (21.1.); **de** ~ **en cuando** hin und wieder, manchmal (8.1.); **otra** ~ nochmals (R 2); **por primera** ~ zum ersten Mal (18.4.); **tal** ~ vielleicht, möglicherweise (5.2.); **una** ~ **más** noch einmal (12.1.)
veces: a ~ manchmal (8.1.); **muchas** ~ oft (17.4.)
vía über, via (1.1.); Weg, Straße (6.4.); Strecke (19.1.); ~ **férrea** Eisenbahn-, Bahn(strecke, -linie) (28.4.).
viable gangbar (20.2.)
viajar reisen, verreisen (1.1.); ~ **en avión** fliegen (17.1.)
viaje m Reise (1.2.)
viajero Reisender (6.2.)
vicepresidente m Vizepräsident, stellvertretender Präsident (25.4.)
victoria Sieg (25.1.)
victorioso siegreich (30.4.)
vid f Rebe, Weinstock (11.4.)
vida Leben (6.4.)
viejo alt (6.4.)
viento Wind (10.1.)
viernes m Freitag (G 10)

vigilar überwachen, beaufsichtigen (28.2.)
villa Städtchen, Kleinstadt (30.1.)
vinagre *m* Essig (8.4.)
vinícola Wein(bau)… (14.4.)
vino Wein (7.2.)
viña Weinberg (11.4.)
violento heftig (13.4.)
virgen *f* Jungfrau (G 11)
visita Besuch (6.2.)
visitante *m* Besucher (22.4.)
visitar besuchen (5.1.); besichtigen (19.2.)
vista Ansicht (4.2.); Sehen, Anblick (6.2.); Sicht, Aussicht (7.1.); **hasta la** ～ auf Wiedersehen (6.2.)
vital Lebens… (22.2.); **de importancia** ～ lebenswichtig (29.4.)
viticultura Weinbau (14.4.)
vivienda Wohnung (3.2.); Wohnraum (28.2.); ～ **de tres habitaciones** Dreizimmerwohnung(R1)
viviendas: casa de ～ Wohnhaus (G 11)
vivir leben (3.1.); wohnen (3.2.)
vizcaíno bizcaisch (8.2.)
vocabulario Wortschatz, Wörterverzeichnis (1.1.)
vocálico vokalisch (G 10)
volante *m* Flugblatt (20.1.); Steuer, Lenkrad (30.1.)
volar ⟨ue⟩ fliegen (23.2.)
volumen *m* (Buch-) Band (24.2.)
voluminoso umfangreich (11.2.)
voluntad *f* Wille (20.2.)
voluntario Freiwilliger (17.4.)
volver ⟨ue⟩ zurückkehren, zurückkommen (G 9); wiederkommen (22.1.); ～ **a** + *Inf.* wieder

etwas tun (10.1.); ～ **a casa** nach Hause kommen (R 3); nach Hause zurückfahren (R 4)
volverse ⟨ue⟩ + *Adj.* werden (17.2.)
vosotros ihr (G 8)
voto (Wahl-) Stimme (25.4.)
voz *f* Stimme (16.1.); ～ **pasiva** Passiv (G 26)
vuelco Wende (16.4.)
vuelo Flug (17.1.)
vuelta Rückkehr (3.2.); Rundfahrt, Rundgang, kurzer Spaziergang (11.2.); Wechselgeld (in Spanien) (4.2.); **de** ～ zurück (10.2.)
vuelto Wechselgeld (Lateinamerika) (12.2.)
vuestro euer (G 2; 9)

wolframio Wolfram (13.4.)

y und (1.1.)
ya schon (1.1.); ¿ ～? nicht wahr? (9.2.); ¡ ～ **está!** da haben wir es! Schluß! erledigt! fertig! (7.2.); ～ **no** nicht mehr (3.1.); ～ **que da** (ja) (16.2.)
yacimiento Vorkommen, Lager(stätte) (24.4.)
yo ich (2.1.)
yoghurt *m* Joghurt (30.1.)
yugo Joch (R 5)
yugoslavo Jugoslawe (15.4.)

zafra Zuckerrohrernte (28.4.)
zinc *m* Zink (24.4.)
zona Zone (10.4.); Terrain, Gebiet (30.2.)
zumo Saft (7.4.)

Indice gramatical

Corrigenda

S. 39	7.2.	E	17. Z.	babidas lies bebidas
S. 68		E	7. Z.	de volver lies devolver
S. 80		3.	6. Z.	(tenir) lies (tener)
S. 92	16.1.		5. Z.	Manuel lies Miguel
S. 96	16.4.		lztr. Z.	Caballeros lies caballeros
S. 102	18.1.		lztr. Z.	tenemos lies Tenemos
S. 124	21.4.		6. Z., v. u.	11 lies XI
S. 124	21.4.		2. Z., v. u.	13 lies XIII
S. 142	23.4.		8. Z.	"cuadernos populares" lies "Cuadernos Populares"
S. 151			10. Z., v. u.	huir lies huir
S. 153	26.1.		14. Z.	construidas lies construidas
S. 158			12. Z.	de Habana Metropolitana lies de La Habana Metropolitana
S. 166	28.1.		14. Z.	construir lies construir
S. 175	29.2.		1. Z.	revolucion lies revolución
S. 180	30.1.		9. Z., v. u.	es escuela lies en escuela
S. 187	1.1.		14. Z., v. u.	Paris lies Paris
S. 196	6.1.		2. Z.	iadelante! lies ¡adelante!
S. 198	7.1.		13. Z., v. u.	¿qué teraza lies ¡qué teraza
S. 222	24.1.		6. Z.	gute Besserung lies gute Besserung!
S. 245	**Baustelle**			obra (s) lies obra(s)
S. 255	**freuen**			estar aqui lies estar aqui)
S. 263	**leihen**			nehmen) lies (nehmen)
S. 269	**Prozentsatz**			por centaje lies porcentaje
S. 279	**verstaatlichen**			nazionalizar lies nacionalizar
S. 287	**antología**			Anthologie lies Anthologie
S. 300	**Seitenzahl**			rescientos lies trescientos
S. 320	**simpatizar**			sympathisieren lies sympathisieren
S. 323	**un décimo**			lies undécimo